JN045477

Chronicle VI

出版状況クロニクル

VI

2018. 1 — 2020. 12

小田光雄

ODA Mitsuo

論創社

はじめに

ここに『出版状況クロニクル』の六冊目をお届けする。

これまでと同様に、本クロニクルは出版業界の歴史と構造、出版社・取次・書店という近代流通システムと再販委託制の問題をベースにして、毎月の出版物販売金額、返品率、出版社と取次の動向、書店の出店と閉店などを詳細に追っている。

この6冊目は２０１８年1月から２０２０年12月にかけてであるが、20年には予想もしなかったコロナ禍に見舞われ、高度資本主義消費社会が一変してしまう状況下における出版レポートでもある。しかもそれは２０２１年も続いているし、本クロニクルもそれに併走して書き継がれていくことを付け加えておこう。

著　者

目次

2020年度

出版状況クロニクル Ⅵ

2018.1
〜
2020.12

2018年度

出版状況クロニクル❶　2018年1月

17年12月の書籍雑誌の推定販売金額は1143億円で、前年比10・9％減。

書籍は556億円で、同3・4％減。

雑誌は586億円で、同17・0％減と4ヵ月連続の2ケタマイナス。

しかもかつてない最大のマイナスとなり、17年は雑誌史上初めての10・8％という2ケタマイナス。

その内訳は月刊誌が496億円で、同17・9％減、週刊誌は89億円で、同8・2％減。

雑誌の推定販売部数のほうも、4月から9ヵ月連続のマイナスである。

雑誌の書店売上も、定期誌6％減、ムック8％減、コミックス17％減。

返品率は書籍が36・9％、雑誌が41・5％。

それに雑誌は12ヵ月連続で40％を超え、17年の雑誌返品率は前年の38・3％に対し、43・7％に達し、これもかつてない高返品率といえよう。

最悪の雑誌状況の中で、17年が閉じられたことになる。

〔1〕　12月の出版状況に続いて、取次による年末年始（12／29～1／4・5）の書店売上前年比データが出されているので、それらを挙げておく。

＊日販　　前年比　5・2％減
＊トーハン　〃　4・9％減
＊大阪屋栗田　〃　4・4％減
＊中央社　〃　9・9％減

【18年の出版物売上動向を予兆するようなマイナスが示されている。前回の本クロニクルでふれた雑協と取協による雑誌、コミックス296点、1000万冊刊行の「本屋さんへ行こう！」キャンペーンとしての「特別発売日」はこのデータを見るかぎり、功を奏していないと見なせよう。分野別に見ると、とりわけコミックは最悪で、日販が17・8％減、トーハン20・3％減、中央社は11・6％減とされる。『出版状況クロニクルV』で、コミックリサーチサイト「はるか夢の址」の摘発を取り上げておいたが、その一方で同様のサイトが東南アジアに立ち上がっていて、やはり巨大なサイトに成長しつつあるようだ。その後の「はるか夢の址」の報告、及びこちらのレポートが望まれる】

〔2〕　出版科学研究所による1996年から2017年にかけての出版物推定販売金額を示す。
【前回の本クロニクルで、17年度の推定販売金額は1兆3757億円ほどではないかと記述しておいたが、前年比が16年の倍となる6・9％減だったので、さらにマイナスで、1兆370

■出版物推定販売金額

（億円）

年	書籍		雑誌		合計	
	金額	前年比（%）	金額	前年比（%）	金額	前年比（%）
1996	10,931	4.4	15,633	1.3	26,564	2.6
1997	10,730	▲1.8	15,644	0.1	26,374	▲0.7
1998	10,100	▲5.9	15,315	▲2.1	25,415	▲3.6
1999	9,936	▲1.6	14,672	▲4.2	24,607	▲3.2
2000	9,706	▲2.3	14,261	▲2.8	23,966	▲2.6
2001	9,456	▲2.6	13,794	▲3.3	23,250	▲3.0
2002	9,490	0.4	13,616	▲1.3	23,105	▲0.6
2003	9,056	▲4.6	13,222	▲2.9	22,278	▲3.6
2004	9,429	4.1	12,998	▲1.7	22,428	0.7
2005	9,197	▲2.5	12,767	▲1.8	21,964	▲2.1
2006	9,326	1.4	12,200	▲4.4	21,525	▲2.0
2007	9,026	▲3.2	11,827	▲3.1	20,853	▲3.1
2008	8,878	▲1.6	11,299	▲4.5	20,177	▲3.2
2009	8,492	▲4.4	10,864	▲3.9	19,356	▲4.1
2010	8,213	▲3.3	10,536	▲3.0	18,748	▲3.1
2011	8,199	▲0.2	9,844	▲6.6	18,042	▲3.8
2012	8,013	▲2.3	9,385	▲4.7	17,398	▲3.6
2013	7,851	▲2.0	8,972	▲4.4	16,823	▲3.3
2014	7,544	▲4.0	8,520	▲5.0	16,065	▲4.5
2015	7,419	▲1.7	7,801	▲8.4	15,220	▲5.3
2016	7,370	▲0.7	7,339	▲5.9	14,709	▲3.4
2017	7,152	▲3.0	6,548	▲10.8	13,701	▲6.9

1億円である。これも表に明らかなように、この20年間で最大の落ちこみで、16年に比べて、1000億円のマイナスとなった。18年は確実に1兆3000万円を割りこみ、雑誌は97年の3分の1の販売金額に近づいていく。書籍は雑誌に比べ、マイナス幅は小さく、2年続けて雑誌を上回っているが、やはり11年続けてマイナスであり、雑誌の凋落をカバーすることは不可能だろう。それよりも雑誌の1年を通じての40%を超える返品率に象徴されるような出版状況は、これまでの再販委託制に基づく出版流通のシステムの解体を告げていよう。本クロニクルの観測によれば、2001年の鈴木書店の破産が、現在の正味体系における書籍の流通販売の限界を露出させた。そして栗田出版販売、大阪屋、太洋社の破綻に表われるように、2010年頃から雑誌にベースを置く取次システムもまた、ビジネスモデルとしての機能が失われたと考えられる。それゆえにその後は蓄積した資産の売却により延命していたと見ていい。そのような現象は取次だけでなく、出版業界全体に及んでいる】

〔3〕 出版科学研究所の17年度の電子出版市場販売金額も出されているので、それを示す。

【17年度の電子出版市場規模は2215億円で、前年比16・0%増。それらの内訳はコミックが1711億円で、同17・2%増、電子書籍が290億円で、同12・4%増、電子雑誌が214億円で、同12・0%増。コミック専有率は77・2%に及び、日本の電子出版が電子コミックをコアとして進化してきたけれど、16年の27・1%の伸び率に対し、17年は10%のマイナスとなっている。それは電子雑誌も同様で、伸び率は16年の50%増に対し、12・0%増だから縮小

■電子出版市場規模

（単位：億円）

年	2014	2015	2016	2017	前年比（%）
電子コミック	882	1,149	1,460	1,711	117.2
電子書籍	192	228	258	290	112.4
電子雑誌	70	125	191	214	112.0
合計	1,144	1,502	1,909	2,215	116.0

している。これはシェアの高い「dマガジン」の会員数は309万人から363万人へと増えたが、総務省による携帯電話販売方式が見直されたことで、減少傾向にあることも影響しているようだ。紙と電子合計市場は1兆5916億円、前年比4・2％減となり、2014年の書籍雑誌販売金額の1兆6065億円にも届いていない。本クロニクルで繰り返し、電子出版が2000億円を超えると、出版社・取次・書店という近代出版流通システムが崩壊し、解体すると警告してきたが、17年はまさにその金額に達してしまったのである】

〔4〕 鉄道弘済会は秋を目処に、新聞、出版物の取次事業を終了。

鉄道弘済会はキヨスクの駅売店930拠点に新聞、雑誌、文庫の卸業務を行なっていたが、間もなく赤字転落するという判断による。年間取扱高は新聞が42億円、出版物54億円の96億円で、最盛期の1993年の10分の1に縮小していた。

【これは『出版状況クロニクルⅣ』を見てほしいが、2014年までは「販売ルート別推定出版物販売額」リストに「駅売店」も挙がっていた。だがこちらも2001年には1053億円、10年には533億円と半減していた。それからこれも『出版状況クロニクルⅤ』で見たように、15年から「販売ルート別推定出版物販売額」リストにおける「駅売店」は「生協」と「スタンドルート」とともに、「その他取次経由」に分類され、16年には合わせて789億円となっている。それはキヨスクなどでの雑誌売上の激減を伝えているし、近年の雑誌の凋落を反映している。かつて出版社にとって、鉄道弘済会の取引口座は支払い条件などから、開設できればメリットがあるとされていたが、もはやそれは過去の神話と化してしまった。また直営の弘栄堂書店もすべて売却したようで、鉄道弘済会は書店と出版物から撤退してしまったことになる。また北海道キヨスク傘下の札幌弘栄堂書店3号店もトーハンの関連会社スーパーブックスに事業譲渡された。これも古い話になってしまうけれど、書店のフェアの発祥は、1970年半ばの弘栄堂の吉祥寺店によるシュルレアリスム特集だったのである。鉄道弘済会は今後のキヨスクなどの出版物取次に関して、トーハンに仕入業務と店舗配送を委託していたことから、取引を打診しているようだが、輸送問題も絡んで、どうなるのか】

〔5〕 今年の最初の「地方・小出版流通センター通信」(No.497、1/15)が出され、そこに次のような文言があるので、それを引いてみる。

「今年は今までの出版流通が継続されるかどうか、試される非常に厳しい年になるだろうと予測します。大規模店舗を次々と出店してきた、丸善&ジュンク堂チェーンが3年連続赤字決算ということで、いままでの経営陣が引退し、新しい体制に変化してゆくと思います。いままで同チェーンを引っ張ってきた工藤社長は、「化石みたいな商売、不便な店になってしまっている」と表現されています。当社の新刊配本は、このチェーンが約60％を占めています。他の専門書出版群も同じような傾向です。動向を注視せざるを得ません。

また、これはビデオレンタルが主ですが蔦屋チェーンも、地域の蔦屋を整理し始めています。書籍・雑誌をレンタルの代替にという動きもありますが、私共の本を仕入れることは期待できないでしょう。この数年、ユニークな個人書店の開業のニュースが多々見られます。昔の児童書専門店が続出した時代を思い出しますが、ロットとして期待出来るのか？　何軒残るのか？　難しいところです。」

【出版業界の様々な新年懇親会における取次の紋切型辞令と異なり、ここには取次の現場の声が生々しく反映されている。その中でも注目したいのは、丸善ジュンク堂チェーンが地方・小出版流通センターの新刊配本の60％を占めていて、それは他の専門書出版社なども同様だとの指摘であろう。人文系の小出版社の場合、それは認識できていたけれど、地方・小出版流通センターや他の老舗、中堅専門書出版社にも当てはまってしまうことになる。ところがその丸善ジュンク堂チェーンはバブル出店の精算としてのリストラが必至であり、縮小に向かっていくとすれば、それらの人文書や専門書の市場も後退し、返品となって現実化していくことが予想される。それは紀伊國屋にしても同様だろう。そのような書店状況を背景として、「今年はいままでの出版流通が継承されるかどうか」が問われているのである】

〔6〕　大阪のフタバ書店が破産。

1997年は年商8億3000万円だったが、2017年には1億7200万円にまで落ちこんでいた。負債は4億円。

【フタバ書店は駅前立地で、手広く外商も手がけ、営業マンであれば、大阪出張の際には必ず訪れなければならない著名な老舗だった。それは1990年代の年商額が示しているとおりである。これも『出版状況クロニクルV』で既述したが、函館市の加藤栄好堂の負債も3億8000万円で、以前に比べ、書店の破産負債額が増えているように思われる。それは近年の書店市場の不良債権化が急速に進んだことの表われともいえるのではないだろうか。ただフタバ書店にしても、加藤栄好堂にしても、チェーン店とはいえないので、チェーン店であれば、どれだけの負債額になるかはいうまでもない】

〔7〕オー・エンターテインメントは奈良の天理市に「WAY書店TSUTAYA天理店」を開店。
同社の36店舗目で、TSUTAYAWAYとしては8店目となる。初めてのトーハン帳合。天理市による「旧天理消防署跡地活用事業公募型プロポーザル」の審査を経て選定された地域初のブック&カフェ。

500坪のうち、ブック売場は200坪、他に文具、レンタル、セル、及び90席のカフェはアメリカで創業された「グリーンベリーズコーヒー」で、国内7店目となる。

【オー・エンターテインメントは『出版状況クロニクルV』などの「書籍・文具売上高ランキ

ング」に挙がっているが、これまで露出してこなかった。しかしこれでCCCの地域FCとなりつつあることが判明した。長岡義幸の『「本を売る」という仕事』（潮出版社）の「しぼむ街の本屋」に描かれているように、街や地域の書店が疲弊する一方で、このようなバブル出店が続いている。とりわけCCC＝TSUTAYAと地域FCと日販、MPDによる大型出店も異常だが、その中に前回の本クロニクルでもふれたように、トーハンも加わっていきつつある。そればかりか、『出版ニュース』（1／上・中）の「図書館ウォッチング」23が「CCC三題噺」として伝えているところによれば、新和歌山市民図書館、図書館も含む延岡市駅前複合施設、徳山駅前図書館もCCCが指定管理者を受託している。しかもこれらは代官山T—SITE、海老名市と多賀城市のツタヤ図書館を手がけた「アール・アイ・エー」という設計事務所が絡んでいる。おそらく「WAY書店TSUTAYA天理店」も同様であろう。このような「ツタヤ現象」に対し、「図書館ウォッチング」は「文春オンライン」（11／28）の指摘が当てはまるとし、次なるその文言を引いている。「小遣い稼ぎの出鱈目コンサル、言い訳ばかり考えている役所……地元民にはアイデアもなく、やる気もない。……地方は所詮東京の真似をするだけで衰退の道から逃れることができないのだ」。地域開発出店や図書館事業をめぐるCCC＝TSUTAYAと官僚の癒着はかなり根が深いと考えるしかない】

〔8〕スキージャーナルが破産。

『月刊スキージャーナル』や『剣道日本』、スキー書やDVDを刊行し、2004年には売上高

11億2300万円を計上していたが、17年には4億4000万円となっていた。昨年の『月刊スキージャーナル』の休刊に伴い、給与も遅配、事務所も閉鎖状態だったことから、元従業員21人が破産を申し立てていた。

【最初のスキージャーナルは文芸書の冬樹社の経営者が1960年代に立ち上げたもので、文芸書出版を支えるドル箱のような存在とされていた。この2社は1980年代に経営者が代わり、冬樹社のほうは退場してしまったけれど、スキージャーナルは今世紀に入っても存続していた。だが『月刊スキージャーナル』の休刊とともに終わってしまったことになろう】

〔9〕岩波書店が「岩波書店一ツ橋別館」を小学館に売却。敷地面積160坪、地下2階付8階建て。

【岩波書店は出版事業と関連しておらず、不動産事業における判断からの売却としているが、東京商工リサーチによれば、みずほ銀行からの不動産を担保とする資金調達のために、多額の根抵当権設定がなされていた。おそらく銀行側の意向もあり、売却せざるをえなかったと考えられるし、2003年の「後楽園ブックセンター倉庫ビル」売却に続くものである。共担保物件として「岩波アネックスビル」も加えられているが、こちらはどうなるのか。次に始まるのは社員のリストラであろう】

〔10〕日本BS放送は理論社と国土社の全株式を取得し、連結子会社化。

【理論社は2010年、国土社は2015年にいずれも民事再生法を申請し、前者は健康関連商品販売のテレワン、後者は翻訳、通訳事業のクロスランゲージ傘下に置かれていた。本クロニクルでも既述してきたように、17年から毎月のように出版社のM&Aが起きている。それが報道されていない出版社もあるはずだし、進行中の出版社も含めれば、さらに多くが経営環境の変化にさらされていると推測される。それは同じ出版社であっても、そうではなくなっていくことを告げていよう】

〔11〕『日本古書通信』編集長の樽見博による「変わっていく古書店のかたち」の連載が始まった。

【変わっていきつつあるのは出版業界だけではなく、古書業界も同様で、『出版状況クロニクルV』で近代文学専門店の龍生書林の廃業を伝えたばかりだ。ちょうど樽見の連載も、この龍生書林の創業からの軌跡をたどることからスタートしている。それに明らかなように、「ここ30年間における古書店の営業形態の変遷」がテーマにすえられている。先日も親しい古本屋から、今年は古書業界に何が起きるかわからないし、何が起きても驚かないとの言を聞いたばかりだ。それは本や読書をめぐる状況が激変してしまったことに尽きるであろうし、出版物のパラダイムチェンジの時を迎えていることを告げていよう】

〔12〕『週刊現代』(1/27)が巻頭大特集として、「これでいいのか⁉『Amazon』依存社

会」を組んでいる。リードは次のようなものだ。

「もう「使わないから関係ない」では済まない。アメリカで生まれた小さなネット販売会社は、いまや時価総額世界4位の巨大企業となった。日本上陸から18年目。世界一の品揃えとすぐ自宅に届く物流システムを武器に、数多くの小売りを駆逐して成長してきた。もはやアマゾンなしの生活は考えられない。だが「アマゾン一強」の未来は果たして本当に明るいのか。」

それらの記事もリストアップしておく。

＊人間は便利さには勝てない生き物だった
＊街のお店が次々潰れ、「買い物難民」が急増する
＊「デス・バイ・アマゾン」次に消える企業の名前
＊アマゾンで売っていない商品は「存在しない」のと同じ
＊巨大帝国の最終目標　そのとき、人間の暮らしはこう変わる
＊アマゾンジャパン社員の告白「僕らも商品と同じ『モノ』にすぎません」
＊アマゾンVS.国税「法人税」を巡る攻防

【経済誌を除いて、アマゾンに関する週刊誌の特集は実質的に初めてといっていいだろう。『出版状況クロニクルV』で紹介した『ニューズウィーク日本版』の特集は翻訳だったからだ。ただ『週刊現代』の特集も明らかに『ニューズウィーク日本版』を範としていて、そこで告白されていた「今やアマゾンは、私たちの生活に欠かせない存在だ。アマゾンなしで生きていけるだろうか」、もしくは「生活の必要では、国の行政機関を上回る」というアメリカの状況を、

日本に置き換えて検証を試みたといえるであろう。講談社と楽天の関係から、アマゾン批判ということも考えられるが、啓蒙的特集としてはそれなりに充実した内容だと評しておこう】

〔13〕アメリカにおいて発売1週間で100万部を超えるベストセラーとなったMichael Wolff, *Fire and Fury*が早川書房より2月下旬に『炎と怒りトランプ政権の内幕』として、緊急発売される。発行部数は未定だが、定価は1800円。

【原書の出版を『ニューズウィーク日本版』（1／23）がSpecial Reportとして、「トランプ暴露本 政権崩壊の序章」という特集を組んでいる。その最初のレポートであるサム・ポトリッキオ「『炎と怒り』でトランプ大炎上」は、「ドナルド・トランプ大統領は本を一冊も読んだことがないそうだ」と書き出され、「そんな男が一冊の本のせいで大統領の地位を失ったとしたら、これ以上ない皮肉だろう」と続いている。この書き出しこそ、アメリカにおける大統領と本をめぐる二重の皮肉がこめられているのだろう。またひるがえって、「本を一冊も読んだことがない」とは日本の官邸の政治家にも当てはまるものではないかとも連想してしまう。それからタイトルの*Fire and Fury*はフォークナーの『響きと怒り』（*The Sound and Fury*）をもじっているのだが、冠詞がとられていることからすれば、その出典とされるマクベスの最後のところのセリフ「Sound and Fury」へと戻っている。その部分を『マクベス』（福田恒存訳、新潮文庫）から引いてみる。「人の生涯は動きまわる影にすぎぬ。あわれな役者だ、ほんの自分の出場のときだけ、舞台の上でみえを斬ったり、喚いたり、そしてとどのつまりは消えてなくなる。

白痴のおしゃべり同然、がやがやわやわや、すさまじいばかり、何の取りとめもありはせぬ」『ニューズウィーク日本版』の特集を読んだだけでも、『炎と怒り』のトランプ、及びその政権を支える人々がマクベスのセリフに見合っているように思えてくる。著者のヴォルフへの批判も記されているけれど、彼は単なる「トランプ暴露本」だけでなく、アメリカの現在の政治そのものの実像を描こうとしたのかもしれない。発売まで一ヵ月足らずなので、もうしばらく待ってそれを確かめてみたい】

〔14〕ジョン・ネイスンの『ニッポン放浪記』(前沢浩子訳、岩波書店)を読了した。

【ネイスンは『三島由紀夫――ある評伝』(野口武彦訳、新潮社)の著者、三島由紀夫『午後の曳航』や大江健三郎『個人的な体験』の翻訳者として、早くから知っていたけれど、このような濃密な日本の戦後文学の同伴者であった事実を初めて知った。ネイスンは書いている。「三島の主催するパーティは、文壇とよばれる日本の作家たちのコミュニティに足を踏み入れる第一歩だった。文壇という言葉は今や往年の輝きを失い、もはやほとんど使われなくなっている。現在では有名な作家同士が出会う機会は、定期的に開催される文学賞の審査会や、出版社が主宰する豪勢な忘年会くらいだろう。だが作家たちがそこで互いに親しくなることはあまりないし、高邁なる職業についているという同属意識もない。戦後の文壇が全盛期を迎えていたのは、一九六〇年代だった。互いの真剣さや意義を認め合い、作家という職業につきものの本質的な孤独を理解しているからこそ、彼らはともに飲み語らった。文壇は結束力が強かっただけではない。当時の文壇に入れるのはもっとも才能のある作家だけだった。あとにも先にもあれほどの人材がそろった時代はないだろう。」それは出版業界も同様で、やはり60年代に全盛期を迎えようとしていたのではないだろうか。ネイスンの著書は文壇だけでなく、多岐にわたる日本に関する回想で、とても面白いが、すべてが事実のようには思われないことも付記しておくべきだろう。それから邦訳に関してだが、リーダブルな翻訳であるにもかかわらず、タイトルを『ニッポン放浪記』としたのはいただけない。原題は *Living Carelessly in Tokyo and Elsewhere: A Memoir* である。それからしても、『極楽とんぼの東京やその他の地での生活と回想』とでもしたほうが内容に見合っているのではないだろうか。それにネイスンは水村美苗から揶揄もこめて「ミスター・ケアレス」と呼ばれているのだから。また「あとがき」や「解説」で内容についての注釈を加えておく必要があったにもかかわらず、何も付されていないのは読者に不親切だし、編集の怠慢さがうかがわれ、残念な気がする】

〔15〕 点鬼簿を三つ続けておく。

『三一新書の時代』（「出版人に聞く」シリーズ16）の井家上隆幸が亡くなった。

【昨年の春頃だったろうか、彼から連絡があり、上森子鉄のことを調べ始めているとのことだった。上森は昭和初期に梅原北明とともに『文芸市場』に関わり、それから菊池寛の用心棒となり、戦後は総会屋や『キネマ旬報』のオーナーとして知られた人物だった。そこで私のほうは上森まで手が回らないので、ぜひ一本にまとめてほしいと頼んだのである。その後梯久美子の『狂うひと』（新潮社）を読み、『死の棘』における島尾の愛人が上森の関係者ではないかと思われたので、井家上に資料を添え、手紙を出そうと思っているうちに、訃報がもたらされたことになる。「出版人に聞く」の著者の死は、『震災に負けない古書ふみくら』の佐藤周一、『「奇譚クラブ」から「裏窓」へ』の飯田豊一、『鈴木書店の成長と衰退』の小泉孝一に続いて4人目であり、図らずも4人ともこのシリーズが遺著となってしまった。そうした意味において、インタビューしておいてよかったとの思いを記し、追悼に代えよう】

〔16〕 15に関連して、大西美智子『大西巨人と六十五年』（光文社）にも言及しておこう。

【この作家にして、この夫人ありとの読後感がひときわ強いのだが、ここでは『神聖喜劇』の出版事情にふれてみたい。井家上隆幸は『三一新書の時代』の中で、三一書房も『神聖喜劇』の刊行を望んでいたけれど、それがかなわず、『天路歴程』の出版を申しこんだ。もしそれが完結し、三一新書で出せれば、カッパ・ノベルスの『神聖喜劇』と張り合えたと語っている。大西美智子によれば、1961年にカッパ・ノベルス編集部の佐藤隆三から『新日本文学』連載の完結後に出版させてほしいとの速達が届いたが、大西巨人は光文社のイメージをきらってか、すでに約束があるとの偽りの理由で断わった。ところがその後、花田清輝と野間宏が光文社による出版が最もふさわしいと勧めたので、巨人も納得し、契約に至ったのである。しかも光文社の神吉社長にその出版を持ちかけたのは、松本清張だったと後日知ったとも書かれている。『神聖喜劇』が完結に至る物語も、1960年代の出版業界が成長の一途をたどっていたことに求められるといっても過言ではないだろうし、巨人と清張の組み合わせは、流行作家であっても優れた読み手でもあったことを教えてくれる】

〔17〕　漫画原作者の狩撫麻礼が亡くなった。

【これは『出版状況クロニクルV』で、谷口ジローの死にふれて既述しておいたように、狩撫は1980年代初頭に谷口とコンビで登場してきた印象が強い。それは『青の戦士』、『LIVE！オデッセイ』、『ナックル・ウォーズ』（いずれも双葉社）、『ルード・ボーイ』（秋田書店）の初期のコラボ作品に起因している。その後狩撫はペンネームを変えていたが、次の2作は秀作だった。それらは土屋ガロン名義の嶺岸信明『オールドボーイ』（双葉社）とひじかた憂峰名義の松森忠『湯けむりスナイパー』（実業之日本社）である。前者のほうは韓国で『オールド・ボーイ』（パク・チャヌク監督）として映画化され、カンヌ映画祭での審査委員大賞を受賞し、ハリウッドでも再映画化され、双方をDVDで見ている。それは原作のストーリー性によるものだと判断できるし、これも追悼の意味で再見してみよう】

〔18〕　西部邁が自死した。

【西部についてはこれから多くの追悼の言葉が手向けられるであろうが、ここでは彼が出版者であったことを記しておきたい。1994年に保守派の月刊オピニオン誌『発言者』を創刊し、続いて隔月刊の『表現者』を西部邁事務所として編集している。それらを通じての西部の出版活動は20年に及んでおり、そのスポンサーなどに関しては仄聞しているけれど、それらの流通や販売事情には通じていない。編集や執筆人脈も含め、側近のどなたかが『発言者』から『表現者』へといった内容のものを提出してくれれば有難い。吉本隆明の『試行』は基本的に直販誌であり、初期の復刻も出され、その研究も始まっているが、『発言者』や『表現者』は雑誌コードを取得し、取次を経由していたこともあって、関係者がいなくなると、逆にその実相がたどれなくなる危惧を覚えるからだ】

〔19〕今月の論創社HP「本を読む」24は「林宗宏、三崎書房、『えろちか』」です。

出版状況クロニクル❷　2018年2月

18年1月の書籍雑誌の推定販売金額は929億円で、前年比3・5%減。
書籍は517億円で、同1・9%増。
雑誌は412億円で、同9・5%減。
書籍は4ヵ月ぶりのプラス、雑誌は5ヵ月連続の2ケタマイナスを免れたことになる。

その内訳は月刊誌が321億円で、同9・1％減、週刊誌は90億円で、同10・8％減。しかし書籍は『漫画 君たちはどう生きるか』の100万部突破と『広辞苑』の発売でプラスになっているが、書店売上は2％減。

雑誌も定期誌9％減、ムック10％減、コミック17％減である。

また返品率は書籍が34・2％、雑誌が47・0％で、雑誌のマイナスと返品率は、まったく17年の状況と変わっていない。

前年同月比の金額マイナスは34億円だったが、今後その反動がもたらされるのは確実であろう。

なお17年のコミック販売金額に関しては紙が1666億円で、前年比14・4％減、電子が1711億円で、同17・2％増となり、電子が初めて上回ったことになる。

---

〔1〕 出版科学研究所による、1996年から2017年にかけての出版物推定販売金額と前年比の金額を示す。
【これまでは前年比％で示してきたが、ここでは具体的な金額で作成してみた。無残ともいえるマイナス金額の連続だが、これが出版業界の22年に及ぶ現実だったのだ。この表からわかるように、2017年はこの22年間で最大の落ちこみで、ついに1000億円を超えるマイナスとなってしまった。それは書店の半減、雑誌の凋落、アマゾンの絶えざるイノベーション、電子書籍の成長などが相乗した結果となって現れた大幅なマイナス、つまり最大の危機といえる

■出版物推定販売金額

（億円）

年	書籍雑誌合計金額（億円）	前年比 (%)	前年比（億円）
1996	26,564	2.6	668
1997	26,374	▲ 0.7	▲ 190
1998	25,415	▲ 3.6	▲ 959
1999	24,607	▲ 3.2	▲ 808
2000	23,966	▲ 2.6	▲ 641
2001	23,250	▲ 3.0	▲ 716
2002	23,105	▲ 0.6	▲ 145
2003	22,278	▲ 3.6	▲ 827
2004	22,428	0.7	150
2005	21,964	▲ 2.1	▲ 464
2006	21,525	▲ 2.0	▲ 439
2007	20,853	▲ 3.1	▲ 672
2008	20,177	▲ 3.2	▲ 676
2009	19,356	▲ 4.1	▲ 821
2010	18,748	▲ 3.1	▲ 608
2011	18,042	▲ 3.8	▲ 706
2012	17,398	▲ 3.6	▲ 644
2013	16,823	▲ 3.3	▲ 575
2014	16,065	▲ 4.5	▲ 758
2015	15,220	▲ 5.3	▲ 845
2016	14,709	▲ 3.4	▲ 511
2017	13,701	▲ 6.9	▲ 1008

だろう。しかしこの出版科学研究所データは取次ルートを経由した出版物の推定出回り金額であり、18年はアマゾン直販ルート金額が本格的に増加するだろう。それを考慮すれば、前年マイナスは17年以上に加速することが必至だと思われる。とすれば、リードでも記しておいたように、18年は毎月100億円ほどのマイナスが続き、1兆2500億円という規模にまで追いやられてしまう。そのような出版販売状況下において、再販委託制に基づく従来の出版社・取次・書店からなる出版業界は、必然的に解体の回路をたどっていくことになろう】

〔2〕アマゾンは出版社向け事業戦略説明会を開き、年間1億円以上出荷している出版社55社が新たに直接取引を開始し、累計141社、年間100冊以上出荷していて1億円未満の出版社は605社が開始し、累計2188社、双方で直取引出版社は2329社と発表。

【『出版状況クロニクルV』で、2016年の出版社数が3434社であることを既述しているが、単純計算しても、7割近くが直取引に移行したことを告げている。残りの3割の1000社はほとんどが小出版社だとすれば、日本の大手、中堅出版社のすべてがアマゾンとの直取引に応じたとみなしていい。まさに雪崩を打ってアマゾンへと押し寄せたかのようだ。それは現在の取次と書店による出版流通システムの行き詰まりに対する、出版社の意志表明でもあることに注視すべきだろう。そうせざるを得ない状況となっているのだ。アマゾンの説明会では本クロニクルの返品率を始めとする様々なデータが使われ、それに対してアマゾンの返品率も対比され、その直取引メリットが強調されているという。それらはともかく、このようなアマゾンによる出版社の「囲い込み」を見て想起されるのは、大東亜戦争下の１９４１年の、四大取次に代わる「出版配給新体制」としての国策会社日配の設立で、それは敗戦後まで続いていくのである。そしてアメリカ占領下で日配は解体され、現在のトーハンや日販などの取次がスタートしていく。この日配に関しては、清水文吉『本は流れる』（日本エディタースクール出版部）、もしくは拙著『書店の近代』（平凡社新書）を参照して頂ければ幸いである。そうしてましてもアメリカのアマゾンによって、「出版配給新体制」が始まろうとしている。本クロニクルは一貫して出版危機を出版敗戦として語ってきたが、それもまさに目に見えるかたちで現実化してきていることになろう】

〔3〕アルメディアによる２０１７年書店数「出店・開店状況」が出された。

【出店１６５店に対して、閉店は６５８店である。出店による増床面積は3万４６９２坪、閉店による減床面積は6万１７９３坪で、トータルとして2万７１０１坪の縮小。２０１３年から閉店は６００店台が続き、15年から出店は１００店台なので、書店数と売場面積もパラレルに減少しつつある。しかし出店にしても閉店にしても、1で見たように、18年はこのようなフラットな数字が反復されていくのかどうか、疑わしいところまできている】

〔4〕3と同じく、アルメディアによる取次別新規書店数と新規書店売場面積上位店を示す。

【取次別出店は日販とトーハンの寡占状態だといってよく、16年は前者が60店、後者が61店

■2017年　年間出店・閉店状況　（面積：坪）

月	◆新規店			◆閉店		
	店数	総面積	平均面積	店数	総面積	平均面積
1月	3	456	152	66	6,575	104
2月	7	1,562	223	90	7,564	93
3月	19	3,376	179	100	6,693	71
4月	43	8,195	191	42	3,775	94
5月	6	1,456	243	46	5,391	125
6月	10	1,450	145	44	5,455	130
7月	19	3,885	204	45	4,073	104
8月	5	435	87	55	6,606	127
9月	18	4,460	248	52	6,148	123
10月	12	2,656	221	59	4,477	81
11月	15	4,586	306	34	3,299	110
12月	8	2,175	272	25	1,737	79
合計	165	34,692	210	658	61,793	101
前年実績	133	27,053	203	632	52,964	90
増減率（%）	24.1	28.2	3.4	4.1	16.7	12.1

だったことに対し、17年はそれぞれ82店、75店と増加している。これを見る限り、大阪屋栗田と中央社の場合は出店体力がなくなりつつあるのだろう。それを反映するように、新規書店売場面積上位店は、ＴＳＵＴＡＹＡとそのＦＣが8店舗を占めている。しかも2位の三省堂書店名古屋本店と8位のブックファースト中野店は既存店のリニューアルなどだから、上位店のすべてがＴＳＵＴＡＹＡとそのＦＣによる独占ということになる。『出版状況クロニクルＶ』で、16年の３００坪以上の出店30店を挙げておいたが、10位以内はＴＳＵＴＡＹＡとそのＦＣ７店の他に、ジュンク堂2店、ゲオ１店が含まれていた。それにＴＳＵＴＡＹＡのＦＣ２店は取次がトーハンであるこ

■2017年　取次別新規書店数

（面積：坪、占有率：%）

取次会社	カウント	増減（%）	出店面積	増減（%）	平均面積	増減（%）	占有率	増減
（ポイント）								
日販	82	36.7	21,481	40.9	262	3.1	61.9	5.6
トーハン	75	23.0	11,914	10.9	159	▲9.7	34.3	▲5.4
大阪屋栗田	5	▲44.4	1,211	39.8	242	152.1	3.5	0.3
中央社	1	▲66.7	53	▲73.5	53	▲20.9	0.2	▲0.5
その他	2	－	33	－	17	－	0.1	0.1
合計	165	24.1	34,692	28.2	210	3.4	－	－

（カウント：売場面積を公表した書店数）

■2017年　新規店売場面積上位店

（面積：坪）

順位	店名	売場面積	所在地
1	蔦屋書店アクロスプラザ富沢西店	1,080	仙台市
2	三省堂書店名古屋本店	1,000	名古屋市
3	TSUTAYA 小山ロブレ店	1,000	小山市
4	草叢 BOOKS 新守山店	850	名古屋市
5	蔦屋高田西店	850	上越市
6	TSUTAYA 高松サンシャイン通り店	789	高松市
7	TSUTAYA BOOK STORE パークタウン	776	加古川市
8	ブックファースト中野店	750	中野区
9	TSUTAYA リノアス八尾店	717	八尾市
10	草叢 BOOKS 各務原店	714	各務原市

とも判明している。17年の日販とトーハンの出店状況は、こうしたTSUTAYAとそのFCをめぐる帖合争いも影響し、その数を増加させたと推測される。だが日販だけでなく、トーハンもTSUTAYAとそのFCに取次として参入するのは異常だといっていいし、これではTSUTAYAとそのFCのためだけに両者があるという様相を呈してしまっている。日書連にしても、日販やトーハンの株主出版社にしても、どうして抗議しないのだろうか。その一方で、TSUTAYAは、女性や仕事をしたい人向けの「本並ぶ憩いの場」としての「ツタヤブックアパートメント」の新宿における出店、名鉄不動産のマンション「メイツ深川住吉」の隣接共有棟の本に囲まれた空間プロデュース事業を打ち上げている。また相変わらず、ツタヤ図書館では問題続出で、新設の周南市立徳山駅前図書館はガラス樹脂による本の背表紙を並べる「アート書架」に1000万円をかけたとして、税金の無駄遣いが指摘されている。これらのすべてに取次も関係していることは明白である。その功をめでてか、MPDの奥村景二社長が日販の常務へと昇進している。ここまできた一蓮托生の日販とCCC＝TSUTAYAの行方はどうなるのか】

〔5〕　ジュンク堂書店梅田ヒルトンプラザ店閉店。

それに当たって、各出版社に「返品特別入帖のお願い」が出され、そこには「あわせて弊社店舗の度重なる閉店により、御社に多大なご迷惑をお掛けしますことを深くお詫び申し上げます」とも記されていた。

梅田ヒルトンプラザ店は2005年に開店している。

【『出版状況クロニクルV』で、丸善ジュンク堂の店舗リストラが始まるであろうことを既述しておいたが、早くも始まってしまったことになる。それは中小出版社よりも大手出版社に対する大きな打撃となるだろう。大手ナショナルチェーンが同じように迫られている問題に他ならず、出版社と取次にとっては返品ラッシュの年になるかもしれないことを覚悟すべき時期に入っている】

〔6〕大阪屋栗田が大手出版社に対し、支払手形をジャンプ。
【業界紙などではまだ報道されていないし、報道できないとも考えられるが、複数の確実な情報筋から伝えられてきたものである。このような情報の拡散は、出版業界が國重惇史の『住友銀行秘史』（講談社）的な疑心暗鬼的状況に置かれていることを象徴しているように思える。あえて本クロニクルにも伝わるかのようにリークされているわけだから、それは大阪屋栗田の近傍や周辺が、もはやどうしようもなく、ここまで事態が切迫していることを早く知らしめたいと考えている証左なのかもしれない。それは大阪屋栗田において、ジュンク堂のシェアが高く、5のような状況と密接に関連しているはずだ。その一方で、楽天も大阪屋栗田から離反すると囁かれている】

〔7〕『文化通信』（1／29）が伝えるところによれば、トーハン大阪支店での新春の会で、近藤

敏貴副社長が、コミックを始めとして年末年始の売れ行きが悪く、「書店の人員も限界、日本もセルフレジの時代が来る。ICタグ導入で物流のイノベーションを起こさなければ間に合わない」と強調したという。

【セルフレジやICタグを導入するコストを担う体力が書店に残されておらず、現在の取次にも物流イノベーションを起こすことが不可能なのは百も承知での発言であろう。『出版状況クロニクルⅣ』で、ICタグ導入が経産省の意向で、その実験もそれに基づくものだと既述しておいた。そのことを考えれば、この発言も、取次の再編をにらんだ経産省の意向と見なすこともできよう。CCC＝TSUTAYAのTカード事業やツタヤ図書館も、経産省との関係を抜きにしては成立しないと思われる。それゆえにこれからの出版業界の行方の一端として、そうした経産省絡みの公的資金の導入も選択肢の中に含まれ始めているということになるのだろうか】

〔8〕　日販は東武鉄道の連結子会社東武ブックスの株式を83・3％取得し、傘下書店とする。
東武ブックスは1974年設立、店舗数は25店、2017年売上高は32億円。

【日販グループ書店は東武ブックスを含め、9法人、271店舗になったとされる。しかし6の大阪屋栗田が出版社主導で再建され、現在の事態を迎えているように、今こそ取次が書店を経営することの真価が問われようとしている状況にあろう。1で見たように、1000億円を超える出版物販売金額の最大の落ちこみ、2におけるアマゾンの直取引の拡大を背景にして、書店を経営することは容易ではなく、それにグループ書店の不良債権は棚上げになったままだと推測されるからだ。それは等しくグループ書店を抱えるトーハンも同様だと考えられるし、書店の「囲い込み」も限界にきていると思われる】

〔9〕小田急電鉄のグループ会社UDSが、岩波アネックスの1階から3階に「神保町ブックセンター with Iwanami Books」を4月に開業。
70坪の1階は書店、喫茶店、ワークラウンジで、岩波書店の新刊を発売し、それらのイベント、著者トークイベント、ワークショップや講座、読書会を定期開催。
選書やイベント企画はブックコーディネーターの内沼晋太郎が担当し、2階は会議室、3階はサービス・オフィスとパーソナルデスクを設ける。

【いうまでもなく、岩波アネックスは柴田信の岩波ブックセンターの跡地であり、そこにどうして小田急電鉄系の会社が、このような「神保町ブックセンター」を開業するのか、そのコンセプトが不明である。ブックコーディネーターの内沼は博報堂をバックにして、町の活性化のための本をめぐるコンサルタントの地位をつかんだのかもしれないが、神保町はB&Bの下北沢でも、八戸ブックセンターの八戸でもない。コミックにたとえていえば、「アカギ」の町で、「カイジ」のようなパフォーマンスが通用すると本気で思っているのだろうか】

〔10〕東京渋谷の町の書店として知られていた20坪の幸福書房が閉店。

1977年創業で、最盛期は2店で年商2億円、2011年には1店で1億円だったが、近年はその半分近くに減少していた。そして閉店に至る理由が『文化通信』（2／19）で語られている。「閉店の最大の理由は売り上げ不振です。これが底かなと思っていたら、さらに売れ行きを落として歯止めがきかなくなった。明るい希望があるのならもっと続けたかった。でも先が見えない。潮時と考えました。」

【その閉店直前に経営者の岩楯幸雄による『幸福書房の四十年 ピカピカの本屋でなくちゃ！』（左右社）が出されたことも付記しておこう。ちょうど同じ頃、池袋の古本屋の八勝堂書店の閉店の知らせも届いた。1970年代までは町の書店や古本屋が街頭の大学といえたし、そのような街の環境の中で、私たちは本を買い、読んできたのである。だがそうした時代は確実に終わってしまったことをあらためて実感してしまう】

〔11〕 ライザップグループがCD、DVDショップなどを運営するワンダーコーポレーションの議決権58％の株式を取得し、最大70億円で買収。

ワンダーコーポレーションの17年連結売上高は741億円で、関東地方を中心に300店を展開。

ライザップはワンダーコーポレーションの20店舗にフィットネスクラブなどを出店する計画。

【『出版状況クロニクルV』で、ワンダーコーポレーションが2年連続赤字であることを伝えておいた。しかも売上高741億円のうちのTSUTAYA事業が151億円を占めることも。

この事実と売上高からすれば、CCC=TSUTAYA、もしくは日販が「囲い込む」ことも検討されたはずだが、有利子負債や不良債権の問題から断念したと考えられる。そこで『FACTA』(3月号)の「ライザップが不振企業『爆買い』の皮算用」が参考になる。ライザップグループは年末年始にかけて、スポーツ用品専門店ビーアンドディ、スポーツサポーターD&M、ヘアケア商品・化粧品販売のジャパンゲートウェイなどの赤字会社を買収し、「安物買いの銭失い」になるのではないかと危惧されている。それに続く買収がワンダーコーポレーションだったのである。そういえば、『出版状況クロニクルV』の、やはりライザップに買収された日本文芸社はどうなっているのだろうか】

〔12〕 KKベストセラーズは、塚原浩和公認会計士が、前経営者の栗原家が所有する株式を取得したことにより、新社長に就任。

前経営陣は退任し、経営権は移行したが、従業員は継続雇用が確認され、これまで通り営業していくとされる。

【11に続いて、またしても『FACTA』(3月号)だが、「『KKベストセラーズ』が謎の公認会計士に身売り」と題するレポートを掲載している。それによれば、KKベストセラーズは最盛期に年商100億円を超えていたが、直近では50億円にも届かず、15年は18人の従業員を自主退職させたことで、従業員は労働組合を立ち上げ、雇用維持と職場環境改善を求め、経営側と交渉を重ねてきた。だがそのかたわらで、オーナー家は秘かに身売り話を進め、これからリストラが

始まるのではないか、本社ビルも売り払われるのではないかと社員や関係者は警戒しているとされる。前回の本クロニクルで、出版社のＭ＆Ａによって起きる経営環境の変化に言及したが、その典型というべきだろう。ＫＫベストセラーズは１９６７年に青春出版社出身の岩瀬順三によって創業されている。岩瀬は野坂昭如の側近であったし、ＫＫベストセラーズに関しては稿をあらためたい】

〔13〕講談社の決算が出された。
売上高１１７９億円、前年比０・６％増、当期純利益は17億円、同35・６％減の増収減益。その内訳は雑誌が５５８億円、同10・９％減、書籍が１７６億円、同１・８％増、広告収入46億円、同１・２％減、事業収入３５７億円、同26・０％増。

事業収入は電子・版権サービスで、電子版２４９億円、国内版権63億円、海外版権43億円と前年を上回り、総収入の30％を超える。

【紙の分野の減収を電子版などの事業収入が支え、かろうじて増収となったが、増益には至っていない。このような中で、世界で最も高額な電子書籍「夢箱」が８１１万円で発売される。これは講談社のコミック１万８３４５点のほぼすべてを電子書籍化したもので、多くの特典を付し、先着１名に限定販売。この例からわかるように、講談社は自社のコミックの電子書籍化が完了し、それをベースにして、事業収入分野の成長を促していくのであろう。事業収入はすでに書籍の倍の売上となっていることからすれば、講談社は出版社・取次・書店という近代出

販流通システムからのテイクオフをめざしていると見なすしかない】

〔14〕日本ABC協会の新聞発行社レポートによれば、2017年下半期（7―12月）の平均販売部数は、毎日新聞が300万部を割り、292万部となった。朝日新聞は611万部、読売新聞は873万部。

この10年間で見ると、毎日は98万部、朝日は194万部、読売は128万部の減少である。

電通の2017年広告レポートは、インターネット広告が1兆5094億円、前年比15・2％増に対し、新聞5147億円、同5・2％減、雑誌は2023億円、同9・0％減であることを伝えている。

【日本の書店を支えてきたのは新聞による雑誌や書籍の広告で、これがチラシを打てない書店のための販促広告の代わりを務めてきたのである。それもこの3紙だけで。10年間に420万部も減少したのだから、書店売上のマイナスとパラレルだったことになる。また新聞の一面下の書籍の「サンヤツ」広告も埋まらなくなってきているようだ】

〔15〕『朝日新聞』（2／19）が上海の象徴と呼ばれた季風書店（チーフォンシューユワン）の閉店を伝えている。

1997年に中国近代思想史などの研究者厳搏非（イエンポーフェイ）が創設し、「文化の独立、自由な思想の表現」を理念とし、哲学、民主主義、貧困、労働問題に関する本の在庫も充実し、学者、作家のサロンともなっていた。

２００７年には上海市内に8店舗を構えたが、賃料の高騰、インターネット通販、電子書籍の浸透により、店の売上は激減し、閉店が続き、最後の残った上海図書館地下店も賃貸契約の延長を断わられ、閉店を余儀なくされた。

背景にあるのは、２０１２年からの習近平指導部による言論の引き締めで、閉店の「理由は賃料でも本離れでもない。社会の圧力だ」とされる。

【『出版状況クロニクルⅣ』でも北京の万聖書園や香港の出版社兼書店の巨流発行公司にふれてきているが、おそらく中国のインディーズ系書店の多くが、季風書店と同様の圧力を受けているのだろう。思想の自由と書店の存在に関して、あらためて考えさせられる】

〔16〕教育学者の板倉聖宣が87歳で亡くなった。
【板倉は科学史専攻だが、仮説実験法という独自の理論を編み出し、これに基づく『仮説実験授業』などのテキストを刊行する仮説社を発足させた。そして１９８０年代までは斎藤喜博と国土社、遠山啓と太郎次郎社と並んで、仮説社も教育出版社として、その特異な一角を占めていたのである。その後の仮説社の行方を確認していないけれど、仮説実験授業とともにどうなっているのだろうか】

〔17〕山上たつひこ『大阪弁の犬』（フリースタイル）読了。

【1970年代前半に、双葉社の『マンガストーリー』に連載されていた『喜劇・新思想大系』を読み、新しい「喜劇」漫画の出現を見たように思った。それからすでに半世紀が過ぎたのである。同書は山上の大阪の貸本漫画の日の丸文庫編集者時代から『がきデカ』までの軌跡がたどられ、ひとつの戦後コミック史となっている。これを読んで、双葉社の首脳からは『喜劇・新思想大系』が嫌われ、言及されていないけれど、青林堂から単行本化された事情が推測できた。また前回の本クロニクルでふれた鉄道弘済会からも同様で、創刊誌に山上の連載が始まっていたことからクレームがつき、廃刊に追いやられたことも知った。それらは『マンガストーリー』編集部の実態とともに、70年代の出版史の秘められた側面といえるだろう。これは私見だが、1979年に『漫画サンデー』で連載が始まった畑中純の『まんだら屋の良太』も、『喜劇・新思想大系』を範としているように思える】

〔18〕論創社HP「本を読む」25は「追悼としての井家上隆幸『三一新書の時代』補遺」です。

出版状況クロニクル❸　2018年3月

18年2月の書籍雑誌の推定販売金額は1251億円で、前年比10・5％減。

書籍は773億円で、同6・6％減。

雑誌は478億円で、同16・3％減。

書籍マイナスは前年同月の村上春樹『騎士団長殺し』100万部発行の影響とされる。

雑誌の内訳は月刊誌が390億円で、同17・1％減、週刊誌は87億円で、同12・4％減。

返品率は書籍が32・2％、雑誌が44・2％と、いずれも高くなっている。

前回のクロニクルで1月の前年同月比マイナスが34億円だったので、今後その反動が生じるはずだと記したが、2月は前年同月比147億円マイナスで、すでに18年は2ヵ月で181億円の推定販売金額を失ってしまった。それを回復できるような出版状況ではまったくない。

出版状況と出版流通システムは完全に臨界点に達しているというしかない。

〔1〕前回の本クロニクル〔6〕について、大阪屋栗田が3月6日付で「当社に関する虚偽情報

の発信に関して」という「ニュースリリース」を出している。

【ここには大阪屋栗田の現在の実像がよく現われている。それは取引先の出版社や書店ではなく、株主にしか目が向いていない取次としての姿である。かつて街の中小書店と併走し、それなりの自負や矜持も備えた大阪屋や栗田の面影はない。それは取次が置かれている現在の状況を象徴していよう。出版業界は何よりも言論の自由を前提として成立しているし、その流通を担う取次がそれを知らぬはずもあるまい。まして社長は講談社出身ではないか。それにまったくの「虚偽情報」であれば、まずダイレクトに本クロニクルに抗議し、反証を示し、論議を交わし、謝罪を要求すべきではないか。言論に関しては言論でというのが言論の根幹であることは自明のことだ。もちろん本クロニクルにしても、納得できる反証が示され、論議を尽くすプロセスを経ていれば、訂正謝罪もしたであろう。しかし「一部のブログ」とされているだけで、本クロニクルにはまったく抗議も接触もなく、ここに示されているように、法的「恫喝」を加え、株主の大手会社と出版社名を並べ、出版業界における個人の言論を圧殺することに終始している。実際に法的規制によって、削除を強いられることになるのだが、これも法的規制から具体的に書くことができない。だがネット事情に通じた読者であれば、すぐに事情はおわかりだろう。本クロニクルがあえてこの情報を発信したのは、これが大手出版社に対する支払い条件改定とも考えられたが、この問題を通じて、現在の取次と大手出版社をめぐる金融問題が浮かび上がると想定したからだ。つまりそれは現在の正味と再販委託制に基づく出版流通システムがゾンビ化していることの証明になるはずだった。ところがそれは論議ともならず、とりあえずこのような経過をたどったことになる。これは断わるまでもないかもしれないが、本クロニクルは出版業界のリアルタイムでの状況分析を目的とし、出版業界内の個人の無償の行為として発信されている。それゆえに誰でもフリーアクセスできるし、誰も公言しないけれど、出版業界では多くの人たちが読んでいて、業界の様々なシーンにおいて参照されている。その一方で、私は『週刊エコノミスト』（3／27）が付している「出版評論家」を名乗ったこともないし、何の報酬も得ていない。しかし本クロニクルは10年間に及んだことで、紛れもない唯一の現代出版史を形成している。それにもうひとつ付け加えておけば、本クロニクルを始めた目的は、出版業界に何が起きているのかを定点観測して記録することにある。それは戦前の大東亜戦争下から敗戦と占領に至る10年間の出版史の詳細が記録に残されていないことに起因している。現在に至る10年間こそは第二の敗戦と占領だったと考えれば、後世において、本クロニクルは出版業界のみならず、歴史を検証する不可欠の資料となるであろう。かつて私は『ブックオフと出版業界』を上梓している。そこで街の中小書店を壊滅させたひとつの要因である、ブックオフ、CCC、日販、丸善の癒着と関係を明らかにしたが、著者にも発行出版社にも法的「恫喝」は加えられなかったことを記しておこう。もちろんブックオフが取材を拒否し、取次配本に問題が生じ、書店の一括返品などの話は伝えられてきたにしても。そうした意味においても、出版業界は解体の危機ばかりではなく、言論の自由の危機すらも露呈し始めているといえよう】

《付記》「日経新聞電子版」3月31日午後の発信によれば、楽天が大阪屋栗田に20億円を追加出資し、出資比率を5割超とする。社名も「楽天」を含む商号に変更。

〔2〕 日販の平林彰社長が「出版社へ条件変更を求める」という見出しで、『文化通信』(3／19)のインタビューに応じている。それらをつぶさに要約してみる。

＊雑誌に関しては定価の0・55％だった出版社の「運賃協力金」を0・85％に上げてほしい。輸送環境はこの数年急激に悪化しているし、20年以上「運賃協力金」も改定されていないからだ。対象出版社は現在100社だが、「運賃協力金」制度の改定なので、雑誌を発行するすべての出版社にお願いするつもりだ。

＊取次にとって書籍はずっと赤字で、雑誌で稼いだ利益で書籍への投資と赤字を補塡してきたのが、取次の構造である。しかし雑誌の売上が減少する中で、遠くない将来、取次業が続けられないという危機感がある。だから書籍で利益を出し、書籍だけで食べられる構造にしなければならない。

＊書籍に関しては日販が営業赤字を算出し、対象出版社個別に赤字額を示し、話し合いをしたい。対象出版社は赤字金額が大きい100社で、最終的に200社になる。

＊書籍の赤字原因のひとつは文庫、新書、コミックの定価が低く、物流コスト負担が重いし、文庫は返品率が下がらない。

二つ目は出版社の日販への出荷正味が高いケースである。書店へのマージンやリベートを上げていかなければならないし、書店マージンを30％にする必要がある。取次仕入れ正味が

70%を越えている出版社は改善してほしい。

三つ目は取次の場合、価格設定できないことと仕入れ商品を選ぶことができない構造で、赤字になる銘柄でも、消費者や書店に迷惑をかけるので、仕入れなければならない。そこに取次の社会的使命があるわけだが、経済活動としてはジレンマがある。

*具体的に低価格書籍は価格帯別に1冊あたりの基準送料を負担してほしいし、それに高正味改定の両方が組み合わせのかたちになるだろう。それに書籍だけの流通を考えると、毎日出荷を1冊単位での配達が続けられるかという問題にも直面するだろう。

*赤字幅の算出は出版共同流通の稼働により、単品返品データが取れるようになり、出版社個別の損益も把握できるようになっている。

*出版社の出荷正味が高いと、取次から書店への出荷が「逆ざや」になるケースがあり、取次も書店も一定の利益を得る構造にしたい。

*取次の現状は経営努力の範囲を超えた環境変化を受けていて、もし必要性がないのであれば、市場からの撤退も覚悟している。

*今期決算の取次部門が黒字か赤字かのギリギリで、コンビニ部門はすでに大赤字、書籍部門も赤字で、雑誌の黒字がどこまで確保できるかという状況だ。会社全体としては不動産収入でようやく黒字を出しているだけで、経営的にはまったなしである。

*出版社に負担を依頼するのは書店が減っている中で、書店に赤字補填を依頼すれば、さらに市場を縮小してしまうからだ。

＊出版社への依頼が実現すれば、書籍は安定した出版流通を維持できるし、販売努力でビジネスになる。だが一方で、雑誌は難しい。雑誌全体の売上がどうなっていくのか読者問題が絡んでいるし、先が見えないので、経営計画はさらに雑誌のボリュームが減ると考えている。それに書店が運賃を負担する「返品」処理のコストの問題、専門流通センターからの出荷による「週刊誌」問題がある。週刊誌もかつてのように業量バランスが崩れてしまったからだ。書籍モデルを確立し、そこに雑誌が載るという大転換により、マスの世界ではなく、個性化している書店に合うかたちで商品や企画の提案をしたい。

【これは日販非常事態宣言というべきものであり、前回の本クロニクルとタイムラグなきことを考えれば、取次からの返答と見なすこともできよう。実際にここまで踏みこんだ発言と危機状況を訴えたことは、管見の限り、取次史上でも初めてである。それにここでは言及されていないけれど、大手出版社に対する支払システムが限界に達していると推測される。さらにここからわかるのは、日販傘下の書店とTSUTAYAが置かれている出版物も含めた売上状況の悪化で、マージンアップが切迫した問題となっていることだ。もちろんこれは他の取次にしても同様である。だが出版社ももはや体力を失ってしまっていることからすれば、多くの出版社がさらなる赤字になってしまうし、これまでの出版業界の慣例から見て、そうしているうちに時間が経過していくばかりだろう。それにここでいわれている書籍をベースとする出版流通システムの確立は可能なのか。大手取次はその誕生以来、たえざる雑誌の成長とともに歩んできたのである。その雑誌すら売ることが難しくなっている現在において、TSUTAYAを始めとして、書籍販売へと転換するのは至難の業というしかない。またTSUTAYAがグロスで売っているように見えるが、大型店にしても驚くほど出版物販売額が少ないことは本クロニクルで指摘したとおりだ。さらに出店バブルの精算も待ち構えているし、アマゾンの出版社との直取引という「囲い込み」も加速していくにちがいない。将棋に例えれば、アマゾンによって出版社という角が取られ、取次と書店は王手飛車取りのような状況へと追いやられている。そうした中で、この日販非常事態宣言ともいうべきものが出されたことに留意すべきだろう。またアマゾンの出版社「囲い込み」の資料として、本クロニクルのデータが使われていたように、取次と出版社の正味攻防にしても、双方が本クロニクルのデータと状況分析を正味戦争の武器として援用していると思われる】

〔3〕『FACTA』(4月号)がジャーナリストの大西康之の「恐るべきアマゾン『異次元商法』」を掲載している。

それはアマゾンのジェフ・ベゾスの「あなたの利益は私のチャンスなのです」という言葉から始まっている。彼こそは「あらゆる市場を侵食している男」であり、「アマゾンとのビジネスは引くも地獄、進むも地獄」の例として、「トイザラスの悲劇」がまず引かれている。

トイザラスはこの12年から5年間、アマゾンで玩具を売ってきたことで、売上データを吸い上げられ、それを使ってアマゾン自身が本気で玩具を売り始めると、17年に経営破綻してしまった。

そして次なるターゲットはテレビかもしれないとされている。映画や音楽の見放題、聴き放題サービスの「アマゾン・プライム」、それに向けたスポーツイベント放映権の獲得やオリジナルコンテンツへのテレビをはるかに超える投資は、「世界の民放とメーカーが過去100年以上かけて形成してきた消費社会を打ち壊す革命」となるかもしれないとも述べられている。なぜなら「アマゾン・プライム」でドラマを観る人々はCMを見ないし、「アマゾン・ダッシュ」という小さなリモコンで商品も買われていくからだ。

このアマゾンの世界は「消費者にとっては天国だが、スーパーや民放、メーカーにとっては地獄」という事態を迎えつつある。

【まさに「あらゆる市場を浸食している男」の体現としてのアマゾンは、テレビをも飲みこんでいくのかもしれない。それに考えてみれば、私たちのテレビの歴史にしても、半世紀ほどのものでしかないのである。出版業界にしても、このようなアマゾンと対峙していかなければならないのだ。いみじくも2でいわれていた「消費者」の争奪戦となる。3900円の年会費を払って「アマゾン・プライム」会員になれば、映画や音楽の見放題、聴き放題はもちろんのこと、配送費無料で、しかも翌日に届き、「プライム・ステューデント」ならば、さらに書籍に定価の1割のポイントがつく。それは高定価の書籍ほどメリットが生じる。書店にしてみれば、安さと便利さと早さでは太刀打ちできないし、複合店の映画や音楽のレンタルも同様である。前回のクロニクルで、出版社が雪崩を打ったように、アマゾンとの直取引に向かっていることを既述しておいたが、その果てには何が待っているのだろうか】

〔4〕 丸善ＣＨＩホールディングスの29社からなる連結決算予想は１７８３億円だが、３億２５００万円の赤字の見通し。

それは主として丸善ジュンク堂の退店費用の見直しから、減損損失17億７５００万円を特別損失に計上したことによっている。

丸善ジュンク堂を中心とする店舗、ネット販売事業は売上高７５６億８３００万円、前年比０・９％減、営業の損失３億２６００万円。店舗数は93店。

また丸善ジュンク堂書店は退店時の撤退費用などの見積り変更と、将来の収益計画への見直しによる減損損失を計上したことで、財政状態が悪化。丸善ＣＨＩホールディングス保有の同社株式の実質的価値が低下したため、関係会社株式評価損として、23億４０００万円の特別損失を計上。

【この決算予想を取り上げたのは、ここで丸善ジュンク堂の退店時の撤退費用への言及がなされていたからである。2で日販のバブル出店の清算がついていないことにふれたが、それはこの退店時の撤退費用の問題が大きく絡んでいる。これは出店メカニズムにつきまとう問題ではあるけれど、広く知られていないと思われるし、私は郊外消費社会論の専門家でもあるので、少しばかり解説しておこう。アパートやマンションなどの住居系契約と異なり、商業施設の場合、短期間で閉店すると貸す側の投資コストを回収できないことが生じてしまう。それは１９８０年代からのロードサイドビジネスの建物に顕著で、テナント側の要求に基づいて建築されるために、汎用性のないもので、撤退してしまうと次のテナントが容易に見つからないことが多く生じるようになった。それゆえに賃貸契約に撤退ペナルティが加えられるようになり、契約期間を待たずしての退店は、残存家賃の支払いといった項目がつけられるようになった。それは次第にロードサイドビジネス以外にも及んでいき、広く商業施設の賃貸契約にも応用されていったのである。しかしこれはテナント側の売上が順調であれば、家賃を払うことができるけれど、売上が落ち、採算を割ってしまうと、営業を続けていくことも困難になる。しかし退店すると、先述したようなペナルティが生じるし、しかも原状回復という条件も重なり、退店時の撤退費用は大きな負担になってしまうのである。しかもかつてのその個々の契約内容の詳細は、開発担当者だけが把握しているケースも多く見受けられた。ハウスメーカーなどによるサブリースにしても同様である。それゆえにとりわけ大型店の閉店の場合、予想以上のコストがかかってしまうし、まさに閉めるに閉められないケースも多くあると推測される。このような出店と閉店の契約をめぐるメカニズムを、現在のナショナルチェーンと書店市場に当てはめれば、どのような事態が進行しているのか、想像がつくだろう。だがこれが出店と閉店の現実に他ならないのだ】

〔5〕『出版月報』（2月号）が特集「紙&電子コミック市場2017」を組んでいる。
17年のコミック市場全体の販売金額は4330億円、前年比2・8%減。

その内訳は紙が1666億円で、同4・4%減、電子が1711億円で同17・2%増。

そのうちの「コミック市場全体（紙版&電子）販売金額推移」と「コミック・コミック誌推定

■コミック市場全体（紙版＆電子）販売金額推移　（単位：億円）

年	紙			電子			合計
	コミックス	コミック誌	小計	コミックス	コミック誌	小計	
2014	2,256	1,313	3,569	882	5	887	4,456
2015	2,102	1,166	3,268	1,149	20	1,169	4,437
2016	1,947	1,016	2,963	1,460	31	1,491	4,454
2017	1,666	917	2,583	1,711	36	1,747	4,330
前年比（%）	85.6	90.3	87.2	117.2	116.1	117.2	97.2

販売金額」を示す。

【16年までコミック市場全体の販売金額は４４００億円台の横ばいで、紙が落ちこみ、電子が伸びるという回路をたどってきた。それは17年も変わっていないが、紙のコミックスは１６６６億円で、前年比14・４％の減となり、一方で電子コミックスは１７１１億円で、同17・２％増であるから、初めて電子コミックスが紙のコミックスを上回ったことになる。しかしコミック全体では１９９５年の５８６４億円をピークとして、２００５年まで５０００億円台が保たれていたことからすれば、電子を合わせても26％マイナスとなっている。やはり17年も紙のコミックス全体の落ちこみは深刻で、推定販売金額は２５８３億円で、同12・８％減。これは統計を開始してからの初めての２ケタ減とされる。それがとりわけ顕著なのはコミック誌で、ついに１０００億円を割りこみ、９１７億円、同９・７％減である。その内訳を見てみると、月刊誌の子どもが１５５億円、同11・４％減、大人が３１３億円、同５・２％減、週刊誌の子どもが２９７億円、同14・１％減、大人が１５２億円、同６・７％減で、コミックス誌全体の凋落が浮かび上がってくる。１９９７年の３２７９億円に対し、３分の１以下になってしまい、それは推定

販売部数も同様なのである。それに紙のコミックスの場合、電子コミックスが成長することでバランスがとれているにしても、コミックス誌の場合、電子は36億円、16・1％増でしかなく、伸びてはいるが、そのシェアはわずか3・8％にすぎない。ここで明らかなのは、紙のコミックスもそうであるように、電子コミック市場は、あくまで紙のコミックス誌が母胎となって出現しているという事実だ。その母胎としてのコミックス誌の凋落は、電子コミックスにしても、旧作の電子化が一巡してしまえば、それほど成長を見こめない分野と化してしまうかもしれない】

〔6〕講談社は青年・女性コミック6誌を月額720円での定期購読サービス「コミックDAYS」、それに紐付けたマンガ投稿サイト「DAYSNEO」を開設。

「コミックDAYS」で配信されるのは、『ヤングマガジン』『モーニング』『アフタヌーン』『イブニング』『Kiss』『BE・LOVE』のコンテンツで、月刊ユニークユーザーは3月1日開始から13日現在で、30万人に達している。20代から40代をターゲットに、書店に足を運ばない読者にコミックを読んでもらうことをコンセプトとする。

「DAYSNEO」はウェブを通じての編集者と漫画家志望者の出会える場を想定し、開発された。

【前回の本クロニクルで、講談社の電子・版権サービス部門の「事業収入」が357億円で、総収入の30％を超えたことを既述しておいた。その電子版路線としての企画がこの「コミック

■コミックス・コミック誌の推定販売金額　(単位：億円)

年	コミックス	前年比(%)	コミック誌	前年比(%)	コミックスコミック誌合計	前年比(%)	出版総売上に占めるコミックのシェア(%)
1997	2,421	▲4.5%	3,279	▲1.0%	5,700	▲2.5%	21.6%
1998	2,473	2.1%	3,207	▲2.2%	5,680	▲0.4%	22.3%
1999	2,302	▲7.0%	3,041	▲5.2%	5,343	▲5.9%	21.8%
2000	2,372	3.0%	2,861	▲5.9%	5,233	▲2.1%	21.8%
2001	2,480	4.6%	2,837	▲0.8%	5,317	1.6%	22.9%
2002	2,482	0.1%	2,748	▲3.1%	5,230	▲1.6%	22.6%
2003	2,549	2.7%	2,611	▲5.0%	5,160	▲1.3%	23.2%
2004	2,498	▲2.0%	2,549	▲2.4%	5,047	▲2.2%	22.5%
2005	2,602	4.2%	2,421	▲5.0%	5,023	▲0.5%	22.8%
2006	2,533	▲2.7%	2,277	▲5.9%	4,810	▲4.2%	22.4%
2007	2,495	▲1.5%	2,204	▲3.2%	4,699	▲2.3%	22.5%
2008	2,372	▲4.9%	2,111	▲4.2%	4,483	▲4.6%	22.2%
2009	2,274	▲4.1%	1,913	▲9.4%	4,187	▲6.6%	21.6%
2010	2,315	1.8%	1,776	▲7.2%	4,091	▲2.3%	21.8%
2011	2,253	▲2.7%	1,650	▲7.1%	3,903	▲4.6%	21.6%
2012	2,202	▲2.3%	1,564	▲5.2%	3,766	▲3.5%	21.6%
2013	2,231	1.3%	1,438	▲8.0%	3,669	▲2.6%	21.8%
2014	2,256	1.1%	1,313	▲8.7%	3,569	▲2.7%	22.2%
2015	2,102	▲6.8%	1,166	▲11.2%	3,268	▲8.4%	21.5%
2016	1,947	▲7.4%	1,016	▲12.9%	2,963	▲9.3%	20.1%
2017	1,666	▲14.4%	917	▲9.7%	2,583	▲12.8%	18.9%

DAYS」などのような具体的なかたちとなって現実化していく。その一方で、集英社も「週刊少年ジャンプ50周年」キャンペーンとして、マンガアプリ「少年ジャンプ＋」の無料配信、「ジャンプPARTY」で100作品の無料公開を発表している。これは5で記したことに関連するが、こうした試みが紙のコミックス誌のような読者を生み出せるかどうかは未知数で、まだ時間を必要とすることは確かであろう】

〔7〕 主婦の友社の月刊誌『S cawaii!』は6月号をもって季刊ムックに変更。
2001年創刊だが、急速なデジタル化と読者の思考の多様性を鑑みてのリニューアルとされる。

〔8〕 柑出版社の月刊メンズファッション誌『2nd（セカンド）』は紙版の発行を休止し、デジタル版へ移行。2007年創刊で、30代から40代の男性読者を対象とするカジュアルファッション情報誌だったが、電子講読数のほうが上回ったことによる。
【『出版状況クロニクルV』などで、2016年はついに雑誌銘柄数が3000点を下回ってしまったことを既述しているが、17年も同様に減少し、18年も続いていくことは確実であろう。その中でもファッション関係はデジタル環境の急速な変化によって、多大な影響を受けている。それはコミックにおける紙と電子の関係に似ているかもしれない】

〔9〕『選択』（3月号）の「社会文化情報カプセル」がヤマト運輸の料金値上げが経済誌に波及していることを報じている。
ヤマトは東洋経済新報社の『週刊東洋経済』とダイヤモンド社の『週刊ダイヤモンド』に定期購読者の配送料の抜本的値上げを要請。

前者の場合、それは倍となり、総額では六千万円近くで、年間売上20億円の利益が飛びかねないとされる。

日本郵便へ切り替えると、同誌の4割を占める定期購読者に土曜日に届けられず、店頭発売と同日の月曜日にずれこんでしまい、そのメリットがなくなってしまう。それは『週刊ダイヤモンド』も同様で、ヤマトに配達を依存していた出版社は深刻な問題に直面していくことになる。

【両社だけでなく、定期購読者を多く抱えている雑誌出版社は同じ事態を迎えているはずだ。ここではヤマトだけが取り上げられているが、日本郵便のゆうメールの値上がりも深刻で、アマゾンのこともあり、送料を出版が社負担すると、安い本では利益が出ないといった状況となっている。この数年、中小出版社の書籍通販状況をヒアリングしていないが、今後そのことに関して聞いてみようと思っている】
〔10〕『朝日新聞』（3/25）に「夢枕獏の変態的長編愛」と題する全面広告が掲載されている。
そこには『大江戸恐龍伝』（小学館）、『東天の獅子』（双葉社）、『陰陽師』（文春）の広告に加え、積み重ねた自筆原稿の山と自身のポートレート、「虫に生れかわっても」という一文、しかもそ

れは「物語作家として生きたい」と続いていくのである。

【これだけ見ると、出版社の広告だと思われるだろうが、実は夢枕が自費掲載料を負担したものである。作品の書店店頭での寿命の短命化、歯止めがかからない書店の廃業の中で、「忘れかけている過去の作品をもう一度、多くの人に読んでほしい」との思いからで、230書店でのフェアも連動している。自費出版ならぬ「自費広告」の時代に入ってきているのかもしれない。それにきっと夢枕も「物語」を求め、小田原の書店や貸本屋や古本屋をさまよって時代を思い浮かべているのだろう。そういえば、高野肇が『貸本屋、古本屋、高野書店』(「出版人に聞く」シリーズ8)において、夢枕が常連客だったと語っていたことを思い出した】

〔11〕日本出版社協議会理事で、リベルタ出版の田悟恒雄が『出版ニュース』(3/中)の「ブックストリート」において、「紙と共に去る」ことを告白している。
【田悟によれば、リベルタ出版を立ち上げたのは1987年のことで、86年のチェルノブイリ原発事故をきっかけとし、処女出版は『石棺 チェルノブイリの黙示録』だった。それを彼は「無謀な起業に踏み切ったのは、まだ若さとエネルギーを持ち合わせていたから」だと回想している。それから30年が経ち、田悟とリベルタ出版は「シューカツ」の時期を迎えざるをえなかったことになる。そしてこの一文は次のように結ばれている。「それにしても、店をたたむというのは容易なことではない。いま零細出版人の脳裏には、むかし耳にした「通りゃんせ」の一節がしきりに去来している。『ゆきはよいよい、かえりはこわいー』」と。よくわかります。

傷が浅からんことを祈る】

〔12〕『FACTA』（4月号）が「コメを売る『ベースボール・マガジン』の落日」を伝えている。

ベースボール・マガジン社は1946年創業で、『週刊ベースボール』と『週刊プロレス』の看板雑誌を中心とし、様々なジャンルのスポーツ雑誌を発行する老舗出版社で、2004年には売上高120億円を計上していた。

しかしその後は業績が低迷し、売上高が100億円を割りこみ、連続減収で、メーンバンクもメガバンクから地銀、信金と二度も替えている。それに加え、栗田と太洋社の破産により、焦げ付きが発生し、16年には本社ビル不動産を売却し、現在では南魚沼産コシヒカリ「ベーマガ米」の販売も手がけるに至ったとされる。

【ベースボール・マガジン社で思い出されるのは、子会社の恒文社のことで、1960年代には『現代東欧文学全集』が出された。それは画期的な企画で、映画化されたカザンザキス『その男ゾルバ』やイヴァシュキェヴィッチ『尼僧ヨアンナ』などの収録もみられた。だが当然のことながら、東欧文学が売れるはずもなく、恒文社は資金繰りに行き詰まり、67年にベースボール・マガジン社も会社更生法申請に至った。それもあって、当時はこの『東欧文学全集』がどこの古本屋でも安く売られていたので、1冊ずつ買って読んだものだった。だがそれもすでに半世紀前のことだったのである】

〔13〕『出版ニュース』(3／中)に鈴木久美子「『東京都公立小・中学校司書配置状況』調査を続けて」と、菊池保夫「都立高校図書館の民間委託の問題点」が掲載されている。

前者では具体的にそれらの職名、身分、資格要件、契約期間、報酬などがリストアップされ、小中の学校司書の実情が示されている。

後者ではこれも民間委託業者名が挙げられ、それらに図書館関係の会社は1社もなく、ビル管理会社や清掃などの会社が多いとされる。そして学校司書は神奈川県や埼玉県では新規採用が行なわれているのに、「このまま委託が進めば一番の富裕自治体である東京都は、一番貧しい学校図書館をもつ恥ずかしい自治体となるであろう」と結ばれている。

【これらを取り上げたのは、最近地方自治体の公立図書館関係者から委託業者が代わってしまったことで、司書や職員が減ってしまい、困っているとの相談を受けたからである。それによれば、委託業者はTRCなどではなく、これも多くが生まれているようで、そのキャパシティと実力はそれぞれに差異があり、先に上げた事態は全国で様々に起きていることが確認できた。やはり公共図書館の現場においても、都立高校図書館のような民間委託、同じく小中学校状況のような司書と職員の配置が進行しているのだろう。私の場合は門外漢なので、知り合いの大学図書館関係者を紹介しただけで終わってしまったが、日本図書館協会こそはこのような図書館状況をレポートすべきだろう】

〔14〕『出版ニュース』(3／上)の「図書館ウォッチング」28が、「ツタヤ図書館は準備中も営業

開始後も、張りぼて様の華やかさと、それとは裏腹の危うさがあります」と始め、その2月の動向を報告している。

【それによれば、「和歌山市ツタヤ図書館談合疑惑」を始めとして、問題は続出しているようだ。しかし驚いたのは周南市の新徳山ビルのツタヤ図書館の開館によって、駅前の徳山銀座商店街の老舗地元書店の鳳鳴館が「閉店を決断」したというニュースだった。ツタヤ図書館開館による地元書店の閉店は初めて伝えられるものだったからだ。『出版状況クロニクルⅣ』において、その始まりだった武雄図書館に関してはかなり詳細に記しておいたし、地元の書店が影響を受け、売上が悪化していることにもふれておいた。だが地元書店の閉店までは追跡できていなかった。アルメディアの『ブックストア全ガイド96年版』で確認してみると、鳳鳴館は徳山市銀座の本店の他に、本部、営業部、山口県だけでも10店近い郊外店を展開していたとわかる。所謂典型的な老舗書店だったが、TSUTAYAを始めとするナショナルチェーンによって、郊外店をすべて失い、最後の本店もツタヤ図書館によって閉店に至ったことになる。おそらく他にもそのようなケースが多発していると推測される】

〔15〕 このような出版状況を背景にして、『出版状況クロニクルⅤ』は5月上旬に刊行される。ゲラを校正していて確認したが、2016年から17年にかけての出版シーンは、これまで以上に深刻で生々しい。1冊になったクロニクルを読むことは、ネットとは異なるものであることを付記しておこう。

なお今月の論創社HP「本を読む」26は「エパーヴ、白倉敬彦、『même/borges』」です。

出版状況クロニクル❹　2018年4月

18年3月の書籍雑誌推定販売金額は1625億円で、前年比8・0％減。

書籍は1017億円で、同3・2％減。

雑誌は608億円で、同15・0％減。

雑誌の内訳は月刊誌が507億円で、同15・9％減、週刊誌は101億円で、同10・2％減。

返品率は書籍が27・1％、雑誌が42・0％。

書店店頭売上は『漫画 君たちはどう生きるか』などのヒットがあり、書籍は前年比1％マイナスだが、雑誌は定期誌10％減、ムック11％減、コミック6％減で、17年以上にトータルとしての雑誌離れが進行している。

3月の前年同月比マイナスは141億円で、18年1月から3月にかけての第1四半期は322億円減である。

詳細は『出版状況クロニクルⅣ』の2014年のところを見てほしいが、破綻以前の取次のそれぞれの売上高は、大阪屋が766億円、栗田出版販売が371億円、太洋社が252億円であるから、いかにマイナスが大きいかわかるだろう。それが現在の取次を直撃している。第2四半期も始まっていくが、現在の出版状況から考えれば、マイナスは加速していくと判断するしかない。

〔1〕 前回もふれたように、『日経新聞』(3/31)の発信によれば、楽天が大阪屋栗田に対し、20億円追加出資して子会社化し、社名も「楽天」を含む商号に変更するとのことだった。

だが楽天は、それは自社からのリリースではないとし、コメントを拒否し、その後の動向も伝えられていない。

【結局のところ、『日経新聞』の発信は大阪屋栗田、もしくは株主出版社周辺からのリークと見なせるだろう。楽天は3月9日付プレスリリース「一部ウエブサイトについて」を出し、「楽天は、引き続き株式会社大阪屋栗田―OaK出版流通―と連携し、出版業界の発展に取り組んでまいります」と宣言したばかりなので、どうなっているのか。リリースの注として、これは「発表日現在の情報」で、「最新の情報と異なる場合」があると付されているが、そういうことなのであろうか。それに関し、大阪屋栗田も「ニュースリリース」を出さず、マスコミや業界紙などでも続報は伝えられず、1ヵ月が過ぎたことになる。その一方で、大阪屋栗田の取引書店による18年「OaK友の会」連合大会は中止、新入社員も17年に引き続き、ゼロ採用となっている】

〔2〕これも前回の本クロニクルで、日販の平林彰社長の出版社への取引条件変更要請について、「日販非常事態宣言」だとの判断を既述しておいた。

【しかしかつて取次史上なかった重要な発言であるにもかかわらず、1と同様にマスコミや業界紙も、大問題として言及することを避けていると見なすしかない。大手新聞はいずれも出版部門を抱えているので、自らの問題へと跳ね返ってくるし、それは出版社系経済誌も同様であるからだ。だがこれは出版業界で最大の売上高6200億円を超える取次としての日販の発言、しかもこの出版危機状況における発信という事実からすれば、看過すべき問題ではない。正面から直視し、そこにこめられた意味を解読すべきだろう。そこから浮かび上がってくるのは、1990年以後の日販がたどってきたCCC=TSUTAYAとの癒着というしかない、複合大型店のフランチャイズ・ナショナルチェーン化の帰結である。それは取次戦争でもあり、鈴木書店、大阪屋、栗田、太洋社、日本地図共販を敗北へと追いやってきた。しかしそうしたプロセスは、流通業としての取次が自ら危機を招来したともいえる。流通業の原則からすれば、一定数の標準店をベースとして、取次システムは構築され、成立していたのである。その雑誌をメインとする標準店とは中小書店に他ならず、取次全体として2万店以上が不可欠だったと考えられる。丸善や紀伊國屋などの特販の大型店は統一正味、歩戻し、返品当月入帳などから利益は上がらず、大半を占める中小書店こそが取次にとっての安定した市場で、まさに生命線に他ならなかった。だが『出版業界の危機と社会構造』で詳細に記述しておいたように、1990年代半ばの改正大店法の規制緩和から2000年の大店立地法の施行により、大型店出店はフリーとなり、TSUTAYAを始めとするナショナルチェーンは、さらに複合大型店化を進めていった。それが中小書店を壊滅させることになったのはいうまでもあるまい。それとパラレルに中小取次も退場に追いやられ、かくして日販とトーハンだけがサバイバルしてきたことになる。しかし雑誌とレンタルが凋落する中で、こちらもまた利益をもたらさないバブル出店的大型店、「囲い込み」傘下書店、大赤字のコンビニが残されたことになる。「日販非常事態宣言」はこのような取次と書店状況を背景として出されたものだと見なせよう。前回1の大阪屋栗田が株主にしか目が向いていないと指摘しておいたが、日販の場合は「囲い込み」傘下書店とCCC＝TSUTAYAにあることが歴然としている。かつては大手出版社の雑誌をコアとし、その流通と金融を代行することが存在理由だったはずの大手取次は、初めて書店の側に立ったことになる。それは単純計算すると、「囲い込み」傘下書店とCCC＝TSUTAYAの販売金額を合わせれば、日販の売上高の半分の3000億円に達するからだ。しかもそれらが危機に追いやられていることは間違いない。それに「日販非常事態宣言」はすでに現在の取次システムが赤字だといっているに等しいことに注視しなければならない。これも流通業の原則だが、採算ベースを上回っていけば、利益率は上昇する一方だけれども、下回った場合、赤字が加速して増加していくという事実である。そのような取次の状況下においても、出版社との取引条件変更交渉はスムーズに進むはずもないし、出版社側から見れば、書店支援というよりも、レンタルその他部門へ補塡流用されるのではないかと疑心暗鬼も生じるだろう。もはや出版社、取次、書店というコミュニティが崩壊してしまった中での交渉が難しいことはいうまでもない。これから否応なく焦眉の問題として、取次に関する事柄や情報が語られていくだろうが、その際には取次に関する基礎文献である、村上信明『出版流通とシステム』（新文化通信社、１９８４）、清水文吉『本は流れる』（日本エディタースクール出版部、１９９１）、西谷能雄『出版流通機構試論』（未来社、１９８１）などに目を通してからにしてほしい。村上がその著書でいっているように、出版社や書店以上に「一つ一つの事柄が体系的かつ全体的に把握されていなければ、取次を語ることは難しい」し、本クロニクルもそれを自戒の言葉としているからだ】

〔3〕有隣堂が東京ミッドタウン日比谷3階に「HIBIYA CENTRAL MARKET」２３７坪をオープン。

これは居酒屋、理容室、アパレル、雑貨、メガネ、コーヒー、書籍雑誌、イベントスペースの8業種の新規店で、すべてを直営し、目標粗利益率は60％とされる。

〔4〕今井書店グループが雑貨とカフェと本を融合させた「シマトリ」を本の学校今井ブックセンター内に１５０坪でオープン。

【これらふたつの新業態店の写真が「文化通信ｂＢＢ」（4／23）に掲載され、もはや書店が単独店で生き残っていくことが不可能な時代に入ってしまったことを象徴しているかのようだ。

そういえば、これもすでに20年近く前のことになってしまうけれど、本の学校今井ブックセン

■文庫マーケットの推移

年	新刊点数		推定販売部数		推定販売金額		返品率
	点	増減率	万冊	増減率	億円	増減率	
1995	4,739	2.6%	26,847	▲6.9%	1,396	▲4.0%	36.5%
1996	4,718	▲0.4%	25,520	▲4.9%	1,355	▲2.9%	34.7%
1997	5,057	7.2%	25,159	▲1.4%	1,359	0.3%	39.2%
1998	5,337	5.5%	24,711	▲1.8%	1,369	0.7%	41.2%
1999	5,461	2.3%	23,649	▲4.3%	1,355	▲1.0%	43.4%
2000	6,095	11.6%	23,165	▲2.0%	1,327	▲2.1%	43.4%
2001	6,241	2.4%	22,045	▲4.8%	1,270	▲4.3%	41.8%
2002	6,155	▲1.4%	21,991	▲0.2%	1,293	1.8%	40.4%
2003	6,373	3.5%	21,711	▲1.3%	1,281	▲0.9%	40.3%
2004	6,741	5.8%	22,135	2.0%	1,313	2.5%	39.3%
2005	6,776	0.5%	22,200	0.3%	1,339	2.0%	40.3%
2006	7,025	3.7%	23,798	7.2%	1,416	5.8%	39.1%
2007	7,320	4.2%	22,727	▲4.5%	1,371	▲3.2%	40.5%
2008	7,809	6.7%	22,341	▲1.7%	1,359	▲0.9%	41.9%
2009	8,143	4.3%	21,559	▲3.5%	1,322	▲2.7%	42.3%
2010	7,869	▲3.4%	21,210	▲1.6%	1,309	▲1.0%	40.0%
2011	8,010	1.8%	21,229	0.1%	1,319	0.8%	37.5%
2012	8,452	5.5%	21,231	0.0%	1,326	0.5%	38.1%
2013	8,487	0.4%	20,459	▲3.6%	1,293	▲2.5%	38.5%
2014	8,618	1.5%	18,901	▲7.6%	1,213	▲6.2%	39.0%
2015	8,514	▲1.2%	17,572	▲7.0%	1,140	▲6.0%	39.8%
2016	8,318	▲2.3%	16,302	▲7.2%	1,069	▲6.2%	39.9%
2017	8,136	▲2.2%	15,419	▲5.4%	1,015	▲5.1%	39.7%

ターに呼ばれたことがあった。その2階から書店の光景を眺め、感銘を受けたことを思い出す。その時会った人たちはお達者であろうか】

〔5〕『出版月報』（3月号）が特集「文庫マーケットレポート2017」を組んでいるので、その「文庫マーケット推移」を示す。

【文庫販売金額はかろうじて1000億円を割りこまなかったけれど、5年連続マイナスで、下げ止まる気配はまったくない。17年の書籍推定販売金額のシェアは14・7％で、雑誌、コミックと並ぶ書店売上のベースを占めているが、前回のクロニクルで見たように、雑誌、コミック、文庫と書店売上の柱が揃って落ちこむばかりである。しかも1990年代後半は新刊点数5000点台で、販売金額1300億円をキープしていたのに、それが6000点から8000点台に及び、16年に至っては1000億円、18年にはそれも割ってしまうことが確実である。それから返品率はこの4年間39％台で推移し、文庫の生産、流通も赤字になっているのではないかとも推測される。文庫は雑誌に最も近いかたちで発行されていることからすれば、雑誌と同じく返品の多くは断裁の憂き目にあっていることも考えられる。もはや文庫もロングセラーではなく、絶版の山を築きながら出されているのだろう】

〔6〕『日本の図書館統計と名簿2017』も出されたので、公共図書館の推移を示す。

【17年の個人貸出数は、16年に7億冊を回復していたが、14、15年と同様に6億冊台へと戻っ

■公共図書館の推移

年	図書館数	専任職員数（人）	蔵書冊数（千冊）	年間受入図書冊数（千冊）	個人貸出登録者数（千人）	個人貸出総数（千点）	資料費当年度予算（万円）
1971	885	5,698	31,365	2,505	2,007	24,190	225,338
1980	1,320	9,214	72,318	8,466	7,633	128,898	1,050,825
1990	1,928	13,381	162,897	14,568	16,858	263,042	2,483,690
1997	2,450	15,474	249,649	19,320	30,608	432,874	3,494,209
1998	2,524	15,535	263,121	19,318	33,091	453,373	3,507,383
1999	2,585	15,454	276,573	19,757	35,755	495,460	3,479,268
2000	2,639	15,276	286,950	19,347	37,002	523,571	3,461,925
2001	2,681	15,347	299,133	20,633	39,670	532,703	3,423,836
2002	2,711	15,284	310,165	19,617	41,445	546,287	3,369,791
2003	2,759	14,928	321,811	19,867	42,705	571,064	3,248,000
2004	2,825	14,664	333,962	20,460	46,763	609,687	3,187,244
2005	2,953	14,302	344,856	20,925	47,022	616,957	3,073,408
2006	3,082	14,070	356,710	18,970	48,549	618,264	3,047,030
2007	3,111	13,573	365,713	18,104	48,089	640,860	2,996,510
2008	3,126	13,103	374,729	18,588	50,428	656,563	3,027,561
2009	3,164	12,699	386,000	18,661	51,377	691,684	2,893,203
2010	3,188	12,114	393,292	18,095	52,706	711,715	2,841,626
2011	3,210	11,759	400,119	17,949	53,444	716,181	2,786,075
2012	3,234	11,652	410,224	18,956	54,126	714,971	2,798,192
2013	3,248	11,172	417,547	17,577	54,792	711,494	2,793,171
2014	3,246	10,933	423,828	17,282	55,290	695,277	2,851,733
2015	3,261	10,539	430,993	16,308	55,726	690,480	2,812,894
2016	3,280	10,443	436,961	16,467	57,509	703,517	2,792,309
2017	3,292	10,257	442,822	16,361	57,323	691,471	2,792,514

てしまった。だが図書館数は19館の増加を見ているし、貸出登録者数もほぼ横ばいであることからすれば、基本的には2010年代は7億冊前後の貸出数で推移してきていると見るべきだろう。だが問題なのは書籍の推定販売部数が2011年から7億冊を下回り、図書館貸出数に抜かれてしまったことで、しかも17年にはついに6億冊を割り、5億9157万冊となり、両者の差は1億冊に及んでしまった。書籍推定販売冊数の推移をたどれば、1996年の9億冊から3億冊のマイナスとなっている。それに対し、図書館貸出冊数は97年の4・3億冊から、17年の6・9億冊と2・6億冊増加し、書籍販売冊数のマイナスと近い数字となる。もちろんこれがすべての図書館の影響だというつもりもないし、この20年間における出版物売上高と書店数の半減も作用していることは承知している。だが書店との棲み分けを考慮しない公共図書館の増加が、このような貸出冊数と販売冊数の逆転を生じさせたことは否定できないだろう。またしても、文春の松井清人社長たちと千代田区立図書館員たちによる「文庫貸し出しの議論」がもたれている。しかしそれよりも直視すべきは**5**で示した日本の出版業界における文庫の位置づけ、出版経済も含めた文庫の意味、ここで挙げた図書館データ推移から浮かび上がる公共図書館における市民と読者、蔵書と貸出の関係、文庫で読むことの読書習慣などの根本的な問題ではないだろうか。さらにまた、文春とともに**2**の「日販非常事態宣言」を公共図書館側も言及すべきだと思われるし、この問題は図書館とも無縁ではないのである】

〔7〕 CCCの連結子会社で、コミックやライトノベルを発行するアース・スターエンターテイ

メントが泰文堂の全株式を取得し100％子会社化。

〔8〕旭屋書店を運営する旭屋書店と東京旭屋書店は、それぞれ発行済み株式の30％強をCCCに売却。

【いずれもCCC傘下へということになるが、釈然としない印象がつきまとう。出版社としての泰文堂は語学や教科書がメインだったはずで、それがコミックやライトノベル版元による子会社化にどのような意味があるのか。考えられるのは、泰文堂が老舗出版社ゆえに高正味という理由だが、まだ他にも事情があるのかもしれない。旭屋書店の場合も、『出版状況クロニクルV』でふれておいたように、もはや書店売上ランキングからも姿を消していて、この出版状況下でのM＆A案件にふさわしいとも思われない。とりあえず日販がCCC傘下に「囲い込み」させたということになろうか。まだ公表されていない出版社のM＆Aも多くあり、語学書ということであれば、三修社も映像、ネット、モバイル、ゲームなどを媒体とするコンテンツ制作の総合メディアプロダクションのブレイングループの傘下入りしたようだ】

〔9〕京都府舞鶴市の書籍販売とCD・DVDレンタルのカルチャープレスが破産。2001年の年商4億4000万円が17年には1億6000万円に減少していた。負債は1億3500万円。

【『ブックストア全ガイド96年版』（アルメディア）で確認してみると、舞鶴市にもINDEXにもカルチャープレスは見当らない。96年以後の創業、もしくは社名変更も考えられるが、レンタルから始めて出版物も手がけるという複合店化をたどった業態のように思われる。そのようにカルチャープレスを位置づけてみると、レンタル事業の失墜は加速していることがうかがわれる。折しも２００５年からスタートしたアマゾンのプライム会員数が初めて公表されたが、世界で1億人を突破している。またネットフリックス会員数も1億２５００万人に及ぶという。見放題、聴き放題、動画配信のさらなる成長は、レンタル市場の凋落に拍車をかけていくであろう】

〔10〕映画関連書や映画検定試験事業を手がけていたケージェイが破産。

映画雑誌『キネマ旬報』を発行し、東京都中小企業再生支援協議会の支援を受け、私的整理を実施し、新会社に主力事業を移管し、第二会社方式による再建をめざしたが、解散となり、今回の措置に至った。負債は7億３３００万円。

【「旧」キネマ旬報社のたどった結末ということになる。『キネマ旬報』は１９１９年に創刊され、21年には現在まで続くキネマ旬報ベスト・テンを設け、映画評論誌としての地位を確立した。戦後の１９５１年に復刊し、２０１６年まで出されてきたが、17年「新」キネマ旬報社のもとに移されていた。映画を観る環境はＤＶＤ、動画配信、シネコンなどによって様変わりしてしまったといってもいいけれど、映画をめぐる出版はやせ細っていくばかりのように思える。一期一会のようにしか観られない時代は多くの映画書が出されていたのに、いつでも観られる時代になると、そうではなくなるというのは何という逆説であろうか。ケージェイ＝「旧」キネマ旬報社のたどった結末は、それを象徴しているといっていい】

〔11〕　船井メディアが特別清算。

同社は1995年船井総研グループの創設者船井幸雄によるプライベート・カンパニーとして設立され、月刊誌『ザ・フナイ』やCDマガジン『JUST』などの制作、販売、セミナー事業などを手がけていた。

2008年には売上高8億円を計上していたが、14年の船井の死去に伴い、15年には3億円に落ちこみ、出版事業は15年に船井本社に譲渡されていた。負債は1億4800万円。

【船井メディアはバブル時代に設立された多くの出版社のひとつに挙げられるだろう。しかし創業者の知名度が高く、自らの名前を付した出版物はそれなりの売上高を確保できるにしても、その依存度が高く、亡くなってしまえば、効果は急速に希薄化していくことを示している。おそらくPHPを範として設立されたはずだが、ビジネス書出版社としての成長は難しかったのであろう】

〔12〕　政府は漫画を無料で読める海賊版サイト「漫画村」「Anitube」「MioMio」へのサイトブロッキングの「緊急対策」実施を決定。

それを受けて、NTTグループは3つの海賊版サイトのサイトブロッキングを実施し、ソフトバンクとKDDIは検討中とされる。

【しかしこのような海賊版サイトは200以上あるとされ、誰がそのサイトブロッキングを決め、接続業者に要請するのか、具体的に明らかになっておらず、政府による検閲と事業者への圧力、議論なきサイトブロッキングの様相も帯びている。先に実施された児童ポルノサイトのサイトブロッキングは総務省、警察庁、事業者側が3年がかりの議論を経て決定したもので、今回の漫画の場合の「緊急対策」の内実が問われなければならないだろう。それは本クロニクルも、前回ふれたように、議論なきサイトブロッキング的対応に直面したからで、どのようなブログでもそうした事態に追いやられることもふまえるべきだと実感しているからだ。それに専門家からは、サイトブロッキングは技術的に簡単ではないし、有効性も理解されていないし、効果は疑問で、対象外サイトも見られなくなる可能性も挙げられている。また著作権被害額にしても、出されている3200億円は過大ではないかとの疑問も生じている。いずれにしても、議論なきサイトブロッキングは後に禍根を残すと考えざるをえない】

〔13〕『日経MJ』(4/6)が「LINEに行列　漫画家争奪戦」と題して、スマートフォンによる漫画アプリをめぐる大手出版社とネット企業の特集を組んでいる。

そのチャートは上記のようなものである。

続けて大手出版社の漫画アプリ発ヒット作品も挙げてみる。ネット企業のほうでは「ガンマ」連載のヒット作『外れたみんなの頭のネジ』の単行本発行はアース・スターエンターテイメント

■大手出版社

出版社	アプリ名	サービス開始	ダウンロード数
集英社	少年ジャンプ＋	2014年9月	900万件
小学館	マンガワン	2014年12月	1250万件
講談社	マガジンポケット	2015年7月	−

■ネット企業

	アプリ名	サービス開始	ダウンロード数
LINE	LINEマンガ	2013年4月	1900万件
ディー・エヌ・エー	マンガボックス	2013年12月	1000万件
コミックスマート	ガンマ	2013年12月	950万件

とあるので、**7**の泰文堂を子会社にしたのはネット企業系だとわかる。

【トーハンの「LINEマンガ」や「ガンマ」など、ネット系のアプリ集計によれば、それらで連載単行本化された作品数は14年4点、15年67点、16年145点、17年151点と増えてきているが、ネットで人気を得ても、単行本でヒットするとは限らないようだ。現在マンガアプリは100以上あると見られるが、これからも単行本点数が増えていくかどうかはもう少し見極める必要があるだろう。ちなみに『創』（5、6月号）も「マンガ市場の変貌」を特集している。そこで、前回の本クロニクルでも伝えたが、初めて電子コミックスが紙のコミックスを上回ったことへの言及がなされ、その逆転に対する疑問も提起されている。それは大手出版社のマンガ編集者も同様の意見で、電子コミックデータ集計が簡単ではないという事情も浮かび上がってくる。そしてそのことが海賊版サイトによる著作権被害額の問題へとも結びついているのである】

■大手出版社漫画アプリ発ヒット作品

出版社	タイトル	発行部数（電子版含む）
講談社	インフェクション 金田一少年の事件簿外伝 犯人たちの事件簿 DAYS外伝	127万部 55万部 21万部
小学館	マギシンドバッドの冒険 モブサイコ100 ケンガンアシュラ	560万部 195万部 180万部
集英社	終末のハーレム	220万部

〔14〕 北海道が『エロマンガ表現史』（太田出版）、滋賀県が黒沢哲哉『全国版あの日のエロ本自販機探訪記』（双葉社）を有害図書指定。

【12の検閲とサイトブロッキングではないけれど、東京オリンピックを控えてであろう検閲を、地方自治体も始めている。『出版状況クロニクルV』で、イオングループのミニストップや未来屋書店からの成人向け雑誌の販売中止が、千葉市からの要望によることを既述しておいた。それは前回の東京オリンピックと連動して起きた1963年の「悪書追放運動」を想起させるので、千葉市のイオンの例を、自治体と流通業者は見ならうべきではないと述べておいた。しかしこれらの有害図書指定に明らかなように、地方自治体のほうは見ならおうとしているのだろう。それも政府による海賊版サイトへの検閲とサイトブロッキングによって、さらに推進されていくのではないだろうか】

〔15〕 『現代思想』（3月号）が「物流スタディーズ―ヒトとモノの新しい付き合い方を考える」を組んでいる。

【本クロニクルでも、何度か『現代思想』の特集に言及してきたが、まさか物流問題までは想像していなかった。しかし『出版状況クロニクルV』でふれているように、デパート、ショッピングセンターなどの「旧大陸」に対して、「新大陸」とされるアマゾンやメルカリを見れば、それがインターネットを通じての金融とロジスティクスを伴うグローバリゼーションであるばかりでなく、新たなテクノロジーによる物流革命だと認識できる。今回の特集では、田中浩也と若林恵の対談「グローバルとローカルをつなぐテクノロジーの編集力」、大黒岳彦「〈流通〉の社会哲学」にとても触発されたことを記しておこう】

〔16〕 春秋社が創業100周年として、「年次別刊行書目（1919年～2017年）」を収録した図書目録を刊行。

【春秋社は昭和円本時代に、『世界大思想全集』第Ⅰ期78巻を刊行しているが、この企画編集と翻訳の全容がつかめていない。それから夢野久作の『ドグラ・マグラ』を始めとして、多くの探偵小説を、発行所春秋社、発売所松柏館として刊行している。こちらもその全貌が不明である。先日も同様にして、昭和12年刊行のトムソン『探偵作家論』（廣播洲訳）を入手したが、図書目録には同11年刊行とあった。春秋社の戦前のまとまった単行本リストを目にするのは初めてなので、とても参考になるし、貴重な書誌データとして有難い。なお世界思想社も創業70周年記念号として、『世界思想』（45号）が特集「メディア・リテラシー」を組んでいることを付記しておく】

〔17〕　ロシア文学者の太田正一が亡くなった。

【彼は小社のプリーシヴィン『ロシアの自然誌』『森のしずく』の訳者であり、私も『エマ・ゴールドマン自伝』（ぱる出版）の拙訳に際して、ロシア語関連のことでご教示を得ている。その死を追悼し、中村喜和による太田正一編訳『プリーシヴィンの日記』（同成社）の書評が『産経新聞』（4／1）に掲載された。プリーシヴィンはロシアの先駆的なエコロジストにして思想家であった。1990年代に、その初めてといっていい翻訳に際し、ロシア語版選集を彼にプレゼントできたことは本当によかったと思う。この『日記』の訳出もそれによっているのかもしれないからだ。しばらく会っていなかったのが残念だが、心からご冥福を祈る】

〔18〕　植田康夫の死が伝えられてきた。

【彼はいうまでもなく、『週刊読書人』編集長や上智大学教授、出版学会会長、4の本の学校理事長も務め、出版業界でもよく知られていた人物であった。だが私にとっては何よりも、『「週刊読書人」と戦後知識人』（「出版人に聞く」シリーズ17）の著者で、図らずも、これが実質的遺著となってしまった。そうした意味において、インタビューしておいてよかったと思う。とはいえ、このシリーズの著者の死は5人目である。外出が困難になってきたとは仄聞していたけれど、死に至るほどではないと考えていた。謹んでご冥福を祈ります】

〔19〕　このような出版状況下で、スピルバーグの『ペンタゴン・ペーパーズ』を観たことを、

そっと付け加えておこう。

論創社ＨＰ「本を読む」27は「松田哲夫、筑摩書房『現代漫画』、『つげ義春集』」です。

出版状況クロニクル❺　２０１８年５月

18年４月の書籍雑誌推定販売金額は１０１８億円で、前年比９・２％減。

書籍は５３８億円で、同２・３％減。

雑誌は４８０億円で、同15・８％減。

雑誌の内訳は月刊誌が３９３億円で、同15・７％減、週刊誌は87億円で、同16・２％減。

返品率は書籍が35・２％、雑誌が46・６％。

雑誌返品率の改善のためにコミックやムックの送品が大幅に抑制されていて、雑誌推定発行金額は２月が11・３％、３月12・１％、４月は14・０％、それぞれ減となっている。だが返品率は３ヵ月続けて40％を超え、４月までの平均返品率は44・７％に達している。

ちなみに15年は41・８％、16年は41・４％、17年は43・７％であるから、大幅な送品調整や抑制によっても、返品率は上がり続けているのだ。

その一方で、書籍返品率はまだ30%台にとどまっているが、それでも取次にとって赤字とされていることからすれば、雑誌も赤字へと追いやられていると考えられる。つまり書籍と雑誌という流通の両輪が、赤字に陥りながら作動していることにもなる。

4月の前年同月比マイナスが103億円で、18年1月から4月にかけての累計が、すでに425億円減である。

このマイナスがさらに加速していくと推測されるし、そのことから判断すれば、18年の書籍雑誌推定販売金額は1兆2500億円ほどに落ちこんでしまうだろう。これが18年の出版業界の恐ろしい現実に他ならない。

本クロニクルで使用している数字は周知のように、出版科学研究所のデータであり、これは取次ルートの出荷金額から書店返品金額を引いたものによっている。すなわち取次売上がダイレクトに反映され、月を追うごとに深刻さを増していく取次の危機を伝えていることになる。

【1】『文化通信』(5/21)などによれば、日販懇話会で、日販の平林彰社長は取次事業が5億円を超える赤字に転落し、「取次業は崩壊の危機にある」と報告した。

商品別では雑誌の営業利益が5億円と、5年で6分の1となり、書籍は30年来の赤字が続いているとされ、取次業を作り直すための5つのキーワードを挙げている。それを要約して示す。

＊書店を増やす。

＊マーケットインする。これを補足説明すれば、経営用語で、市場の要求に応じて製品やサー

ビスを提供しようとすることをさす。
＊返品を減らす。
＊在庫の見える化と確約。
＊物流コストの圧縮。

これらに加え、出版社に対しては、書籍の定価値上げ要請とともに、仕入れ条件が70％を超えると黒字化できないことを挙げている。

【これは本クロニクル❸の「日販非常事態宣言」後のさらなる具体的な方針の提言であり、取次事業とは別に小売り事業も本業として前面に押し出されている。それは本クロニクル❹でも記述しておいたように、ＣＣＣ＝ＴＳＵＴＡＹＡと「囲い込み」傘下書店の販売金額を合わせれば、日販の連結売上高の半分に達するからだ。しかも今期は小売事業が6年ぶりに10億円近い黒字に転換し、連結業績として減収増益になったとされる。しかしここに挙げられた５つのキーワードは目新しいものではないし、それに現在の出版状況において、最初の「書店を増やす」ことは、いうまでもなく本クロニクルの発信への対応だが、それが可能だとは思われない。書店のマージンを増やし、出店を加速するとの言も、書店市場の現実との乖離は明らかだ。もしそれがＣＣＣ＝ＴＳＵＴＡＹＡと「囲い込み」傘下書店を増やすのであれば、書店はさらに減っていくだろう。本気で「書店を増やす」ことを考えるのであれば、書籍の低正味買切制を提案実行し、保証金不要の書籍中心の中小書店の開店をアシストする方向しかない。それからこれは『出版状況クロニクルⅤ』でも示しておいたが、日販の粗利益率は12・１％、トーハンは13％であり、大手書店は出版物だけでも、歩戻しや報奨金も含めれば、粗利益率は30％を確保していると伝えられている。それゆえに日販の小売事業が黒字化したのかもしれない。とすれば、現在の返品率から見て、出版社が最も粗利率が低いという事態を迎えているとも考えられる。また前回のクロニクルで、「文庫マーケット」の17年の書籍推定販売金額シェアが14・7％であることを既述しておいた。この文庫マーケットは岩波文庫を除いて、大手出版社の文庫も出し正味は70％を超えていないはずだ。それに岩波文庫の場合、買切で返品がないことからすれば、70％以上でも黒字かもしれない。このように「書店を増やす」や出版業界のマージン問題に関しても、多様な視点の導入が必要であり、日販の5つのキーワードなども、出版社や書店を含めたオープンな論議が不可欠であることはいうまでもないだろう】

〔2〕『新文化』（4／26）などによれば、全国トーハン会代表者総会において、トーハンの藤井武彦社長は雑誌コミックスが急減し、「出版業界は未曽有の事態が起こりつつある」とし、今後の基本方針を提出。

それは出版卸業を基軸とする出版総合商社としての様々な営業施策の実行と、新商品の開発によるエリア書店のサポートの強化、出版業界の構造変化に対応し、事業領域を拡大し、書店とともに勝ち残るというものだ。

具体的には17年度物流増加分は13億円に及び、出版社に運賃の適正負担や条件の見直し、定価の引き上げなどを要請しているとされる。

【基本的には日販と変わらないが、トーハンは、日販におけるMPDとCCC＝TSUTAYAのような存在がないこともあり、小売事業は前面に押し出されていない。簡略にいってしまえば、三洋堂のようなバラエティショップを推進していくとの表明であろう。1に続いて、取次の動向に言及したのは、これらは取次マターではあるけれど、今後の出版業界の行方を占うものとして提出されているからで、それらの現在と今後の状況分析に関して、1で示したように、疑念を拭いきれないことによっている。もはや前世紀の1989年のことになってしまうけれど、消費税導入時に「内税」方式を選択したことで、混乱と低迷の一年を体験しているからである。そのことによって、書籍の書店在庫がすべて返品され、出版社は新価格のためにカバーの取り替えやシール貼りに追われ、取次の検品の経費が増大した。そのために数百億円の在庫が絶版、断裁処分となり、出版業界全体で1千億円以上のロスが生じたと伝えられている。外税とすれば、このような混乱とロスは起きなかったはずで、その真相を書協の幹部に問いただしたことがあった。それは雑協が外税として端数が出ることを回避するために、出版物の消費税はずっと3％で上がらず、そのまま軽減税が続くと主張し、書協がそれに同調したからだという。そこで雑協は何らかの証拠となる文書や資料を示してのことだったのかとも聞いたが、それらはまったくなく、単なる風評に基づくものだったとの返事だった。その元幹部も、あの時、外税にしていれば、何の問題もなかったはずで、大失敗だったと語っていた。これは現代出版史のどこにも書かれていないと思われる。それゆえに、今回の取次の「非常事態宣言」の始まりと行方を記録し、検証するために本クロニクルは記されていることを付記しておく】

〔3〕大阪屋栗田が、楽天と出版4社、DNPの増資を受け、楽天の出資比率が51％となり、楽天の子会社化。

【前回の本クロニクルで、その後の大阪屋栗田の動向を伝えられていないことに疑念を表明しておいたが、月末になってようやくこの「ニュースリリース」が出された。その代わりのように、本クロニクルに向けられた「当社に関する虚偽情報の発信に関して」という「ニュースリリース」は削除されている。もはや大阪屋栗田は出版業界の取次というよりも、楽天の子会社としての、出版物も含んだ物流会社へと向かっていくだろう。役員構成を見ると、前社長の大竹深夫は特別顧問に退き、会長、社長、専務は楽天出身のメンバーで占められ、取締役の一人として日販出身の金田徹が顔を見せているだけで、取次だった大阪屋や栗田の人たちは誰もいないことがそれを物語っている。それに加えて、増資がなければ、決算発表ができなかったと推測される。本クロニクル❷の発信以来、取次状況は急変し、日販は「非常事態宣言」というべき声明を出し、続いて1のような表明、それに合わせて、2に見られるようにトーハンも同様に「出版業界は未曽有の事態が起こりつつある」と公表するに至った。わずか3ヵ月足らずの間に、日販とトーハンが「出版不況」ではなく、本クロニクルが指摘し続けてきた「出版危機」を、否応なく認めざるをえなかったことになる。しかもそれは先送りできる状況ではないのだ】

〔4〕日書連加盟組合員数は4月1日現在で、前期比255減の3249となる。

【前回のクロニクルで、2017年の公共図書館数が3292であることを記しておいたが、ついに図書館数のほうが上回ってしまったことになる。これほどまでに民業を官業が圧迫し、このような事態まで追いやられてしまった例を他に知らない。来年の日書連加盟組合員数が3000を割ることは確実で、さらにその差は開くばかりだろう。1986年には1万3000店あったわけだから、何と1万店が消滅してしまったのである。出版物販売金額もこの20年間で半分になってしまった。最大の要因がそこに求められるのである】

〔5〕『出版月報』（4月号）が特集「ムック市場2017」を組んでいる。

そのデータを左に示す。

【2017年のムック市場の推定販売金額は816億円、前年比・6％減と7年連続のマイナスである。17年の販売部数は1992年以来25年ぶりに1億冊を割り込み、8873万冊、前年比12・5％減となった。しかしそれよりも問題なのは、返品率が3年連続で50％を超え、しかも17年は53％に達してしまったことだ。ムックは週刊誌や月刊誌と異なり、セット商品などとして再出荷され、ロングセラー的販売が可能であった分野だが、もはやそれも成立しなくなったことを、返品率は象徴しているのだろう。それに50％を超える3年連続の高返品率は、雑誌のうちのムックが取次にとって赤字となっていることを示唆している。1と2に明らかなように、雑誌が黒字のうちに書籍にシフトしていくという取次提案にしても、コンビニ部門が大赤字のように、雑誌部門そのものも赤字になりつつある状況を迎えていると推測される】

■ムック発行、販売データ

年	新刊点数		平均価格	販売金額		返品率	
	（点）	前年比	（円）	（億円）	前年比	（%）	前年増減
2005	7,859	0.9%	931	1,164	▲ 4.0%	44.0	1.7%
2006	7,884	0.3%	929	1,093	▲ 6.1%	45.0	1.0%
2007	8,066	2.3%	920	1,046	▲ 4.3%	46.1	1.1%
2008	8,337	3.4%	923	1,062	1.5%	46.0	▲ 0.1%
2009	8,511	2.1%	926	1,091	2.7%	45.8	▲ 0.2%
2010	8,762	2.9%	923	1,098	0.6%	45.4	▲ 0.4%
2011	8,751	▲ 0.1%	934	1,051	▲ 4.3%	46.0	0.6%
2012	9,067	3.6%	913	1,045	▲ 0.6%	46.8	0.8%
2013	9,472	4.5%	884	1,025	▲ 1.9%	48.0	1.2%
2014	9,336	▲ 1.4%	869	972	▲ 5.2%	49.3	1.3%
2015	9,230	▲ 1.1%	864	917	▲ 5.7%	52.6	3.3%
2016	8,832	▲ 4.3%	884	903	▲ 1.5%	50.8	▲ 1.8%
2017	8,554	▲ 3.1%	900	816	▲ 9.6%	53.0	2.2%

〔6〕『日経ＭＪ』（4／30）が「縮むブックオフ」を特集している。

それは「5年で200店減、3期連続最終赤字」という見出しに表象されている。

ブックオフの創業地の相模原市で、30年の歴史を持つ「相模原駅前店」がこの2月に閉店したことに象徴されているように、ピーク時の2010年には1100店以上あったが、18年3月末時点で825店に減少した。

それとパラレルにＦＣ加盟企業も17年3月の77社と、5年前から22社も減り、3、4年前からＦＣ加盟店の募集も打ち切り、直営店比率は47％と高まる一方である。

ブックオフの古本ビジネスはジリ貧で、メルカリなどの競争相手が多く、市場環境も悪化し、仕入れの減少、在庫回転率の悪化、ＦＣ店舗の減少という三重苦に直面し、最終損益は9億円の赤字となったとされる。

【ブックオフの成長を支えたのは、簡単な仕入れと販売の均一システム化とFC展開であり、それが両輪となって大量仕入れと販売が可能となっていた。しかしFC加盟店募集停止と脱退によって、さらにチェーン店は減っていくばかりであろう。ブックオフビジネス創業から30年近くが経過し、すでにビジネスモデルとしての寿命が尽き始めたといっていい。「相模原駅前店」の閉店の最後の数日は全商品が30円で販売されたというが、このゴールデンウィークには三洋堂がコミックと文庫を50円均一で売っていた。仕入れにしても、『日経MJ』が実例として挙げていたように、メルカリに大きく差をつけられてしまっている。それに関連して想起されるのは、『出版状況クロニクルV』で示しておいた、CCCの地域FCのビッグワングループのことで、同グループはTSUTAYA26店、ブックオフ11店を経営しているという。レンタルの不振と縮むブックオフの双方を抱えていることになり、それでいて17年12月には800坪のTSUTAYA大型複合店を開店させている。これも日販がいうところの「出店を加速する方向」の一環なのであろうか】

〔7〕 青山ブックセンター六本木店が閉店。

【いうまでもなく、ブックオフの傘下にあったわけだから、6のような事情と関連しているのだろう。1980年のABC六本木店の開店は、中村文孝『リブロが本屋であったころ』（「出版人に聞く」シリーズ4）でふれられているように、リブロの別働隊というか、サテライト店的発想で出店され、中村がマーケットリサーチを担当していた。初代店長を務めたのは吉祥寺の弘栄堂にいた鈴木邦夫で、その後はジュンク堂に移ったようだ。そうした意味で、ＡＢＣはそのバックヤードとともに、80年代には書店の黄金時代を体現していたといえるかもしれない。しかしそのような時代は一時的なもの、遠い過去であったことを、今回のＡＢＣ六本木店の閉店が伝えていよう】

〔8〕『出版ニュース』（5／中・下）に「世界の出版統計」が掲載されている。
そのうちのアメリカ、イギリス、ドイツ、フランスを示す。
＊アメリカ／アメリカ出版者協会１２００社の16年売上高は１４３億ドルで、前年比６・６％減。１８００社の場合は２６０億ドル前後とされる。
15年出版総売上高は２７７億ドル、書店売上高は１０７億ドルで、同３・７％減。
電子書籍も成長は止まり、マイナスに転じている。
＊イギリス／16年の出版社売上高は35億ポンドで、同５・９％増。
17年の書籍市場は15億９０００万ポンドで、０・09％増。
電子書籍はやはり減少。
＊ドイツ／16年書籍販売業者総売上高は92億７６００万ユーロで、同１・０％増。
電子書籍伸び率鈍化。
＊フランス／16年出版総売上高は28億３７９０万ユーロで、同４・25％増。
電子書籍は成長を続けている。

【これは日本の出版物販売金額が半減してしまったことと対照的に、書籍を売る欧米の出版業界は売上高が近年ほとんど微増、微減にとどまり、日本のような出版危機に陥っていないことを確認するために、恒例として挙げているものだ。それは今回も同様で、電子書籍は英語圏ではマイナスに転じ、ドイツ語圏では伸び率が止まり、フランスだけが成長していることになる】

〔9〕日本ABC協会の2017年下半期「ABC雑誌販売部数表」が発表された。
報告誌は40社152誌、週刊誌34誌、月刊誌118誌である。

平均部数合計は1316万231部で、前年同期比6・4%減。

内訳は週刊誌が367万部で、同10・0%減、月刊誌は948万部で、4・9%減。

デジタル版報告誌94誌、総部数は12万9688部で、17年上半期同6・6%減。読み放題UU数は93誌で、971万555UUで、同245・6%増。

【単純な比較はできないにしても、月刊誌平均部数合計よりも、読み放題UU数のほうが上回ってしまったのである。それに対して、デジタル雑誌は『日経ビジネス』が3万6431部と群を抜いているものの、3・2%減、第2位の『日経TRENDY』は4737部、同17・9%減、第3位の『MAC Fan』は3430部で、同9・5%減である。8でアメリカとイギリスの電子書籍が減少し始めていることを伝えたが、日本におけるデジタル雑誌も同様の過程を歩んでいるように思える。それに対して、18年上半期においては、読み放題UU数は確実に

1000万を超えるだろうし、すでに実際に超えていると見なすしかない。それがどこまで伸びていくのかが、雑誌の行方とともにあるということになる】

〔10〕『週刊東洋経済』（5／19）が「フェイスブック解体」特集を組んでいる。

2004年に立ち上がったフェイスブックはSNSの代名詞となり、売上高は4兆4000億円、利益は1兆7000億円、世界の月間利用者は22億人に及んでいる。

その8700万人の個人情報データがアメリカ大統領選挙の世論工作に流用され、またイギリスのEU離脱を問うブレグジット国民投票にも使われていたことが、英国データ分析会社の幹部の告発によって明らかになったのである。

それはフェイスブックから得た情報によって、世論を扇動する方法が確立されていることを知らしめたといえる。

そのフェイスブックに加えて、グーグル、アマゾン、アップルのIT企業4社を「GAFA（ガーファ）」と呼ぶようで、フェイスブックの解体を主張するスコート・ギャロウェイの *The Four* が今夏に東洋経済新報社から刊行予定となっている。これらの4社は市場独占、租税回避、プライバシー問題をめぐって、監視体制が必要だし、説明責任を果たすべきだとの内容のようで、翻訳が待たれる。

なおこの特集には横田増生「告発される過酷な労働　英議会がアマゾン批判」も掲載されている。

【この特集でもうひとつの指摘は、これらのIT企業にとって「日本は草刈り場」になっているという事実で、CCC傘下のCCCマーケティングがフェイスブックに個人情報を提供してきたことも伝えている。それは『選択』(5月号)の「経済情報カプセル」での、「フェイスブック問題の余波を食らう『TSUTAYA』の甘い情報管理」という記事と通底している。それによれば、CCCは16年からフェイスブックと提携し、子会社を通じて、Tポイントの6000万人を超える購買データを情報提供してきたとされる。今回の事件を受け、フェイスブック側からの提携解消の申し入れがあり、先の「特集」でも触れられているが、ほとんどアナウンスされていない。CCCによる顧客情報データの他社提供は、斎藤貴男が『プライバシー・クライシス』(文春新書、1998年)でいち早く指摘していたが、Tポイントに移行してからも続いていたことになる。『選択』はCCCによる外部への情報提供は「ブラックボックスと化している」し、「知らず知らずのうちに、Tポイント利用情報をフェイスブックに横流しされ、危険にさらされた日本の消費者にとっても他人ごとではない」と警告している。それは日販も同様である。この事実はツタヤ図書館利用者も同様なことを意味しているし、地方自治体が市民情報の外部への横流しに加担していることになろう。「ブラックボックス」といえば、CCCはキタムラの全株式を取得し、上場廃止を発表している。また『週刊エコノミスト』(5/22)も「ネットの新覇者」特集を組んでいることを付記しておく】

〔11〕『週刊ダイヤモンド』(5/26)は「物流クライシス」特集を組み、そのリードは「ヤマト

のアマゾン切りで始まった物流の混乱は、収まる気配がない」というものである。

しかもこの特集の終章は「出版社、物流倒産の現実味」と題され、実際に同誌を例にして、ダイヤモンド社のことも語られ、「ビジネスモデルの激変に対応できない出版社は、座して死を待つのみ」と閉じられている。

【確かに物流クライシスは個人も企業も巻きこむようなかたちで進行していて、直販の場合、アマゾンのこともあり、送料をとれないことに加え、値上げ分を加えれば、どれだけの損失になるのか、またそれを含めた物流コスト問題を直視すべき時期に入っている。個人に近い小出版社ですらそうなのだから、取次の「物流クライシス」はとんでもないものだろうと、あらためて実感してしまう。なお『週刊東洋経済』(4/28―5/5)も「アマゾンの自社配送網　下請け頼みの過酷な現実」を発信している】

〔12〕倉庫、書籍梱包会社の東京美装梱包が自己破産。
2006年には年商5億3000万円だったが、12年には4億円に落ちこみ、今年の1月に事業を停止。負債は5億円。

【この出版物倉庫会社の自己破産も、出版危機と物流クライシスの双方の影響を受けたものであろう。これも表に出てこないけれども、出版業界周辺の企業もクライシスが多発しているはずで、これからも続出してくるように思われる】

〔13〕『FACTA』（6月号）が「『文春砲』が湿るか、文藝春秋で社長内紛劇」を掲載している。

それによれば、松井清人社長が、次期社長に経理出身の中部常務を起用し、子飼いの石井取締役を副社長として、自らは会長に就任し、院政を敷こうとしたことに起因している。

この動きに対し、次期社長と一時目されていた木俣常務など3人の役員が、編集経験のない中部社長では経営危機を乗り切れないと異議を唱え、人事撤回と退陣を迫ったとされる。

その背景には、前社長時代まで250億円前後で推移してきた売上高が、松井社長となってから、4年で40億円ほど減少し、4億円の赤字となったこと、そのために編集予算が削られ、不動産売却などで出版赤字を埋める経営状況がある。

それは5月30日の決算役員会と6月29日の株主総会で決着するが、日本のジャーナリズムの雄としての「文藝春秋」が鈍るような編集になり、「相次ぐスキャンダルに喘ぐ安倍官邸がほくそ笑むことにもなりかねない」内紛劇に、永田町も重大な関心を寄せているという。

【本クロニクルにも、大手書店や出版社、取次に関する多くのリークが寄せられてくるが、不可避にして重要な事柄以外、ほとんど言及したことがない。『FACTA』の場合、文春にまつわる記事は関係者がリークしているか、書いているのであろう。おそらくこの出版状況下にあって、大手を中心にして、このような経営と人事をめぐる問題が起きていることは想像に難くない。果たして文春の決着はどのようなものになるのだろうか。その後『朝日新聞』（5／27）が、管理職11人による人事案再検討を求める要望書を提出したことを伝えている。また「連判状」とともに、文春の内紛については、「YAHOO!ニュース」（5／21）でも、ジャー

ナリスト山口一臣によって報じられていることを、読者より知らされた】

〔14〕同じく『FACTA』（6月号）が「『漫画村』閉鎖指揮は『首相補佐官』」という記事を発信している。

これはコミックの海賊版サイトの「ブロッキング」が憲法や電気通信事業法に明記された「通信の秘密」の侵害に当たり、「超法規措置」だとするもので、「危機感を抱いた出版社側が政府に泣きつき、今回の『緊急対策』となった」とされる。

それを言い出したのはカドカワ社長の川上量生で、「海賊版にはブロッキングが有効」と主張し、小学館、集英社、講談社が加わり、コミック系5社が内閣府の知的財産戦略本部に申し入れた。そして官邸の意向を忖度した役人によって、この「前代未聞の超法規的施策」が実現したのである。

これは「モリカケ問題と同質」で、「自助努力を行わず、旧態依然としたビジネスモデルにしがみつき、官邸に泣きつくだけの出版業界に明日はない」とまで断罪されている。

【この記事が13と同じ号に掲載されているのは偶然ではないだろうし、出版業界も危機下にあって、至るところで、いわば鼎の軽重を問われるシーンが頻繁に起きていることを想起させる。前回の本クロニクルでも、漫画村などへのサイトブロッキングは、「政府による検閲と事業者への圧力、議論なきサイトブロッキングの様相も帯びている」との疑念を表明しておいたが、図らずもそれが証明されたことになる。『FACTA』の今月号の13、14の記事は、直販

誌以外には書けないものだし、出版危機下における同誌の見識を讃えておこう】

〔15〕 山本芳明の『漱石の家計簿』（教育評論社）が出された。これはサブタイトルに「お金で読み解く生活と作品」とあるように、夏目漱石の文学活動を経済的視点から捉え直し、さらに死後に生じた経済的効果と文化的資産としての動向を明らかにすることを目的として書かれた一冊である。

いうまでもなく、山本の『カネと文学』（新潮選書）の続編に当たる。

【山本も書いているように、文学を経済活動として捉えることは重要だが、敬遠されがちなテーマとされるけれど、市場社会で活動せざるをえない文学者を考察すると、新たに見えてくる意義も大きい。本クロニクルもそのような視座から出版の問題に取り組んできたといえる。たまたま最近、『近代出版史探索Ⅳ』785「河出書房『短篇集叢書』」と786「岸田国士『力としての文化』」を書き、そこで大東亜戦争下における河出書房と文学書の経済を論じている。それらを書くことで、昭和戦時下の出版と文学と経済の問題の一端にふれているはずなので、よろしければ参照されたい。】

〔16〕 今月の論創社HP「本を読む」28は「岡崎英生『劇画狂時代』と「シリーズ《現代まんがの挑戦》」」です。

出版状況クロニクル❻　２０１８年6月

18年5月の書籍雑誌推定販売金額は８４６億円で、前年比８・７％減。書籍は４３３億円で、同８・８％減。雑誌は４１３億円で、同８・５％減。雑誌の内訳は月刊誌が３２２億円で、同９・６％減、週刊誌は90億円で、同４・７％減。返品率は書籍が43・７％、雑誌が48・６％。

雑誌返品率は16年12月以来、初めて前年を下回ったとされるが、週刊誌の39・５％はともかく、月刊誌は前年5月期の51・０％と同様に50・７％と、50％を超えてしまっている。ムックなどの返品率改善にもかかわらず、トータルとしての雑誌の凋落は加速していくばかりだ。

5月の書籍雑誌推定販売金額の前年同月マイナスは80億円で、18年1月から5月にかけての累計は、すでに５０５億円となる。

それに6月は大阪北部地震によって、詳細はまだ伝えられていないが、大型店を中心に30店ほどに被害が生じたとされる。被害や影響が少ないことを祈るしかない。

その後の余震や各地での地震の発生も起きているので、今年はそれらによる出版物販売金額の落ちこみも考慮すべきかもしれない。

〔1〕アルメディア調査によれば、2018年5月1日時点での書店数は1万2026店で、前年比500店の減少。

売場面積は130万8227坪で、やはり3万3750坪の縮小。

1999年からの書店数の推移を示す。

■書店数の推移

年	書店数	減少数
1999	22,296	–
2000	21,495	▲ 801
2001	20,939	▲ 556
2002	19,946	▲ 993
2003	19,179	▲ 767
2004	18,156	▲ 1,023
2005	17,839	▲ 317
2006	17,582	▲ 257
2007	17,098	▲ 484
2008	16,342	▲ 756
2009	15,765	▲ 577
2010	15,314	▲ 451
2011	15,061	▲ 253
2012	14,696	▲ 365
2013	14,241	▲ 455
2014	13,943	▲ 298
2015	13,488	▲ 455
2016	12,526	▲ 962
2017	12,026	▲ 500

【秋田県の1店増加を除く全都道府県で減少。その中でも大阪府は46店、東京都は39店、北海道37店、神奈川県34店、兵庫県30店のマイナスで、都市から書店が消えていることを伝えている。だが減少が少ない地方においても、鳥取県、島根県、徳島県、高知県、佐賀県、宮崎県はそれぞれ99店から67店で、すでに100店を割り、それは来年には倍の県に及ぶだろう。またアルメディアの書店数は売場面積を有しない本部、営業所などの1296店を含んでkgいるので、実際の書店数は1万730店となる。雑誌と円本の時代を担った昭和初期、1927年には書店は1万店を超え、戦後の

■取次別書店数と売場面積（2018年5月1日現在、面積：坪、占有率：%）

取次会社	書店数	前年比（店）	売場面積	前年比	平均面積	売場面積占有率	前年比（ポイント）
トーハン	4,488	▲130	494,271	▲8,937	110	37.8	0.3
日本出版販売	4,252	▲222	662,540	▲14,984	156	50.6	0.1
大阪屋栗田	1,057	▲72	116,898	▲9,481	111	8.9	▲0.5
中央社	408	▲7	21,458	▲135	53	1.6	0.0
その他	962	▲18	13,060	▲213	14	1.0	0.0
不明・なし	08	0	0	0	0	0	0.0
合計	11,167	▲449	1,308,227	▲33,750	117	100.0	–

１９６０年代には2万６０００店に至ったとされる。その販売インフラとしての中小書店が出版業界の成長を支えていたのだと実感できるし、それと逆行する「書店数の推移」こそが、出版業界の危機の最大要因だったとわかるだろう。これも本クロニクルで繰り返し書いてきたけれど、文化、教育、通信インフラとしての書店、小学校、郵便局は20世紀までは共通して2万を超えていた。ところが書店だけは21世紀に入り、その半分となり、実質的に来年は1万店を割ってしまうことが確実である。それはマクロ的に見るならば、出版だけでなく、日本の文化、教育、通信の分野における、かつてないパラダイムチェンジを告げているし、生活や産業の全領域に及んでいるだろう。これからはそれがさらに現実化していくと思われる】

〔2〕アルメディアによる「取次別書店数と売場面積」も挙げておく。

【前年のデータは『出版状況クロニクルⅤ』を見てほしいが、17年はこれまでと異なる動向が浮かび上がってくる。それは日販の２２２店の減少で、前年は１５９店のプラスだったわけだから、ここで出店から閉店へとシフトしていったことが歴然である。この事実が本クロニクルで指摘してきた「日販非常事態宣言」、及び取次業の赤字とパラレルであることはいうまでもない。しかも今回の「取次別書店数」は、売場面積を公開しているカウント書店数1万1167店となっているので、前年の1万2526店と比較すれば、1359店のマイナスである。それは実質的に外商、もしくは清算のための本部、営業所としてだけ残っている書店が増えていること、ここに示されている以上に閉店や撤退が多発していることを告げているのだろう。さらに売場面積別にみると、100坪から499坪までが3427店、面積占有率56・2%で、前年比2万6529坪減と最も多くなっていることからすれば、大型店の閉店、撤退がさらに起きてくると考えられる。これらの3427店に500坪以上の454店を加えると、何と面積占有率は84・5%に及んでしまう。ちなみに300坪以上でも51・7%となる。それは取次の問題が大型店にあること、書店にとっては大型店の運営が困難な状況に追いやられていることを意味していよう。つまりそれは取次と書店の双方にとっても、大きすぎてつぶせないというバブル崩壊の典型的危機の再現を迎えていると思われる】

〔3〕大阪屋栗田の、楽天をメインとする新たな「経営執行体制」文書が、「平成30年5月吉日」の日付入りで届いた。

【『出版状況クロニクルⅣ』において、2013年からの大阪屋危機、14年の講談社の大竹深夫の社長就任と増資、15年の栗田の民事再生と大阪屋への統合、その再生スキーム問題と大阪屋栗田の発足を詳細にレポートしてきた。そして再生大阪屋に関して、「大手出版社に取次の経営などできるはずもない。そのことは講談社、小学館、集英社にしても、今回選ばれた5人（注―講談社などの出身の役員）にしても、よく自覚しているはずだ。取次の根幹は金融とロジスティクスであり、大手出版社の営業経験は役に立たないからでもある」（p360）と述べておいた。また大阪屋栗田再生スキームについても、「明らかに破綻している現在の正味体系に基づく再販委託制の先送りに他ならず、大阪屋に統合されたとしても、それは同じことの繰り返しだし、行き詰まることは目に見えている」（p622～23）とも書いておいた。実際に大阪屋栗田が発足したのは16年4月だから、結果としてわずか2年で講談社を始めとする大手出版社はギブアップし、楽天へ丸投げしてしまったことになる。それは楽天との何らかの密約を疑われても仕方がないし、栗田再生スキームで中小出版社に多大な損失を与えたことを考えれば、無責任の極みというしかない。まさに前回ふれた、書協による消費税の内税決定と共通している。しかしさらに問題なのは、出資額は非公表だが、大阪屋栗田が楽天の完全な子会社となってしまったという事実であろう。もはや出版業界の取次ではなく、ネット企業の一子会社に過ぎず、まさに書店の取次としてのポジションを維持していくはずもない。**2**で示したように、大阪屋栗田帳合の書店は1057店であり、それらの峻別が始まり、優良店と不良店、売掛金の多寡と担保力、売上状況などを通じて、書店選別とリストラに向かうと考えたほうがいいだろう。その際に帳合変更ができる書店はサバイバルできるとしても、そうでない場合は閉店と清算を迫られることになるかもしれない。それに楽天にとって、現在の大阪屋栗田の子会社化が、とりわけ利益をもたらすものではない。ただ細野祐二が「楽天が非上場株で『膨らし粉』経営」（『FACTA』7月号所収）で指摘しているような効果はあるかもしれないが。この記事を読んで、取次の書店の「囲い込み」にしても、CCC＝TSUTAYAの出版社などの買収にしても、同じような「『膨らし粉』経営」の一環ではないかとも思われた。だがこれは専門的事柄に属するので、そのうちに専門家に問うてみるつもりである】

〔4〕　日販の連結子会社28社を含めた連結売上高は5790億9400万円で、453億円の減収となり、前年比7・3％減だが、営業利益23億6600万円、同7・2％増、経常利益25億5000万円、同5・9％増。

そのうちの取次事業売上高は5462億3800万円、同7・7％減、経常利益は14億円減の14億8000万円、同49・8％減。

日販単体の取次売上高は4623億5400万円で、400億円の減収となり、同8・0％減、営業利益は5億1000万円、同69・7％減、経常利益は10億1600万円、同54・5％減と大幅減益。

これはコンビニルート赤字拡大、運賃値上げによる出版流通業の5億5000万円の営業損失、雑誌営業利益が5億1800万円にとどまり、書籍赤字25億7800万円を吸収できなかったことなどが主たる要因とされる。

その結果、取次事業は創業以来の赤字となったが、大幅な経費削減とグループ書店小売業、不

■日販 単体売上高　（単位：百万円、％）

	金額	増加率	返品率	返品率前年差
書籍	227,948	▲4.9	31.3	0.9
雑誌	150,440	▲10.0	45.5	2.2
コミックス	64,706	▲11.8	33.0	4.0
開発商品	27,535	▲12.8	45.0	3.4
計	470,631	▲8.0	37.6	1.9

動産事業などが貢献し、連結では増益を確保したとされる。

【連結、取次事業、日販単体と意図して錯綜させるかのような決算発表で、しかも実際の赤字額、及び例年報告されているＭＰＤの業績は公表されていない。そこで後者に関して、取次事業と日販単体データから見てみる。そのためにまず、日販単体売上高を挙げておく。連結ベースでの取次事業売上高は５４６２億３８００万円とされているので、日販単体売上高を引くと、７５６億円で、それに様々なレンタル、ＦＣビジネスなどの売上が加わり、ＭＰＤビジネスは形成されていたと考えられる。本クロニクルでこのＭＰＤ売上高も、発足以来ずっと追跡してきているが、前期は１８８０億円で、前年比０・７％の減だった。しかし**2**で見たように、日販帳合書店は前期と逆行する閉店ラッシュといっていいし、それはＴＳＵＴＡＹＡを中心とするもので、ＭＰＤを直撃したはずだ。それゆえに業績は急激に悪化し、それが公表できなかった理由となろう。日販単体分野別売上高のマイナス、返品率だけを見ても、流通業として臨界点に達していることは明らかで、それにブラックボックスと化したようなＭＰＤとＣＣＣ＝ＴＳＵＴＡＹＡを抱えているし、スパイラル的に危機は深まっていくばかりだろう。そのかたわらで、日販のそら植物園との合弁会社日本緑化企画の

設立、文教堂との文具卸の中三エス・ティの買収などが起きているが、試行錯誤の印象を与えるだけである】

〔5〕トーハンの単体売上高は4274億6400万円で、338億円の減収となり、前年比7・4%減。

取次事業は運賃値上げ分6億円などから5億6000万円の営業赤字。ただコンビニルートは黒字。

不動産などのその他事業を加えても、単体営業利益は50億3200万円、同23・2%減。経常利益は30億1000万円、同28・7%減、当期純利益は18億1800万円、同40・3%減。

連結売上高も4437億5100万円、同6・8%減。

トーハンは藤井社長が顧問、近藤敏貴副社長が代表取締役社長、川上専務が代表取締役副社長に就任すると発表。

【日販と比べて、MPDとCCC＝TSUTAYAを抱えていないだけに、シンプルな決算発表といえるし、赤字額も公表されている。こちらもその売上高内訳を挙げておこう。トーハンの場合も、日販の「開発商品」に当たる「MM商品」がプラスとなっていることを別にすれば、出版物取次事業の分野別売上高マイナス、返品率状況はまったく同じであるといっていい。決算発表で、川上専務が雑誌の192億円マイナスに関して、「ここまで落ちるとは思わなかった」と語ったとされるが、2018年の本クロニクルの毎月のリードでレポートしてい

■トーハン 売上高 内訳　（単位：百万円、％）

	金額	増減額	前年比	返品率
書籍	174,058	▲6,899	96.1	41.2
雑誌	143,714	▲19,279	88.1	49.5
コミックス	43,976	▲8,079	84.4	33.2
MM 商品	65,714	382	100.5	14.8
計	427,464	▲33,875	92.6	40.9

るように、さらに加速しているのである。また近藤社長就任の言として、「一致団結して、街の本屋さんがやっていける態勢をつくっていくことが私の使命」とあるが、本当に現在の書店状況を認識しているのだろうか。トーハンにしても、「囲い込み」書店を始めとする閉店は避けられないだろうし、日販と同様に大手取次の危機もさらに顕在化していくであろう】

〔6〕４と５の取次状況を受け、『日経新聞』（6／2）が「出版取次、苦境一段と」という記事を発信し始めている。

それは書籍が赤字事業であること、物流費の高騰などが挙げられ、日販が大手出版社１００社に対し、雑誌の運賃協力金の引き上げや書籍の定価値上げを要請しているという内容である。

また『朝日新聞』（6／21）も「出版流通機能の限界」、『読売新聞』（6／23）も「雑誌離れ 苦しむ出版流通」と題し、同様の記事を掲載している。

【だがこれらの記事は、日販などの取次リリースにそのままよったものので、本質的な出版危機の実態をミスリードする危惧を孕んでいる。出版社が物流コストの負担と仕入れ正味を引き下げれば、問題が解決するような出版状況ではないのだ。本質的には再販委託制に基づく近代出版流通システムがすでに崩壊から解体過程に入っていることが問題なのである。それは本クロニクルがずっとレポートしてきたように低正味買切制といった現代出版流通システムを確立することなく、1980年代から始まった郊外店出店ラッシュと商店街の中小書店の大量閉店、90年代からの複合店と大型店の相次ぐ出店による書店の減少、公共図書館の増加、今世紀に入ってのアマゾンの隆盛と電子書籍の成長などが絡み合っている。それらが要因として重なり、書店と出版物販売金額を半減させたことによって、必然的にトータルとしての出版業界の歴史的、構造的危機が生じてしまったのである。それが総合取次においても、2010年代から現実化してきたというしかない。そのような出版状況を直視することなく、ここまできてしまった大手取次自身が招来した象徴的な帰結だともいえよう】

〔7〕 地方・小出版流通センターの決算も出された。
今期は売上高10億1259万円で、前年比3・3%減、当期純損失282万円と、前期に引き続き赤字決算。

それを報告した「地方・小出版流通センター通信」（No.502）に次のような一文があったので、それを引いてみる。

「偶然に旅行中の日曜の地元の「岩手日報」の読者の広場という紙面で、かつてカリスマ店長と言われ、現在は一関市立図書館の副館長をされている伊藤清彦さんが「消えていく小出版社―多様性を失う危機感」という見出しで寄稿されていました。「ここ20年余で4分の1の出版社消え、そこが出していた出版物は絶版となりもう日の目は見ない。そして自分が大事に読み続けている本は小さな出版社の本が多く、図書館にもほとんどない。それがつぶれている。～多様性という側面からも今の時代の流れには危機感を覚える」と。

【伊藤は『盛岡さわや書店奮戦記』（「出版人に聞く」シリーズ2）刊行後に、図書館の副館長に迎えられたようで、本当によかったと思う。しかし現在の出版状況において、図書館どころか、同じ出版業界で職を得ることすらも困難だし、かつての旧リブロと地方小は書店員のリクルート、転職のハローワーク的役割も果たしていたが、それも昔語りになってしまった。それに加えて、多くの人々にとってアジールでもあった出版業界は、もはや存在しないといっていい。出版物売上のマイナスもさることながら、そちらが大きな損失のように思える】

〔8〕小学館の売上高は945億円、前年比2・8％減、経常利益は3億円の黒字だったが、当期損失は5億7200万円で、3年連続の赤字。

売上高のうちの「出版」は568億円、前年比6・7％減。その内訳の雑誌は250億円、同8・5％減、書籍105億円、同11・8％減、コミックは192億円、同0・4％増で、「雑誌は底なしの状態が止まらない」とされる。

【小学館の赤字決算も、4と5の日販やトーハンの取次業赤字と確実にリンクし、大手出版社の雑誌をベースにして構築された近代出版流通システムが、解体に向かっていることを告げていよう。これまで見てきたように、現在の出版業界の問題はいずれも大手の取次、出版社、書店をめぐって噴出してきていることが了解されるし、この3者の金融、支払いシステムが危機を迎えているのだ。取次正味問題に関しても、中小出版社の場合は実質的に60％と見ていいし、最初から仕入れ条件見直しなどは論外なのである。しかもそれらの中小出版社が大半であることはいうまでもないだろう】

〔9〕白泉社は月刊少女コミック誌『別冊 花とゆめ』、月刊青年コミック誌『ヤングアニマル嵐』を休刊。

前者は1977年創刊で、『ガラスの仮面』、後者は2000年創刊で、『ふたりエッチ』などを連載していた。

集英社も女性コミック誌『YOU』を休刊。1980年創刊で、『ごくせん』などを連載。

【8の小学館ではないけれど、いずれも一ツ橋グループにおけるコミック誌の休刊であり、「雑誌は底なしの状態が止まらない」ことを象徴するかのような例として、続けて挙げてみた。私にしても、本誌は読んでいないけれど、『ガラスの仮面』や『ごくせん』は読んでいる。そういえば、『ガラスの仮面』はどこまで読んだのかを忘れてしまった。それは無理もないことで、30年近く前だったのであり、ヒロインと異なり、こちらも歳をとってしまったことを実感してしまう】

〔10〕三洋堂HDの売上高は213億2700万円、前年比3・6%減。営業利益2億4600万円、同3・6%減、経常利益2億7700万円、同1・1%増。当期純利益500万円、同91・6%減。

部門別売上高は「書店」134億1400万円、同5・0%減で、既存店売上は5・5%減。「レンタル」26億2400万円、同9・0%減、「セルAV」15億700万円、同3・0%減、「文具、雑貨、食品」18億7000万円、同0・8%減。「TVゲーム」8億8900万円、同10・9%増。これはNintendo Switch効果。「古本」5億8100万円、同1・4%増。「新規事業」は教室、フィットネス、ランドリー・カフェを合わせて、1億7800万円、同156・3%増。期末書店数は83店。

【上場企業の大手書店チェーンの現在を示すものとして、少しばかり詳細に紹介してみた。三洋堂はバラエティショップの試みに加え、営業時間短縮や集中カウンター化を推進したが、雑誌とコミックの凋落で苦戦し、加藤社長の言によれば、「かつかつの黒字」を計上したことになる。しかし今期の業績予想は売上高200億円、当期純損失3億円と見込まれ、出口なしといった状況が続いていくことを告げている。ここまできて、大手出版社、取次、書店の現在状況を提出したことになろう】

〔11〕ゲオHDの連結決算は、売上高2992億円、前年比11・6%増、営業利益146億円、同69・3%増、当期純利益66億円、同56・6%増。

【この好決算は、10の三洋堂の「TVゲーム」と同様に、任天堂の家庭用ゲーム機とそのソフトの売上の寄与だとされ、来期連結業績売上高2900億円と、マイナス見込みとなっている。こうしたゲオの動向が、提携しているトーハンにどのような影響を及ぼしているのかは詳らかでないが、「囲い込み」書店の複合化、業態転換には関係しているはずだし、三洋堂ともリンクしているように思える】

〈12〉地図ガイドの昭文社の決算は、売上高91億円、前年比11・2％減、当期純損失17億円。減収の主要因は「電子売上」23億円、同18・4％減、「市販出版物」53億円、同8・6％減による。

前者の大きなマイナスはスマホによる無料ナビアプリの影響で、カーナビ売上が減少したこと、大型継続案件の失注によるとされる。

【『出版状況クロニクルV』でもふれておいたが、「市販出版物」の低迷は専門取次の日本地図共販を失ったことも影響しているのだろう。それこそ地図共取引書店は最盛期に、現在の書店数を超える1万5000店を抱えていたと推測されるからである。もちろん地図の電子化も作用していようが、そうした流通販売インフラが解体された後に生じた事態だと見なせよう】

〈13〉ＮＥＴ21が出版社の選ぶ既刊本を低正味で仕入れて販売する「ストックブック・プライオリティ・セール」（ＳＰＳ）のテスト販売を開始。

委託品は58％、買切品は25％の正味条件。

取次はトランスビューで、出版社は納品運賃、1タイトルにつき3000円、納品1冊に対し50円を、書店も1冊に対し50円、販売金額の3％をそれぞれトランスビューに支払う。

まず出版社の5社の提案する20点の実用書を20書店でテスト販売。

〔14〕出版梓会が、29社で20％から30％引き販売商品約1000点を直接取引で出荷。
それは大垣書店イオンモールKYOTO店、丸善京都本店、ふたば書房御池ゼスト店の3店で、昨年に続き、「京都『読者謝恩』ブックフェア」を開催。

【これも4や5などの取次の動向に対しての書店や出版社からの時限再販販売の試みといっていいだろう。この2つの試みが定着すれば、八木書店の他にもバーゲン本市場が出現することになるのだが、八木書店のように、そのための常設フロアを持つことは難しい。とりあえず、後者は二度目であるので、販売結果を公表してほしいと思う】

〔15〕『キネマ旬報』（5／下）が「映画本大賞2017」を掲載している。
第1位は『田中陽造著作集 人外魔境篇』（文遊社）である。

【これは昨年4月の刊行なので、前回と異なり、幸いにして読んでいる。田中が鈴木清順の『殺しの烙印』や『ツィゴイネルワイゼン』などの脚本家であることは承知していたが、『週刊サンケイ』の記者だった下川耿史に誘われ、1970年代初めにルポライターを務めていたことは聞いていなかった。それらは「人外魔境―異能人間たち」や「犯罪調書」として、同書に初めて収録され、脚本と通底する「人外魔境」的世界を堪能させてくれると同時に、かつての映画をめぐる奇妙な人脈をも想起させたのである。手元にＤＶＤ『愛欲の罠』がある。これは73年の日活映画で、制作は天象儀館、監督は大和屋竺、脚本は田中、撮影は朝倉俊博、主演は荒戸源次郎という組み合わせで、これが『ツィゴイネルワイゼン』へと結びついていったとわかる。それとはまったく関係ないのだが、出席できなかったけれど、リベルタ出版の80人ほどの「卒業式参列者」リストが届いた。それを見ると、出版をめぐる70年代までの左翼出版人脈交錯図を彷彿とさせるものだった。田中の映画人脈と重なるものではないが、かつてどのような領域にもあった、ひとつの不可視のコミュニティを思い出させてくれた。出版業界の崩壊は**8**のアジールばかりでなく、このようなコミュニティの成立も不可能にしてしまったと痛感してしまう**】**

〔16〕 吉本浩次のコミック『ルーザーズ』第1巻が双葉社から出された。
これはサブタイトルに「日本初の週刊青年漫画誌の誕生」とあるように、双葉社の『週刊漫画アクション』創刊の物語である。
【『漫画アクション』は１９６７年の創刊で、第1巻ではモンキー・パンチの『ルパン三世』を売り出そうとするところまで描かれている。だが私などにしてみれば、小池一夫作、小島剛夕画『子連れ狼』とバロン吉元『任侠伝』であり、酒場などに置かれていた『漫画アクション』

を読んだものだった。まだそこまではうかがえないが、『漫画アクション』の成功が、その編集長清水文人を双葉社の社長へと至らしめたのであろう。その一方で、『倶楽部雑誌探究』(「出版人に聞く」シリーズ13)の塩澤実信は同じ双葉社の『週刊大衆』の編集長を務めていたのである。それゆえに、同書が双葉社の大衆雑誌の記録であることに対し、『ルーザーズ』は双葉社のコミックを中心とする、もうひとつの出版史を形成していくことになろう。なおやはり同年に創刊された少年画報社の『ヤングコミック』に関しては、「本を読む」27として、「岡崎英生『劇画狂時代』とシリーズ《現代まんがの挑戦》」を書いているので、よろしければ参照されたい】

〔17〕「新興古書会創立八十年記念目録」として、『新興古書大即売展略目』が届いた。

【これは古本ではなく、まさに古書を中心とする、目も鮮やかなるカラー図版を多く収めた目録で、門外漢ながらすっかり楽しませてもらった。それに加えて、九蓬書店の出品した山中共古蒐集諸家染筆帳である『奉加帳』は一度手にとって見たいと思わせるものだった。説明によれば、これは横中本総376丁、明治33年から大正12年にかけて、共古が500名に及ぶ諸家の揮毫を求めて蒐集し、裏面に共古による諸氏略伝有とのことだ。私は山中共古の『見付次第／共古日録抄』を刊行していることもあり、ほしいと思うけれど、古書価は120万円近いので、如何せん手が出ない。そのような訳で、見る機会が得られればと念ずるしかない。だがこれはその存在も知らなかったし、誰がどこに架蔵していたのだろうか】

〔18〕『出版状況クロニクルV』は『読売新聞』（6／10）に紹介記事は見られたが、例によって書評はひとつも出ない。これも現在の出版業界を象徴していることになろう。
また最近、鄭義信監督の映画『焼肉ドラゴン』を見てきたばかりだ。拙著『郊外の果てへの旅／混住社会論』と問題は通底していて、いずれ言及してみたいと思う。まだ半年すぎたばかりだけれど、18年の映画ベスト1として推奨したい。

今月の論創社HP「本を読む」29は「安原顕、竹内書店、『パイディア』」です。

出版状況クロニクル❼　2018年7月

18年6月の書籍雑誌推定販売金額は1029億円で、前年比6・7％減。

書籍は530億円で、同2・1％減。雑誌は499億円で、同11・2％減。

雑誌の内訳は月刊誌が406億円で、同11・5％減、週刊誌は92億円で、同9・6％減。

返品率は書籍が41・4％、雑誌が44・5％。

6月の大阪北部地震に続いて、7月の西日本豪雨による被災書店は中部、関西、中国、四国、九州と広範囲にわたり、浸水に見舞われたようだ。

■2018年上半期 推定販売金額

月	推定総販売金額		書籍		雑誌	
	（百万円）	前年比（%）	（百万円）	前年比（%）	（百万円）	前年比（%）
2018年 1～6月計	670,150	▲8.0	380,991	▲3.6	289,159	▲13.1
1月	92,974	▲3.5	51,751	1.9	41,223	▲9.5
2月	125,162	▲10.5	77,362	▲6.6	47,800	▲16.3
3月	162,585	▲8.0	101,713	▲3.2	60,872	▲15.0
4月	101,854	▲9.2	53,828	▲2.3	48,026	▲15.8
5月	84,623	▲8.7	43,305	▲8.8	41,318	▲8.5
6月	102,952	▲6.7	53,032	▲2.1	49,920	▲11.2

災害の詳細はまだ明らかになっていないけれど、被害が少ないこと、速やかな復旧と再開を祈るしかない。

〔1〕出版科学研究所による18年上半期の出版物推定販売額を示す。

【書店雑誌推定販売金額は6702億円、前年比8・0％減。前年は7281億円だったので、この上半期で579億円のマイナスである。いうまでもなく、18年のマイナスは加速し、毎月100億円近くが減少し、最大の落ちこみとなるだろう。書籍が3810億円、3・6％減、雑誌が2892億円、13・1％減。雑誌の内訳は月刊誌が2341億円、13・6％減、週刊誌が550億円、10・7％減。その月刊誌のほうだが、月刊定期誌11％減、ムック16％減、コミックス15％減と、雑誌分野がすべて二桁マイナスということになる。恐ろしいといっていいほどで、日本の書店市場は雑誌をベースにして成立していたわけだから、18年上半期の販売状況が、書店を苦境に追いやっていることは歴然だし、それは大手出版社や取次も同様である。そのために書店の閉店も増えているのではないだろうか。今月は近隣のイオンタウン内にある三洋堂書店の閉店を目撃してしまった。３００坪ほどのバラエティショップであったが、ほぼ5年で撤退してしまった。結局のところ黒字化しなかったのであろう。それにしても、バラエティショップの大型複合店の閉店は、取次に雑誌書籍を返品して終わりということではないので、様々な順序があるようだ。まず最初に古本コーナーが棚だけになり、続いてレンタル商品や文具や什器なども店舗間移動し、再利用されることになるのだろうか。そのような大型複合店の閉店が全国各地で起きているように思われる】

〔2〕『出版ニュース』(7／中)に「日本の出版統計」がまとめられているので、『出版年鑑』による17年の出版物総売上高と出版社数の推移を示す。

【本クロニクル❶などで示しておいたように、出版科学研究所の取次ルート販売金額は1兆３７０１億円、前年比6・9％減であった。『出版年鑑』による実売金額のほうは1兆４４０６億円、同6・8％減ということになり、どちらもかつてない１０００億円以上のマイナスで、しかもまったく下げ止まりが見られないことも共通していよう。出版社数の推移にしても、１９９０年代に比べれば、１０００社以上が減少していて、このまま進めば、近年のうちに３０００社を割ることが確実であろう。前回の本クロニクルで、18年の実質的書店数は1万店を割るのではないかと既述しておいたが、それは書店市場が出版社の多様性を支えられない状況を浮かび上がらせている。その流通と金融を担う取次も同様で、出版危機は出版業界の全分野に

■書籍・雑誌発行売上推移

年	新刊点数（万冊）	書籍実売総金額（万円）	書籍返品率（%）	雑誌実売総金額（万円）	雑誌返品率（%）	書籍＋雑誌実売総金額（万円）	前年度比（%）
1996	60,462	109,960,105	35.5%	159,840,697	27.0%	269,800,802	3.6%
1997	62,336	110,624,583	38.6%	157,255,770	29.0%	267,880,353	▲0.7%
1998	63,023	106,102,706	40.0%	155,620,363	29.0%	261,723,069	▲2.3%
1999	62,621	104,207,760	39.9%	151,274,576	29.9%	255,482,336	▲2.4%
2000	65,065	101,521,126	39.2%	149,723,665	29.1%	251,244,791	▲1.7%
2001	71,073	100,317,446	39.2%	144,126,867	30.3%	244,444,313	▲2.7%
2002	74,259	101,230,388	37.9%	142,461,848	30.0%	243,692,236	▲0.3%
2003	75,530	96,648,566	38.9%	135,151,179	32.7%	231,799,715	▲4.9%
2004	77,031	102,365,866	37.3%	132,453,337	32.6%	234,819,203	1.3%
2005	80,580	98,792,561	39.5%	130,416,503	33.9%	229,209,064	▲2.4%
2006	80,618	100,945,011	38.5%	125,333,526	34.5%	226,278,537	▲1.3%
2007	80,595	97,466,435	40.3%	122,368,245	35.3%	219,834,680	▲2.8%
2008	79,917	95,415,605	40.9%	117,313,584	36.3%	212,729,189	▲3.2%
2009	80,776	91,379,209	41.1%	112,715,603	36.1%	204,094,812	▲4.1%
2010	78,354	88,308,170	39.6%	109,193,140	35.4%	197,501,310	▲3.2%
2011	78,902	88,011,190	38.1%	102,174,950	36.0%	190,186,140	▲3.7%
2012	82,204	86,143,811	38.2%	97,179,893	37.5%	183,323,704	▲3.6%
2013	82,589	84,301,459	37.7%	92,808,747	38.7%	177,110,206	▲3.4%
2014	80,954	80,886,555	38.1%	88,029,751	39.9%	168,916,306	▲4.6%
2015	80,048	79,357,217	37.7%	80,752,714	41.6%	160,100,931	▲5.2%
2016	78,113	78,697,430	37.4%	75,870,393	41.2%	154,567,823	▲3.5%
2017	75,412	76,259,698	37.2%	67,808,470	43.5%	144,068,168	▲6.8%

及んでいることとなる】

〔3〕　大阪屋栗田から「資本金及び資本準備金の額の減少（振替）に関するご案内」が届いた。そこには「平成30年5月25日付にて第三者割当により増加した資本金の額金17億５０００万円及び資本準備金の額金17億５０００万円につき、平成30年7月6日付けで同額を減少し、その他資本剰余金に振り替えることにいたしました」とあった。

そして「最終貸借対照表の開示状況」は、『官報』（７／３・１３６頁）に掲載とのことだったので、それを見てみた。

【要するに大阪屋栗田の第4期決算は売上高７７０億３７００万円で、当期純利益は10億６２００万円の赤字。その結果、利益剰余金が△53億１７００万円となる。そこで第三者割当増資などによる35億円をその他資本剰余金に振り替え、その後利益剰余金に振り替えることで、欠損補填を行い、財務体質の健全化を図る目的としての操作と見なせよう。しかし今期はともかく、これから大阪屋栗田はどのような道をたどるのだろうか。もはや出版業界に対し、決算も公表していないことからすれば、取次というよりは楽天の子会社としてサバイバルしていくしかないだろう。これも前回ふれておいたが、

■出版社数の推移

年	出版社数
1998	4,454
1999	4,406
2000	4,391
2001	4,424
2002	4,361
2003	4,311
2004	4,260
2005	4,229
2006	4,107
2007	4,055
2008	3,979
2009	3,902
2010	3,817
2011	3,734
2012	3,676
2013	3,588
2014	3,534
2015	3,489
2016	3,434
2017	3,382

そのプロセスにおいて、不良債権を有している帳合書店はどのように処理されるのか、それが問題であろう】

〔4〕『日経MJ』（7／11）の「第46回日本の専門店調査」が出された。

そのうちの「書籍・文具売上高ランキングを示す。

【売上高が前年を上回っているのは23社のうちの6社だけで、CCCとフタバ図書を除いて、微増といっていい。赤字は2社だけだが、実質的にはブックオフではないけれど、かなりが赤字になっていると考えられる。それほどまでに書店市場における雑誌の凋落は大きな打撃を与えていよう。フタバ図書は店舗増によっているが、CCCは店舗数を公表していないけれど、店舗減は明らかで、17年度だけでも閉店は100店近くに及んでいるはずだ。それは前回の本クロニクルで示した日販帳合の書店数の200店以上に及ぶ減少にも表われている。それにレンタル部門も大幅なマイナスに見舞われていると推測できる。それなのにどうしてCCCだけが、今回も増収増益を確保できているのだろうか。これはチェーン店売上高の集積だけでなく、すべての関連会社などの連結数字であり、様々に展開するフランチャイズ事業とそれらの商品も含めた売上、M&Aした出版社売上なども計上されていると考えられる。だが上場企業ではないことから、それらの売上内訳、純利益などは公表されておらず、日販との関係もそうであるが、ブラックボックスと化している。実際に第2位の紀伊國屋書店と比べても、その突出した経常利益はどのようにしてもたらされているのか。これまでも『出版状況クロニクルV』

■書籍・文具売上高ランキング

順位	会社名	売上高（百万円）	伸び率（%）	経常利益（百万円）	店舗数
1	カルチュア・コンビニエンス・クラブ（TSUTAYA、蔦谷書店）	276,501	8.4	18,201	–
2	紀伊國屋書店	103,376	▲2.4	1,249	69
3	丸善ジュンク堂書店	76,034	▲1.2	–	–
4	ブックオフコーポレーション	65,619	▲4.4	1,349	825
5	未来屋書店	56,073	▲2.5	▲278	306
6	有隣堂	50,740	2.4	249	44
7	くまざわ書店	41,467	▲1.6	–	241
8	フタバ図書	37,337	4.9	1,016	67
9	ヴィレッジヴァンガード	34,689	▲4.6	119	387
10	トップカルチャー（蔦屋書店、TSUTAYA）	30,397	▲1.7	249	71
11	文教堂	26,907	▲8.7	121	185
12	三省堂書店	25,500	▲2.3	–	37
13	三洋堂書店	21,224	▲3.6	83	83
14	精文館書店	19,598	▲2.6	507	50
15	明屋書店	14,024	1.7	109	91
16	リライアブル（コーチャンフォー、リラブ）	13,870	1.4	600	10
17	リブロ（mio mio、よむよむ、パルコブックセンター）	13,021	▲2.7	24	69
18	キクヤ図書販売	11,604	▲2.8	–	33
19	オー・エンターテイメント（WAY）	11,060	▲5.0	50	61
20	大垣書店	10,317	1.6	40	36
21	ブックエース	10,247	▲1.5	116	28
22	京王書籍販売（啓文堂書店）	6,609	▲8.5	41	29
23	戸田書店	6,410	▲4.0	▲37	31
	ゲオホールディングス（ゲオ、ジャンブルストア、セカンドストリート）	299,262	11.6	15,248	1,843

などでも追跡してきたように、CCCはTSUTAYAの書籍雑誌売上高を発表してきている。しかし今期はそれを見ていない。16年のその売上高は総売上の約半分の1308億円だったが、17年はどうなっているのか。これも前回の本クロニクルにおいて、日販の決算発表に際し、これまでと異なり、MPDの業績が公表されなかったことにふれておいたが、TSUTAYAの書籍雑誌売上高未公開もそれに照応しているのだろう。だがその一方で、TSUTAYAが「本でつながる『親子の日』書店プロジェクト」をコーディネートし、それに旭屋、リブロ、パルコなどの900店が参加し、講談社や集英社などの出版社も協賛するという。これはまさにブラックユーモアのように思える。これも『出版状況クロニクルV』で取り上げておいたように、16年のTSUTAYAの1店当たり書籍雑誌売上高は月商1340万円で、大書店に当たる坪数と比較して、驚くほど出版物を売っていないのである。それに加えて、日販、MPD、CCC＝TSUTAYAによる複合大型店の出店と、ナショナルチェーン化が、出版業界を支えていた中小書店を壊滅させた一因であること、その果てに日販が危機に追いやられ、「日販非常事態宣言」を出すに至ったことはいうまでもないだろう。このようなミスマッチを見ると、このほど成立したカジノ法案が想起される。現在の郊外消費社会の風景に多少なりとも通じていれば、そのエリアシェアのトップにパチンコ店が挙げられるだろう。最も広い駐車場と店舗を有していることは、自明といっていい。しかもそれは数においても、書店を超える1万店に及び、売上も20兆円強に達している。それに他のギャンブルも加えれば、日本はギャンブル王国だし、私たちも周囲にパチンコ中毒者や破産者がいることを知っている。そうした現実を弁えれば、今回のカジノ法案の成立は、日本のギャンブルの現在状況に無知な国会議員たちによる専横だとしか思えない。だが出版業界でもそのようなことがまかり通り、それが積み重なり、めぐりめぐって日本だけの出版危機を招来させてしまったと考えられるのである】

〔5〕『新文化』（7／12）が西日本豪雨で、書店に大きな被害が出ていることを伝えている。
それによれば、倉敷市の宮脇書店真備店、岡山市のゆめタウン平島店、愛媛県大洲市の大洲店（いずれも宮脇書店）、広島県啓文社コア神辺店は浸水し、フタバ図書も20店舗が雨漏り、浸水したとされる。

同紙には、啓文社コア神辺店の浸水写真も掲載され、被害の深刻さが伝わってくる。

【先月の大阪北部地震の書店の被害は30社とされていたが今回の西日本豪雨はそれどころではないようだ。まして被害額は浸水ということで、やはり同様であろう。出版社としては浸水出版物を入帳することで協力するしかないが、その処理はどのようになされるのか。それにフタバ図書だけでなく、4のナショナルチェーンも被害が及んでいるだろう。まだすべてが明らかになっていないが、西日本豪雨の被害は周辺にも及び、知人の故郷の町は浸水により、壊滅状態になってしまったという。まだ本格的な台風シーズンを迎えていないが、8月は大丈夫だろうか】

〔6〕秋田県潟上市の高桑書店は会社分割を行い、同社の書店TSUTAYA事業を秋田市のW

APに譲渡。

WAPは書店事業の他に、新品・中古ゲームソフト販売、CD・DVDのレンタルショップを手がけている。

【『ブックストア全ガイド96年版』(アルメディア)で確認したが、秋田県に高桑書店もWAPも見当たらないので、それ以後に設立、もしくは展開されたTSUTAYAのFCグループだと思われる。いずれにしても、高桑書店の書店・TSUTAYA事業がWAPによってM&Aされたということで、そこに何が生じていたのかは言うまでもないだろう。おそらくこのようなTSUTAYA事業をめぐるケースは、至るところで生じていると考えられる。また『会社四季報』夏号によれば、トップカルチャーはTSUTAYAより7店を譲渡されているという。そのようなM&A店舗譲渡が、FCグループ内で頻繁に起きているのだろう】

〔7〕 ブックオフの渋谷センター街店が閉店。

【ブックオフの3年連続赤字は本クロニクル❺で、創業地の「相模原駅前店」と、青山ブックセンター六本木店の閉店とともに伝えておいたが、2008年に開業した大型店も同様となった。『週刊実話』web(6/29)が「止まらない店舗数減 ブックオフ経営危機のドロ沼の先」という記事を発信している。それによれば、ヤフーの「ヤフオク!」やフリマアプリの「メルカリ」との競合もさることながら、メインの中古本の低迷が最大の原因だとされる。つまり冗談ではなく、「本離れ」がブックオフを直撃しているのである。そのために店舗運営が困難となり、次々に閉店に追いやられ、それは大型店の渋谷センター街店も例外ではなかったことになる。ブックオフの利益率でも店舗コストが合わないのであれば、通常の書店の大型店がどのような状況に追いやられているかはいうまでもないだろう】

〔8〕 埼玉日販会が解散。

同会は1970年に会員書店86店で設立され、98年には140店が加盟していたが、現在では38店となり、48年の歴史に幕を閉じる。

【これも前回の本クロニクルで、1999年の2万2296店から、2017年の1万2026店という書店数の半減をレポートしておいたが、埼玉日販会も同様で、大手取次と都市部においてはそれ以上に加速しているとわかる。確かに1970年代には各地で日販会のみならず、東販会＝トーハン会も組織されたが、現在ではその大半が埼玉日販会のような状況にあるのだろう。それは日書連の現在とまったく重なっている】

〔9〕 日書連が書店マージン30％以上の獲得を唱え始め、今年はそのスローガンだけが繰り返されていくだろう。

【これは明らかに本クロニクル❸や❺などでふれた「日販非常事態宣言」やトーハンの動向と連動している。しかしこの期に及んでの相乗りという印象を抱かざるを得ない。現実的に考えても、再販委託制のままで粗利30％というのは難しいし、出版社における旧刊依存ではなく、新刊売上シェアの高止まりからしても、それに応じられる体力がないことは自明である。取次は流通コストの増加と「囲い込み」書店状況を背景とし、そこに至る原因に関しては見ぬふりをして、出版社に対し、コスト負担と正味切り下げを要求している。だがそこには取次がこれだけ努力、アピールしているのに、応じてくれない出版社が悪いという責任回避言説の形成が見え隠れしているように思える。それゆえに、日書連は取次とは異なる新しい流通と販売を提案すべきであるのに、そうでないことは、相乗りスローガンだけに終始しているからだろう】

〔10〕図書カードNEXTも発行する日本図書普及の発行高は419億円で、前年比9・2％減。期末時点加盟法人は6100社で、同290社減。

【この20年間の「図書券、図書カード発行高、回収高」の推移は『出版状況クロニクルV』に掲載しておいたが、やはりそのマイナス過程は加盟店の減少とパラレルである。2000年には2万2500店あったわけだから、現在では半減してしまったことになる。雑誌や書籍だけでなく、図書カードもそれに見合う絶対的書店数が必要であり、もはや単独では存続が難しいところまできているのかもしれない】

〔11〕出版社における経営者の交代が目に見えて増えている。

本クロニクル❺で、文春の社長人事とそれを伝えたが、筑摩書房も社長が山野浩一から喜入冬子、岩崎書店が岩崎夏海から岩崎弘明、ハースト婦人画報社がニコラ・フロケへと代わっている。

【やはりこれらの社長交代にも、各社の様々な事情が絡んでいるのだろう。筑摩書房の山野の場合、まだ任期は残っているし、とりわけ岩崎書店の岩崎弘明は相談役からの復帰である。このような出版状況下において、サラリーマン社長にしても、オーナー社長にしても、困難な立場であることは共通しているのだろう】

〔12〕東京・武蔵野市で、直販誌『オピニオン』などを発行するオピニオン社が破産。負債は1億1200万円。

【これはどのような雑誌なのか未見であるけれど、直販誌の世界にも活字離れ現象は起きているのだろうか。私も直販誌は『出版月報』『選択』『FACTA』を定期購読しているが、やはり発行部数、定期購読者数は減少しているのであろうか】

〔13〕明治古典会の「明治一五〇年」にあたる『第五十三回七夕古書大入札会』目録を恵贈された。

【そのうちの「文芸作品」はほとんどが初版本、署名本、稀覯本で、私はこれらに門外漢であるけれど、すっかり目の保養をさせてもらった。それでも揃いでも署名本でもないが、ひとつだけ所持しているものがあった。それは垂水書房の『吉田健一著作集』で、そのことを「垂水書房と天野亮」(『古本屋散策』所収)として書いたばかりだ。そうした個人全集や文学全集に関して、最近聞いた話を書いておきたい。ひとつは親しい古本屋から伝えられたことである。頼まれて、元高校の国語教師だった人の本を買いにいったところ、岩波書店と筑摩書房の個人全集と文学全集ばかりで、分量的に段ボール50箱ほどがあった。しかしいずれも在庫が何セットもあり、とても買えるものではなかったけれど、どうしても片づけたいというその人の80を超える年齢と、知人からの紹介ということもあり、わずかばかりの金額を置き、買い入れてきた。かつてであれば、岩波書店や筑摩書房の全集類は古本屋スタンダードなアイテムだったが、もはやそうした基本セオリーも崩壊してしまったと。もうひとつはまさに筑摩書房の『明治文学全集』全百巻を古本屋に売った話だが、何とわずか５０００円だったという。これは日本の全集の金字塔ともいうべきもので、私も最も参照している全集だが、それが何と一冊50円になってしまったのである。書物と文学と出版の神話の崩壊シーンを見ているといっても過言ではないだろう。残念ながら、それが現在なのだ】

〔14〕 西潟浩平『カストリ雑誌』（カストリ出版）が届いた。

【これはカストリ雑誌１１６冊の創刊号表紙セレクションで、初めて目にするものが多く収録され、敗戦と占領下の雑誌出版のひとつの実態を浮かび上がらせてくれる。現在が第二の敗戦と占領下であるとすれば、13のような書物状況がそれを伝えていることになろうか】

〔15〕 これもまた「特集 ひん死の論壇を再生する」という『情況』（２０１８年夏号）が送られてきた。

【年初に情況出版の大下敦史が亡くなっていたこと、また同号が第五期創刊に当たることを教えられた。しかし特集の内容や、旧知の人たちが出たりしているのに、『出版状況クロニクルV』への言及は見られず、結局のところ、ひとつの書評も現れなかったことになる】

〔16〕論創社HP「本を読む」30は「中野幹隆、『現代思想』、『エピステーメー』」です。

出版状況クロニクル❽　2018年8月

18年7月の書籍雑誌推定販売金額は919億円で、前年比3・4%減。書籍は439億円で、同6・0%減。雑誌は480億円で、同0・8%減。雑誌の内訳は月刊誌が384億円で、同0・6%増、週刊誌は96億円で、同6・2%減。月刊誌が前年を上回ったのは16年12月期以来のことだが、それは前年同月が17・1%減という大幅なものだったことに加え、コミックスやムックの返品が大きな改善を見たことによる。

返品率は書籍が41・8%、雑誌が43・2%。

しかし月刊誌の増や返品率の改善といっても、西日本豪雨の被害の影響で、輸送遅延が長期

■2018年上半期 紙と電子の出版物販売金額

2018年 1～6月	紙			電子				紙＋電子
	書籍	雑誌	紙合計	電子コミック	電子書籍	電子雑誌	電子合計	紙＋電子合計
（億円）	3,810	2,892	6,702	864	153	108	1,125	7,827
前年同期比（％）	96.4	86.9	92.0	111.2	109.3	96.4	109.3	94.2
占有率（％）	48.7	36.9	85.6	11.0	2.0	1.4	14.4	100.0

■2017年上半期 紙と電子の出版物販売金額

2017年 1～6月	紙			電子				紙＋電子
	書籍	雑誌	紙合計	電子コミック	電子書籍	電子雑誌	電子合計	紙＋電子合計
（億円）	3,954	3,327	7,281	777	140	112	1,029	8,310
前年同期比（％）	97.3	91.5	94.5	122.7	114.8	121.7	121.5	97.2
占有率（％）	47.6	40.0	87.6	9.4	1.7	1.3	12.4	100.0

化し、中国、四国、九州エリアで、7月期には返品できなかったことも大きく作用していることに留意すべきだろう。

それに記録的な猛暑と豪雨の影響を受け、書店店頭状況も、書籍が6％減、雑誌の定期誌8％減、ムック3％減、ただコミックスはジャンプコミックスの人気作もあり1％減。

18年のマイナスは7月でついに600億円を突破し、**2**の大阪屋栗田の17年売上高に迫りつつある。

---

〔1〕出版科学研究所による2018年上半期の、紙＋電子出版市場の動向を示す。
【前回は表が多かったこともあり、紙の出版物だけを取り上げ、電子出版市場に関してはふれなかったので、今月はそれに言及してみる。上半期の紙と電子出版物販売金額は7827億円で、前年比5・8％減。そのうちの

電子出版市場は1125億円で、同9・3％増で、金額にしても96億円のプラス。そのシェアは2％増の14・4％で、書籍は48・7％、雑誌は36・9％となる。電子出版の内訳は電子コミックが864億円で、同11・2％増、電子書籍が153億円で、同9・3％増、電子雑誌が108億円で、同3・6％減。電子コミックシェアは76・8％に及び、二ケタ成長を続けているが、17年の同期22・7％増と比べれば、半分以下の伸び率である。それに電子雑誌が初めてのマイナスとなったことで、これは読み放題サービス会員の減少が原因とされる。だが前年同期が21・7％増だったのだから、大幅な落ちこみで、やはりそれは下半期も続くと見るべきだろう。出版科学研究所のデータからすると、明らかに電子出版市場も頭打ちの兆候を示し始めている。その一方で、インプレス総合研究所も17年度の電子書籍市場規模を発表している。それによれば、17年度は2241億円で、前年比13・4％増。その内訳は電子コミックが1845億円で、同14・1％増、そのシェアは82％を超える。電子雑誌は315億円、同4・1％増、文芸、実用、写真集などは396億円、同10・3％増。無料のマンガアプリ広告市場は100億円の大台に達したが、電子コミック市場の成長は鈍化しつつあり、電子雑誌の将来も不透明とされている。それでもインプレス総研は、2022年の電子出版市場規模は2017年度の1・4倍にあたる3500億円規模を予測している。しかし5年先どころか、出版業界は数年先がどうなっているのかわからない状況にあるのは自明なことで、電子出版市場もまたそれと併走していることを認識すべきだろう】

■書籍・CD・ビデオ卸売業調査

順位	社名	売上高（百万円）	増減率（%）	営業利益（百万円）	増減率（%）	経常利益（百万円）	増減率（%）	税引後利益（百万円）	粗利益率（%）	主商品
1	日本出版販売	579,094	▲7.3	2,366	7.2	2,550	5.9	721	12.5	書籍
2	トーハン	443,751	▲6.8	4,452	▲29.4	2,413	▲42.9	758	13.4	書籍
3	大阪屋栗田	77,037	▲3.9	－	－	－	－	－	－	書籍
4	図書館流通センター	45,131	5.3	1,648	▲12.4	1,841	▲10..6	1,058	17.6	書籍
5	日教販	27,367	▲0.8	402	9.2	218	83.2	190	10.7	書籍
9	春うららかな書房	3,617	▲6.0	－	－	－	－	－	－	書籍
－	MPD	180,793	▲3.9	417	▲50.0	418	▲50.5	212	4.3	CD

〔2〕『日経MJ』（8／1）の17年度「日本の卸業調査」が出された。「書籍・CD・ビデオ部門」を示す。

【前回の本クロニクルなどで、大阪屋栗田やMPDが業界紙を始めとして、公式に決算発表をしていないことにふれておいた。しかし流通業界の恒例の調査なので、無視できなかったのであろう。ただそうはいっても、大阪屋栗田は売上高と伸び率だけで、大赤字の実態は露出していない。MPDの売上高は1807億円で、前年比3・9％減だが、営業利益、経常利益は双方とも半減していて、これが決算発表を避けた要因だと推測される。日販とトーハンの大幅なマイナスは雑誌の凋落とクロスし、それが18年も続いているわけだから、両社が赤字に追いやられることも想定できよう。流通業の場合、採算売上を割りこめば、急速に赤字が増大していくとされるし、それは取次そのものが置かれている流通状況に他ならないだろう。そのような減収の中で、昨年とは逆に日販のほうは増益、トーハンのほうは減益というコントラストを示しているが、そのうちにMPDも含め、様々なメカニズムの矛盾が露出してくると思われる。それから17年調査の特色は税引後利益で、TRCが日販、トーハンを上回ったことであろう。粗利益と返品率の問題が絡んでいるが、出版業界のとりあえずの勝者は、主流ではないTRCと公共図書館ということになってしまうのだろうか】

〔3〕『新文化』（8／9）がトーハンの近藤敏貴新社長に「トーハン課題と未来像」というインタビューを掲載しているので、それを要約してみる。

＊基本的な経営方針は「本業の復活」と「事業領域の拡大」です。

＊トーハンの本業は書店を通じ、本を売っていくことで、取引書店の繁栄を第一に考え、それが出版社の繁栄、ひいては社会や文化の発展につながるし、そうした考えがDNAとしてトーハンに脈々と引き継がれている。しかし書店の事業環境が非常に厳しくなっているので、サポートするために、物流改革、利益の適正な再配分が必要だし、その改革ができなければ、出版を支える公器としての取次の存在意義が問われる。

＊物流網が非常に疲弊し、トーハンだけではその運賃値上げをとても吸収できないので、出版社にその支援をお願いしている。それに出版流通を支える雑誌、コミックの売上低下の中で、書籍を中心とする流通構造を構築するために、書籍の赤字の改善も必要である。

＊多くの出版社が状況を理解し、早々に回答してくれているし、まだ十分な回答を得られず、交渉を継続している出版社もある。

＊書店マージンも重要な課題だが、返品も減らしていかないとその原資が確保できない。新刊委託制を見直し、プロダクトアウトの発想から、マーケットインの受注生産出版構造にシフトしていかないと、返品減少と書店の粗利向上は不可能だろう。

＊ICタグは1個4～5円なので、定価を上げてコストを吸収できるだろうし、導入できれば、出版社、取次、書店の仕事は劇的に変わり、検品や棚卸しも不要で、事故品の追跡調査や万引防止にも活用できる。

＊そのシミュレーションのために、営業統括本部にAIとデータキャリアの導入というミッションを与え、AIに関してはまず雑誌と書籍の配本を考えている。

＊「本業の復活」に向けて市場開発方針があり、地方だけでなく、都市部の生活圏内にも書店のない区域がめずらしくないので、商圏人口や商業業種動向などを見ながら、デベロッパーや書店と組んで、常に出店可能性をリサーチしている。

＊今期上半期の紙市場の規模は、過去最大の減少率の前年比8・0％減で、衝撃をもって受け止めた。生半可なことでは回復できないし、一刻も早く委託制度に依存しない書籍を主軸とする出版流通を確立しなければならない。

＊カフェ、文具、雑貨は本を売るための取次事業であり、「事業領域の拡大」はそれ以外の領域で、介護事業や不動産事業が該当する。グループ会社トーハン・コンサルティングでは2棟目の介護施設を東京の西新井に建設中で、不動産事業も京都支店跡地にホテルが完成する。また本社の再開発経計画も控えているし、M&Aも含めた新規事業開発も積極的に考え、グ

ループ経営をより重視していく。

＊本社再開発計画は東五軒町の本社ビルを立て直し、敷地一帯を再開発し、新本社ビルは2021年春をめどに完成させたい。現在本社内での書籍新刊物流は和光市に最新の作業所を確保したので、来年のゴールデンウイークに移転を考えている。

＊これらは大きな投資であり、数年がかりのプロジェクトとして、「本業の復活」と「事業領域の拡大」を絡めて進めていく。

【本クロニクル❸で、大阪屋栗田が株主にしか目が向いていないこと、日販の「非常事態宣言」は日販傘下書店とCCC＝TSUTAYAの売上状況の悪化を背景にしていることを既述しておいた。それにならえば、トーハンは「事業領域の拡大」を最大の目的としていることが伝わってくる。「本業の復活」に関して、プロダクトアウトの発想から、マーケットインの受注生産型の出版構造へのシフト、ICタグの導入による出版業界の仕事の劇的な変化、AIとデータキャリアの導入というミッションなどがまことしやかに語られている。だが、それらがただちに「本業の復活」にリンクしていくとはとても思えない。本気でそう考えているとすれば、現在の出版状況を直視していないといわざるをえない。日販の「非常事態宣言」には、傘下書店ともども沈没していくという危機感が見られたが、トーハンの場合にしても、同じように傘下書店売上は700億円から800億円に及んでいるはずだ。だがこのインタビューに感じられる限り、それらは他人事のようでもあり、それゆえにトーハンは「本業の復活」というよりも、「事業領域の拡大」にしか目が向いていないと判断するしかないだろう】

〔4〕三洋堂書店はトーハンとの資本業務提携、第三者割当による新株式の発行を決議。これによりトーハンが三洋堂書店の筆頭株主となる。

【まさに3のトーハンの「事業領域の拡大」ではないけれど、三洋堂も雑誌やDVDレンタルの凋落の中で、コインランドリー事業、教育事業、フィットネス事業などを導入してきている。しかし本クロニクル❻でふれておいたように、純利益は500万円という「かつかつの黒字」で、今期予想は純損失3億円と見込まれている。それもあって、金融機関からの借り入れではなく、トーハンからの直接金融による資金調達が選択されたのであろう。だが書店の「事業領域の拡大」も容易ではなく、コインランドリーや教育事業は苦戦していると伝えられている】

〔5〕日販傘下のリブロ、万田商事（オリオン書房）、あゆみBooksの3社が合併し、新会社としてリブロプラスを設立し、日販関連会社NICリテールズの100％子会社となる。

3社は首都圏を中心に、14都府県に89店を有する。

【新会社の資本金は1億円で、統合によって、書店事業の未来につながる店舗づくりに向けた投資、リノベーションを進めるとされているが、ここに集約されているのは、取次による書店経営は可能かという問題のように思える。大阪屋栗田のケースは、出版社が取次を経営することの不可能性をあらためて教えてくれたが、それは取次と書店の場合にも当てはまるのではないだろうか。ましてそれぞれ異なる立地や店舗を統合し、新たな書店ブランドを取次が立ち上げることは困難だというしかない。たやすくそれができるのであれば、それまでの書店の苦労は何だったのか、ナショナルチェーン化すれば問題は解決するかといった疑念が生じてしまう。そのケーススタディを4で見たばかりではないか】

〔6〕 これも日販のNICリテールズとファミリーマートは、書店とCVSを一体化した新業態店の展開に向けて、包括提携契約を締結。

その1号店として、積文館書店の佐賀三日月店（佐賀・小城市）を改装。

売場面積は160坪で、書店エリアは100坪、CVSエリアは60坪。レジは一ヵ所に集約し、営業時間は午前10時から午後9時までが24時間営業に変更。

【『出版状況クロニクルV』で、ちょうど1年前の兵庫県加西市の西村書店とファミマの融合のケースを紹介しておいた。その背景には日販が書店存続の最終手段として、ファミマにコンビニ書店展開を持ちかけたこと、ファミマにとってはFCオーナーの確保と新規出店が結びつくことも挙げておいた。しかしその後、単独書店の参加は続かなかったので、日販は傘下書店を新業態店に組み入れるしかなかったと判断できよう。その第一の目的は、ファミマと提携することによる家賃コストの軽減であり、そこまでしなければチェーン店の維持ができないところまできていることを意味している。もし日販が今後も次々とファミマとのコンビニ書店を展開していくのであれば、それをあからさまに証明していることになろう。それは北陸でも始まっていて、富山県のファミリーブックスは、北陸地方で初めてのコンビニ書店「ファミリーマート＋ファミリーブックス福光店」（南砺市）を開店する】

〔7〕　習志野市のＢｏｏｋｓ昭和堂と東京中央区のＬＩＸＩＬブックギャラリーが閉店。
前者は１９８６年開店で、手書きｐｏｐによる『白い犬とワルツを』（新潮文庫）を平台販売で書店発リバイバル・ベストセラー化へと導いた。後者は１９８８年にＩＮＡＸブックギャラリーとして開店し、ショールームとギャラリーを併設し、建築、デザイン、インテリア書などをメインに販売していた。

【Ｂｏｏｋｓ昭和堂の手書きｐｏｐによる平台販売は、現在に至る書店員の手書きｐｏｐの嚆矢といえるだろうし、ＩＮＡＸブックギャラリーは90年代に営業にいったことがある。だがどちらも30年間にわたってそこに存在していたわけだから、閉店後は何らかの空白感に包まれるのではないかと察せられる。本クロニクル❺の青山ブックセンター六本木店、同❷の幸福書房と同じようにして、町から書店が消えていくことになる】

〔8〕　日販から出版社に「計算書および関連帳表のご提供方法変更のご案内」が届いた。
それによれば「計算書」「計算明細書」「控除明細書（及びその補正資料）」について、紙の郵送を廃止し、インターネット画面でのデータ提供に移行する（ＷＥＢ化）とし、移行時期は２０１９年2月予定とされる。

その利点として「帳票情報取得の早期化」「データ活用による業務効率化」「控除の明細書の様式統一」が挙げられている。

日本出版者協議会はそれに対し、以下の４つの問題を挙げているので、それを示す。

（1）インターネット画面でのデータ提供は、第三者へ取引内容を記した文書をわたし、そこからその文書を取得することを強制する仕組みである点。
（2）上記の仕組みを使用する場合、第三者（サーバー会社等）へIDやメールアドレスなどの自社の情報の登録を強いる点。
（3）「控除明細書」には物品代、運送料運賃類、広告費、売上値引や歩戻など各種の取引条件が含まれ、通常その通知は「信書」扱いとされ、その通知方法の変更が行われる場合、双方の同意が不可欠である点。
（4）その同意がない場合は、従来通り、郵送でなければならない点。
そしてこれを添え、会員各社に「緊急アンケート」を配信している。

【これは6月下旬から7月にかけて、日販から文書として届いているが、業界紙などでも報じられていない。出版協のアンケートにしても、7月下旬配信で、まだそれらの集計が出ていないこともあり、本クロニクルでも注視を続け、レポートしていくつもりである。またこちらはトーハンだが、小出版社の新刊配本に対し、総量規制ならぬ総量緩和が起きていて、これまでより多い仕入れが生じている。だがこれも大手出版社でも同様なのか、まだ確認できていない。こちらも続けてレポートしていきたい】
〔9〕本クロニクル❺で、文春の内紛を伝えたが、その後「文藝春秋 木俣正剛常務取締役による『社員の皆さんへ』というメール」が出回り、そこには文春の社長人事の内紛事情がしたため

られ、次のような文言が見える。
「いうまでもなく出版不況はさらにこれから厳しさを増すでしょう。そのなかで生き残るのに問われるのは、なぜ文藝春秋という会社がこの国に必要なのか、文藝春秋が日本人のために何ができるのかを常に自戒することだと思います。私は文藝春秋という会社は日本にとって大切な会社だとずっと思ってきました。ただ、数字的に生き延びればいい、という会社ではあってはならないと思いますし、これからもそうであってほしい。」

【この一文を引いたのは、「文藝春秋」を「出版業界」に置き換えて読むことができるからだ。ただ残念なのは、木俣が依然として「出版不況」というタームを使っていることで、やはり出版業界の人々は、自分がいた場所とそこでの体験を通じてしか、出版とその状況を理解できず、語れないと実感してしまう。これはもはや今世紀初頭の話になってしまうけれど、文春の労組に呼ばれ、文春で講演したことがあった。そこで再販委託制に基づく近代出版流通システムが崩壊していること、書店のバブル出店と郊外消費社会の関係、ブックオフとCCC=TSUTAYAの台頭による書店の退場、公共図書館の増殖などを挙げ、すでに出版状況は危機を迎え、このまま書籍の再販委託制を続けていけば、その危機は加速していくばかりだと話してきた。おそらく木俣たちもその場にいたはずだが、当時は誰も理解しておらず、現在のような出版状況、それに重なるような文春の内紛が生じるとは予想もしていなかったにちがいない。その頃、私は同じことをダイレクトに、小学館の相賀社長、ジュンク堂の工藤社長にも伝えたし、それは新潮社や岩波書店も同様である。しかし彼らにしても、木俣や文春と同じだったことが

よくわかる。結局のところ、私の出版危機論は一部の人にしか理解されず、ついにはここまできてしまったというしかない】

〔10〕筑摩書房は大宮の老朽化した物流倉庫「筑摩書房サービスセンター」を閉鎖し、在庫の保管や物流を小学館グループの昭和図書に移す。

【それに伴い、1100坪の敷地は売却されるようで、すでにその金額も固まっていると伝えられている。前回の本クロニクルでも既述したが、社長の交代と倉庫用地の売却はパラレルで進められたことになろう。3でトーハンの本社内書籍新刊物流が和光市の最新作業所に移されることにふれたが、日教販も本社内の教科書物流機能を、京葉流通倉庫の笹目流通センター（埼玉県戸田市）に移管する】

〔11〕彩流社が京都のIT企業コギトにM&Aされ、コギトグループの一員となった。ただし代表取締役には竹内淳夫が引き続き就任し、出版事業に何ら変更はないと発表されている。

【これまでも本クロニクルで多くの出版社のM&Aを伝えてきたし、それによって出版物が変わってしまった例も見てきた。だが幸いにして、彩流社は経営者も出版物も変わらないままということなので、まずはよかったというべきだろう。出版社のM&Aをめぐっては水面下で多くの交渉がもたれているようだが、買収企業が定かでなく進められている場合も多くあるよう

で、これはこれで一筋縄ではいかない世界なのであろう】

〔12〕岩田書院から創立25周年となる2018年『図書目録』を送られた。

そこには「25周年記念謝恩セール」の案内とともに、「新刊ニュースの裏だより2017・5~2018・3」も収録され、次のような「売上高・出版点数推移」が公開されている。

「しかし、1997年（創立4年目）が売上8730万円で新刊31点、これに対して、昨年2016年（創立23年目）が同じ8780万円で40点、しかも1997年は総点数が98点に対して、2016年は10倍の984点に達しているにもかかわらず、である。

これは、いかに新刊1点あたりの売上が落ちているか、ということと、既刊本の点数がいくらあっても、売り上げとしてはあまり期待できない、ということを示している。途中の2006年の谷間は何か?、なんでだろう。そんな大きな企画があったわけではないし、よく判らないが、いずれにしろ、出版社は新刊を作り続けなくてはならない、ということか。」

【かつては在庫点数が増えるほど、出版社の財産となると信じられたけれど、そうした神話はとっくに失われてしまったのである。出版点数が10倍になっても、売上高はまったく変わらないという出版社の恐るべき現実がここに語られている。それは大中出版社も例外ではなく、小出版社と同様に「新刊を作り続けなくてはならない」現実を浮かび上がらせている】

〔13〕『選択』（8月号）が「滅びゆく『大学出版会』」という記事を発信し、次のように始めてい

る。

「学者、研究者が自らの研究成果を世に問う学術書を出す機能を担う大学出版会の衰退が加速している。東京大学出版会、慶應義塾大学出版会などトップ大学の出版会すら経営は実質赤字。経営破綻し、民間の出版社に業務を丸投げした名門大学の出版会もある。学術的価値よりも「売れる本」づくりに走る出版会も多く、肝心の学術書は科研費や研究者の自己負担でようやく日の目をみる、といった状況だ。日本語で書かれた学術書は世界に市場を持たないという事情はあるにせよ、大学出版会の惨状は日本の「知の衰退」そのものを映し出しているようだ。」

そして実際に大阪大学出版会、名古屋大学出版会、慶應義塾大学出版会などの例が挙げられ、安定収入だった教科書出版の激減、大学や国からの助成金、著編者負担金が出版収入を上回る実態がレポートされている。

【12の岩田書院ではないけれど、東大出版会の『知の技法』などを例外として、おそらく既刊書もまったく売れなくなっているのだろう。それほど「全国の大学出版会の本は売れていないのだ」。これが一般の出版社と変わらない大学出版会の現在の姿といえるであろう】

〔14〕 同時代社から三宅勝久『大東建託の内幕』を送られた。

【同書はアマゾンの隠れたるベストセラーとなっているようで、それを受けて『朝日新聞』（7／26～28）で、「サブリースリスク」が付された「負動産時代」特集が組まれたといっていい。スルガ銀行に端を発したサブリース問題はレオパレス21や大東建託にも及び、18年はサブリース破綻元年になるのではないかとも伝えられている。しかもそれにリンクする個人の賃貸アパート向け融資残高は23兆円に達していて、これが日本版「サブプライムローン問題」となって現実化するのではないかとも観測されている。「サブリース」とは『大東建託の内幕』に詳しいが、オーナーが建てたアパートなどを建設業者が一括で借り上げ、家賃も一括で支払うシステムをさしている。それならば、出版業界との関係はないように思われるかもしれないが、大手ハウスメーカーなどはこのシステムを利用し、テナント開発を行なってきたのであり、それを通じて1980年代以後の郊外消費社会も形成され、そこでは書店も例外ではなかったのだ。実際に書店の大手ナショナルチェーンは大手ハウスメーカーと組み、資産家を対象としてフランチャイズ展開をしていたし、その建物と商品代金の巨額な投資は自殺者まで発生したと伝えられている。これは資産家と大手書店FCを直接リンクさせているサブリースとはいえないけれど、サブリース商法の一環として、生み出されたことは間違いない。このサブリースの第一の特徴は建築費が高いことで、それが家賃へと反映され、商業テナントも同様である。だがその代わり、サブリースを導入したことで、テナント側は家賃は高いけれど、賃貸拘束期間も他に比べて短く、どちらかといえば、容易に出店、閉店できる。また1990年に入っての大店法の規制緩和と2000年の大店立地法の成立も相乗し、店舗は大型化していき、そこには多くの場合、サブリースが応用されていた。そして当然のことながら、家賃は高くなり、ビルテナント、ショッピングセンターにも及び、その結果採算がとれる業種とそうでない業種に分かれていった。その後者の典型が書店の大型複合店で、しかも雑誌とレンタルの凋落を受け、現実的に高い家賃を払えない状況を招来している。その表われの一端が、書店マージン30％要求だと見なすべきだろう。本クロニクルはずっと書店の出店をバブルだと指摘してきたが、それはこのようなサブリース問題を含んだ出店メカニズムに注視してきたからである。それからこれは稿をあらためたいけれど、CCC＝TSUTAYAに象徴されるフランチャイズ展開もサブリースシステムといえるだろう。取次に対し、フランチャイジーの支払いを一括で引き受けることによって成立しているのだから。また郊外消費社会成立のメカニズムに関しては、拙著『〈郊外〉の誕生と死』『郊外の果てへの旅／混住社会論』を参照されたい】

〔15〕『脈』（98号、地方・小出版流通センター扱い）が特集「写真家潮田登久子・島尾伸三」として届けられた。

【『脈』は那覇市の比嘉加津夫を編集発行人とする文芸同人誌で、友人がずっと恵送してくれることもあって、愛読している。『脈』は沖縄に関係する人々の特集をメインとしているのだが、今回の特集は思いがけないものだった。とりわけ巻頭の『みすず書房旧社屋』の写真家である潮田の「本と景色と私」における17の「PLATE」は近代から現在にかけての本の生々しい景色を物語っているようで、現在のメタファーとなっていると思われた。またそれに続く島尾伸三による島尾敏雄の写真も興味深い。ちなみに『脈』96号は「芥川賞作家・東峰夫の小説」、97号は「沖縄を生きた島成郎」を特集し、次の99号は「吉本隆明が尊敬した今氏乙治作品集」（11月刊行）予定となっている】

〔16〕「出版人に聞く」シリーズ番外編2として、関根由子『家庭通信社と戦後五〇年史』が9月上旬に刊行される。

論創社HP「本を読む」31は「『二十世紀の文学』としての集英社『世界文学全集』」です。

出版状況クロニクル❾　2018年9月

18年8月の書籍雑誌推定販売金額は926億円で、前年比5・2％減。書籍は480億円で、同3・3％増。雑誌は446億円で、同12・8％減。雑誌の内訳は月刊誌が364億円で、同13・1％減、週刊誌は82億円で、同11・7％減。返品率は書籍が40・2％、雑誌が45・1％で、月刊誌は45・7％、週刊誌は42・4％。

書籍の推定販売金額のプラスは7月の西日本豪雨により、広島、岡山、九州などの書店の返品入帖処理が8月になっても終わっていないことに起因している。

出版輸送は運賃問題や人手不足に加え、西日本豪雨により、輸送遅延が長期化し、現在も続いているのである。それゆえに書籍は返品減となり、プラスになったわけで、その反動が必ず発生する。

さらに9月は北海道胆振東部地震が起き、書店の被害とともに、北海道も返品や輸送遅延が生じていくであろう。このような災害状況の中で、これまで以上に露出してきたのは運送問題だとされている。出版輸送業界はまったく余裕がない状態で営まれてきたこともあり、今回のような立て続けの災害には対応できない現実に直面しているという。

そのために新刊配本に関しても、雑誌が優先され、書籍のほうは大手出版社に新刊は受け入れられても、重版は配本できなくなっているようだ。

それを背景にしてか、小出版社の新刊配本も当月のはずが、翌月にずれこむ事態となっているし、資金繰りにもダイレクトな影響が出始めている。また大量の返品が生じ、逆ザヤ状態となることも覚悟しなければならない出版状況を迎えていよう。

今回のクロニクルは猛烈な台風24号襲来の中で、更新される。

---

〔1〕　出版科学研究所による2018年8月までの書籍雑誌推定販売金額とマイナス金額を示す。

【18年8月までの推定販売金額は8547億円で、前年比7・2％減、金額にして658億円のマイナスとなっている。この20年間の販売金額の推移と年毎のマイナス金額は本クロニクル❷に掲載してあるので参照してほしいが、これまでの最大のマイナスは17年の1008億円である。9月からの返品の反動などを考慮すれば、さらなるマイナスも想定せざるをえない。このような出版状況の中で、18年の最後の四半期が進行していく。まさに奈落の底に沈んでいくような思いに捉われざるをえない】

■ 2018年 推定販売金額

年	書籍雑誌合計金額（百万円）	前年比（%）	前年比金額（億円）
2018年 1〜8月計	854,746	▲7.2	▲658
1月	92,974	▲3.5	▲33
2月	125,162	▲10.5	▲147
3月	162,585	▲8.0	▲140
4月	101,854	▲9.2	▲102
5月	84,623	▲8.7	▲80
6月	102,952	▲6.7	▲74
7月	91,980	▲3.4	▲32
8月	92,617	▲5.2	▲50

〔2〕 日本出版者協議会相談役である緑風出版の高須次郎が『出版ニュース』（9／中）に「出版はどうなるか」を寄稿している。彼は『再販／グーグル問題と流対協』（「出版人に聞く」シリーズ3）の著者である。

この論稿は自社の書籍をめぐるアマゾンの電子書籍化の具体的な実例、2014年の著作権法改正の問題点、その見直しの必要性、電子書籍の再販に関わる失敗と出版危機、アマゾンのバックオーダー中止と直取引拡大戦略の成功、その影響を受けた日販決算の意味などに及んでいる。

そして現在は「出版敗戦前夜」にあるとし、次のような結論に至る。

「紙の市場規模の急速な縮小とアマゾンの躍進のなかで、問題は、大手取次店のダウンサイジングがうまくいくかどうかに懸かっている。仮にうまくいかなければ、大手取次店に莫大な売掛金をもつ出版社は、多くが資金繰りに詰まり、倒産・廃業の危機を迎えよう。まして「栗田出版販売再生スキーム」が適用されれば、膨大な返品を出版社は買うはめになり、さらに倒産・廃業に拍車がかかるといえる。」
また「出版敗戦を打開する道はあるのか？」として、7つの提案が挙げられ、「もはや手遅れの感もするが、こうした課題のいくつかを実現できなければ、出版敗戦の日を迎えるしかない。そこには戦後復興はない」と結ばれている。

【この高須の「出版はどうなるか」は数字データや資料として、本クロニクルが参照され、また「出版敗戦」のタームが使われていることからわかるように、高須から見た現在地点での出版状況論に他ならない。しかし高須がいうところの7つの提案は、どれひとつとしてスムースに実現することはないだろう。なぜならば高須もいうように、「敗戦の原因は、（中略）ほとんど戦わずして落城の危機をまねいた出版業界、出版社団体や出版社内部」に起因しているからだ。本クロニクルの言葉に言い換えれば、長期にわたる正確な出版状況分析の不在と錯誤によっている。それにこのような出版状況が、日本出版者協議会に属する小出版社だけに出来しているのではなく、さらに広範なかたちで「出版敗戦」は大手出版社に押し寄せていることを認識すべきであろう。もちろんそれは大手取次、大手書店とも連鎖していることはいうまでもあるまい。これらの論稿を一冊にまとめた高須の『出版の崩壊とアマゾン』は10月に論創社から刊行される。それから『出版ニュース』の同じ号に、『新潮45』（8月号）の「『LGBT』支援の度が過ぎる」に対して、8月20日付の「杉田水脈衆議院議員の発言に抗議する出版社代表82社の共同声明」も掲載されていることを付け加えておこう。『新潮45』10月号の特別企画「そんなにおかしいか『杉田水脈』論文」をめぐって、新潮社の佐藤信隆社長や文芸部門から批判が出され、マスコミで取り上げられているが、いち早く緑風出版の高須たちを呼びかけ人とする「共同声明」が出されていたことも知ってほしいからだ。その後、月末になって、論議もほとんどなされない前に、新潮社は『新潮45』の休刊を発表した。高須の「敗戦前夜」ではないけれど、この杉田の言説が、かつて大東亜戦争下における「産めよ増やせよ」の大スローガンに通じていることは指摘しておかなければならない。それへの注視もなされないままの休刊は、雑誌にとっても忌わしい記憶を残すだけであろう。『新潮45』の創刊は1982年だった】

〔3〕ジュンク堂書店旭川店から返品リストとともに、次のような「改装のご案内」が届いた。

「2011年6月にオープンいたしましたジュンク堂旭川店は、開店以来お客様に大変ご好評を頂いて参りました。しかし来る2018年9月、館の大規模なリニューアルにともない、デベロッパーより強い要請があり、現在の4階5階2フロア営業から5階1フロアのみへと、規模を大幅に縮小することが決定し改装する運びとなりましたのでご案内申し上げます。従来の1257坪から600坪と大幅な縮小となりますが、弊社がこれまで培ってきた経験を踏まえてレイアウトを見直し、読者のニーズにお応えし、地域の皆様に愛されるような店舗づくりにこれからも努力する所存でございます。急な話でたいへん申し訳ございませんが、今回の改装に伴いまして返品が発生いたします。甚だ勝手なお願いではございますが、出版社様におかれましては、商品の返送につきましてご了解とご協力を賜りますよう何卒お願い申し上げます」

【41フロア、600坪で店としては半分に縮小だが、書籍を中心として多くが返品され、それは在庫全部の3分の2ほどに及ぶのではないだろうか。すなわち出版社に大量の返品が逆流してくる。「デベロッパー」云々との文言が見えているけれども、もはや書店の大型店が売上マイナスと家賃負担に耐え切れず、リストラに向かっていく流れを象徴していよう。本クロニクル❼で、三洋堂書店の300坪ほどのバラエティショップの閉店を既述しておいたが、毎月のように大型店の閉店が起きていて、それがまったく改善されない高返品率へとリンクしていることになろう】

〔4〕『朝日新聞』（8／26）の「朝日歌壇」に次のような一首が掲載されていた。

「おおきくはしなくていいと祖父はいい父ももったちいさな書店　（東京都）高橋千絵」

【これを読んでから、山口県と島根県を旅行してきた。主としてバスによる移動だったが、ロードサイドに書店を見かけたのは1店だけで、ホテルのある商店街には小書店が閉店したままで残されていた。翌朝、そのホテルで『山口新聞』（8／29）を読むと、周南市のツタヤ図書館の入館者が100万人を突破したとの報道がなされていた。本クロニクル❸で、駅前ビルでのツタヤ図書館の開館による、地元老舗書店の閉店を伝えたばかりだ。ナショナルチェーンの大型書店の出店やCCCのツタヤ図書館の開館が、このような地方の書店が消えてしまった状況に反映されているだろうし、それが書店の半減という事実を裏づけていることになろう。先の一首で歌われている「父もまもったちいさな書店」は現在でも存続しているのだろうか。それに関して、鳥羽散歩という人が「詩歌句誌面」で次のような返歌を寄せているので、引いておこう。「大きくはしなくていいと思ったが私の代で潰れた書店」。旅行から帰った後、たまま鈴木書店の元幹部と話す機会があり、取次にとっては中小書店が生命線で、大書店の場合はほとんど利益が出なかったという告白を聞いた。倒産してから、それを実感したという。これは大手取次にとっても中小書店が生命線だったことを告げていよう】

〔5〕ティーエス流通協同組合（TS）は9月30日で解散を決議。

売上のピークは2005年の1億2000万円で、それ以後は会員や売上が減少し、負債が生じるようになったとされる。

ブックスページワンの片岡隆理事長は「昨年の総会終了後、NET21や青年部などが声を上げてくれたが、事業としての実態は生まれ」ず、清算に取り組むことに決定したと説明している。

【TSに関しては『出版状況クロニクルV』において、損失が組合出資金額を上回る債務超過に陥るので、解散の方向に進んでいくしかないように思われると記しておいたが、残念なことに本当にそのような事態になってしまった。出版社との直取引によるマージン確保が難しかったことになり、TS加盟の各書店の困難さも自ずと伝わってくる】

〔6〕中央社の売上高は217億円、前年比4・6%減。当期純利益は8107万円、同30・

7%減で減収減益の決算。

その内訳は雑誌120億円、同6・9%減、書籍は82億円、同0・5%減。

期中の新規店は8店（90坪）、閉店は18店（500坪）となり、名古屋・関西支店を廃止し、名阪支社に中部営業課と西部営業課を新設。

【『出版状況クロニクルⅣ』で、2010年代に中央社だけが取次として増収増益だったことにふれてきたが、その中央社にしても3年連続の減収減益の決算になってしまった。それはコミックも含めた雑誌の凋落、コラボしてきたアニメイトの売上の低迷、アニメイトがM&Aした書泉や芳林堂のその後の売上状況などが作用しているのだろう。これらの推移は『出版状況クロニクルⅤ』でたどっているが、海外展開などのアニメイト120店の現在はどうなっているのだろうか。期中の出店と閉店を見るかぎり、やはり店舗リストラの波が押し寄せているように思われるし、それは何よりもアニメイトが得意とするコミック特装版などの「特品等」が11億円、同8・6%減にもうかがわれる。中央社にとって、雑誌、書籍に次ぐ部門にして、その特色でもあったからだ。それを反映して、今期の中央社の決算も213億円、同1・1%減を売上目標としているが、さらなる減収減益は必至であろう】
〔7〕 学研HDは日本政策投資銀行と共同で、さいたま市の介護大手のメディカル・ケア・サービス（MCS）の全株式を取得。
MCSは認知症患者グループホームを270棟運営し、売上高は265億円。

学研HD傘下の学研ココファンはサービス付き高齢者向け住宅（サ高住）100棟を運営し、売上高は200億円。サ高住とグループホームの再編は初めての試みで、両社の複合開発にも進出するとされる。

【もはや学研は学参の出版社ではなく、塾などの教育事業と介護などの医療福祉事業をメインとする企業へと転身したと見なすべきだろう。ここに学研の介護事業を挿入したことに唐突な感を抱かれると思うが、トーハンの「事業領域の拡大」がこのような学研の動向と併走していると判断できるからだ。前回、本クロニクルで、「トーハンの課題と未来像」を取り上げ、グループ会社のトーハン・コンサルティングが実際に西新井に介護施設を建設中であることを既述しておいた。このパートナーは学研と考えてよかろう。そうした学研HDの、出版社から教育事業と介護事業への転身を範として、トーハンも介護事業も含めた不動産事業などの「事業の拡大」が構想されたのではないだろうか。しかし学研の転身にしても、古岡創業一族からの離脱、出版事業のドラスチックなリストラと改革、新たな事業ノウハウの蓄積など、一朝一夕になされたものではないし、それをトーハンが模倣できるとは思えない。それは介護事業にしても、不動産事業にしても、大いなる陥穽に満ちているし、コラボするゼネコンや官僚にしても、再販委託制に基づく出版社や書店を相手にするのとはまったく異なる相手であることを、冷静に自覚することから始めなければならない。だがそれはないものねだりであるかもしれない】

〔8〕 日販のグループ会社ダルトンは東京・武蔵村山市に、売場面積220坪で「DULTON FACTORY SERVICE MUSASHI-MURAYAMA」をオープン。

郊外型大型店舗で倉庫を改装した7店目の直営店。

創業以来、インテリア雑貨メーカーとして積み上げてきた商品群と空間創りのノウハウを投入した「人とモノを繋ぐ、日常彩るマーケット」とされる。

【これは前回のトーハンの近藤敏貴社長の言葉を借りれば、「事業領域の拡大」に属するのではなく、「カフェ、文具、雑貨は本を売るための取次事業」に当たるのかもしれないが、実際に見ていないので、判断を下せない。出版物はまったく売っていないのだろうか。しかしこのようなダルトンの展開にしても、本クロニクル❺で引いておいた日販の平林社長がいう市場の要求に応じて商品やサービスを提供する「マーケットイン」の試みだとしても、「本業の回復」にただちに結び付くことはないだろう。7も含め、取次はどこに向かっているのか、それがどのような影響を出版社や書店にもたらすかを注視すべきであろう】

〔9〕 TSUTAYAは家具とホームセンターの島忠とFC契約し、家具と本を軸とする生活提案方店舗開発に着手。

その第1号店として、島忠の「ホームズ新山下店」（横浜市中区）をリニューアルし、同店舗内にブック&カフェ「TSUTAYA BOOKSTORE 新山下店」を今冬に開店。

島忠は家具とホームセンターの複合店舗を首都圏に59店を有し、今後「TSUTAYA

BOOKSTORE」の展開を進める。

【これもCCC＝TSUTAYAが行なってきた、他の物販やサービス業と本を結びつける試みであり、またしても委託制によって出版物が利用され、汚れて返品されるという悪循環が繰り返されていくだろう。日販にいわせれば、「マーケットイン」ということになろうが、日販にしても、CCC＝TSUTAYAにしても、レンタルに代わるビジネスモデルとして成長させることは難しい。それに今期はFC店の問題が大きくせり上がり、日販へと逆流していくはずだ。代官山蔦屋書店や蔦屋家電も赤字だとされているし、やはりCCC＝TSUTAYAはレンタルとFC事業を超えられないし、Tポイント事業にしても、すでに会社分割が想定されているのではないかと推測される】

〔10〕　大垣書店の決算は売上高112億8450万円、前年比3・5％増で、過去最高額となる見通し。

その内訳は「CD／DVD」部門を除き、BOOK、文具、カフェ、カードBOXの4部門がプラスになったこと、出店に加え、イオンモール店や外商部門が好調であることなどが挙げられている。

【同時期に発表された三洋堂HDの第1四半期の連結決算は、売上高48億8400万円、前年比5・2％減で、書店部門は30億7000万円、同6・2％減である。複合店であることは大垣書店も三洋堂書店も共通していて、前者が後者と異なり、売上高を伸ばしているのは閉店が

なく、出店攻勢を続けているからだと思われる。だが出版状況から考えると、その反動が生じることも推測できよう】

〔11〕集英社の売上高は１１６４億円、前年比０・９％減で、営業損失は９億６０００万円の赤字。

だが不動産収入などの営業外収益により、純利益は25億２５００万円、同52・９％減で黒字決算。

売上高内訳は雑誌が５０１億円、同13・０％減、そのうちの「雑誌」は２４９億円、同11・０％減、「コミックス」は２５１億円、同14・９％減。書籍は１０８億円、同２・７％減。その他の「web」「版権」などは４６１億円、同21・１％増。

〔12〕光文社の売上高は２１７億円、前年比１・９％減で、経常・当期純利益ベースで2年連続の赤字。当期純損失は1億８７００万円。

売上高内訳は雑誌が71億円、同７・３％減、書籍が35億円、同４・２％増、広告69億円、同６・０％減。

【いうまでもないことかもしれないが、集英社は小学館に代表される一ツ橋グループ、光文社は講談社に象徴される音羽グループの有力出版社である。戦後の出版業界のメインシステムは一ツ橋と音羽グループの雑誌の大量生産、大手取次の大量流通、商店街の中小書店による大量販売によって形成され、営まれてきたといっていい。だが中小書店は退場してしまい、取次も危機の中であえいでいる。その結果としてもたらされた今回の集英社と光文社の赤字は、そのシステムの終焉を物語っているように見える。それに何よりも驚かされるのは雑誌の返品率で、集英社は32・9％、光文社は49・2％に及んでいる。こうした事実に対しての説明は不要だろうし、ブックオフならぬマガジンオフの現在を突きつけているように思える。なお小学館の3期連続赤字は本クロニクル❻、講談社の決算は同❷で既述しているので、必要なら参照されたい】

〔13〕『日経MJ』（9／3）が「消え始めた短冊状伝票」という記事を発信し、「スリップを発行しない出版社」リストを挙げているので、それを示す。

【この記事によれば、この1年間でリストを含む20社がスリップ廃止を決め、今後も1ヵ月に2〜3社のペースで続くとされている。ひとえに書店現場での自動発注やオンライン化が整備され、スリップの重要性が薄れたことによっているが、スリップは長きにわたって、販売、注文、追加伝票とデータ作成資料、報奨金用として使用されてきた。その起源に関しては様々に伝えられているが、『出版事典』（出版ニュース社）によれば、戦後の1955年頃から広く普及するようになり、ほとんどの書籍の挿入されるようになったという。つまりスリップも戦後の出版流通システムの落とし子であり、それが消えていくことは12ではないけれど、戦後の出版流通システムの終わりを告げていることになるのだろう。また『本の雑誌』（9月号）も「特

■スリップを発行しない出版社

出版社	時期	対象
KADOKAWA	4月	角川文庫など
岩崎書店	7月	すべての書籍
金の星社	7月	すべての書籍
フレーベル館	8月	すべての書籍
一迅社	8月	すべての書籍と漫画
竹書房	8月	すべての書籍と漫画

集スリップを救え！」を組んでいることを付記しておこう】

〔14〕「地方・小出版流通センター通信」（No.505）が、松村久の85歳の死を追悼している。彼はそれこそ、4の周南市駅前で古本屋のマツノ書店を営みながら、明治維新史を中心とする防長史資料280点余りの復刊と刊行に携わり、2007年には菊池寛賞を受賞している。

そこには松村だけでなく、沖縄タイムス社出版部で『沖縄大百科事典』や『沖縄美術全集』を編集し、退職後も出版舎Mugenを立ち上げた上間常道の76歳の死も伝えられている。

【松村とは面識がなかったけれど、その出版記は『六時閉店』（マツノ書店）で読んでいるし、中村文孝『リブロが本屋であったころ』（「出版人に聞く」シリーズ4）にも登場してもらっている。だが申し訳ないことに、中村も私も版元名から松村でなく松野だと思いこんでいたので、松野と間違って記載してしまったことが本当に悔やまれる。上間のことは知らなかったが、前回取り上げた沖縄の同人誌『脈』に関係していたかもしれない。それらはともかく、このようにして、地方出版の時代も終わっていくのだろうか】

〔15〕『FACTA』（10月号）が細野祐二の「会計スキャン」として「RIZAPグループ—損失先送り経営」を掲載している。

ライザップは上場9会社を持ち、前期も23社を企業買収しているが、その当期利益は大半が「負ののれん」によって占められているというものだ。これは専門的論稿にして、「ライザップへの質問と回答」などの掲載もあることから、実際に読んでもらうしかない。

それは次のように結ばれている。

「『負ののれん』が当期純利益の大半を占めるライザップの財務諸表は会社の財務状況と経営成績を適正に表示しておらず、その利用は危険極まりない。」

【『出版状況クロニクルⅣ』で、ライザップによる日本文芸社、本クロニクル❷で、CD／DVDショップのワンダーコーポレーションの買収を取り上げてきているが、これらも同様の「損失先送り経営」の一環なのであろうか。やはり本クロニクル❻で、大阪屋栗田を買収した楽天に関しても、細野が「非上場株で『膨らし粉』経営」だと指摘していることにふれているが、トーハン、日販の書店買収、CCC＝TSUTAYAの出版社買収なども、同じような危惧を孕んでいるのではないだろうか。いずれも非上場ゆえに詳細に分析されていないけれど、取次を通さない直販誌『FACTA』と細野に、それらの「会計スキャン」を期待したいところだ】

〔16〕『ジャーナリズム』（9月号）が「先の見えない時代　読み解くカギは読書にある！」とし

て、「現在地を知る100冊」特集を組んでいる。

【「現在地を知る」とのタイトル名は卓抜で、それに見合う多くの未読の本を教えられた。読んでいるのは多くなく、与那原恵の「『今』照らす古琉球以来の歴史―現在の沖縄問題を理解するための10冊」では、小松かおり『沖縄の市場〈マチグヮー〉文化誌』(ボーダーインク)だけだった。これから気になる本は読んでいきたいと思うが、『ジャーナリズム』で恒例のように挙げられていた出版に関する「現在地」が見当らないことに気づいた。何か事情でもあるのだろうか。その代わりといっていいのか、河本裕司「接続遮断は通史の秘密を侵害か　大規模漢詩の指摘、運用拡大も」が寄せられていた。この「サイトブロッキング」、コミックの海賊版サイトの問題に関して、本クロニクル❹、❺などでもふれ、その「通信の秘密」を侵害する「超法規処置」に疑問を表してきた。河本文は、政府の知的戦略本部の検討会議において、法制化強行を危惧する複数委員の批判と、それに対する反論が繰り広げられ、決議に至らなかったプロセスと事情を報告している。これは詳細なレポートであるので、ぜひ読んでほしいし、その論議の行方を見守りたいと思う。「サイトブロッキング」問題は、「表現の自由」や「知る権利」と合わせ鏡になっているからだ】

〔17〕前田雅之『書物と権力』(吉川弘文館)を読了した。

【今回、繰り返しふれてきた戦後出版システムの終わりではないけれど、実用、趣味、娯楽ではなく、教養を身につけるための読書、自分の中身を高めるための読書も、1990年代に終焉したと前田は述べている。それは明治末期から1980年代までは確かに存在していた。その起源は、中世における権門体制（院・天皇―公家・武家・寺家）を相互につなぐ文化的要素が中世エリート公共圏で、同時に「古典的公共圏」を形成していた。それが近代まで続き、「教養のコンセプト」となっていたのである。「古典的公共圏」の成立とは、古典、和歌を抜きにしての人間関係は考えられず、それゆえに書物と権力の問題がせり上がり、サブタイトルにある「中世文化の政治学」がオーバーラップしていく。そして「書物・知」をめぐる権力のネットワークが描かれ、あらためて中世における書物の位相を教示してくれる。だがそのような「書物・知」をめぐる教養的読書は20世紀において終焉し、今世紀を迎え、インターネットに置き換えられたということになるのだろうか】

〔18〕今月の論創社HP「本を読む」32は「森一祐、綜合社、集英社『世界の文学』」です。

出版状況クロニクル⓾　2018年10月

■18年9月の書籍雑誌推定販売金額は1215億円で、前年比5・4％減。

書籍は682億円で、同5・3%減。雑誌は533億円で、同5・6%減。

雑誌の内訳は月刊誌が446億円で、同4・5%減、週刊誌は86億円で、同10・4%減。

返品率は書籍が32・3%、雑誌が39・8%で、月刊誌は39・4%、週刊誌は41・9%。

月刊誌の返品率が40%を割ったのは今年で初めてだが、これはコミックスの返品の大きな減少に拠っている。しかし週刊誌は高止まりしたままだ。

書店店頭売上は書籍3%減、定期誌4%減、ムック12%減、コミックス10%増である。

コミックスは『ONE PIECE』90巻や『SLAMDUNK』15—20巻が牽引したこと、「ジャンプコミックス」などの値上げも大きいとされる。

この数字からだけでは10月の台風24号の影響はうかがえないけれど、11月に持ちこされているのかもしれない。

前回の本クロニクルは台風24号の襲来の最中に更新されたが、今回は皮肉なことに、まさに「本の日」に更新となる。

---

〔1〕 出版科学研究所による18年の1月から9月にかけての出版物推定販売金額の推移を示す。

【18年もあますところ2ヵ月となったが、9月までの出版雑誌推定販売金額は9762億円で、同7・0%減、前年比マイナス728億円である。17年10、11、12月の前年比は7・9%、7・8%、10・9%減という落ちこみなので、18年のマイナスも9月までの7・0%減を想定してみる。すると18年は959億円のマイナスで、1兆2741億円となり、ついに1兆30

■2018年1月～9月 推定販売金額

月	推定総販売金額		書籍		雑誌	
	（百万円）	前年比（%）	（百万円）	前年比（%）	（百万円）	前年比（%）
2018年 1～9月計	976,228	▲7.0	541,102	▲3.5	435,126	▲11.0
1月	92,974	▲3.5	51,751	1.9	41,223	▲9.5
2月	125,162	▲10.5	77,362	▲6.6	47,800	▲16.3
3月	162,585	▲8.0	101,713	▲3.2	60,872	▲15.0
4月	101,854	▲9.2	53,828	▲2.3	48,026	▲15.8
5月	84,623	▲8.7	43,305	▲8.8	41,318	▲8.5
6月	102,952	▲6.7	53,032	▲2.1	49,920	▲11.2
6月	102,952	▲6.7	53,032	▲2.1	49,920	▲11.2
7月	91,980	▲3.4	43,900	▲6.0	48,079	▲0.8
8月	92,617	▲9.2	48,024	3.3	44,593	▲12.8
9月	121,482	▲5.4	68,186	▲5.3	53,295	▲5.6

00億円を割ってしまうことになる。これはピーク時の1996年の2兆6980億円の半減をさらに下回る販売金額で、19年は1兆2000億円すらも割っていくことも考えられる。すでに取次の赤字はカミングアウトされているし、大手出版社の苦境はいうまでもなく、大手書店の店舗リストラも進められている。それは現在の出版流通販売市場の危機の臨界点を示している。このまま何もなく新しい年を迎えられるのかという状況の只中に、出版業界は置かれていると見なすしかない】

〔2〕『日経MJ』（10／12）によれば、アメリカの大型書店チェーンのバーンズ・アンド・ノーブルはアマゾンなどの影響で業績が低迷し、身売りを前提とする経営戦略のための特別委員会を組織。

2011年には同業のボーダーズが経営破綻し、バーンズ・アンド・ノーブルが唯一の上場企業となっていた。だが同社の18年の売上高は36億ドルで、ピークの12年の71億ドルから半減し、店舗数も08年の726店から18年には630店に縮小し、18年5月〜7月期の最終損益は1700万ドルの赤字となっていた。

【日本の大型書店がバーンズ・アンド・ノーブルなどを範としてきたことはいうまでもないだろう。そのビジネスモデルがアメリカ本国において、ついに破綻してしまったのである。そしてその売上高の半減は日本の出版業界と重なるものだ。折しもほぼ同時に、アメリカのデパートのシアーズとその子会社のディスカウント店Kマートの経営破綻が伝えられている。これはアメリカ小売業としては過去最大の負債で、100億ドル超と推測される。シアーズにしても、ウォルマートやホームデポとの競合に加え、ネット通販による消費者の変化に対応できなかったことが指摘されている。日本の消費社会はアメリカをモデルとしたものであり、小売業界においても、アメリカで起きたことは日本でも反復されていくことは確実で、日本の場合にはどのようなかたちで表出してくるのだろうか】

〔3〕 丸善ジュンク堂は丸善池袋店と津田沼店に、レゴⓇスクールをオープン。

レゴⓇスクールは2006年に設立され、全国で30教室を展開し、同社認定インストラクターによる少人数制カリキュラムを特色としている。

【前回のクロニクルで、ジュンク堂旭川店の売場の半減を伝えておいたが、「地方・小出版流通センター通信」(No.506)によれば、「丸善ジュンク堂チェーンの規模縮小、及びレイアウト変更」は札幌店、三宮店、南船橋、津田沼店、松山店にも及び、「これに伴い返品が発生」することは必至である。ブックファースト大井町店の閉店も伝えられている。これに津田沼店の名前も挙がっているように、レゴⓇスクールなどが誘致されているのだろう。単なる家賃の補足手段か、「事業領域の拡大」なのかは、今後の動向を見るしかないと思われる】

〔4〕台湾の大手書店「誠品書店」グループで、台湾の雑貨と書籍を扱う「誠品生活」が、2019年に日本橋に開業する三井不動産の物販とオフィスの複合商業施設「コレド室町テラス」に雑貨店として出店。

「誠品生活日本橋」は、三井不動産との合弁会社を設け、そこからライセンス供与を受けた有隣堂が運営する。

【本クロニクル❹で、有隣堂の東京ミッドタウン日比谷にオープンした「HIBIYA CENTRAL NARKET」を既述しておいた。これらはもはや脱書店モデルの模索であり、「誠品生活」もその一環と見なすべきであろう。大手書店チェーンからして、雑誌や書籍から離れていこうとしている】

〔5〕トーハンが初めて手がける文具専門店「伊勢治」を新装オープン。

伊勢治書店が経営を担い、その旧本店跡地に建設されたマンションの1階、56坪で、江戸時代からの老舗イメージを生かす店舗デザインにより、文具、画材などを揃える。

【『出版状況クロニクルⅣ』で、2015年の伊勢治書店の「囲い込み」をレポートしておいた。ここにその後の推移が意図せずして伝えられている。トーハンは伊勢治書店旧本店跡地にマンションを建設することで、不良債権を清算しようとし、その一方で伊勢治書店に文具専門店「伊勢治」を残したとも推測できる。つまりここに本クロニクル❽で示しておいたトーハンの取次としての文具事業、及び不動産プロジェクトという「事業領域の拡大」を見ることもできよう。しかし書店清算とこれらの事業の三位一体の行方はどうなるのか。これもいずれ明らかになるだろう】

〔6〕 中小書店の協業会社NET21の会員書店である埼玉の熊谷市の藤村書店が事業を停止し、破産手続きを申請。

藤村書店は1947年に創業し、教科書販売も手がけ、熊谷、秩父、立正大学キャンパス店を有していた。

【17年の矢尾百貨店内の秩父店閉店などにより、売上減少と事業継続が困難になり、取次にも支払不能となっていたようだ。その秩父店で3年間店長を務めていた那須ブックセンターの谷邦弘が、『新文化』(10/11)に「藤村書店の倒産に思う」という一文を寄稿している。それによれば、社長は週100時間以上働き、その両親、叔父、叔母と一家総出で、人件費も抑えていたという。これを読んで、本クロニクル❷でふれた幸福書房の閉店を想起してしまった。一家で一生懸命働いても報われないどころか、破産に至ってしまう中小書店の現在を浮かび上が

らせていよう】

〔7〕日販子会社の精文館書店の決算は売上高196億円、前年比0・3％増の微増減益。既存店は「書籍・雑誌」「レンタル部門」が前年を下回ったが、新規店のTSUTAYA東大宮店（900坪）、一宮南店（376坪）が売り上げに貢献したとされる。

【しかし私が見ている精文館は、以前の文具部門が縮小され、UFOキャッチャーが置かれるようになった。その一方で、出版物にしてもレンタルにしても、明らかに低迷していることが伝わってくる。それに精文館の外看板だけは残っているが、レシートはTSUTAYAとあるだけで、精文館とTSUTAYAの関係も、FCだけでなく、日販とMPDも介在し、複雑に絡み合い、再編が進められているのかもしれない】

〔8〕日本レコード協会によれば、2018年6月末時点で、全国の音楽CDレンタル店数は2043店、前年比6％減。

店舗数の減少は21年連続で、1989年のピーク時の6213店と比べ、3分の1の水準に落ちこんでいる。定額聞き放題の音楽配信サービスの広がりもあり、2000店割れも時間の問題となっている。

ただ店舗数が減る一方で、大型店が増え、音楽CD在庫が1万5000枚以上の大型店の比率は71・9％に上る。

【これらの事実はＴＳＵＴＡＹＡやゲオの複合店や大型店のシェアが高まり、そのＣＤ、ＤＶＤレンタル市場に対して、音楽配信サービスだけでなく、動画配信サービスも攻勢をかけて広がり、２０００店割れに迫っていることになろう。それは複合大型店への逆風がさらに続いていくことを意味している】

〔9〕 ブックオフグループホールディングスは同社を株式移転設立完全親会社、ブックオフコーポレーションを株式移転完全子会社とする単独株式移転を行ない、10月1日付で新会社として発足。

【簡略にいえば、グループの純粋持株会社設立、及びブックオフの子会社化ということになるし、リユース業界の急速な変化、多様化する顧客ニーズへの対応、そのための事業再編が謳われている。だがブックオフの成長を支えたのはＦＣシステムによる店舗増に他ならず、そのことから考えてみても、もはや成長は望むことができず、子会社化させ、切り離したとの見方も可能である。これからのブックオフＦＣ店はどうなるのだろうか】

〔10〕 『日本古書通信』（10月号）で、岡崎武志が「昨日も今日も古本さんぽ」96において、「ブックセンターいとう 星ヶ丘店」の閉店にふれ、「どれだけリサイクル系大型古書店『ブックセンターいとう』の閉店を見てきたことか」と書いている。そして近年の恋ヶ窪、青梅、中野島、立川羽衣、西荻、西荻窪、聖蹟桜ヶ丘の撤退を上げ、「秋の枯葉が舞い落ちるような凋落ぶりだ」

と述べている。

それに続いて、ブックオフの撤退も多く、「疲弊が目立つ」し、セドラーも見かけなくなったことにも言及している。

【「ブックセンターいとう」の経営者とは面識があるけれども、店舗は見ていないので何もいえないが、ブックオフに関しては同感である。それが9の完全子会社化ともリンクしているはずだ。『日本古書通信』同号はこの他に、船橋治「みすず書房『現代史資料』(1)～(3)・ゾルゲ事件(一)～(三)の原本を発見する」や折付桂子「東北の古本屋(5)福島県」が興味深く、印象に残る。特に後者は故佐藤周一『震災に負けない古書ふみくら』(「出版人に聞く」シリーズ6)の現在もレポートされ、佐藤夫人の元気な姿も伝わってきた。もう十年以上お会いしていないけれど、お達者で何よりだ】

〔11〕三和図書から、次のような「取次部門業務終了のお知らせ」が届いた。
「さて、突然ではございますが、この度、株式会社三和図書は諸般の事情により10月末日を目途に取次部門の業務を終了する運びとなりました。長年にわたるご支援ご芳情に心から御礼申し上げますとともにご迷惑をおかけする結果となりましたことをお詫び申し上げる次第でございます。尚、お支払いについては書店様からの返品を入帳後、請求書を送付して頂いたうえで清算をさせて頂きたいと存じます。事情ご賢察の上、何卒ご理解を賜りますようお願い申し上げます。」

【三和図書は1950年設立で、文芸書を主としていたが、またしても神田村取次を失うことになる。もはや取次の店売風景も過去のものと化しているのであろう。『出版状況クロニクルⅣ』において、１９９９年から２００８年にかけての取次受難史を示しておいた。それらに加え、『出版状況クロニクルⅤ』でも、さらに続く東邦書籍、栗田出版販売、大阪屋、太洋社、日本地図共販の退場もたどってきている。出版社や取次ばかりでなく、取次も消えていったことを実感してしまう】

〔12〕『出版ニュース』が来年3月下旬号で休刊。

同誌は１９４１年に創刊され、49年に発行所の日配より、出版ニュース社が引き継いでいるので、75年にわたって出されてきたことになる。

公称部数は４３００部だが、近年は赤字続きで、部数も低下していたとされる。

【『出版ニュース』と本クロニクルなどとの関係について、いくつもいいたいことはある。だがそれよりも、年度版『出版年鑑』や『日本の出版社』の刊行、それらに基づく様々なデータの公開、海外出版ニュースなどの行方が気にかかる。その一方で、神田神保町に出版クラブビルが完成し、書協、雑協、日本出版クラブ、ＪＰＯなどが一堂に入居することになると報道されているが、そこに出版ニュース社がないのは象徴的なことのような気がするからだ。もはや『出版ニュース』は必要とされていないことを告げているし、それは書評紙や出版業界紙にも及んでいくであろう】

〔13〕リンダ・パブリッシャーズが倒産、負債は3億4000万円。

【この版元は未知だったので調べてみると、処女出版が『おっぱいバレー』で、本は読んでいないが、映画は見ている。このように映画の原作となる書籍の出版を手掛け、『恋する日曜日私。恋した』や『99のなみだ』などを刊行していた。またCCCのトップ・パートナーズの出資を受けていたが、ヒット作が続かず、資金繰りが悪化し、赤字決算が続いていたとされる】

〔14〕旧商号を潮書房光人社とするイノセンスが倒産。

2006年には年商6億1000万円が16年には3億6000万円となり、今年に解散を決議した。負債は3億8000万円。

【『出版状況クロニクルV』で、出版事業は会社分割された潮書房光人新社に引き継がれ、産経新聞出版グループ傘下に入ったことを既述しておいた。また本クロニクル❹で、旧商号をキネマ旬報社とするケージェイの破産、船井メディアの清算も伝えているが、イノセントも同じ道をたどったことになる。出版事業を売却し、本業を失い、清算会社として残された出版社は、このような破産や清算という道筋を選ぶしかないのだろう】

〔15〕日本新聞協会の2017年新聞社総売上高推計調査によれば、日刊新聞社92社の総売上高は1兆7122億円で前年比3・1％減と6期連続マイナスで、販売収入も初めて1兆円を割る9900億円、前年比3・0％、309億円減となった。

【いうまでもなく、1兆円を割ったということは、新聞の売上部数も減少している。これは本クロニクルで繰り返し書いているが、チラシを打てない書店にとって、代わりに新聞が雑誌や書籍の宣伝を毎日掲載していることで、読者の確保と集客が可能であるのだ。しかしそのような新聞と出版社と書店の蜜月も昔話になっていきつつあるのだろう。新聞に書評が出ても、ほとんど反響もないし、売れない時代に入って久しいし、もはや電車で新聞を読む人を見ることもないのである】

〔16〕光文社が11月19日発売の尾崎英子『有村家のその日まで』（本体1700円）において、「責任仕入販売、報奨企画」を実施し、初回搬入分の70％以上を販売した書店に1冊170円の報奨金を支払う。

これは光文社が事前注文を促進し、効率的な書籍販売を模索する実験で、参加申し込み先着100店に限定して実施。

初版4000部、初回10冊以上の事前注文に対し、70％以上の実売に報奨金が支払われる。

【どこの実用書版元だったか思い出せないのだが、かつて一冊につき10円の報奨金が支払われるスリップがついていた。これは前世紀のことだったけれど、よくぞ踏み切ったという印象があった。しかし1冊につき170円の報奨金とは予想もしていなかったし、面白い試みだと思う。書店の取り組みと販売の実態を見守ることにしよう】

〔17〕『選択』（10月号）が「マスコミ業界ばなし」で、『新潮45』の休刊にふれ、次のように書いている。

「同誌編集部の停滞ぶりはひどく、部員六人の平均年齢は五十歳超。今春には二十代の社員が退職、三十代の女性社員も異動となり、残るは定年間近の人間ばかり。当該の問題記事についても「編集長の独断で、部内で特に議論もなかったようだ」と別の社員は呆れる。

新潮社は約四百人いる社員を、今後十年で約百人減らす方針だ。九月二十五日に発表された『新潮45』の休刊にかこつけて、「この際、雑誌もろとも、編集部員も無きものに、との非情な声も聞かれる」。」

【『新潮45』の休刊をめぐっては事後に喧しいが、このように社内事情が絡み、それを機として、新潮社はリストラの道を歩んでいくことになるだろう】

〔18〕『FACTA』（11月号）が「『海賊版対策』一人燃えるカドカワ」と題し、「通信の秘密や表現の自由を脅かす」ブロッキングの法制化の攻防内幕をレポートしている。

それによれば、導入推進派の急先鋒はカドカワの川上量生社長である。それに対し、講談社の野間省伸社長は「明らかにトーンダウン」し、一ツ橋グループ（小学館、集英社）は「静観の構え」、カドカワの角川歴彦会長は「ブロッキングに反対」とされている。

この川上の急先鋒の理由は、経産省官僚であるその夫人の「経産省におけるキャリアパスを意識した援護射撃と考えることもできる」と指摘されている。

そして「官邸サイドが、ブロッキングの法制化を一旦棚上げしないことには、不毛な議論が続くばかりで出口は見えてこない」と結ばれている。

【前回のクロニクルでも、このサイトブロッキング問題にふれ、その「超法規処置」に疑念を呈してきたが、この一文を読むと、まさに「忖度」に他ならず、何をかいわんやという気にさせられる。しかもこうした記事は直販誌でなければ読むことができないからだ】

〔19〕今月は訃報がふたつ届いた。

ひとりは青蛙房の岡本修一で、本クロニクルの愛読者、ふたり目は元出版芸術社の原田裕で『戦後の講談社と東都書房』（「出版人に聞く」シリーズ14）の著者である。

岡本はまだ69歳だったが、原田は90歳半ばで、天寿を全うしたといえよう。

二人とその出版社に関して、一文をしたためるつもりなので、とりあえず、ここに二人の死だけを記しておく。

〔20〕『金星堂の百年』が出された。

【待望の初めて編まれた社史で、近代出版史と文学史の空白を埋める一冊といっていい。いずれの研究者も必携である。それに拙著『古本探究Ⅱ』が参考文献に挙げられていることに驚いた次第だ】

〔21〕風船舎古書目録第14号『特集 楽隊がやってきた 日本近代音楽120年史抄』が届いた。門外漢ではあるけれど、520ページに及ぶ、音楽関係者必見のすばらしい目録である。
これもそのことだけを書きつけておく。

〔21〕論創社HP「本を読む」33は「河出書房新社『人間の文学』『今日の海外小説』と白水社『新しい世界の文学』」です。

出版状況クロニクル⓫ 2018年11月

18年10月の書籍雑誌推定販売金額は991億円で、前年比0・3%減。1%未満のマイナスは16年12月以来である。

書籍は485億円で、同2・5%増。雑誌は505億円で、同2・8%減。

雑誌の内訳は月刊誌が404億円で、同0・3%減、週刊誌は100億円で、同11・5%減。

返品率は書籍が41・1%、雑誌が39・3%。

ただ書籍のプラスは送品が多かったこと、月刊誌の1%未満マイナスも、大手出版社のコミックスの値上げと返品率の改善によるものとされる。

それらもあって、10月の前年マイナスは2億円で、一息ついたといえるが、返品率はやはり高止まりしている。

残りの11月、12月の売上状況はどうなのか。18年最後の月が始まろうとしている。『旧約聖書』でいうところの「逃れの町」ならぬ、「逃れの月」となるであろうか。

---

〔1〕 日販の『出版物販売の実態2018』が出され、『出版ニュース』(11/上)に「販売ルート別出版物販売額2017年度」と「同推移グラフ」が掲載されている。ここでは前者を示す。

【出版科学研究所による17年の出版物販売金額は1兆3701億円、前年比6・9％減だったのに対し、こちらは出版社直販も含んで1兆6223億円、同5・8％減となる。しかし今月の問題に絡んで注目すべきは、書店とコンビニの大手取次ルート販売額であろう。本クロニクルでたどってきているように、18年のマイナスも明らかだ。書店は1兆円を下回り、初めてシェアの10％を割り、前年比15・2％減のコンビニも1500億円台を維持できないだろう。これは言うまでもないけれど、コンビニは雑誌をメインとしているので、雑誌はさらにマイナスが続いていくことも確実だ。そしてさらに流通の現在を見てみると、書店が1万店、コンビニが5万店という配置になっている。それを出版物販売額に当てはめ、概算すれば、年商で書店は1億円、コンビニは300万円で、もはや後者が取次にとって赤字になることは歴然であろう。かつての小取次の書店採算ベースが月商100万円、つまり年商1200万円とされて

■販売ルート別推定出版物販売額 2017 年度

販売ルート	推定販売額（百万円）	構成比（%）	前年比（%）
1. 書店	1,024,990	63.2	94.1
2. CVS	157,646	9.7	84.8
3. インターネット	198,770	12.3	108.6
4. その他取次経由	73,813	4.5	93.5
5. 出版社直販	167,083	10.3	90.4
合計	1,622,302	100.0	94.2

いたから、現在のコンビニはその4分の1の売上しかない。それでも2000年代までは出版物販売額が2兆円を超え、書店数も2万店を保っていたからこそ、コンビニの流通アンバランスは露出していなかった。だが雑誌の凋落に伴う出版物販売額のマイナスと書店数の半減、それと逆行するコンビニの増加は、まさにいびつな流通状況を浮かび上がらせ、それがこの「販売ルート別出版物販売額」にも表出しているのである。取次にしてみれば、コンビニの雑誌売上が伸びていた時代には、コンビニ本部からの一括支払いによるメリットが認められていたにしても、現在ではもはや赤字を重ねるだけの流通になっている。だが恐ろしいのは書店とコンビニの店数から見れば、週刊誌の売上はコンビニに依存している。だから大手取次にすれば、コンビニは赤字だが、大手出版社の週刊誌などはコンビニが生命線ともいえるのである。まさにいびつな構造というべきであろう】

〔2〕『新文化』（10／25）が「出版輸送重量運賃制にメスを」との大見出しで、東京都トラック協会 出版・印刷・製本・取次専門部会の瀧沢賢司部会長（ライオン運輸社長）にインタビューしている。それを

要約してみる。
＊同部会の企業数は23社で、１９６９年の設立時に比べると、本を手がけなくなった会社が増え、３分の１になっている。
＊「出版物関係輸送の経営実態に関するアンケート」を行った結果はほとんどの会社において、「経営が成り立っていない」というものだった。その原因は荷物の重さに応じて荷主が支払う重量制運賃で、出版業界が右肩上がりだったときは非常に有難かったが、売上減少の現在では採算ベースに追いつかない。
＊さらに原油価格、人件費、車両価格の高騰、ドライバーの高齢化、人出不足による長時間労働が重なり、今後も業量の減少とコストが上がり続けるようであれば、出版輸送から撤退する運送会社も出てくるだろうし、出版輸送は赤字だから関わらないほうがいいという声も上がっている。
＊ライオン運輸も10月から一部運賃の値上げの実施を得たが、重量制運賃はそのままなので、今後の業量減少が止まらなければ、問題は再熱するし、今回の値上げで問題解決にはならない。
＊深夜配送の主な業務は書店とコンビニへの書籍、雑誌の配送だが、雑誌売上低迷による経営ダメージが増大している。
＊とりわけコンビニ配送の落ち込みは深刻で、日販から書店、コンビニへの店舗配送を受託しているが、事前の集荷、仕分け、コース別積込などの手順があり、多くの手間がかかり、専

業にならざるを得ない。9月は百万円単位のマイナスが生じ、様々な現況を考えると、いつまでこの業務が続けられるかとも思う。

＊昨年からの土曜日休配にしても、ドライバーの夏の体力の消耗は防げたが、稼働日数が減り、売上に影響したことは否めない。

人手不足もあって、ドライバーの労働時間の短縮は重要だが、賃金が低いので、求人を出しても若い人からの応募はない。

＊コンビニの店舗が増え続けているのに、業量は減少し、収入減、経費増という収支バランスが悪化する一方で、適正な運賃の収受とコンビニ配送などの改善が必要だ。

＊出版社や書店に対して、本の価格には原稿料、印刷、製本だけでなく、運送料も含まれることを自覚してほしいし、ネット上の送料無料にしても、それは業者が負担している。

もはや出版輸送事業者の現状からすると、負担の限界を超えており、明日にでも出版輸送が止まってしまってもおかしくない状況にある。出版業界に関わっている人たちにはこの現実を直視してほしい。

＊ただこれまでの荷主との交渉は手詰まり感があり、トラック輸送のあるべき姿を検討、対策を進めている国土交通省にも改善に向けての協力を求めていきたい。

【1と密接に関連する出版輸送の現場の声なので、詳細に挙げてみた。瀧沢部会長へのインタビューは『出版状況クロニクルV』の17年1月のところでも紹介しておいたが、「一部運賃の値上げ」を除いて、その現況はまったく変わっていないし、さらに悪化しているとわかる。結

局のところ、大手出版社と大手取次による低定価の雑誌をベースとする大量生産、大量流通、大量販売システムは、これまた低コストの「重量運賃制」に支えられていたことにつきるし、もはやそれも限界に達している。それは出版輸送における「重量運賃制」そのものが再販委託制と同様に、「出版業界が右肩上がり」であれば有効だが、現在のような状況では「経営が成り立っていない」。それゆえにこれは出版輸送の問題だけでなく、出版社、取次、書店の全分野に及んでいると見なすことができよう】

〔3〕11月19日付で、日販、トーハンより「物流協業に関する検討開始のお知らせ」が届いた。これは両社のHPに掲載されている。両社は4月19日から、公取委に物流協業に関する事前相談を行い、10月12日にその回答を得て、今回の基本合意書締結に至ったとされる。この「お知らせ」は社名が異なるだけなので、日販のほうを引き、その「背景及び目的」「検討内容」「検討体制」を挙げておこう。

1　背景及び目的
出版物の売上は1996年をピークに低減が続いております。

2017年度ではピーク時の52％程度の規模に縮小し昨今の輸送コストの上昇と相まって流通効率の悪化が顕著となり、全国津々浦々にわたる出版物流網をいかに維持するかが業界全体の喫緊の課題となっております。

今回の両社による取り組みは、かかる課題の解決を導き出すために行われるものであり、同時にプロダクトアウトからマーケットインを目指した抜本的な流通改革への新たな一歩となることを目指すものです。

2　検討内容

当社とトーハンの間で、制度面・システム面を含めて、厳密な情報遮断措置を講じることを前提として、両社の物流拠点の相互活用ないし統廃合を中心とした出版流通の合理化に向けた物流協業について検討致します。それぞれが保有する経営資源を有効活用することを基本として、システム面・業務面などからの実現可能性と経済的合理性を評価して、物流協業の具体的な方向性の検討を進めてまいります。

3　検討体制

当社・トーハン各社からメンバーを選定し、プロジェクトチームを設置した上で、具体的な検討を進めてまいります。

尚、検討を進めるにあたり、当社・トーハン各社において、独占禁止法遵守の観点から機微情報の厳密なコントロールを行います。具体的には、機微情報の目的外利用を防止するため、プロジェクトチームのメンバーを限定し、情報交換の範囲や運用管理を明文化する等の措置を講じます。また、必要に応じて公正取引委員会への報告・相談を行います。

【本クロニクル❸で、平林彰社長の「日販非常事態宣言」、同❽で近藤敏貴新社長の「トーハン課題と未来像」に言及しておいたが、それらに先行して公取委に物流協業を相談していたことになる。しかしこれが日販とトーハンの「協業」によって進められたとは考えられない。なぜならば、近代取次史は各取次がどのようにして独自の物流を確立するかという歩みを伝えていて、「物流協業」は自らのアイデンティティを放棄するものであるからだ。それに「検討内容」で謳われている「両社の物流拠点の相互活用ないし統廃合を中心とした出版流通の合理化に向けた物流協業」が、新たな投資と多大なリストラを伴い、困難で、少なからぬ年月を要することは、取次の人々にとっても自明のことだろう。そして「検討」を進める一方で、出版状況はさらなる危機へと追いやられていくことも。これらを総合して考えると、この「物流協業」は両取次の内部から出されたものではなく、経産省などが絵を描いたものではないだろうか。それがトーハン、日販の両社長の言葉の端々にうかがわれるし、**2**における瀧沢部会長の国土交通省に向けての協力を求めていくとの発言にもリンクしていよう。近代取次史をたどってみれば、拙稿「日本出版配給株式会社と書店」(『書店の近代』所収、平凡社新書)で既述しておいたように、大東亜戦争下の1941年に官僚と軍部によって、国策取次の日配が誕生している。日配は雑誌と書籍の「出版一元配給体制」をめざしたのである。そこで何が起きたかはふれないけれど、興味ある読者は拙稿や清水文吉『本は流れる』(日本エディタースクール出版部)などを参照してほしいし、今回の日販とトーハンの「物流協業」も日配の例を想起させずにはおかない】

【4】 文教堂GHDの連結決算は売上高273億8800万円、前年比8・5%減で、営業損失5億8990万円、親会社株主に帰属する当期純損失は5億9100万円の赤字決算となった。

円の債務超過。

財務面でも、資産は210億1300万円、負債は212億4600万円で、2億3300万

保有不動産の売却、賃貸、増資などによる経営改善計画が検討中とされる。

【今期は文具などの導入による13店舗のリニューアル、不採算店20店舗の閉店ラッシュを受け、そのコストが増え、赤字決算、債務超過の事態を招いたことになる。1980年代に神奈川県を舞台として始まった東販と文教堂によるバブル出店では、いわば日販と有隣堂に対する代理戦争のような色彩を帯びていた。会社の上場を果たした後も、バブル出店に起因する多大な有利子負債は抱えたままだった。それもあって、『出版状況クロニクルV』で既述しておいたように、DNPグループ傘下となっていた。だが16年に同グループから日販に文教堂の株式が譲渡され、日販が筆頭株主となり、奇妙な代理戦争の結末を迎えていた。この赤字決算を受けてか、文教堂HDの株価は下がり、11月21日は239円である。日販の取得株価は1株当たり422円で、17億円だったと伝えられているので、その損失は大きい。文教堂は金融機関からの借入金返済、及び日販からの仕入れ債務支払いの猶予を協議しているようだが、どうなるだろうか】

〔5〕ワンダーコーポレーションの15店舗が、日販から大阪屋栗田に帳合変更。

【本クロニクル❷や❾において、ワンダーコーポレーションが売上高741億円で、TSUTAYA事業が151億円を占めているが、2年連続赤字であること、及びライザップグループ

に買収されたことを取り上げておいた。またライザップグループの「損失先送り経営」の危険性についても。折しも、そのライザップグループが赤字に転落と発表し、ワンダーコーポレーションなどの傘下企業の株価に売りが殺到し、M&Aによる事業拡大にもストップがかかった。不採算事業からの撤退も始まるとされるし、ワンダーコーポレーションもその対象となろう。そのことと日販から大阪屋栗田への帳合変更は関係しているのだろうか。また同じく傘下の日本文芸社の行方も気にかかる】

〔6〕 4と5の問題もあり、上場企業の書店と関連小売業の株価を示しておく。
左は5月の高値、右は11月21日の終値である。

【この株価推移表は今年の初めに作成するつもりでいたが、出版業界のあわただしい動きの中で遅れてしまい、年末にずれこんでしまった。確かに5のワンダーコーポレーションは半年で3分の1になってしまい、4の文教堂にしても下げ止まりは見られず、株価はそれらの現況を反映していると見るべきだろう。他の株価にしても、これからどのような推移をたどっていくのか、本クロニクルも追跡するつもりでいる】

〔7〕 未来屋書店の44店舗が日販からトーハンへ帳合変更。

【この未来屋の帳合変更はかなり前から伝えられていたが、ここになってようやく実現したことになろうか。本クロニクル❼で示しておいたように、イオングループの未来屋は書店ランキ

■上場企業の書店と関連小売業の株価

企業	5月高値	11月21日終値
丸善CHI	363	348
トップカルチャー	498	382
ゲオHD	1,846	1,840
ブックオフHD	839	808
ヴィレッジV	1,023	1,078
三洋堂HD	1,008	974
ワンダーCO	1,793	660
文教堂HD	414	239
まんだらけ	636	630

ング5位で、売上高５６０億円、３０６店舗を有している。そのうちの44店だけの変更であるのか、それとも全店に及んでいくのかは注視する必要があろう。だがこの帳合変更はトーハンが日販よりも有利な取引条件を出したという事実を告げているし、それはトーハンのほうがまだ日販より体力のあることを象徴しているのだろうか。一方で、「物流協業」が提起されながら、そのかたわらではこのようなトーハンと日販の帳合戦争は続いているのだ】

〔8〕日販は青山ブックセンター六本木店跡地に、12月11日、リブロプラスによる直営店「文喫 六本木」を新規出店。

１４６坪の店内にアート、デザイン、人文書、自然観察所など3万冊の書籍と90種の雑誌を陳列、販売し、来店者は入場料として１５００円の入場料を支払う。

1人で読むための閲覧室、複数人で利用できる研究室、飲食ができる喫茶室も備え、椅子やソファなどは90席、基本在庫はリブロプラスが買切で仕入れる。

営業時間は午前9時から午後11時で、月商目標は１０００万円。

【「マンガ喫茶」の模倣でしかない「本喫茶」は既存の書店を馬鹿にしたプロジェクトで、このような企画が取次から出され、現実化されることは退廃の極みだといっていい。月商１０００

万円ということは、入場料だけなら7000人近くが必要で、それだけの集客が可能だと本気で信じているとは思われない。だから別の視点から考えてみる。本クロニクル❺で、ブックオフ傘下のABCの閉店を伝えたが、「文喫　六本木」まで次のテナントが入っていなかったことになる。また同❾でリブロプラスが日販関連会社NICリテールズの100％子会社となったことにふれている。またこれは『出版状況クロニクルV』の17年3月のところで取り上げておいたが、日販グループ会社のプラスメディアコーポレーションなどの3社が合併し、プラスとなっている。プラスメディアコーポレーションはブックオフの子会社としてTSUTAYA33店を運営していたけれど、14年に日販が子会社化している。これらの事実からの推測だが、ABCの運営にも日販子会社が絡み、テナント賃貸借契約に連帯保証し、ABC閉店の際にはまだ契約完了とならず、かなりのペナルティの生じる年月が残されていたのではないだろうか。それもあって、日販は代わりのテナントを見つけることができず、「文喫　六本木」を出店させたとも考えられる。これからも同様のケースが出てくるにちがいない】

〔9〕　山口県の老舗書店鳳鳴館が破産。
徳山毛利家の書籍庫をルーツとし、1943年に設立され、90年代には県内や九州市内で15店舗を経営していたが、2000年代に入り、本店だけになっていた。

負債は6億5000万円。

【本クロニクル❸で、周南市の新徳山ビルのツタヤ図書館の開館によって、鳳鳴館が駅前銀座商店街の本店を閉店したことを記しておいた。だがやはり外商や教科書販売だけでは続けることができず、破産ということになったのであろう。これも取次は日販である。6億5000万円という負債は出店と閉店が繰り返されていく中で、積み上げられていったと考えられるし、同様の書店もまだ多く残され、今後も閉店は続いていくはずだ。「朝日歌壇」（11／8）で見つけた一首を引いておく。「いつのまにか駅の本屋の閉じられて バスを待つ間の手持ち無沙汰よ」（岸和田市）高槻銀子】

〔10〕 海悠出版が破産。

同社は1992年創業で、月刊誌『磯・投げ情報』、ムック「磯釣り秘伝」「釣り場ガイド」「友釣り秘伝」シリーズなどを刊行していた。2008年には売上高2億5000万円を計上していたが、今年7月に事業を停止。負債は1億7000万円。

〔11〕 モーニングデスクが事業停止。

同社は1987年創業で、92年に創刊した演劇・ミュージカルの月刊誌『シアターガイド』などを刊行していた。

インターネットや競合誌の影響を受け、3期連続赤字だったとされる。

〔12〕 月刊誌『GG』を発刊していたGGメディアが破産し、負債は1億3700万円。

この倒産の内幕は『週刊文春』（11／29）の「ちょいワル雑誌名物編集者の〝極悪〟倒産」としてレポートされている。

【図らずも9から12まで書店と出版社の倒産が続いてしまったけれど、それらに象徴されるように、出版業界は多くの難民を生じさせているといっていい。しかしもはや受け入れ先は少なく、同じ出版業界内での再就職は本当に難しい状況となっている。これは親しい古本屋から聞いた話だが、ある古本屋がハローワークに2人の求人を出したところ、数百人が殺到し、それぞれ面接して採用する時間がとてもとれないので、求人そのものを取り止めてしまったという。このエピソードこそは出版業界難民、及び出版物関連仕事に従事したい多くの人々の存在を物語っている】

〔13〕 ジェシカ・ブルーダー『ノマド』（鈴木素子訳、春秋社）を読んだ。

【これは偶然ながら、今月読み終えたところで、サブタイトルには「漂流する高齢労働者たち」が付されている。２００８年のリーマン危機に見舞われ、住宅を手離し、キャンピングカーやトレーラーハウスによる車上生活者となり、季節労働を求めて移動する高齢者たちを描いている。まさにアメリカの膨大な高齢者たちが文字どおり「ノマド」として暮しているのである。その第5章は「アマゾン・タウン」と題されている。そこでは63歳のリンダが季節労働者のためのアマゾンの労働プログラムである「キャンパーフォース」に雇用され、その倉庫労働の実態を伝えている。それはアマゾンの便利さがリンダのような「ノマド」によって支えら

れていること、またアマゾンが成長すればするほど、さらなるグローバルな「ノマド」を生み出していくことを意味していよう】

〔14〕『DAYS JAPAN』（12月号）が届き、読み終えると、巻末に「DAYS JAPAN 休刊のお知らせ」があることを知った。

そこには2004年3月創刊で、来年19年3月号（15周年記念号）をもって休刊するとあった。そして休刊の理由が挙げられている。

「まず経営上の理由です。出版不況の中、定期購読者数が落ち込み、同時に書店での購読者数も減少しました。世界の出版業界を襲った紙離れ、書籍離れの傾向に飲みこまれた感じになりました。この経営上の問題は、どうにも解決法が見つかりませんでした。」

【その他にも発行人の広河隆一の病気による体力と気力の減退、後任の代表者が見つからないことなどから、会社も解散せざるを得ないことが語られている。かつて『DAYS JAPAN』が講談社から発刊されていたことを考えれば、「DAYS JAPAN は二度死ぬ」という事態を迎えてしまったのである。それでもずっと定期購読していたことで、少しばかり併走できてよかったと思うしかない。小学館の『サピオ』も不定期刊ということは、遠からず休刊となるのだろう】

〔15〕『創』（12月号）が特集「どうなる『週刊金曜日』」を組み、『創』編集部「創刊25周年を迎

えた『週刊金曜日』が立たされた岐路」、及び佐高信「『金曜日』編集委員を辞任した理由」と北村肇「『金曜日』存続のために奇跡を信じたい」を掲載している。

【これらは読んでもらうしかないが、『週刊金曜日』が存続できたのは、『買ってはいけない』の大ベストセラー化による資本蓄積だと承知していたけれど、それでもそれが4億円に及ぶことまでは、北村文を読むまで知らないでいた。それに現状の定期購読数が1万3000部強、当期決算は4390万円の赤字だということも。私は雑誌出版の経験がないので、実感がわかないが、雑誌、とりわけ週刊誌は採算ベースを割ると急速に赤字が増えていくことだけはわかる。それは**14**の『DAYS JAPAN』も同じだし、他のすべての雑誌にも忍び寄っている危機なのであろう】

〔**16**〕 続けて雑誌をめぐる休刊や危機にふれてきたが、日本ABC協会の2018年の上半期の「雑誌販売部数」が公表され、『文化通信』（11／29）になどに掲載されている。

それによれば、報告誌販売部数は週刊誌34誌が前年同期比9・2％減、月刊誌115誌が10・0％減、合計で9・7％減となっている。

前期比、前年同比でともにプラスだったのは15誌で、そのうちの6誌は『ハルメク』（ハルメク）などの女性誌である。

デジタル版報告誌は93誌で、前期比3・9％減、読み放題UU誌は報告誌93誌で、前期比10・5％増となっておいる。

なお『FACTA』（11月号）にも、ABC協会のデータに基づく10年で販売総額が半減した主要120誌調査が「雑誌メディア『ご臨終』」として報告されていることを付記しておく。

【ABC協会の報告誌には挙げられていないけれど、晋遊舎の女性誌『LDK』、モノ雑誌『MONOQLO（モノクロ）』『家電批評』などが売れているようだ。それで書店だけでなく、ブックオフなどで見かけるのだろう。これらはメーカーの広告を掲載せず、製品性能を調査する雑誌で、『暮しの手帖』を想起させる。その晋遊舎の西尾崇彦社長が、『日経MJ』（10／29）の「トップに聞く」に登場している。やはり『暮しの手帖』と比較されるのではないかと問われ、次のように応じている。「我々も商品テストだけの本を出したこともありますが、驚くほど売れませんでした。日本ではエンタメにしないとダメですね。当社のキャッチコピーを『遊びある、ホンネ。』としたのはそれからです。テスト誌って反戦や反原発とか社会派になりがち。否定はしませんが、我々は楽しく商品を選んでもらう」。確かに現在では「エンタメ」とイベントの時代といえるし、晋遊舎の雑誌は「楽しく商品を選んでもらう」ということで、それらを体現していることになろう。この視点から見れば、「社会派」の『DAYS JAPAN』や『週刊金曜日』が休刊や危機に追いやられていく雑誌状況、いやそれだけでなく、出版業界と出版物全体の現在すらも浮かび上がってくる。それをこちらも「否定しませんが」、いつまで続くのか気になるところだ。西尾は晋遊舎に「商品ジャーナリズムの拠点になる可能性」を見ているので、その「壮大な夢」の実現を期待しよう】

〔17〕高須次郎の『出版の崩壊とアマゾン』（論創社）がようやく刊行の運びとなった。
それこそ、高須の緑風出版は「反戦や反原発とか社会派」の「拠点」でもあるが、「エンタメ」ではない出版業界の現在を知るために一読をお勧めする次第だ。

〔18〕論創社HPの「本を読む」34は「美術出版社『美術選書』、宮川淳『鏡・空間・イマージュ』、広末保『もう一つの日本美』」です。

出版状況クロニクル⓬　2018年12月

18年11月の書籍雑誌推定販売金額は1004億円で、前年比6・1％減。

書籍は507億円で、同1・5％減。雑誌は496億円で、同10・4％減。

雑誌の内訳は月刊誌が411億円で、同9・9％減、週刊誌は85億円で、同12・6％減。

返品率は書籍が40・3％、雑誌が42・3％。しかも月刊誌は41・9％、週刊誌は43・9％で、いうなれば、トリプルで40％を超える返品率となってしまった。

雑誌のほうは取次が送品抑制をしているし、書籍にしても同様だと推測されるので、この年末に及んでの高返品率は、さらに加速して出版物が売れなくなっていること、また書店の閉店が続いていることを告げていよう。

このような出版状況の中で、２０１９年を迎えることになる。

〔1〕出版科学研究所による18年1月から11月までの出版物推定販売金額を示す。

【18年11月までの書籍雑誌推定販売金額は1兆１７５７億円、前年比６・４％減である。17年12月の販売金額は１１４３億円だったので、同様に６・４％減と見なせば、73億円マイナスの１０７０億円となる。本クロニクル１２６で予測しておいたように、ついに18年は1兆２８３０億円前後にまで落ちこんでしまうだろう。これはピーク時の１９９６年の2兆６９８０億円の半減をさらに下回り、それに加えて19年もまたマイナスと高返品率が続いていくことを予測させるものである。10月の消費税増税も待ちかまえているし、19年こそはかつてない出版業界の地獄を見ることになるだろう。ダンテの『神曲』は「地獄篇」が終われば、「煉獄篇」「天国篇」へと進んでいくのだが、出版業界の場合、いつまで経っても「地獄篇」が終わらないという状況へと追いやられている。しかも導き手のウェルギリウスや救い手のベアトリーチェの姿はどこにもない。それは大手出版社、取次、書店のすべてにまで及んでいて、かつてない深刻な危機状況にあると考えざるをえない。かくして年が明けていく】

〔2〕文教堂ＧＨＤは嶋崎富士雄社長と山口竜男常務が退任し、佐藤協治常務が新社長に選任。

■2018年1月～11月 推定販売金額

月	推定総販売金額		書籍		雑誌	
	（百万円）	前年比（%）	（百万円）	前年比（%）	（百万円）	前年比（%）
2018年 1～11月計	1,175,763	▲6.4	640,410	▲2.9	535,353	▲10.2
1月	92,974	▲3.5	51,751	1.9	41,223	▲9.5
2月	125,162	▲10.5	77,362	▲6.6	47,800	▲16.3
3月	162,585	▲8.0	101,713	▲3.2	60,872	▲15.0
4月	101,854	▲9.2	53,828	▲2.3	48,026	▲15.8
5月	84,623	▲8.7	43,305	▲8.8	41,318	▲8.5
6月	102,952	▲6.7	53,032	▲2.1	49,920	▲11.2
6月	102,952	▲6.7	53,032	▲2.1	49,920	▲11.2
7月	91,980	▲3.4	43,900	▲6.0	48,079	▲0.8
8月	92,617	▲9.2	48,024	3.3	44,593	▲12.8
9月	121,482	▲5.4	68,186	▲5.3	53,295	▲5.6
10月	99,129	▲0.3	48,580	2.5	50,550	▲2.8
11月	100,406	▲6.1	50,729	▲1.5	49,677	▲10.4

【前回の本クロニクルで文教堂が債務超過に陥っていることを既述しておいたが、結局のところ、創業家も含む経営陣の辞任という次の段階へと進んだことになろう。それは２００７年の５５２億円の売上高が、18年には２７４億円と半減していることにも起因している。その一方で、これも前回の本クロニクルで挙げておいたように、11月21日に２３９円だった文教堂ＨＤの株価は12月27日には１４３円となり、株式市場が経営陣の交代に対して、むしろ失望を示すかの安値で、まだ下げ止まっていない感がする。それに加え、知らなかったのはブックオフコーポレーションの元社長、現在は日販グループ会社ダルトンの佐藤弘志社長が、文教堂ＧＨＤの副社長であったことだ。彼はそのまま再選されたという。これも前回

「文喫」をめぐって記しておいたように、日販とブックオフの関係も複雑に絡み合い、清算されていないことを伝えているのだろう。

【3】『日経新聞』(12／18) が「苦境のTポイント」と題し、その内実をレポートしている。それを要約してみる。

＊全国に1万7000店を有するコンビニのファミリーマートとTポイントの10年超の独占契約が終わり、ファミマは楽天やドコモ利用客にも買い物でたまるポイントを付与する。

＊2003年に始まったTポイントの躍進と成長を支えていたのはファミマとの提携だったが、蜜月の終わりが突然やってきた。

＊親会社の伊藤忠商事の不満は、自社系列のコンビニの購買データをCCCにもっていかれることと、手数料が高いことだった。また離脱の最大の理由として、Tポイントのネットでの強みの先細り懸念、スマホ決済の急速な普及が挙げられる。

＊楽天の「楽天ペイ」、ドコモの「d払い」により、楽天やドコモはポイントカードの競争力を左右するデータ解析力を高め、消費者の購買行動を正確に予測できるが、Tポイントにはこのピースが欠けていた。

＊Tポイントカードはレンタルビデオ店「TSUTAYA」の会員証から進化してきたが、このように楽天やNTTドコモの猛追にさらされ、旗艦店「恵比寿ガーデンプレイス店」を始めとして、「TSUTAYA」も相次いで閉店している。

＊レンタルはアマゾンやネットフリックスの動画配信に押され、CCCはTSUTAYAとTポイントという両輪を失いつつある。

＊CCCは次世代型書店「代官山蔦屋書店」をモデルとし、FCを含めて16店を全国出店し、「コト（体験）消費」に活路を見出そうとしている。それにはリゾート地における「コト消費」関連の大規模施設も計画されているという。

【これはCCCの危機であると同時に、日販やMPDをも直撃していくことになろう。だがそのような危機の中にあっても、相変わらずバブル出店が続いている。11月には株式会社北海道TSUTAYAとパッシブホーム株式会社の合弁会社のアイビーデザイン株式会社が、北海道江別市に「江別蔦屋書店」を開店している。そのコンセプトは「田園都市のスローライフ」で、「食・知・暮らし」の3棟からなる大型複合書店とされている。店舗面積は1350坪、北海道TSUTAYAとスターバックスが600坪を占める。こうした開発にまつわる様々な資金調達、入り組んだ不動産賃貸借システム、それらに様々なリース、FCが絡み合い、日販もMPDもそのコアを占めざるをえないと思われる。このような蔦屋出店状況は、『出版状況クロニクルV』における栃木県のTSUTAYAのFCビッグワングループのTSUTAYA佐野店、及び本クロニクル❷などで確認してほしい。しかしこのようなFCによる大規模開発プロジェクトが、かつてのFC展開のように長きにわたって反復されていくはずもない。その金融と流通を支えた日販の体力ももはや失われているからだ。それにTSUTAYAとTポイントという両輪を失いつつありながら、依然として進められているわけだから、その果てには何が

待ち受けているのだろうか】

〔4〕トップカルチャーの連結決算は売上高322億円、前年比3・2%増だったが、当期純損失は13億8400万円で、2期連続の赤字決算。
期中は蔦屋書店のアクロスプラザ富沢西店、蔦屋書店竜ケ崎店の2店を出店し、TSUTAYAから東日本地区の7店舗を譲り受け、期末店舗数は81店。
それらの店舗増により、「蔦屋書店事業」は314億円、同3・6%増となったが、既存店売上、その他の事業の中古買取販売、スポーツ関連事業などがマイナスで、営業損失11億3200万円、経常損失11億9900万円。

【CCC＝TSUTAYAの最大のFCであり、東証一部上場のトップカルチャーがトリプル赤字となり、文教堂と同じく株価へと反映されている。これも11月21日は382円だったが、12月21日は280円で、まだ下げ止まっていない。トップカルチャーに象徴されているように、CCC＝TSUTAYAのFCの行方はどうなるのか。それは日販とMPDの行方を問うことでもある】

〔5〕広島の広文館の事業を継承するために新会社「廣文館」が新設され、トーハン、大垣書店、広島銀行の3社が出資し、社長にはトーハンの石川二三久経営戦略部長が就任。
広文館は1915年に創業しているので、100年以上の歴史を有する老舗書店であり、18店

舗を運営し、その株式は経営者の丸岡家が100％保有していた。

トーハン、大垣書店は第三者割当増資を引き受け、トーハンは3300株を引き受けることで、議決権比率は100％だとされる。ただ廣文館の資本金、広島銀行を含めた3社の出資額、その比率などは非公表。

廣文館は18店舗と外商事業を引き継ぎ、社員38人やパート・アルバイト126人は1人ずつ面接し、再雇用するかを決めていくという。

【前回の本クロニクルで、山口県の老舗書店鳳鳴館の破産を伝え、15店舗を経営し、その負債が6億5000万円であることを記しておいた。おそらく広文館の場合、それどころの負債ではないことが、広島銀行の廣文館への出資からもうかがえる。ただそれは債権確保の一環と見なすべきで、再建の一助ではないことはいうまでもないだろう。経営陣の派遣と議決権から考えても、廣文館はトーハン主導による清算会社の色彩が強く、店舗と社員リストラ、その受け皿としての大垣書店、資産の売却とリースバック的不動産プロジェクトなどの様相を呈していくと思われる。 これからさらに露出してくるのは、取次による書店経営は可能かという問題であろう。講談社や小学館による取次経営が成立しなかったことは、大阪屋栗田に見てきたばかりだが、取次による書店経営の破綻も続出していくことは確実だ】
〔6〕福家書店管財（旧福家書店）が特別清算開始。
同社は1999年に設立され、大手芸能プロダクションの代表が社長に就任し、福家書店とし

て新宿、銀座、横浜、福島など、ピーク時には20店舗を展開していた。

その特色はアイドル写真集発売の際のサイン会や握手会を始めとする各種のイベント開催で、2009年には売上高46億円となっていた。

しかし経営的には地方店舗などの赤字が積み重なり、不採算店舗の閉鎖により、11店舗まで減少し、2016年には売上高28億円、債務超過状態に追いやられていた。

なお17年に現商号に変更するとともに、会社分割で（株）福家書店が設立され、事業は継承され、福家書店は存続している。

【銀座にあった福家書店はずっと芸能物に強い書店として知られていたが、経営的に行き詰まり、それを大手芸能プロダクションが引き受けたことで、当時はかなり話題になったものだった。だが当然のことながら、芸能プロダクションに書店経営ができるはずもなく、今回の措置へと必然的に至りつくしかなかったのであろう】

〔7〕　一般財団法人「全国書店再生支援財団」が発足。

同財団はさらに書店のない地域を増やさないように、その都度、審査した上で、既存書店や業界団体の支援などに一定の金額を支出し、援助していくことを目的としている。

TRCの石井昭社長が南天堂の奥村弘志社長に提案し、1年間の調整期間を経て設立に至り、来年2月から本格的に始動予定で、奥村が代表理事となる。

財団の目的は書店の支援の他に、読書推進運動、書店人の育成、業界の各種団体の支援などが挙げられている。

【しかしTRCからの毎年の拠出資金は非公表で、書店会館に事務所を置くこと、及び評議員や理事メンバーのことを考えると、またしてもパラサイトがぶら下がる出版業界の外郭団体の設立、それももはや時期を逸した印象を否めない】

〔8〕紀伊國屋書店は海外法人17社などを含めた連結決算を初めて発表し、連結売上高は1222億円、単体売上に190億円が上乗せとなった。

単体売上高は1031億円、前年比0・2％減、国内70店舗を運営する「店売総本部」売上は506億円、営業総本部は480億円。

〔9〕有隣堂の決算は売上高517億円、前年比1・9％増。その内訳は書籍が176億円、同3・9％減、雑誌が40億円、同3・8％減だったが、雑貨、音楽教室、OA機器などが前年を上回り、増収となった。

【2から6にあるような現在の書店状況下における大手書店の決算をラフスケッチとして提出しておく】

〔10〕日販の連結中間決算は2640億円、前年比6・6％減。

「出版流通業」は2469億円、同7・0％減、その経常利益は5億円、同41・9％減。

日販単体売上高は2119億円、同6・4％減で、145億円のマイナス、MPDも53億円減で、経常損失。

「小売業」は265店舗で317億円だが、1100万円の経常損失。

〔11〕トーハンの単体中間決算は1831億円、前年比9・2％減。経常利益はこの10年で初めて10億円を割るという9億7500万円、同38・7％減。

連結売上高は1917億円、同8・3％減、中間純利益は8600万円で、グループ書店の閉店に伴う除却損を計上したために、単体よりも収益性が低下。

【これも8、9と同様にラフスケッチにとどめたが、大手取次の売上減少と実質的な赤字状況が急速に進んでいることがうかがわれる。それに5で指摘しておいたように、これからは取次による書店経営が可能かという問題が浮かび上がり、店舗リストラに伴う損失はますます積み重なっていくだろう。まだバブル出店の後始末は端緒についたばかりであり、さらなる損失が待っている。それに加えて、取次の運賃協力金の要請に応じたのは、日販やトーハンとも150社から200社のようで、とても流通改善につながるとも思えない。またこれも前回の本クロニクルでも引いておいた、日販とトーハンがいうところの「プロダクトアウトからマーケットインをめざした根本的な流通改革」などのきざしは、取次や書店の現場からまったく感じられない。日販とトーハンの年間決算はどうなるのか】

〔12〕日教販は売上高280億円、前年比2・6%増で、7年ぶりの増収決算となる。当期純利益は2億円、同0・7%減の微減。

売上高内訳は、書籍が196億円、同100%、「教科書」が75億円、同9・6%増。

【日教販の「書籍」は学参、辞書、事典がメインで、「教科書」と合わせた総合返品率も12%であることが増収の要因といえよう。TRCもそうであるが、専門取次の場合、低返品率によって利益を確保できる。それに反し、総合取次における40%前後に及ぶ返品率と、取引書店の閉店がどのようなダメージをもたらしているか、それはあらためていうまでもないだろう】

〔13〕『日本古書通信』（12月号）において、岡崎武志が「昨日も今日も古本さんぽ」98で、飯能の文録堂書店、池袋の夏目書房の閉店を伝え、後者の「閉店セール」をレポートしている。

また同じく福田博が「和書蒐集夢現幻譚」83で、岩波書店の『国書総目録』全9巻の古書価が「何と！2千円」になったことを取り上げ、「哀愁の『国書総目録』」追悼文を書いている。

【実は私も18年にわたって『日本古書通信』に「古本屋散策」を連載していて、それが200回を超えたので、一本にまとめるために、現在校正に取り組んでいるところなのである。その2004年に、40年も通っていた「浜松の泰光堂書店の閉店」のことを書き、「閉店祝」として、『国書総目録』を5割引の2万5千円で買ったことにふれておいた。それから15年後には「何と！2千円」となってしまったことになる。時は流れた。この事実に象徴される古書価の暴落を考えると、泰光堂はまだよき時代に閉店したと思うしかない。それに私が「浜松の泰光堂書店の閉店」を『日本古書通信』で書いたことにより、東海道沿線の老舗だったことも相乗し、客が殺到するように押し寄せ、在庫がほとんど売れてしまったという。店主もとても喜び、私も書いてよかったと思った次第だ。だがそれも15年前のことで、古本屋状況もドラスチックに悪化していったことを、『国書総目録』の古書価は伝えている】

〔14〕これも通販専門古書目録『股旅堂』20が届いた。

【この古書目録の特色は未知のアンダーグラウンド文献を紹介していて、とても教えられる。確か店主は八重洲ブックセンター出身だと記憶しているが、古書業界においても、惜しくも亡くなってしまったリブロ出身の上野文庫の中川道弘のことを彷彿とさせる。今回の目玉は大島渚の映画 *L' Empire des sens* のモデル事件の現場写真で、高価格であることはいうまでもないが、売れたであろうか】

〔15〕創元社からディヴィッド・トリッグの『書物のある風景』(赤尾秀子訳)が出された。

【これはサブタイトルに「美術で辿る本と人との物語」が付されているように世界各地の美術館コレクションの古今東西の作品から、まさに「書物のある風景」を描いたものを300点ほど選び、編まれた一冊である。ほとんどが初見で、「書物のある風景」がこのように多く描かれていたのかとあらためて教えられた。もはや現在では電車の中で本を読んでいる姿はほとんど見られず、そのような300点ならぬ300人を見るには、何本もの電車が必要とされるであろう。それを『書物のある風景』は一冊だけで実現させている。最も印象的なのは、店にジャン＝アントワーヌ・ロランの「グーテンベルグ、活版印刷術の発明者」が置かれ、左にはマルクーハンの「グーテンベルクによって、人はみな読者になれた」との一節が掲げられた70、71ページの見開きである。年始の読書にふさわしい一冊としてお勧めしよう】

〔16〕　中柳豪文『日本昭和トンデモ児童書大全』（「日本懐かし大全」シリーズ、辰巳出版）を読んだ。
【「著者のことば」として、「昭和時代、ぼくたちが子どもだった頃には、今では信じられないような内容の児童書がたくさん溢れていた」とある。確かに岩波書店や福音館の児童書が良書とされる一方で、大手出版社、実用書出版社の児童書は俗悪だとされ、出版業界においても、売れてはいても評価はとても低いものだった。しかしあらためてこの一冊を読むと、縁日のお化け屋敷にも似て、いかがわしい「トンデモ児童書」の世界にまさに「懐かしさ」を覚えてしまう。これも著者がいうように、「子ども相手に、作り手である大人たちが真っ向から勝負を挑んだ『本気の出来』であったからだろう」。現在ではそれどころか、子どもだましの本ばかりが売られているように思える】

〔17〕　沖縄の比嘉加津夫が編集発行する『脈』（99号）が友人から送られてきた。
【『脈』は本クロニクル❽などでも取り上げてきたが、99号は『沖縄大百科事典』を編集した「上間常道さん追悼」、及び吉本隆明の少年時代の師であった「今氏乙治作品アンソロジー」の

ふたつの特集となっている。いずれも貴重な特集といえるし、『脈』は売り切れると入手は難しくなると思うので、ぜひ早めに購入してほしい。書店注文は地方・小出版流通センター扱いであることも記しておく】

〔18〕 論創社HP「本を読む」35は「『幻想と怪奇』創刊号と紀田順一郎『幻想と怪奇の時代』」です。

2019年度

出版状況クロニクル⓭　２０１９年1月

18年12月の書籍雑誌推定販売金額は１１６３億円で、前年比１・８％増。

これは16年11月以来の2年1ヵ月ぶりのプラスである。

書籍は５８６億円で、同５・３％増。双葉文庫の佐伯泰英の新刊『未だ行ならず』（上下）、ポプラ社の原ゆたか『かいけつゾロリ　ロボット大さくせん』、トロル『おしりたんてい』シリーズなどの大物新刊が多かったこと、また返品率が改善されたことによる。

雑誌は５７６億円で、同１・６％減。その内訳は月刊誌が４９０億円で、同１・２％減、週刊誌は85億円で、同４・３％減。

返品率は書籍が35・０％、雑誌が39・７％で、月刊誌は39・１％、週刊誌は42・７％。

18年の最後の月は本当に久し振りのプラスで年を越したことになるが、年末年始の書店売上動向は日販が４・３％減、トーハンは３・８％減である。

19年1月の販売金額と返品は、18年12月の反動の数字となるかもしれない。

〔1〕出版科学研究所による1996年から2018年にかけての出版物推定販売金額を示す。
【本クロニクル⑩や同⑫で、18年の出版物推定販売金額は1兆3000億円を割りこみ、1兆2830億円前後に落ちこむのではないかと予測しておいたが、12月がプラスとなったことで、かろうじて1兆2900億円台を保ったことになる。しかし19年はさらに深刻な危機に見舞われていくことは確実だ。雑誌は1997年に比べ、3分の1の販売金額になるだろうし、書籍もまた半分近くに迫っていくだろう。そのような出版状況の中で、どんぶり勘定を象徴する再販委託制は、もはや破綻に限りなく近づき、それに依存してきた大手出版社、大手取次、大手書店をさらなる危機へと追いやっていく】

〔2〕トーハンと日販の2007年から18年にかけての売上高の推移も示しておく。
【2社の売上高は合わせて、2007年が1兆2899億円であったが、18年には8898億円で、この10年間で4000億円のマイナスとなっている。能勢仁は『昭和の出版が歩んだ道』（出版メディアパル、2013年）の「取次盛衰記」において、1998年の神田村取次の松島書店の自主廃業から「取次受難期」が始まり、柳原書店、北隆館、鈴木書店、神奈川図書、日新堂書店、安達図書、三星、金文図書などの倒産が2005年まで続いたと指摘していた。だが残念なことに、そこで終わったわけではなく、本クロニクルにおいても、それ以後の東邦書籍、栗田出版販売、大阪屋、太洋社、日本地図共販などの倒産をレポートしてきた。中小取次の倒産のかたわらで、トーハン、日販の4000億円のマイナスも生じていることにな

■出版物推定販売金額

（億円）

年	書籍		雑誌		合計	
	金額	前年比（%）	金額	前年比（%）	金額	前年比（%）
1996	10,931	4.4	15,633	1.3	26,564	2.6
1997	10,730	▲1.8	15,644	0.1	26,374	▲0.7
1998	10,100	▲5.9	15,315	▲2.1	25,415	▲3.6
1999	9,936	▲1.6	14,672	▲4.2	24,607	▲3.2
2000	9,706	▲2.3	14,261	▲2.8	23,966	▲2.6
2001	9,456	▲2.6	13,794	▲3.3	23,250	▲3.0
2002	9,490	0.4	13,616	▲1.3	23,105	▲0.6
2003	9,056	▲4.6	13,222	▲2.9	22,278	▲3.6
2004	9,429	4.1	12,998	▲1.7	22,428	0.7
2005	9,197	▲2.5	12,767	▲1.8	21,964	▲2.1
2006	9,326	1.4	12,200	▲4.4	21,525	▲2.0
2007	9,026	▲3.2	11,827	▲3.1	20,853	▲3.1
2008	8,878	▲1.6	11,299	▲4.5	20,177	▲3.2
2009	8,492	▲4.4	10,864	▲3.9	19,356	▲4.1
2010	8,213	▲3.3	10,536	▲3.0	18,748	▲3.1
2011	8,199	▲0.2	9,844	▲6.6	18,042	▲3.8
2012	8,013	▲2.3	9,385	▲4.7	17,398	▲3.6
2013	7,851	▲2.0	8,972	▲4.4	16,823	▲3.3
2014	7,544	▲4.0	8,520	▲5.0	16,065	▲4.5
2015	7,419	▲1.7	7,801	▲8.4	15,220	▲5.3
2016	7,370	▲0.7	7,339	▲5.9	14,709	▲3.4
2017	7,152	▲3.0	6,548	▲10.8	13,701	▲6.9
2018	6,991	▲2.3	5,930	▲9.4	12,921	▲5.7

■トーハンと日販の売上高推移　（百万円）

年	トーハン		日販		2社合計売上高
	売上高	前年比（%）	売上高	前年比（%）	
2007	641,396	▲2.1	648,653	▲4.4	1,290,049
2008	618,968	▲3.5	647,109	▲0.2	1,266,077
2009	574,826	▲7.2	632,673	▲2.2	1,207,499
2010	547,236	▲4.8	613,048	▲3.1	1,160,284
2011	519,445	▲5.1	602,025	▲1.8	1,121,470
2012	503,903	▲3.0	589,518	▲2.1	1,093,421
2013	491,297	▲2.6	581,355	0.6	1,072,652
2014	492,557	0.2	566,731	▲2.5	1,059,288
2015	480,919	▲2.4	538,309	▲5.1	1,019,228
2016	473,733	▲1.5	513,638	▲4.6	987,371
2017	461,340	▲2.6	502,303	▲2.2	963,643
2018	427,464	▲7.4	462,354	▲8.0	889,818

り、1で見た出版物売上高の凋落が2大取次にも如実に反映しているのである。しかもこれも前回の本クロニクルで取り上げておいたように、2社の中間決算は赤字基調で、通年決算は大幅な赤字が予想される。それに流通業の場合、一度赤字になれば、それは加速し、累積するばかりの道をたどるであろう】

〔3〕『FACTA』（2月号）が文教堂レポートとして、「『暗愚の火遊び』上場書店が徳俵」を掲載している。

サブ見出しは「創業家出身者のままごと遊びで文教堂GHDが上場廃止の危機。トップ交代にはかない望み」とある。それを要約してみる。

＊文教堂GHDは1949年に川崎で島崎文教堂として始まり、ピーク時には全国で200店を超え、売上高は500億円となり、94年に文教堂としてジャスダックに上場し、20

08年に持ち株会社制に移行。

*しかし業績は振るわず、赤字続きで、18年連結売上高はピーク時のほぼ半分の273億円、前年比8・5%減。5億9100万円の赤字となり、2億3300万円の債務超過で、それらは20店の不採算店舗閉鎖と13店舗のリニューアルの結果でもある。

*その文教堂GHDに対し、昨年11月東京証券取引所は上場廃止の猶予期間入り銘柄に指定し、最後通牒を突きつけた。今期中に財務を健全化しなければ、上場廃止となる。

*その原因として、出版市場の低迷もあるが、「文教堂の中興の祖である嶋崎欽也の息子で、欽也の跡を継いで社長に就いた富士雄の『火遊び経営』が債務超過を招いた」ことによる。

*それらはコミック専門店「アニメガ」の出店、ゲオとの提携、トーハンから日販への帳合変更などだが、結果がついてこなかった。

*それでいて、書店経営の基本的な部分は思いつきで、地域担当者も置かなかった時期もあり、社長と少数の取り巻きからなる川崎市の本部が、全国140店を直接支配する体制で、「典型的なブラック企業」だった。

*そのとばっちりを食らったのが16年に筆頭株主となった日販で、社長は経営改善案にまったく聞く耳を持たず、同じく大株主のDNPやみずほ銀行などの金融機関も匙を投げた状態だった。債務超過にもかかわらず、社長の座に固執し、周囲の説得により、ようやく株主総会の前日に降りたという。

*経営を引き継ぐことになったのは、文教堂GHD生え抜きではない佐藤協治で、彼は88年に

北海道の「本の店岩本」に入社し、文教堂がそれを買収したことにより、2000年に文教堂入りしている。

＊しかし文教堂GHDの再建はかなり厳しく、財務健全化の期限の月までに打てる手立てはさらなる店舗の削減、不動産売却や賃貸、もしくは日販やDNPの増資を期待するしかない。だが増資は難しいだろう。

【本クロニクル⓫などでの言及と重複するところもあるが、これも『FACTA』のような直販誌でしか書けないレポートだと見なせるので、詳細に紹介してみた。しかし出版業界はこの文教堂GHDの一件を単なる「創業家出身者のままごと遊び」として片づけることができるだろうか。再販委託制を逆利用し、出店バブルという「暗愚の火遊び」に加わったのは文教堂だけでなく、その他の大手チェーン、ナショナルチェーンも同様なのである。このレポートは日販からのリークを主として書かれているように判断できるが、それは取次も同罪だといっていい。しかも『出版状況クロニクルV』でもふれておいたように、文教堂GHDの株はDNP、丸善ジュンク堂グループが筆頭株主だった16年に日販へと譲渡され、日販が筆頭株主となっていたのである。これは現在から見れば、文教堂GHDとは関係のない株式売買ゲームに位置づけることができよう。それゆえに、これらの株式売買ゲームも「暗愚の火遊び」に他ならず、その果てに文教堂GHDの上場廃止の危機も必然的にもたらされたというべきだろう】

〔4〕㈱出版人の今井照容が【文徒】2018年12月3日号で、18年1月から12月までのTSU

TAYAの閉店をリストアップしている。

それは11月末現在で、81店に及び、前代未聞といっていいTSUTAYA閉店ラッシュを伝え、まさに「CDやDVDのレンタルビジネスはネットに敗北した」ことを告げているかのようだ。

【このリストを見れば、誰でも知っているTSUTAYA店があることに気づかされるだろう。それほど多く、しかも全国的に閉店している。**3**で文教堂が20店舗閉店したことが赤字の要因であることを既述しておいたが、TSUTAYAの場合、その4倍に及び、平均坪数にしても200坪は下らないのではないか。それにこれらはCCCの直営店、FC、FCのFCと多岐にわたり、さらに各地域会社のTSUTAYAが絡み、複雑に入り組んだかたちで大量閉店が起きているのである。このようなTSUTAYAは出店に際し、開店初期在庫の支払いは据え置きとなっていると伝えられているので、出版物に関しては返品してもマイナスが生じることになる。その81店に及ぶトータルなマイナス金額は予測以上のものになるだろう。それに加えて、様々な閉店にまつわるコストを考えると、日販とMPDに逆流する損失は多大なものになると判断するしかない。文教堂が前門の虎とすれば、TSUTAYAは後門の狼のようにして、日販を包囲しているといっていい。またこの18年の大量閉店にしても、閉店コストが少ないところから始まっていることは確実で、むしろ19年のほうが18年以上の本格的な閉店ラッシュとなる可能性も高い。もしそうであれば、フランチャイズシステムにベースを置くレンタルと出版物の複合大型店、すなわちTSUTAYA方式はビジネスモデルとして崩壊し、成立しなくなりつつあることを露呈していくはずだ。そしてそれが結局のところ、日販とMPDを直撃する。本クロニクル❸で、流通コストの問題から発せられた「日販非常事態宣言」にふれておいたが、その1年後には閉店ラッシュと債務超過を背景とする「主要取引先、及び傘下書店非常事態宣言」をも公表しなければならない状況に追いやられていると見なせよう。2で取次も危機の連続であったことを示したが、今年はその最大の危機を迎えているといっていい】

〔5〕大阪の天牛堺書店が破産。負債は18年5月時点で16億4000万円。
天牛堺書店は1963年創業で、新刊と古本を中心とし、CDや文具等も扱い、大阪府内に12店舗を展開していた。

新刊と古本を併売する業態で知られ、古書や専門書にも通じ、大学図書館、研究室とも取引があり、1998年には売上高28億円を計上していた。

しかし近年のアマゾンや電子書籍の台頭などにより、集客力と売上が低下し、18年には18億円にまで落ちこんでいた。また不採算店の閉店に伴う資金繰りの悪化を受け、取次や銀行の支援もあったが、先の見通しが立たず、今回の措置となった。


【本クロニクル⓫で、山口県の鳳鳴館の負債が6億5000万円であり、前回のクロニクルで、広島県の広文館はさらに負債は多く、これからの書店破産はそのようにして続いていくという予測を述べておいた。それが早くも出来してしまったことになるし、また実際に多額の負債を抱えた破産が続いていくだろう。なお取次はトーハンである】

〔6〕『日経MJ』(1/16)の「2019トップに聞く」にゲオHDの遠藤結蔵社長が登場しているので、それを紹介してみる。

＊リユース事業は好調だが、レンタル業は苦戦している。スマホの登場後、時間の消費が多様化したことが原因で、レンタル事業からの撤退はないが、モバイバルなどの他の商材に切り替えることはある。

＊リユース事業はフリマアプリが成長を後押しし、まだまだ広がり、中古品買い取り競争が続く。ゲオの強みは創業期から増やし続けてきた実店舗と多彩な買い取り品目で、「ゲオショップ」と「セカンドストリート」の2つの屋号で何でも買い取っていくし、好調に推移している。

＊店舗数はグループ全体で1800店を超え、業界最多となっているが、今後も買い取りの拠点を増やすために、2022年までに2000店舗を実現し、さらに新業態を増やしていきたい。

【ゲオとトーハンの関係は定かになっていないけれど、やはりレンタルからリユースへとシフトするようなコラボレーションを展開しているのだろうか。FCシステムによらないゲオにしても、レンタル事業は苦戦しているとのことだから、TSUTAYAの場合はさらに苦しいことが想像できる。ゲオは直営多店舗+リユース事業という、レンタルから一歩進んだところに新たなビジネスモデルを構築しようとしているのだろう】

〔7〕折しも2のノセ（能勢）事務所より、出版社645社、書店300店ほどの売上高実績表を恵送された。

【これらに関してのコメントは差し控えるが、多くが1や2の出版物販売金額や取次売上高の推移とパラレルであることはいうまでもないであろう。ただ気になるのはこれらのデータの今後の行方である。これらは『出版ニュース』も毎年掲載していたが、3月には休刊となってしまうので、途切れてしまうことになる。といってノセ事務所に代行をお願いするのは心苦しい。それに『出版ニュース』ならではのデータ提供、また『出版年鑑』に基づく実売データも同様で、今後は出版業界における多様で総合的な出版データの把握すらも難しくなっていくかもしれない】

〔8〕セブン‐イレブンとローソンは8月末までに全店での成人向け雑誌の販売を原則中止。

【昨年1月のイオングループのミニストップの販売中止に続くもので、20年の東京オリンピックに向けてのコンビニ清浄化の一環として、他のコンビニも追随していくであろう。その後、ファミリーマートも続いた。それは所謂「エロ雑誌業界」を壊滅させることになるだろう。だが飯田豊一の『「奇譚クラブ」から「裏窓」へ』（「出版人に聞く」シリーズ12）にも明らかなように、「エロ雑誌業界」も出版のアジールであり、そこが多くの著者や編集者も含めた人材の揺籃の地だったことは、出版史に記録されなければならない。だがそれと同時に、そのような時代が終わっていくことも】

〔9〕　海賊版サイトを強制的に止めるブロッキングの法制化に関し、政府は通常国会での関連法案提出を見送り、事実上の棚上げとなる。

【本クロニクル⑩などでも、このサイトブロッキング問題にふれてきたが、実質的に出版業界の主張が受け入れられず、「通信の秘密」を侵害する恐れという慎重論が優勢だったことを伝えていよう。だがその一方で、文化庁が海賊版ダウンロードの違法範囲をネット上のすべてのコンテンツに広げ、国会への著作権法改正案の提出を目論んでいる。これもまた実効性が疑わしく、拙速な議論によって進められ、サイトブロッキング法制化の断念の代わりに、政府の体面を維持するためのものだとの観測もなされている。コンビニの成人雑誌販売中止ではないけれど、東京オリンピックを前にして、規制と管理が社会の隅々にまで及んでいくように思われる】

〔10〕　WAVE出版は12月にぎょうせいグループ会社の一員となる。
WAVE出版は1987年創業で、ビジネス、自己啓発、実用書、児童書などでベストセラー『働く君に贈る25の言葉』『インバスケット思考』『石井ゆかりの12星座シリーズ』、課題図書『がっこうだってどきどきしている』を刊行している。

【他にも何社かM&Aの話が伝わってきているけれど、最終的に確認がとれていないので、今回はふれないことにする。しかしこのような出版状況下ゆえ、水面下でM&Aが進められているはずで、判明したら、できるだけ本クロニクルでも伝えていきたいと思う】

〔11〕駒井稔の『いま、息をしている言葉で。』（而立書房）を読了した。

サブタイトルにあるように、「『光文社古典新訳文庫』誕生秘話」に他ならない。

【駒井は1979年に光文社に入り、81年に『週刊宝石』創刊に参加し、週刊誌編集者を16年間続けた後、97年に翻訳編集部に異動となる。そして2006年に古典新訳文庫を創刊し、10年にわたり編集長を務める。その「誕生秘話」を語った一冊である。光文社が「古典新訳文庫」を創刊したことは、私も翻訳やその出版に携わっている関係もあり、それなりのインパクトを受けた。ただそれは単行本シリーズではなく、「新訳文庫」というコンセプトによって提出されたことに対してではあった。それゆえに本棚の一段分は買っている。しかしその創刊の内幕事情、及び駒井が長きにわたる週刊誌記者だったことは知らなかったので、とても興味深く読んだ。巻末の「刊行一覧」を見ると、よくぞここまで出したというオマージュを捧げたくなる】

〔12〕『フリースタイル』41の特集『THE BEST MANGA 2019このマンガを読め！』が出た。

【年々歳々、新刊マンガと新刊小説を読むことが減っているのを自覚しているが、19年BEST10で読んでいたのは**3**の吉本浩二『ルーザーズ』（双葉社）の一冊だけだった。同書は幸いにして、それに先駆け、本クロニクル❻で紹介しておいてよかったと思う。呉智英の「マンガ史マンガにまた傑作が生まれた」との言はまさに『ルーザーズ』にふさわしいし、続けて読んでいこう。**4**の山田参助『あれよ星屑』（KADOKAWA）は5年前に第1巻だけしか読んでい

ないし、第7巻で完結とのことなので、あらためてこれから読むつもりでいる】

〔13〕『創』（2月号）の恒例の特集「出版社の徹底研究」が出された。

【その「深刻不況の出版業界をめぐる大きな動き」という座談会で、本クロニクルへの言及もあるが、それよりも巻頭の篝《かがり》一光のカラーグラビア「東京国ｓｔｒｅｅｔ！」が連載終了になったことにふれておきたい。その理由は篝夫人が病気で倒れ、彼がカメラを持って都内を自由に歩き回れる状況ではなくなってしまったことによるという。私の周辺でも、そのようなことがしばしば起き始めていて、同世代の哀感を強くする。これは書いてもかまわないはずで、篝はかつて伊達一行という作家で、『沙耶のいる透視国』（集英社）を書き、カメラマンとして写真集も出し、私はそれを彼から直接購入している。「東京国ｓｔｒｅｅｔ！」はその延長線上にある仕事として、ずっと楽しませてくれた。かつてはストリートカメラマンとよんでいい人たちもいたけれど、いつの間にか篝しかいなくなってしまったように思われる。再開の時がくることを祈る。なお、『DAYS JAPAN』（2月号）と広河隆一問題にもふれるつもりでいたが、3月最終号にて真摯に検証し、公表するというので、それを待ってのこととする】

〔14〕ＳＦ作家で明治文化史研究家の横田順彌が73歳で死去。

【１９８０年頃に、今はなき『日本読書新聞』で、私は「大衆文学時評」を担当していたことがあり、３の伊達一行や横順を読む機会に恵まれた。それをきっかけにして、『日本ＳＦこて

ん古典』（早川書房）を読み、このような文献発掘もあることを教えられた。横順の仕事を範とし、ミステリー研究や文献探索も深化していったように思える。それに加えて、今世紀を迎え、『日本古書通信』で連載をともにしていた時期もあったのである。面識はなかったけれど、ご冥福を祈る】

〔15〕元未来社の編集者で、後に影書房を設立した松本昌次が91歳で亡くなった。

【松本と最後に会ったのは、これも2014年に急逝した元講談社の編集者鷲尾賢也のお別れの会においてだった。元信山社の柴田信に会ったのもこれが最後だった。鷲尾は『小学館の学年誌と児童書』（「出版人に聞く」シリーズ18）の野上暁とともに松本にインタビューし、『わたしの戦後出版史』（トランスビュー）を残している。これを読むと、松本が編集した多くの本を読んだことを、今さらながら思い出す。本当に時は流れたが、彼が何よりも長寿を全うしたことはよかったと思う】

〔16〕今月の論創社HP「本を読む」36は「『澁澤龍彦集成Ⅶ』、ルイス『マンク』、『世界幻想文学大系』」です。

出版状況クロニクル⓮　2019年2月

19年1月の書籍雑誌推定販売金額は871億円で、前年比6・3％減。

書籍は492億円で、同4・8％減。

雑誌は378億円で、同8・2％減。その内訳は月刊誌が297億円で、同7・6％減、週刊誌は81億円で、同10・2％減。

18年12月の、2年1ヵ月ぶりのプラスである同1・8％増の反動のように、19年1月は17年の6・9％、18年の5・7％という通年マイナスの数字へと逆戻りするスタートとなってしまった。

返品率は書籍が35・6％、雑誌は47・4％で、月刊誌が49・3％、週刊誌は39・3％。

雑誌の返品率は18年5月の48・6％に次ぐもので、月刊誌のほうはコミックの販売金額7％増がなかったならば、50％を超えていたであろう。

またそれに週刊誌の落ち込を重ねると、19年も雑誌の凋落が続いていくことは確実で、かつてない書店市場の激減に立ち合うことになるとも考えられる。

■電子出版市場規模 （単位：億円）

年	2014	2015	2016	2017	2018	前年比（%）
電子コミック	882	1,149	1,460	1,711	1,965	114.8
電子書籍	192	228	258	290	321	110.7
電子雑誌	70	125	191	214	193	90.2
合計	1,144	1,502	1,909	2,215	2,479	111.9

――そのようにして、19年が始まっているのである。

〔1〕出版科学研究所による18年度の電子出版市場販売金額を示す。

【18年度の電子出版市場規模は２４７９億円で、前年比11・９％増。それらの内訳は電子コミックが１９６５億円、前年比14・８％増で、その占有率は79・３％に及び、来年は確実に売上とシェアは２０００億円、80％を超えるであろう。それに対して、電子雑誌は１９３億円、前年比９・８％減で、２００億円を割り、シェアは７・８％となった。要するに日本の電子出版市場は電子コミック市場と見なしていいし、電子雑誌は初めてのマイナスで、「ｄマガジン」の会員数が2年連続して減少したことが影響している。それらを考えれば、電子出版市場の成長もあと数年しか続かないかもしれない。18年の紙と電子を合わせた出版市場は１兆５４００億円で、前年比３・２％減、電子出版市場の成長が止まれば、合体の出版物市場もさらなるマイナスへと追いやられていくだろう】

〔2〕アルメディアによる18年の書店出店・閉店数が出された。

【出店84店に対して、閉店は６６４店である。17年の出店は１６５店だったから、ほぼ半減となり、閉店は高止まりの横ばいだったので、実質的に

■2018年　年間出店・閉店状況　（面積：坪）

月	◆新規店			◆閉店		
	店数	総面積	平均面積	店数	総面積	平均面積
1	1	300	300	72	6,414	90
2	4	284	71	81	8,412	106
3	14	2,940	210	93	7,329	82
4	16	3,292	206	38	3,085	93
5	1	120	120	54	5,159	99
6	7	1,259	180	47	3,452	80
7	10	2,118	212	59	5,948	106
8	1	107	107	55	5,876	109
9	8	1,757	220	44	4,804	117
10	4	582	146	40	2,967	74
11	11	3,777	343	42	1,979	52
12	7	3,696	528	39	1,829	52
合計	84	20,232	241	664	57,254	91
前年実績	165	34,692	210	658	61,793	101
増減率（%）	▲49.1	▲41.7	14.6	0.9	▲7.3	▲10.3

書店坪数は3万7000坪の減少となった。本クロニクル❷において、13年から続いてきた出店と閉店のフラットな数字の反復は、18年に入ると疑わしいと既述したが、ついに出店は100店を割りこむ段階に入り、それでいて閉店は変わらず続いているという最悪の書店状況を迎えている。しかもそれが19年も続いていくだろうし、そうしたプロセスに立ち会うことになる取次は、どのような事態に追いやられていくのだろうか】

〔3〕　2と同じく、アルメディアによる取次別新規書店数と新規書店売場面積上位店を示す。

【取次別の新規書店数を見ると、日販が48店、1万5790坪に及び、全体

■2018年　取次別新規書店数　（面積：坪、占有率：%）

取次会社	カウント	増減（%）	出店面積	増減（%）	平均面積	増減（%）	占有率	増減（ポイント）
日販	48	▲41.5	15,790	▲26.5	329	25.6	78.0	16.1
トーハン	26	▲65.3	3,722	▲68.8	143	▲10.1	18.4	▲15.9
大阪屋栗田	4	▲20.0	528	▲56.4	132	▲45.5	2.6	▲0.9
中央社	3	200.0	100	88.7	33	▲37.7	0.5	0.3
その他	3	50.0	92	178.8	31	82.4	0.0	▲0.1
合計	84	▲49.1	20,232	▲41.7	241	14.8	100.0	－

（カウント：売場面積を公表した書店数）

■2018年　新規店売場面積上位店

順位	店名	所在地
1	江別　蔦屋書店	江別市
2	高知　蔦屋書店	高知市
3	蔦屋書店龍ヶ崎店	龍ヶ崎市
4	フタバ図書ジアウトレット広島店	広島市
5	TSUTAYA BOOK STORE 岡山駅前店	岡山市
6	TSUTAYA 東福原店	米子市
7	ブックスミスミ日向店	日向市
8	TSUTAYA BOOK STORE　Oh!Me 大津テラス店	大津市
9	TSUTAYA 大崎古川店	大崎市
10	ブックス・モア本荘店	由利本荘市

の半分以上を占め、売場面積シェアも78％に達している。しかも売場面積上位店からわかるように、大半がＴＳＵＴＡＹＡの大型店であり、これも『出版状況クロニクルⅤ』で指摘してきたように、16年から続いていて、異常な出店状況だというしかない。しかしこのような出版状況が19年も続いていくとは考えられない。それを支えてきた日販の体力が落ちこんできているのは明らかだし、ＭＰＤにしても、それは同様である。すでに今期

決算も近づいているし、文教堂問題も予断を許さない状況下に置かれている。取次にとっては薄氷を踏むような事態の中にあると推測される】

〔4〕19年1月のTSUTAYAの閉店と坪数を挙げておく。

【1月の閉店数は83店で、そのうちの12店がTSUTAYAと蔦屋で占められているわけだから、3でふれた出店の異常さは、閉店も同様であることをあからさまに伝えていよう。前回の本クロニクルで、18年の81店というTSUTAYAの全国的な大量閉店にふれ、さらに19年が大型店も含め、それ以上の本格的な閉店ラッシュに見舞われるのではないかと予測しておいた。

何とすでに1月だけで、2916坪のマイナスが生じたのである。それは3の売場面積上位3店の合計売場面積に相当するものだ。この1月のTSUTAYA閉店状況を見ると、まさにそのように進んでいくと考えるしかない】

■2019年1月TSUTAYA閉店名と売場面積

店名	売場面積（坪）
フジワTSUTAYA国分店	120
TSUTAYA高須店	170
TSUTAYA府中駅前店	280
蔦屋フジグラン四万十	270
TSUTAYA　JR野田店	240
TSUTAYA砥部店	280
TSUTAYA上尾原市店	280
TSUTAYAフジグラン十川店	200
TSUTAYA宇都宮鶴田店	270
TSUTAYA仁戸名店	400
TSUTAYA祖師谷大蔵店	166
TSUTAYA上尾駅前店	240

〔5〕『朝日新聞』（2／4）が各社の「ポイントカードなど個人情報を扱う各社の対応例」表を添え、CCCの「Tカード」が会員の知らないままに個人情報を捜査当局に任意提供していたことに

言及している。

【おそらくTSUTAYAの大量閉店も「Tカード」の行方とリンクしているのだろうし、それは本クロニクル⓬でもふれたばかりだ。ファミリーマートのTポイント離脱に、ドトールも続いている。その他にも動画配信サービス「TSUTAYA TV」の全作品見放題宣伝は虚偽で、景品表示法違反に当たるとして、消費者庁はTSUTAYAに課徴金1億円の納付命令を出している。また一方で、ネット証券のSBI証券がTポイントで株式投資ができるSBIネオモバイル証券を、CCCグループと資本業務提携して設立。早期に50万口座の獲得をめざすという。これらに関してはいずれ『FACTA』などが内幕をレポートしてくれるだろう。なお本クロニクル❺でもCCCによるフェイスブックへの個人情報の提供などに言及しているので、ツタヤ図書館との関係もあり、ぜひ参照してほしい。それから『出版ニュース』(2/下)にも田井郁久雄「マスコミの図書館報道を検証する」が掲載されていることを付記しておく】

〔6〕もう少し4の1月の書店閉店に関して続けてみる。
TSUTAYA以外に、複数の閉店がある書店とその数を示す。
天牛堺書店11、ヴィレヴァン4、宮脇書店3、文教堂2、WonderGOO 2、福家書店2、夢屋書店2となっている。

【天牛堺書店と福家書店は本クロニクル⓭、⓬でレポートしておいたように、破産に伴う閉店、ヴィレヴァンも18年に続く閉店ラッシュ、宮脇書店はフランチャイズシステムの限界、文教堂はこれも前回の本クロニクルでふれたとおりの延長線上にある。だがWonderGOOの場合は本クロニクル⓫などで取り上げてきたように、少し入り組んでいて、これもTSUTAYAのFCだから、その閉店と関係があるだろうし、親会社のRIZAPの動向も反映されていよう。後者については『週刊東洋経済』（2／2）が深層レポート「RIZAP役員大幅削減の真相」を掲載している。それによれば、ワンダーコーポレーションの内藤雅也会長兼社長は元大創専務だが、「ワンダーを本格的にこう変えていこうというビジョンも戦略」もなく、「経営者としての資質には疑問符がつく」とされている。赤字とはいえ、ワンダーは売上高700億円に及び、RIZAP中核企業で、再建の失敗は許されない状況にあることは間違いない。書店閉店状況は、より深刻化する出版危機を照らし出す鏡のようにして、出版業界の現在を虚飾なく映し出しているといえよう】

〔7〕トーハンの「機構改革」「役員人事」「人事異動」の「お知らせ」が届いた。

【「機構改革」や「役員人事」からうかがえるのは、明らかにポスト書店を迎える中での取次のサバイバルの行方ということになるだろう。書店と出版物販売に関してはリストラ、不動産事業とそれにまつわる新たな業態の開発などに向っていることが伝わってくる。そのことを象徴するかのように、トーハンの月刊広報誌『書店経営』が3月で休刊となる。これは1957年に創刊され、747号まで出されてきたのだが、その廃刊はかつての「書店経営」という言葉が死語となってしまった時代を迎えたことをも意味していよう。そのかたわらで、トーハンは中小出版社に対し、2月後半の新刊配本が3月にずれこむと通達してきた。これはまったく報道されていないし、また文書によるものではないこともあり、大手出版社の書籍に関しても同様なのか、確認ができていない。しかしこのような処置が全出版社に対して行なわれているようであれば、大手出版社、老舗出版社こそ資金繰りの問題に直面することになろう。いってみれば、様々な原因は考えられるにしても、大手取次による新刊配本のデフォルトであり、これからも反復されていくのではないだろうか】

〔8〕アマゾンは買切取引を始めると発表。

現在の返品率は既刊が3％だが、新刊は20％に達しているので、買切によって返品率低下をめざす。

書籍、雑誌、コミックの全分野に及ぶ。

商品選定は出版社との話し合いにより、在庫過多になった場合、出版社と協議し、ケースバイケースで対処する。買切仕入れ条件や時限再販も同様で、一律の条件設定はしない。

【しかしこのアマゾンの買切仕入れには疑念がつきまとう。確かに既刊本に関しては販売データの蓄積により可能かもしれないが、新刊については難しいのではないか。ＡＩによる自動発注のテスト運用を開始し、返品率を改善するとの言は鵜呑みにはできない。現在のアマゾンの新刊返品率は50％を超えるものもかなりあり、仕入れの難しさは明らかである。自店の売れ行き動向をつかんでいる書店にしても、適正な新刊仕入れは困難であり、それがＡＩによって可能になるとは思われないからだ。現在のアマゾンの直取引出版社数は2942社、その取引率は取次ルートを越える56％に達しているとされるが、それこそ各出版社が「ケースバイケース」で判断していくしかないだろう】

〔9〕 持ち株会社カドカワの川上量生社長がドワンゴの動画配信サービス「ｎｉｃｏｎｉｃｏ」の業績不振のため引責辞任し、ドワンゴはＫＡＤＯＫＡＷＡの子会社となる。

カドカワの第3四半期連結業績は売上高１５２１億円で増収増益だったが、ドワンゴの固定資産減損損失を計上したことで、純損失21億６９００万円。

新社長には松原眞樹代表取締役専務が就任。

これらに関しては『週刊ダイヤモンド』（2／9）が「財務で会社を読む」で「カドカワ」に言及し、さらなるリスクとしての「所沢プロジェクト」にもふれている。

【本クロニクル❿で、カドカワの川上社長がブロッキングの導入推進派の急先鋒で、カドカワの角川歴彦会長は「ブロッキングに反対」とのコントラストを紹介しておいたばかりだ。川上の立場もそのようなドワンゴ動画配信サービス状況、及び角川会長との意思の相違も影響しているのかもしれない。動画サイトという新しいメディア企業にしても、様々な思惑が犇き合っているのであろう】

〔10〕 大阪地裁は海賊版リーチサイト「はるか夢の址」を運営する主犯格の3人に、それぞれ懲

役3年6ヵ月から2年4ヵ月に及ぶ執行猶予がつかない実刑判決を下した。

【前回の本クロニクルで、海賊版サイトを強制的に止めるブロッキング法制化が事実上棚上げになったことを既述しておいた。その一方で、文化庁が海賊版ダウンロードの違法範囲をネット上のすべてのコンテンツに広げ、国会への著作権法開催案の提出を目論んでいることも。それを文化審議会著作権文化会が了承し、通常国会に提出することが明らかになった。これは権利者の許可なくインターネット上に挙げられているコミック、写真、論文などのあらゆるコンテンツのダウンロードは全面的に違法とするもので、「はるか夢の址」の主犯3人の実刑判決もそのような流れの中で出されたように思われる。本クロニクルで繰り返し述べてきたが、東京オリンピックを目にしての、規制と管理によって、社会が包囲されていく兆候の表われと見なせよう。出版広報センターも2月21日付で、「今国会に提出される著作権法改正『リーチサイト規制』『ダウンロード違法化の対象範囲見直し』について」という声明を出している】

〔11〕ベストセラーズの月刊男性ファッション誌『Men's JOKER』が休刊。
2004年創刊で、18年は7万部近くを保っていたが、発行部数と広告収入は減少していた。

〔12〕エムディエスコーポレーションのデザイン専門総合誌『M78dN』休刊。
1989年創刊で、18年12月号から隔月刊に移行したが、休刊になってしまった。

【それほどポピュラーでもないのに2つの休刊を記したのは、まず11の場合、本クロニクル❷

で記しておいたように、新たな経営者が株式を取得したことと関係しているのかもしれない。やはりM&Aされると、当初はともかく、出版内容は変わらざるを得ないようで、最近もM&Aされた人文書出版社がビジネスと自己啓発書の分野に方向転換し、既存在庫も最低ロットを残し、断裁されるという話を聞いたばかりだ。12に関しては月刊、隔月刊、休刊という流れゆえに取り上げたのである。実は大手出版社の雑誌も40誌ほどが刊行サイクルを減らしていて、その主なものを挙げてみる。文春の『オール読物』が年10回、マガジンハウスの『Ｈａｎａｋｏ』が各週から月刊、講談社の『ＦＲａＵ』、セブンアイ出版の『ｓａｉｔａ』がそれぞれ不定期刊となっている。もはや月刊誌というコンセプト自体が揺らいでいる。万年赤字に他ならない文芸誌『文学界』『新潮』『群像』などにしても、『オール読物』のような道筋をたどるのかもしれないし、それも遠からずやってくるだろう。雑誌といえば、『噂の真相』の岡留安則も死んだし、それはインディーズ雑誌に他ならなかったけれど、雑誌の終わりの時代を象徴しているようにも思える】

〔13〕 村崎修三の『昭和懐古 想い出の少女雑誌物語』（発行熊本出版文化会館、発売創流出版、販売代行武久出版）を読んだ。

【敗戦後のGHQ占領下を含め、二十年間の少女雑誌のカレードスコープ的物語が目前で展開されているような思いを味わった。塩澤実信『倶楽部雑誌探究』や植田康夫『「週刊読書人」と戦後知識人』（いずれも「出版人に聞く」シリーズ）で語られていた『ロマンス』や『銀の鈴』

も取り上げられている。初見の雑誌が多く、それらが大半を占めていて、雑誌収集の奥深さとすごみを教えてくれるとともに、戦後に出現した少女雑誌物語があったことを実感させてくれる。私が愛読していた草の根出版会のちばてつや『ママのバイオリン』や『ユカをよぶ海』などが講談社の『少女クラブ』に連載されたことも教えられた。そしてあらためて、戦後は続いているはずだが、時代はまったく異なってしまったことも。「雑誌とともに去りぬ」というフレーズも思い浮かべてしまう】

〔14〕そういえば、やはり亡くなった橋本治も少女漫画ファンであり、デビュー作の『桃尻娘』（講談社）にしても、それを抜きにしては語れないだろう。

【実は「本を読む」で、いずれ橋本と北宋社のことを書くつもりでいたが、彼の存命中に間に合わなかったことが残念である。橋本は1980年代に北宋社から少女漫画論『花咲く乙女たちのキンピラゴボウ』全2冊を始めとして、合わせて6冊を刊行している。まだそれほど売れてなかった橋本にとって、北宋社は「つなぎ」の役割を果たした小出版社であり、それは橋本だけでなく、その他にも何人もの著者を挙げることができる。いずれそれらのことを書いておきたい。それにつけても、北宋社の渡辺誠とはもう20年以上会っていない。お達者であろうか】

〔15〕今月は岡留や橋本治に続いて、2人の出版人の訃報が届いた。

それは春秋社の澤畑吉和と以文社の勝股光政である。

【澤畑とは長きにわたる付き合いで、最後に会ったのは彼が春秋社の社長に就任した頃だった。その時、会社を訪ねている。それから数年前に、私と論創社の森下紀夫、緑風出版の高須次郎が三島の畑毛温泉に行く際に、一緒にどうかと誘ったところ、行きたいのは山々だけれど、今回は遠慮するということで、会えずじまいになってしまった。今になってみれば、当時すでに病んでいたのではないかとも思う。また会おうといっているうちに、それが果たせず亡くなってしまった一人に澤畑も加わっている。心からご冥福を祈る。以文社の勝股は理想社や筑摩書房を経て、以文社を引き継ぎ、現代思想書のベストセラーであるアントニオ・ネグリたちの『〈帝国〉』（水嶋一憲他訳）を刊行したことはまだ記憶に新しい。今回の本クロニクルで挙げた4人の死者たちは、いずれもほぼ同世代といっていいし、私たちもそのような時代を迎えていることを本当に実感してしまう】

〔16〕今月の論創社HP「本を読む」37は「ハヤカワ・ミステリ『幻想と怪奇』、東京創元社『世界大ロマン全集』、江戸川乱歩編『怪奇小説傑作集』」です。

出版状況クロニクル⑮　2019年3月

19年2月の書籍雑誌推定販売金額は1221億円で、前年比3・2％減。

書籍は737億円で、同4・6％減。

雑誌は473億円で、同0・9％減。その内訳は月刊誌が389億円で、同0・3％減、週刊誌は84億円で、同3・6％減。

雑誌のマイナスが小幅なのは、前年同月が16・3％という激減の影響と返品減少で、ムックとコミックスの返品の改善によるものである。

その返品率は書籍が33・2％、雑誌は41・5％で、月刊誌は41・6％、週刊誌は41・0％。

雑誌の返品率は16年41・4％、17年43・7％、18年同じく43・7％と、続けて40％を超え、19年も同様であろう。

3月は第1四半期と取次の決算などが重なり、どのような影響を及ぼしていくのだろうか。

〔1〕日販は10月1日付で持株会社体制に移行すると発表。

4月1日付で子会社を新設し、子会社管理、及び不動産管理以外のすべての事業を簡易吸収分割により継承する。

その「10月1日以降のグループ体制の概要（予定）」を示す。

【つまり日販の新体制において、持株会社は新お茶の水ビルなどの資産を保存し、グループの経営に特化する。グループは「取次」「小売」「海外」「雑貨」「コンテンツ」「エンタメ」「その他」「グループIT」「シェアードサービス」の9事業に分かれ、それぞれに子会社が配置されることになる。「取次事業」は新設の日販を始めとして、出版共同流通などの物流子会社、文具卸の中三エス・ティ、TSUTAYA卸のMPDなどから構成される。「小売事業」は中間持株会社NICリテールズに6法人、273店の書店が入る。折しもクロス・ポイントはファミリーマートとの一体型店舗「ファミリーマートクロスブックス我孫子店」を開店。同店は旧東武ブックス我孫子店で、1階がCVS、2階が書店。NICリテールズとしては2店目で、CVSとの融合を加速させていくようだ。「海外事業」は台湾での日本出版物の卸の日盛図書有限公司、中国で日本出版物の翻訳出版に携わる北京書錦縁諮詢有限公司。「雑貨事業」はダルトン、「コンテンツ事業」はコミックや小説の電子書籍を発行するファンギルド。「その他事業」のASHIKARIはブックホテル「箱根本箱」を経営、日本緑化計画はそら植物園との合弁会社、蓮田ロジスティクスセンターは倉庫会社。「エンタメ事業」と「シェアードサービス」は10月以降の将来構想とされる。前回の本クロニクルで、トーハンの「機構改革」と月刊広報誌『書店経営』の休刊にふれ、「ポスト書店を迎える中での取次のサバイバルの行方」

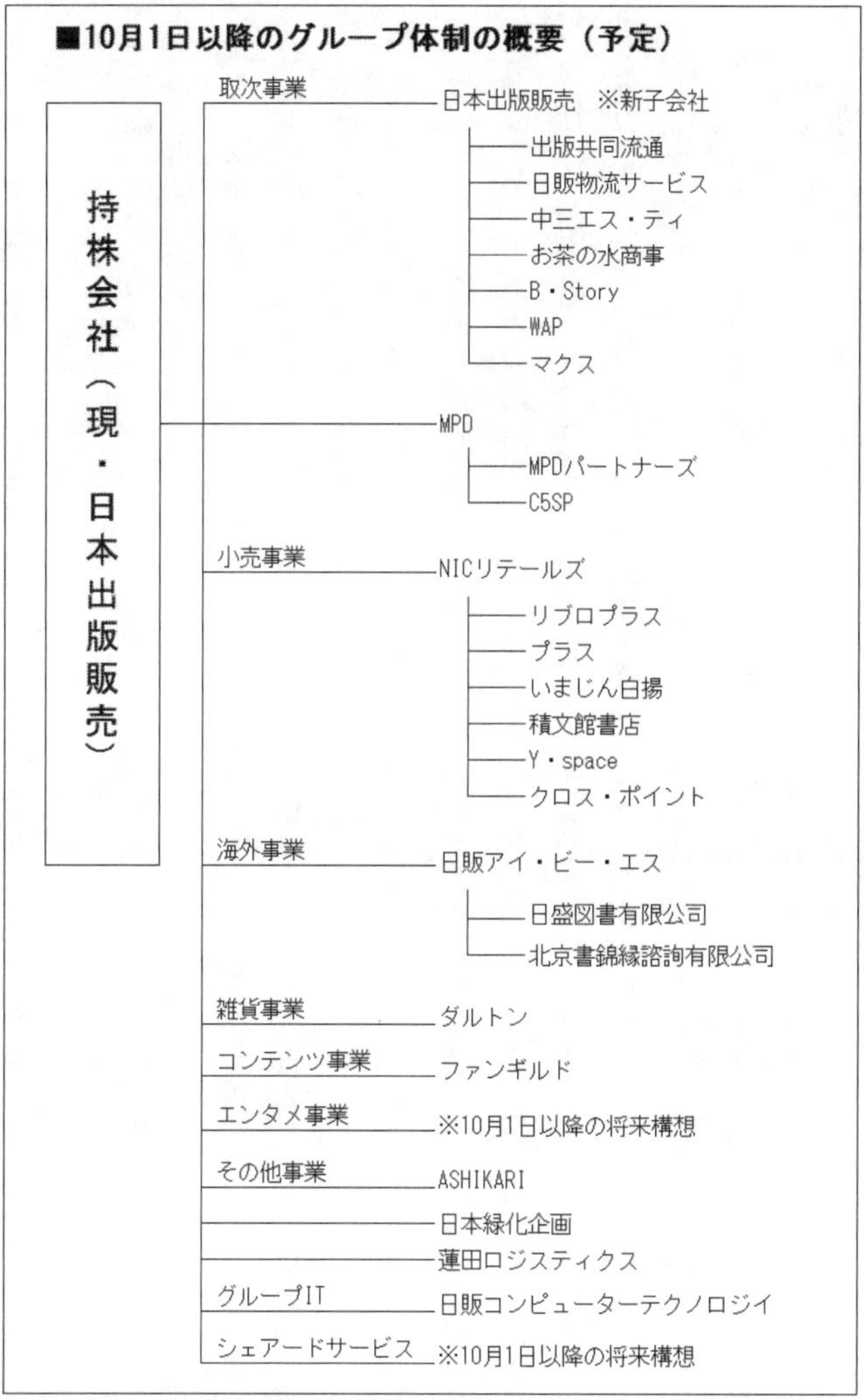

日販 HP 2019年2月19日付ニュースリリース「持株会社体制への移行に関するお知らせ」より、一部を改変して掲載。

を象徴していると既述しておいたが、日販の持株会社体制移行もまた同様だと見なすしかない。本クロニクル❸などで、「日販非常事態宣言」に言及してきたが、その1年後の動向となる】

〔2〕トーハンは岐阜・多治見市のアクトスとフランチャイズ契約を締結し、フィットネスビジネス運営事業に参入。

アクトスは1998年に設立され、フィットネスクラブなどを全国90店舗展開している。トーハンは「スポーツクラブアクトスWill-G」の屋号で、文真堂書店ゲオ小桑原店の2階に開店し、群馬県高崎市、埼玉県熊谷市にも新規出店。

【これはポストDVDレンタルの行方のほうを伝えるもので、この3店がそれなりに好調であれば、トーハン傘下の書店に続けて導入されていくだろう。だが2月の書店閉店状況を見てみると58店で、大型店の閉店が増えている。これらは日販だが、フタバ図書GIGA福大前店は700坪、同高陽店は600坪、TSUTAYA天神駅前福岡ビル店は710坪である。新規事業の導入にしても、大型店の場合は家賃コストとテナント料の問題もあり、すべての店舗に可能だとはいえない。それらのことを考えれば、これからも大型店の閉店は続いていくはずだ。それからTSUTAYAの6店に加え、チェーン店の未来屋が2店、宮脇書店も3店が閉店している。これらも気にかかるところだ。また東海地方のカルコスチェーンが、日販からトーハンへ帳合変更】

〔3〕 取協は4月1日から中国、九州地方で、雑誌や書籍の店頭発売が1日遅れになると発表。

これは中国、九州地方への輸送を受け持っている各運送会社からの要請を受けたものである。現行のトラック幹線輸送が運行や労務管理上、法令違犯の状態にあり、出版社からの商品搬入日や発売日を含む輸送スケジュールの見直しが、法令順守やコストの点からも迫られていたからだ。

【本クロニクル⓫などで、出版輸送問題に関して、出版輸送事業者の現状からすると、もはやコストも含め、負担も限界を超え、明日にでも出版輸送が止まってしまってもおかしくない状況にあることを伝えてきた。今回の中国、九州地方での発売の遅れは、その一端が現実化してしまったことを告げている、しかもそれで問題解決とはならないのである。それから最も気になるのは、これがさらなる中国、九州地方での雑誌離れにつながり、dマガジンなどの電子雑誌への移行を促すのではないかということだ】

〔4〕 『ニューズウィーク日本版』（3／5）が特集「アマゾン・エフェクト」を組んでいる。

その巻頭に「誰もがアマゾンから逃れられない」を寄せているビジネスライターのダニエル・グロスは、「今も広がり続けるアマゾン・エフェクトの脅威、生活を支配する怪物企業は世界の破壊者か変革者か」と問い、急成長を続けるアマゾンの現在を次のように描いている。

「アマゾンが扱う品目は2000万点を超える。しかも物流（専用の貨物機と倉庫網を運用する）や食品販売（自然食品チェーンのホール・フーズ・マーケットを買収した）、映像コンテンツ（動画配信のプライム・ビデオ）、クラウドホスティング（アマゾンウェブサービス、略称AWS）、そしてゲーム

の世界（動画共有サービスのツィッチ）でも巨大な存在だ。（中略）

その急成長を物語る数字には唖然とする。見たことがないような急速かつ多角的な事業拡大だ。18年度の総売り上げは2329億ドルで、前年度の1780億ドルから30％増。100億ドルという前代未聞の営業利益も記録した。（中略）事業の多角化が奏功し、今や売り上げの半分近くはネット通販以外で稼いでいる。

この四半世紀にわたる躍進で、今では誰もがアマゾン・エフェクト（アマゾン効果）――アマゾンの急成長と多角化がもたらす影響、市場の混乱や変革を指す――を感じている。

アマゾンは消費者を囲い込み、注目と忠誠と出費を促す。そのために提供するのは利便性、価値、そして商品とサービスの拡充だ。人々はアマゾンを身内のように信頼し、自宅に招き入れる。使い勝手の良さで関係が深まれば、もう他社は割り込めない。」

【このようなアマゾンの急成長の背後には、「リテールルズ・アポリカス（小売店）の残骸」が散らばり、それらも具体的に写真に示される。書店チェーンのボーダーズの経営破綻、バーンズ&ノーブルの店舗の減少、玩具チェーンのトイザらス、家電販売大手のラジオジャック、靴の安売りのペイレス・シューソース、通販のシアーズの経営破綻、これにショッピングモールも続いている。そしてフォトジャーナリストのセフ・ローレンスの「アマゾン時代の〝墓場〟を歩く」という「フォトエッセイ」には、それらのショッピングモールの廃墟が映し出されていく。私もロメロの映画『ゾンビ』を論じて、「やがて哀しきショッピングセンター」（『郊外の果てへの旅／混住社会論』所収）なる一文を書いているが、それらの写真はもはやゾンビも出没しないであろう何もない無残な姿を浮かび上がらせている。日本ではまだここまでの、「リテールズ・アポリカス」は出現していないと思われるが、書店状況を考えれば、その日も近づいているのかもしれない。なおこの特集は18ページに及ぶものなので、実際に読むことをお勧めする】

〔5〕『出版ニュース』（3／下）に緑風出版の高須次郎が「アマゾンの『買い切り・時限再販』宣言に出版社はどう対応すべきか」を寄稿している。それを要約してみる。

＊再販制下にあって、アマゾンが出版社との直接取引で、「買い切り」を条件とし、売れ残りを時限再販するというのは、越権行為に他ならず、時限再販をする、しないは出版社の専横事項に属する。

＊時限再販や部分再版については取引条件交渉のらち外の問題で、アマゾンから要求を持ち出すこと自体が、出版社の自由意思を妨げる行為、すなわち現行再販制度の任意再販、単独実施の原則に反する行為である。

＊それにこれを日本最大の小売書店といえるアマゾンが要求することは圧力であり、事実上の強要である。出版社はアマゾンとの交渉内容を記録し、不公正な取引方法、優越的地位の乱用で公取委に訴えるなどの断固たる対応が必要である。

＊アマゾンの要求に屈して、出版社が「買い切り・時限再販」を呑んでしまえば、出版社は完全にダブルスタンダードとなり、アマゾンでは買い切り・時限再販、一般書店では従来通り

の返品条件付き委託の定価販売を求めることになり、現行再販制度上できる話ではない。

＊出版社の正当な権利も行使せず、アマゾンの要求を呑めば、次には完全な部分再版＝自由価格取引を要求されることになり、出版界は自ら崩壊への道をたどっていくだろう。

【これはアマゾンと取引していない緑風出版の経営者の立場だからいえることで、直接取引している２９４２社は千々に乱れている状況にあると推測される。現在の出版危機下にあって、アマゾンとの直接取引によってサバイバルしている中小出版社も多いからだ。それに再販制に関する視座として、高須と私は異なっているので、いずれあらためて再販制の起源と歴史、その功罪をめぐって意見を交わしたいと思う】

〔6〕　5と同じ『出版ニュース』の最終号の伊藤暢章「海外出版レポート・ドイツ」が「大手取次店の倒産の影響」を伝えている。

2月14日にドイツの大手取次ＫＮＶ（コッホ、ネフ&フォルクマール有限会社）が突然、倒産申請し、出版業界を震撼させ、様々な論議を呼んでいる。

ＫＮＶは１８２９年にライプツィヒで書籍の委託販売業を創業したことから始まり、それがドイツの書籍取次店の淵源であった。そして時代の変遷とともに、いくつもの同業他社の吸収合併、グループ化などがあり、大取次の地位を占めることになった。

現在のＫＮＶは５６００の書店に納本し、その内訳はドイツが４２００店、オーストリアとスイスが８００店、その他の国が６００店、また70ヵ国以上に輸出している。

KNVは5000社以上の出版社の50万点の書籍を常備し、ニューメディアも6万3000点以上、ゲームなども1万6000点を扱い、「KNV書店輸送サーヴィス」という独自の配送システムを有し、全商品が翌日に販売拠点に配達されるという。

倒産の原因は赤字の累積に加えて、広大なロジステックセンターの新設という設備投資の失敗によるもので、複雑ではあるけれど、書籍市場そのものになく、いわばKNV「自家製」の危機とされている。そのために出版社も書店も全面支援体制を組み、KNVをつぶしてはならないということで、援助策が打ち出されているようだ。

【ただそうはいっても、KNVの場合もアマゾンの影響がまったくないとは言い切れないだろう。このKNVのその後の行方もたどりたいが、『出版ニュース』は最終号なので、もはやそれもかなわない。その後『文化通信』(3/25)でも報じられている。本クロニクルとしては「海外レポート」を最も愛読、参照してきたので、これが終わってしまうのはとても残念だ。といって、各国の出版情報誌を講読する気にはならないし、日本だけのことに専念することにしよう。そういえば、かつて「ドイツの出版社と書店」(『ヨーロッパ 本と書店の物語』所収、平凡社新書)を書いたことがあった。新書なので、よろしければ参照されたい】

〔7〕『DAYS JAPAN』(3、4月号)も届いた。
やはり最終号なので、『出版ニュース』に続けて取り上げておこう。
この最終号は第一部「広河隆一性暴力報道を受けて検証委員会報告」、第二部「林美子責任編集による特集「性暴力をどう考えるか、連鎖を止めるために」で、前者は14ページ、後者は実質的に26ページの構成となっている。

【この構成からわかるように、「広河隆一性暴力報道」は十分に「検証」されているとはいえず、斎藤美奈子がラストページに書いているように、「広河事件の背後に見えるもうひとつの闇」を浮かび上がらせているような印象をもたらしてしまう。戦前の出版史に伴う文学、思想史をたどっていると、女性に関して白樺派は女中、左翼はハウスキーパー、京都学派は祇園ではないかとの思いを抱かされる。それが戦後も出版業界で同様に続いていて、広河事件はそれをあからさまに露出してしまったことになる。ただ私としては、セクハラもパワハラも無縁だと自覚しているが、『リブロが本屋であったころ』の中村文孝からは「出版業界にいるだけでパワハラだ」といわれているので、自戒しなければならないと思う】

〔8〕『日経MJ』(3/15)が「ビッグ・バッド・ウルフ」というブックフェアを紹介している。

これは洋書中心のブックフェアで、欧米で在庫処分となった洋書を大量調達し、定価の5～9割引という格安価格で売りさばくのが特徴で、期間限定だが、24時間営業である。

同記事はミャンマーのヤンゴンでのブックフェアを伝え、11日間の営業中の来場者は15万人、在庫数は合計100萬冊に達し、ヤンゴンの書店にはその1%の在庫すらもないので、5冊、10冊のまとめ買いは当たり前とされる。

ブックフェアはマレーシアから始まり、アジア8ヵ国、地域に広がっている。これはマレーシアのクアラルンプールの郊外の書店の若きオーナー夫妻が始めたもので、「赤ずきん」などに登場する「大きな悪いオオカミ」から命名され、子どもたちにこそ読書に親しんでほしいという思いがこめられているという。

【このブックフェアが4のアマゾンの動向とリンクしているのかは詳らかにしないが、10年目を迎え、世界最大の洋書フェアと謳われるブックフェア「ビッグ・バッド・ウルフ」のことは初めて目にするし、どこにもレポートされていないと思えるので、ここで紹介してみた】

〔9〕『出版月報』(2月号)が特集「紙&電子コミック市場2018」を組んでいる。

18年のコミック市場全体の販売金額は4414億円、前年比1・9%増。

その内訳は紙のコミックスが1588億円、同4・7%減、紙のコミック誌が824億円、同0・1%減。

電子コミックスは1965億円、同14・8%増、電子コミック誌は37億円、同2・8%増。

そのうちの「コミック市場(紙+電子)販売金額推移」と「コミックス・コミック誌推定販売金額」を示す。

【16年までのコミック市場全体の販売金額は4400億円台で推移し、17年は4300億円と前年マイナスになっていたが、18年はプラスとなった。しかしこれは『出版月報』でもリストアップされているように、紙の大手コミックレーベルの価格値上げの影響が大きい。電子コミック市場は初めて2000億円を超えたけれど、1965億円という電子コミックスの伸び

■コミック市場全体（紙版＆電子）販売金額推移　（単位：億円）

年	紙			電子			合計
	コミックス	コミック誌	小計	コミックス	コミック誌	小計	
2014	2,256	1,313	3,569	882	5	887	4,456
2015	2,102	1,166	3,268	1,149	20	1,169	4,437
2016	1,947	1,016	2,963	1,460	31	1,491	4,454
2017	1,666	917	2,583	1,711	36	1,747	4,330
2018	1,588	824	2,412	1,965	37	2,002	4,414
前年比（%）	95.3	89.9	93.4	114.8	102.8	114.6	101.9

によるもので、これは海賊版サイト「漫画村」の閉鎖とリンクしている。それらを考えると、コミック市場全体が回復しつつあるとの判断は留保すべきだろう。それに１９９７年は紙のコミックス、コミック誌だけで、５７００億円を販売していたのであり、２０１８年はそれが半減以下の２４１２億円まで落ち込んでしまっている。このマイナスはまだ続いていくだろうし、電子コミックスはまだ伸びていくにしても、この5年間のコミック市場全体の販売金額の推移からすれば、４３００から４４００億円台を上回る成長は期待できないように思われる。それから最も留意すべきはコミック誌の販売金額で、17年に１０００億円を割りこみ、９１７億円だったのが、さらに93億円のマイナスで、８２４億円となってしまったのである。19年は確実に７００億円台になるだろう。１９９７年には３２７９億円だったから、5分の1の販売金額で、コミック誌の終わりの時代を象徴しているかのようだ。またこれは本クロニクル❸でも書いておいたが、電子コミックス市場にしても、紙のコミックス市場がそうであるように、あくまで紙のコミックス誌が母胎となって形成されている。その母体であるコミックス誌の凋落は確実に電子コミックス市場へとも

■コミックス・コミック誌の推定販売金額　（単位：億円）

年	コミックス	前年比（%）	コミック誌	前年比（%）	コミックス コミック誌 合計	前年比（%）	出版総売上に占めるコミックのシェア（%）
1997	2,421	▲ 4.5%	3,279	▲ 1.0%	5,700	▲ 2.5%	21.6%
1998	2,473	2.1%	3,207	▲ 2.2%	5,680	▲ 0.4%	22.3%
1999	2,302	▲ 7.0%	3,041	▲ 5.2%	5,343	▲ 5.9%	21.8%
2000	2,372	3.0%	2,861	▲ 5.9%	5,233	▲ 2.1%	21.8%
2001	2,480	4.6%	2,837	▲ 0.8%	5,317	1.6%	22.9%
2002	2,482	0.1%	2,748	▲ 3.1%	5,230	▲ 1.6%	22.6%
2003	2,549	2.7%	2,611	▲ 5.0%	5,160	▲ 1.3%	23.2%
2004	2,498	▲ 2.0%	2,549	▲ 2.4%	5,047	▲ 2.2%	22.5%
2005	2,602	4.2%	2,421	▲ 5.0%	5,023	▲ 0.5%	22.8%
2006	2,533	▲ 2.7%	2,277	▲ 5.9%	4,810	▲ 4.2%	22.4%
2007	2,495	▲ 1.5%	2,204	▲ 3.2%	4,699	▲ 2.3%	22.5%
2008	2,372	▲ 4.9%	2,111	▲ 4.2%	4,483	▲ 4.6%	22.2%
2009	2,274	▲ 4.1%	1,913	▲ 9.4%	4,187	▲ 6.6%	21.6%
2010	2,315	1.8%	1,776	▲ 7.2%	4,091	▲ 2.3%	21.8%
2011	2,253	▲ 2.7%	1,650	▲ 7.1%	3,903	▲ 4.6%	21.6%
2012	2,202	▲ 2.3%	1,564	▲ 5.2%	3,766	▲ 3.5%	21.6%
2013	2,231	1.3%	1,438	▲ 8.0%	3,669	▲ 2.6%	21.8%
2014	2,256	1.1%	1,313	▲ 8.7%	3,569	▲ 2.7%	22.2%
2015	2,102	▲ 6.8%	1,166	▲ 11.2%	3,268	▲ 8.4%	21.5%
2016	1,947	▲ 7.4%	1,016	▲ 12.9%	2,963	▲ 9.3%	20.1%
2017	1,666	▲ 14.4%	917	▲ 9.7%	2,583	▲ 12.8%	18.9%
2018	1,588	▲ 4.7%	824	▲ 10.1%	2,412	▲ 6.6%	18.7%

反映されていくだろう。海賊版サイトが閉鎖されても、旧作の電子コミックス化が一巡してしまえば、それほどの成長を期待することはできないのではないだろうか】

〔10〕講談社の決算が出された。

売上高は1204億円、前年比2・1％増、当期純利益は28億円、同63・6％増。

その内訳は雑誌509億円、同8・9％減、書籍は160億円、同9・4％減。広告収入50億円、同8・6％増、事業収入443億円、同24・1％増。

事業収入のデジタル関連収入は334億円、同33・9％増、そのうちの電子書籍売上は315億円、同44・1％増、国内版権収入は60億円、同5・2％減、海外版権収入は47億円、同9・3％増。

【雑誌と書籍のマイナスを電子書籍などの事業収入でカバーし、3年連続の増収となった。それは8で既述したコミックの定価値上げ、海賊版サイトの閉鎖も作用しているはずだ。これも本クロニクル❷で、講談社は出版社・取次・書店という近代出版流通システムからのテイクオフをめざしているのではないかとの推測を述べておいたが、19年のアマゾンとの取引はどうなるのか、それを注視すべきだろう】

〔11〕文化庁の著作権侵害物の全面的なダウンロードを違法化の提出は、今国会では見送りとなった。

【これは前回の本クロニクルでもふれているが、2月27日に日本漫画家協会に加入する1600人の漫画家たちの異議申し立てが大きな力となったようだ。日本漫画家協会理事長、里中満智子へのインタビューが『朝日新聞』（3／13）にも掲載され、それらの事情、漫画家としての立場が語られている。やはり問題なのは「著作権者である私たち漫画家が知らない間に話が進んでいて」、漫画家は政府や文化庁から意見を聞かれることもなく、出版社からも説明や経過報告を受けていないことだ。つまり肝心な当事者に説明責任を果たすことなく、万事が進められていたのだ。里中も海賊版には悩んでいるけれど、「現案では、漫画を護るゆえに一般の方が不自由になってしまうのはかえって不本意です」と述べている。まさに正論というべきであろう】

〔12〕 地球丸が破産手続き。
同社はアウトドア専門誌出版社で、ルアー&フライフィッシング雑誌『Rod and Reel』などを出していた。

負債は7億1700万円。

〔13〕 医薬ジャーナル社倒産。
同社は1965年設立で『医薬ジャーナル』などの5点の月刊誌の他に、医学専門書を出版し、大手製薬会社、病院、薬局などを定期購読者としていた。

負債は3億8800万円。
【本クロニクルでも趣味の雑誌の世界の解体にふれてきているが、12の地球丸の破産も、その具体的な一例となろう。13の医薬ジャーナル社の倒産は、事情通によれば、これから起きるであろう医学書出版社の危機の前ぶれであるとのことだ。その他にも数社の破綻が伝えられているが、複数の確認がとれていないので、今回は書かない】

〔14〕 大修館書店の関連会社大修館A.S.が、ゆまに書房の全株式を取得し、グループ会社化。大修館の鈴木一行社長が、ゆまに書房代表取締役社長に、ゆまに書房の荒井秀夫社長が代表取締役会長に就任。

社員19人の継続雇用と、当面の間の取引先変更はなく、編集、営業、物流、制作面でのシナジー効果を高めたいと説明されている。

【私はゆまに書房の『編年体大正文学全集』を所持していることもあって、ゆまに書房が大修館と一緒になって、文芸書における新たな企画と分野に進出してほしいと思う。これは知らなかったけれど、ゆまに書房は1975年創業で、大学市場に強く、千代田区の本社、茨城の杜やロジスティックスセンターも自社物件であるという。それに加えて今回の決定は後継者問題ゆえだとされている】

〔15〕 釧路市の絵本と童話の専門店、プー横丁が閉店。

そのプロフィールは次のようなものだった。
「おとなとこどものプー横丁
本好きが高じてなってしまった絵本と童話の店。読み聞かせが好きで小さい人が来てくれたら読まずにいられない。その為か個人の文庫か私設の図書館みたいな所、と勘違いされる時もあるが、れっきとした読み・売り本屋です。」
【夏の閉店を前倒しして、3月いっぱいで閉店となったようで、やはりいろいろな事情が絡んでいるのだろう。『出版状況クロニクルV』でも名古屋のメルヘンハウスの閉店を取り上げているけれど、児童書専門店は1980年代から90年代にかけて、ブームの感すらもあったけれど、現在はどうなっているのだろうか】

〔16〕 産業編集センター編著『本をつくる—赤々舎の12年』を読了。
【これはサブタイトルに「赤々舎の12年」とあるように、京都のアートブック、写真集専門出版社といっていい赤々舎の創業者姫野希美へのインタビュー、及び170冊の写真集などの書影も添えた、赤々舎の歴史と出版目録を兼ねた一冊である。12年間でこれほど多くの写真集を刊行し、そのうちの10冊近くが木村伊兵衛写真賞を受賞しているのは驚くしかない。それらを挙げてみれば、岡田敦『I am』、志賀理江子『CANARY』、浅田政志『浅田家』などだ。だがかつて写真集は返品されるとダメージが大きく、採算などが難しいとされていた。現在ではそのような問題はクリアーされたのであろうか。それらも含めて、姫野に会う機会があったら、

そっと経営の秘訣を教えてもらいたいと思う】

〔17〕　安田浩一×倉橋耕平の対談集『歪む社会』（論創社）を読み終えた。

【これは論創社から献本され、読んだのだが、思いもかけずにこの一冊が歴史修正主義、ヘイト本、ネット右翼、新自由主義の出版史に他ならないことに気づいた。そうした意味において、『歪む社会』は現代出版史としても読めるし、広く推奨する次第である】

〔18〕　宮田昇が90歳で亡くなった。

【宮田は早川書房や日本ユニエージェンシーなどを経て、出版太郎名義の『朱筆』（みすず書房）全2冊から、『出版状況クロニクルV』で紹介しておいた近著『昭和の翻訳出版事件簿』（創元社）までを著わしている。それらは宮田でしか書けなかった戦後の出版と翻訳史であり、出版界はかけがえのない証言者を失ってしまったことになる。謹んでご冥福を祈る】

〔19〕　今月の論創社HP「本を読む」38は「新人物往来社『怪奇幻想の文学』と『オトラント城綺譚』」です。

出版状況クロニクル⑯　2019年4月

19年3月の書籍雑誌推定販売金額は1521億円で、前年比6・4％減。

書籍は955億円で、同6・0％減。

雑誌は565億円で、同7・0％減。その内訳は月刊誌が476億円で、同6・2％減、週刊誌は89億円で、同11・3％減。

返品率は書籍が26・7％、雑誌は40・7％で、月刊誌は40・7％、週刊誌は40・8％。

4月27日から大型連休が始まり、当然のことながら、書籍雑誌の送品は減少するだろう。

4月、5月はそれがどのような数字となって跳ね返るか、書店売上にどのような影響を及ぼしていくのかが、問われることになろう。

〔1〕『出版月報』（3月号）が特集「文庫本マーケット2018」を組んでいるので、その「文庫本マーケットの推移」を示す。
【文庫の推移販売金額はついに1000億円を割りこみ、しかも前年比6・8％減という最大

■文庫マーケットの推移

年	新刊点数		推定販売部数		推定販売金額		返品率
	点	増減率	万冊	増減率	億円	増減率	
1995	4,739	2.6%	26,847	▲6.9%	1,396	▲4.0%	36.5%
1996	4,718	▲0.4%	25,520	▲4.9%	1,355	▲2.9%	34.7%
1997	5,057	7.2%	25,159	▲1.4%	1,359	0.3%	39.2%
1998	5,337	5.5%	24,711	▲1.8%	1,369	0.7%	41.2%
1999	5,461	2.3%	23,649	▲4.3%	1,355	▲1.0%	43.4%
2000	6,095	11.6%	23,165	▲2.0%	1,327	▲2.1%	43.4%
2001	6,241	2.4%	22,045	▲4.8%	1,270	▲4.3%	41.8%
2002	6,155	▲1.4%	21,991	▲0.2%	1,293	1.8%	40.4%
2003	6,373	3.5%	21,711	▲1.3%	1,281	▲0.9%	40.3%
2004	6,741	5.8%	22,135	2.0%	1,313	2.5%	39.3%
2005	6,776	0.5%	22,200	0.3%	1,339	2.0%	40.3%
2006	7,025	3.7%	23,798	7.2%	1,416	5.8%	39.1%
2007	7,320	4.2%	22,727	▲4.5%	1,371	▲3.2%	40.5%
2008	7,809	6.7%	22,341	▲1.7%	1,359	▲0.9%	41.9%
2009	8,143	4.3%	21,559	▲3.5%	1,322	▲2.7%	42.3%
2010	7,869	▲3.4%	21,210	▲1.6%	1,309	▲1.0%	40.0%
2011	8,010	1.8%	21,229	0.1%	1,319	0.8%	37.5%
2012	8,452	5.5%	21,231	0.0%	1,326	0.5%	38.1%
2013	8,487	0.4%	20,459	▲3.6%	1,293	▲2.5%	38.5%
2014	8,618	1.5%	18,901	▲7.6%	1,213	▲6.2%	39.0%
2015	8,514	▲1.2%	17,572	▲7.0%	1,140	▲6.0%	39.8%
2016	8,318	▲2.3%	16,302	▲7.2%	1,069	▲6.2%	39.9%
2017	8,136	▲2.2%	15,419	▲5.4%	1,015	▲5.1%	39.7%
2018	7,919	▲2.7%	14,206	▲7.9%	946	▲6.8%	40.0%

のマイナスで、９４６億円となった。ピーク時は２００６年の１４１６億円だったことからすれば、18年は５００億円近くの減少となる。それでいて、14年からの前年比を見ても、下げ止まる気配はまったくない。同特集はスマホが与えた影響を大きいとし、10年にスマホの世帯保有率が９・７％だったことに対し、17年が75・１％に及んでいることを挙げている。確かにそれも大きな要因だが、推定出回り冊数から見ると、１９９８年は4億２０２５万冊で、18年は2億３６７７万冊とほぼ半減している。それはちょうどこの20年で書店が半減してしまった事実を反映しているし、書店における文庫の滞留在庫も同様であることを意味していよう。１９８０年代の郊外書店全盛期において、主力商品は雑誌、コミックス、文庫が三本柱で、売上の半分以上のシェアを占めていた。だが本クロニクル１２９で示しておいたように、雑誌は１９９０年代の1兆５０００億円から、18年には６０００億円のマイナスとなり、コミックスも前回挙げておいたように、２４００億円から１５００億円台へと落ちこみ、今回の文庫も加えれば、トリプル失墜という販売状況である。また複合店にしても、それらとＤＶＤレンタルが主力だったわけだから、こちらは四重苦のような中で、暗中模索、もしくは閉店に追いやられている。3月の書店閉店状況も86店に及び、1月の82店を超えている。それに１００坪以上の大型店は24店を数え、こちらもとどまる要因は見つからない。取次の決算も絡んで、4月はどうなるのだろうか】

〔2〕トーハンと日販は検討を進めてきた物流の協業化に関して、「雑誌返品処理」「書籍返品処

理」「書籍新刊送品」の3業務の協業を進めることで合意と発表。

【前回、ドイツの大手取次KNVの倒産を伝え、それが広大なロジスティックセンターの新設という設備投資の失敗によることを既述しておいた。トーハンにしても日販にしても、桶川SCMセンターや王子流通センターを始めとして、多大の設備投資を行なった。その果てに、本クロニクル⓭などでトレースしておいたように、出版物推定販売金額は1996年の2兆6000億円から、2018年には1兆3000億円を下回り、半減してしまったのである。それによって生じた過剰設備化が、トーハンと日販の物流協業化の背後に潜んでいる大きな問題であろう。すなわち半減しているのだから、一社でまかなえるということにもなろう。しかしさらなる重要な取次問題は、今回の協業化に含まれない「雑誌送品」で、総コストにおける配送運賃の7割を占めている。結局のところ、先送りされていることになるが、前回や同⓫などで取り上げておいたように、出版物関係輸送も危機に追いやられている。このままでいけば、さらなる出版物の発売の遅れも蔓延化していくかもしれない】

〔3〕文教堂GHDの2019年第2四半期連結決算が出された。

売上高は127億3000万円、前年比10・2％減、営業損失2億3200万円、経常損失2億8800万円、親会社に帰属する四半期純損失3億6500万円で赤字幅が増加。

そのために、前年連結決算における2億3358万円の債務超過もさらに拡大し、5億9700万円となった。期中における不採算の6店の閉店などにより、売上、利益が圧縮され、財務が悪化した。

昨年度に引き続き、増資を検討し、金融機関からの借入金返済、支払い猶予の同意を得ているとされる。

【本クロニクル⑬などで既述してきているが、文教堂ＧＨＤの増資や再建は難しく、赤字幅は増加していく一方である。3月も４００坪の大型店も含め、3店が閉店しているし、さらに売上、利益、財務が悪化していくことは必至だ。東京証券取引所は文教堂ＧＨＤに対し、最後通牒というべき上場廃止猶予期間入り銘柄に指定している。そのために今期中に財務を健全化しなければ、上場廃止が待ち受けていることになる。文教堂ＧＨＤにとって、残された時間は少ない】

〔4〕 ＴＳＵＴＡＹＡの２０１８年1月から12月の書籍雑誌販売額が１３３０億円、前年比３・3％の増で、過去最高額を更新と発表。
その理由として、全国に於ける大型店40店の新規オープン、「TSUTAYA BOOK NETWORK」への新規加盟による店舗数の増加、独自の商品展開やデータベースマーケティングが挙げられている。

40店は「BOOK&CAFE」スタイルだが、「TSUTAYA BOOKSTORE」は「ライフスタイル提案型」店舗である。島忠とジョイントした「TSUTAYA BOOKSTORE ホームズ新山下店」はホームリビング、オートバックスとの「TSUTAYA BOOKSTORE APIT 東雲店」はカーライフをテーマとしている。

【しかしそれらのトータルな店舗数は開示されておらず、大型店出店と「TSUTAYA BOOK NETWORK」の新規加盟店の増加によって、「過去最高額」がかさ上げされたと推測するしかない。また旭屋書店も子会社化されている。ＴＳＵＴＡＹＡの18年の出店については本クロニクル⓮、大量閉店に関しては同⓭で取り上げているので、そちらを見てほしいが、閉店に追いつく出店なしといった状態で、それはやはりこれも同⓮で示しておいたように、19年に入っても続いている。これらの出店と閉店の尋常ではないコントラストは、日販とＭＰＤの決算に確実に反映されるだろうし、それらはＴＳＵＴＡＹＡの「過去最高額」の内実を知らしめるであろう】

〔５〕丸善ＣＨＩホールディングスの連結決算が発表された。
連結子会社は丸善ジュンク堂、ｈｏｎｔｏブックサービス、ＴＲＣ、丸善出版、丸善雄松堂など29社。

売上高は１７７０億円、前年比０・７％減、当期純利益は24億円で、前年の赤字から減収増益決算。セグメント別の90店舗とネット書店売上高は７４０億円、同２・２％減、営業利益は３３００万円。

【店舗ネット販売事業も前年は赤字だったので、減収増益ということになるが、営業利益は３３００万円で、かろうじて黒字を保ったとわかる。それは出版事業も同様で、売上高43億円に対し、営業利益50万円。つまり丸善CHIホールディングスの場合、書店や出版事業は利益がほとんど上がらず、文教市場販売や図書館サポート事業などにより、バランスが保たれているである。株価もずっと300円台だが、今期はどうなるのか、とりわけ丸善ジュンク堂はどこに向かおうとしているのだろうか】

〔6〕大垣書店が京都経済センターに京都本店をオープン。
同センターは京都府や京都市などが再開発を進めてきたビルで、その商業ゾーン「SUINA室町」1階全フロア700坪を大垣書店が借り上げ、そのうちの350坪を書籍、雑誌、文具、雑貨売場とする。そして残りの350坪には大垣書店とサブリースした8社が飲食店、フードマーケット、カフェなどの10店を出店し、大垣書店はデベロッパーを兼ねるポジションでの出店となる。
なお大垣書店は続けて、「京都駅ビル THE CUBE」、堺市に「イオンモール堺鉄砲町店」を出店。

【これはまったく新しいビジネスモデルというよりも、TSUTAYA＝CCCが先行し、本クロニクル❹で紹介しておいた有隣堂の東京ミッドタウン日比谷の「HIBIYA CENTRAL MARKET」などに続くものだろう。さらに今年は日本橋の複合商業施設「コレド室町テラス」に、有隣堂がライセンス供与を受け、「誠品生活日本橋」を出店することになっている。ポストレンタル複合店の模索がなされていくわけだが、年商7億円を目標とするサブリースに

よるデベロッパーを、書店が兼ねることができるであろうか】

〔7〕東京都書店商業組合員数は4月現在で324店。

【『出版状況クロニクルⅢ』において、1990年から2010年にかけての各都道府県の日書連加盟の書店数の推移を掲載しておいた。東書商組合員数もほぼそれと重なっているはずなので、それを引いてみると、1990年には1401店、2010年には591店となっている。何と30年間で、1000店以上の書店が消えてしまったのである。しかもそれはまだ続いていて、この10年でさらに半減し、来年は300店を割ってしまうだろう。1400万人近くの人口を擁する東京ですらも、こうした書店状況にあるのだから、他の道府県の書店環境も推して知るべしといっていい。書店の黄昏は出版や読書の現在を紛れもなく照らし出している】

〔8〕幻戯書房の田尻勉社長が「出版流通の健全化に向けて」というプレスリリースを発表し、出荷正味を60％とすると表明。

そのコアの部分を引いてみる。

「小社では少部数で高定価の書籍が多く、新刊は書店様から事前注文に基づいて、取次会社に配本していただいており、取次の見計らいの配本は多くありません。しかしながら、配本後すぐの返品も増え、返品類も増えています。また、一部の取次は、月一度の締日を考慮することなくムラのある返品となり、小社の資金計画に支障を来しています。こうしたことから、出版流通に携わる方々も厳しい状況にあると推察しております。

業界をあげて、先人が築いてきた出版流通の仕組みが疲弊していることに対して、表立った改善策の提案が上がっていません。小社としては、読者の方々に届けていただくためにも、取次会社・書店が機能していただかなくてはなりません。そのために小社としては出荷正味を原則60％といたします。（但し、お取引先からのお申し入れをいただき、詳細は別途相談させていただきます）。」

この提起に対して、『文化通信』（4／8）や『新聞之新聞』（4／12）も、田尻社長のインタビューを掲載しているので、それらも参照されたい。

【こうした提起を幻戯書房の田尻があえてしたのは、次のようなインタビューの言葉に集約されていよう。「出版流通がどうしようもなくなっているにもかかわらず、どこからも表だって具体的な改善策は示されない。そこで、小さいとはいえ、一石を投じたいと思いました」。「そもそも販売を取次、書店へ外部依存してきた出版社として、何ができるかと考えたとき、最もインパクトがあるのが『正味』を下げる宣言だと考えました」。このような田尻の視座は、彼が冨山房で書店、藤原書店で取次書店営業、そして12年から幻戯書房を引き継いだことで、出版業界の生産、流通、販売という3つのメカニズムを横断し、熟知していることで成立したといえるだろう。幻戯書房へは大手取次や書店からもすぐに連絡が入り、書店ではフェアを開くといった話も出ているという。これからも幻戯書房に関しては見守っていきたい】

〔9〕文藝春秋がスリップを廃止。

【本クロニクル❾で、スリップレス出版社を挙げておいたが、その後も続き、現在では60社に及んでいる。とりわけ文庫本はKADOKAWAから始まり、講談社、幻冬舎、光文社、実業之日本社、祥伝社、宝島社、徳間書店、竹書房、PHPが続き、それにこの4月から文春も加わることになる。スリップ関連経費は2円から3円とされ、そのコストカットは取次の運賃協力金の原資になっているとも伝えられている。それとは別に、小出版社にとってもスリップ経費は年間を通じると、それなりのコストとなってしまうので、スリップレスに向かう状況にあるようだ。近代出版流通システムの終焉は、このようなスリップレス化にも象徴されているのだろう】

〔10〕『FACTA』（4月号）が「『川上切り』角川歴彦の大誤算」というレポートを発信している。それを要約してみる。

＊ネット業界の有望株ドワンゴと出版業界の異端児KADOKAWAによる経営統合から4年半がたち、カドカワが窮地に追い込まれている。2019年3月期は43億円の最終赤字に沈む見通しである。

＊経営統合当初はドワンゴの「ニコニコ動画」を柱とする「niconico」事業が右肩上がりで、ドワンゴ優位だったが、その後「YouTube」に太刀打ちできず、プレミアム会員数も256万人から188万人にまで減少してしまった。

＊それにM&Aの失態も重なり、ドワンゴは17年から赤字続きとなり、今期も12月までの純損

失が63億円に上り、もはや土俵際に追いこまれた状況にある。

＊ドワンゴの川上量生創業者は統合後のカドカワの社長を務め、辞任して取締役に降格、ドワンゴはＫＡＤＯＫＡＷＡの子会社へと格下げになった。だが川上はカドカワの８・４％の株を握る筆頭株主で、角川歴彦はその5分の1以下しか所有していない。

＊だが絶大の権力者である角川歴彦は川上を後継者として考え、ドワンゴはその壮大な構想を叶える推進力はずだった。しかしそれらを失った中で、４００億円の投資となる「ところざわサクラタウン」の建設が進み、昨年は冨士見の社屋に高級レストラン「ＩＮＵＡ」を開店している。

【このレポートは「その行く末が案じられるばかりだ」と結ばれている。このカドカワとドワンゴ問題に関しては、本クロニクル⓮で既述しているし、さらなるリスクとしての「所沢プロジェクト」にもふれてきている。これは詳細が定かでないけれど、かつての角川書店とＣＣＣ＝ＴＳＵＴＡＹＡは深く関係し、後者が大手株主だった時期もあった。そのような関係から、角川はＴＳＵＴＡＹＡが手がけている代官山プロジェクトのような不動産開発プロジェクト事業へと接近していったのではないだろうか。しかし１９８０年代から90年にかけて、郊外型書店全盛時代に、ゼネコンやハウスメーカーの不動産プロジェクトに巻きこまれ、多くの悲劇が起きたことを知っている。大垣書店のサブリースデベロッパーに危惧を覚えるのも、それゆえだが、「ところざわサクラタウン」は４００億円という巨大な投資に他ならず、「その行く末が案じられるばかりだ」と思わざるをえない】

〔11〕 フレーベル館がJULA出版局の全株式を取得し傘下に収める。

JULA出版局は1982年に日本児童文学専門学院の出版部として始まり、絵本「プータン」シリーズがロングセラーとして知られていた。

〔12〕 岩崎書店が海外絵本輸入卸の絵本の家の全株式を取得し、子会社化。

絵本の家は1984年に設立され、英語の海外絵本の輸入・卸販売を主として、キャラクター関連グッズの制作なども手がけ、ショールームも兼ねた直営店では小売りも行なっていた。

岩崎書店は絵本の家の子会社化によって英語教材の強化を図る。

〔13〕 辰巳出版グループの総合図書、富士美出版、スコラマガジンの3社が、スコラマガジンを存続会社として合併し、経営の効率化をめざす。

〔14〕 主婦の友社は、子会社の主婦の友インフォスの株式をIMAGICAグループに譲渡。

主婦の友インフォスは、主婦の友社発行の雑誌、書籍などの編集製作会社で、「ヒーロー文庫」「プライムノベル」などのライトノベル、月刊誌『声優グランプリ』を手がけている。

IMAGICAグループはロボットなどの61社の連結子会社を有し、劇場映画、テレビドラマ、アニメ作品などの幅広い分野の映像コンテンツの企画、製作を行なっている。

今後、主婦の友社、主婦の友インフォス、IMAGICAグループは新たな企画開発、戦略的メディアミックスの取り組みを推進していく。

〔15〕世界文化社が100%子会社としてプレミアム旅行社を設立し、旅行事業へと進出。

〔16〕JTBパブリッシングは中央区築地に新店舗「ONAKA PECO PECO by るるぶキッチン」をオープン。

新店舗は地方創生共同事業として、「るるぶキッチン」を運営するJTPパブリッシング、デジタルマーケティング支援のmode、コラボレーション店舗の企画、運営ノウハウを持つツインプラネット3社のタイアップ。

「るるぶキッチン」は東京の赤坂見付、京都、広島に続く4店目のオープン。

【11から16はたまたま3月から4月に集中してしまったけれど、ポスト出版時代に向けての各出版社をめぐるM&A、合併、他業種進出の動向を伝えていることになろう。トーハンもサービス付高齢者向け住宅事業の第2弾「プライムライフ西新井」を開業しているし、出版社、取次、書店の他業種進出はこれからも続いて行くだろう。もちろん成功するかどうかはわからないにしても】

〔17〕『朝日新聞』（4／16）の一面に『漫画アクション』（No.9）本日発売広告が掲載され、矢作俊彦×大友克洋による新作「気分はもう戦争3（だったかもしれない）」の告知があったので、そ

れを購入してきた。

【『漫画アクション』を買ったのは何十年ぶりで、確か『気分はもう戦争』が連載されていたのは1980年代初頭で、リアルタイムで読んでいたことからすれば、広告にあるように「38年ぶり」の再会ということになる。17ページの「完全新作」は国際状況の変化とテクノロジーの進化を伝え、読者の私だけでなく、矢作や大友の高齢化をも想起してしまう。私たちだって38年前は若かったのである。「気分はもう戦争3（だったかもしれない）」の後に、本クロニクル❻で取り上げた吉本浩二『ルーザーズ』が続き、1960年代後半から70年代にかけて連載されたモンキー・パンチ『ルパン三世』、小池一夫、小島剛夕『子連れ狼』を始めとする作品が紹介されていく。当時は『漫画アクション』の読者だったことを思い出す。それから数日して、モンキー・パンチと小池一夫の訃報が伝えられてきた。彼らの死はやはりひとつの時代が終わってしまったことを痛感させられた。たまたま私は坂本眞一『イノサン』（集英社）をフランス版『子連れ狼』として読んでいるのだが、その第3巻にダンテの『神曲』を想起させる見開きのシーンがあり、そこに「この得体の知れない不安感は何だ……？／まるで僕一人だけが真っ暗な穴に迷いこんでいくような……」という言葉が表記されていた。これこそは20世紀後半の『漫画アクション』ならぬ21世紀コミックの声なのであろう】

〔18〕 今月も出版人の死が伝えられてきた。
それは太田出版の前社長の高瀬幸途である。

【前回、宮田昇の死を記したが、高瀬も宮田と同じく、日本ユニ・エージェンシーに在籍していた。その関係もあって、『出版状況クロニクルV』で取り上げておいた、宮田の『出版の境界を生きる』を始めとする太田出版の「出版人・知的所有権叢書」の成立を見たと思われる。その後の続刊を確認していないけれど、宮田に続いて高瀬も亡くなってしまうと、刊行も難しくなるかもしれない。いずれ太田出版と高瀬のことは近傍にいた編集者が書いてくれるだろう】

〔19〕今月の論創社HP「本を読む」39は「新人物往来社『近代民衆の記録』と内川千裕」。

出版状況クロニクル⑰ 2019年5月

19年4月の書籍雑誌推定販売金額は1107億円で、前年比8・8％増。

書籍は603億円で、同12・1％増。

雑誌は504億円で、同5・1％増。その内訳は月刊誌が416億円で、同5・9％増、週刊誌は88億円で、同1・4％減。

返品率は書籍が31・4％、雑誌は43・0％で、月刊誌は43・1％、週刊誌は42・7％。

書籍、雑誌がともに前年増となったのは、初めての10連休の影響が大きく、とりわけ書籍は連休前の駆け込み発売で、出回り金額が5・9％増となったことによっている。また5月連休明けまで書店の返品も抑制されたことも作用していよう。

それゆえに今月の大幅なプラスは大型連休がもたらした一過性の数字とみなすべきで、その反動は5月の販売金額と返品に露呈することになるだろう。

月末になって日販の赤字決算が出されているが、6月にトーハンなども含め、言及するつもりだ。

---

〔1〕『出版月報』（4月号）が特集「ムック市場2018」を組んでいる。そのデータ推移を示す。

【18年のムック市場は初めて800億円を下回り、726億円、前年比11・0％減となった。販売冊数もさらに悪化し、こちらも8000万冊を割りこみ、7440万冊、同16・2％減である。1億冊を割ったのは昨年だったことからすれば、2年で25％以上のマイナスで、19年は16年の半分近くになってしまうかもしれない。返品率も4年連続で50％を超え、下げ止まる気配はない。ムックの場合、週刊誌や月刊誌と異なり、書店滞留時間も長く、ロングセラーも生まれ、再出荷もできることがメリットであったが、それももはや失われてしまったのであろう。

ムックの起源は1960年代後半の、平凡社の「別冊太陽」だとされるが、それは半世紀前の

■ムック発行、販売データ

年	新刊点数		平均価格	販売金額		返品率	
	（点）	前年比	（円）	（億円）	前年比	（%）	前年増減
2005	7,859	0.9%	931	1,164	▲4.0%	44.0	1.7%
2006	7,884	0.3%	929	1,093	▲6.1%	45.0	1.0%
2007	8,066	2.3%	920	1,046	▲4.3%	46.1	1.1%
2008	8,337	3.4%	923	1,062	1.5%	46.0	▲0.1%
2009	8,511	2.1%	926	1,091	2.7%	45.8	▲0.2%
2010	8,762	2.9%	923	1,098	0.6%	45.4	▲0.4%
2011	8,751	▲0.1%	934	1,051	▲4.3%	46.0	0.6%
2012	9,067	3.6%	913	1,045	▲0.6%	46.8	0.8%
2013	9,472	4.5%	884	1,025	▲1.9%	48.0	1.2%
2014	9,336	▲1.4%	869	972	▲5.2%	49.3	1.3%
2015	9,230	▲1.1%	864	917	▲5.7%	52.6	3.3%
2016	8,832	▲4.3%	884	903	▲1.5%	50.8	▲1.8%
2017	8,554	▲3.1%	900	816	▲9.6%	53.0	2.2%
2018	7,921	▲7.4%	871	726	▲11.0%	51.6	▲1.4%

ことで、スマホ時代に入り、雑誌刊行モデルとしては広範に機能しなくなっていると考えられよう。それに決定的なのは書店の半減、及びコンビニ売上の失墜であり、とりわけ今世紀に入って進行した雑誌販売市場のドラスチックな変容というしかない。なおここでのムックには廉価軽装版コミックは含まれていない】

〔2〕紀伊國屋書店弘前店が閉店。

【これは4月の大分店の閉店に続くものである。弘前店は1983年の開店で、仙台店よりも早く、東北で初めての紀伊國屋書店だった。弘前店は372坪、大分店は734坪であり、この2ヵ月で紀伊國屋の売場面積は1100坪が減少したことになる】

〔3〕 三省堂名古屋高島屋店が閉店し、名古屋本店へと統合。

【名古屋高島屋店は2000年の開店なので、20年の歴史に幕を下ろしたことになる。それは書店市場の悪化の中で、テナント契約更新が難しかったことを推測させる。4月の書店閉店は47店と、19年に入って最も少なかったが、それでもTSUTAYAと宮脇書店が各3店、文教堂と夢屋が各2店、また文真堂やWonder GOOの各1店も含まれている。また文真堂は資本金を500万円減少して1000万円に、資本準備金6億5265万円を0円にすると発表。5月以後の書店閉店状況はどうなるのかが、19年後半の出版業界の焦点となろう。これは不動産プロジェクトのコストやテナント料の問題から見れば、大型化した書店はチェーン複合店も含めて、もはや採算がとれなくなってきている現実を露呈させているからだ。本クロニクル130などで既述しておいたように、18年から続くTSUTAYAの大量閉店はその事実を象徴しているし、4月のTSUTAYA3店の閉店坪数も600坪を超えている。それは大量返品として大手取次と出版社へと跳ね返り、本クロニクル⓯のコミックス、コミック誌、前回の文庫、1のムック販売状況へとリンクしているのである】

〔4〕 そのWonder GOOはRIZAP傘下にあるのだが、今期のRIZAP連結決算は193億円の赤字となっている。

【この決算で明らかになったのは、Wonder GOO＝ワンダーコーポレーションの不採算事業の撤退費用として、48億円の特別損失が出されていることである。本クロニクル⓮でふれたワンダーコーポレーションが売上高からすれば、RIZAPの中核企業であり、TSUTAYAのFC、つまり日販が取次だから、その再建の行方は両社にも多大な影響を及ぼしていくだろう。また同⓫で既述しておいたように、そのうちの15店は大阪屋栗田に帳合変更しているので、そちらへも波及するかもしれない。前回、文教堂GHDにふれ、その不採算店の閉店などにより、債務超過もさらに拡大していると伝えてきた。それはワンダーや文教堂だけでなく、撤退、閉店にはそれに伴う特別損失が生じているという事実を浮かび上がらせている。とりわけ文教堂やワンダーは上場企業であるだけに、再建の行方が注視されているし、文教堂は残された時間が少ないところまできていよう】

〔5〕三洋堂HDの加藤和裕社長は粗利益を35%に改善する7ヵ年計画を発表。
「書籍・雑誌」から「古本」「フィットネス」へ売上構成比を高めていくことで、19年には粗利益率30・8%、25年には35・0%にする。

【本クロニクル❽などで、三洋堂の筆頭株主がトーハンになったこと、フィットネス事業などへの参入に関して既述しているが、もはや三洋堂にしても、ポスト書店の段階に入っていることの表明である。加藤社長によれば、週刊誌と月刊誌は20年半ばに消滅するかもしれないし、19年には三洋堂コストとしての信販手数料、返品運賃ポイント関連費用などで2億円増加するとのことである。それからあらためて認識させられたのは、返品運賃の急騰で、19年には18年の1・8倍の1億3000万円に達するとされる。これはすべてのナショナルチェーンに共通するものだと考えられる。それはこれからのキャッシュレス決済コストも同様であろう。7年後に35％の粗利益を達成するにしても、そこに至るまでに一体何が起きるのか、それが上場企業でもある三洋堂の焦眉の問題であろう。これも本クロニクル❻でふれておいたように、18年は500万円という「かつかつの黒字」、19年予想は純損失3億円と見込まれているからだ】

〔6〕　トーハンの近藤敏貴社長はドイツをモデルにしたマーケットイン型流通を主とする5ヵ年中期経営計画「REBORN」において、従来の見計らい配本から発売前に書店注文を集約し、AIを駆使した配本システムを融合するかたちに移行すると表明。
それにより返品率を抑制し、そこから派生する利益を出版業界全体で再配分し、18年の40・7％の返品率を23年度には33・4％、最終的に20％まで引き下げる。

【本クロニクル❽で、近藤社長によるトーハンの「本業の回復」と「事業領域の拡大」を紹介しておいた。だが後者の不動産事業などはともかく、前者はさらに出版状況が失墜していく中で、埼玉の書籍新刊発送拠点「トーハン和光センター」の稼働を挙げることしかできない。ドイツをモデルとしたマーケットイン型流通にしても、これも本クロニクル⓯で言及しておいたが、設備投資の失敗で、マーケットイン型流通が日本の出版業界において成立するとは考えられないし、誰もが信じていないだろう。それは取次や書店の現在状況からして明らかなことだ。
大阪屋栗田の子会社であるリーディングスタイルも2店目の「リーディングスタイルあべの」を180坪で開店。デジタルサイネージを50台設置し100席のカフェとイベントスペースを併設。それこそ大阪屋栗田の「本業の回復」と「事業領域の拡大」に貢献するのだろうか。それらはともかく、取次の決算発表も間近に迫っている】

〔7〕『ルポ 電子書籍大国アメリカ』（アスキー新書）などの大原ケイが『文化通信』（5／20）に「米2位の書籍取次が書店卸から撤退」を寄稿している。

それによれば、北米第2位の書籍取次（ホールセラー）であるベイカー&テイラー、以下（B&T）がリテール（書店）向け卸業から撤退すると発表した。

アメリカの書籍流通業には日本の取次に近い「ホールセラー」と、中小出版社に代わり、受注、発注、営業も請け負う「ディストリビューター」がある。

ホールセラー第1位のイングラムがリテール（書店）に広く書籍を流通させているのに対し、B&Tは書店だけでなく、全米公立図書館の9割に及ぶ6000館を抱えている。後者の年商は22億ドルだったが、2016年にフォレット社傘下に入った。

フォレット社は北米の他に140ヵ国で、小学校から大学、学校図書館など9万団体に及ぶ教育機関を対象とし、電子教科書を含む教育コンテンツを製作販売する企業である。

今回のB&Tの書店からの撤退は、「地域コミュニティを支えている公共図書館を支援する」という親会社のフォレット社のビジネスに適ったものだとされる。

【それに加え、アメリカでは出版社と書店の直接取引が主流になったこと、ふれられていないが、アマゾン問題も絡んでいるのだろう。このB&Tの撤退を受け、書店では日本でいう帳合変更、全米書店協会や大手出版社のサポート、中小出版社の「ディストリビューター」の支援も始まっているようだ。アメリカのことゆえ、他山の石とも思えないので、ここに記してみた】

〔8〕『日経MJ』（5／6）に「ゲオが新業態」という記事が掲載されている。

ゲオ傘下の衣料品販売のゲオクリアが横浜市に「ラック・ラック クリアランスマーケット」を開店した。これはメーカーや小売店から余った新品在庫を直接買い取り、定価の3割から8割引きで販売するという新業態店である。

売場面積は1400平方メートルの大型店で、衣料品はブランド類100種類を扱い、雑貨や装飾品も含め、商品は5万点に及ぶ。

ゲオはグループで最大手の1800店を有し、古着、中古スマホ、余剰在庫や中古ブランド品などの新業態で、さらなる成長を模索するとされる。

【これもポストレンタルを見据えた上での新業態ということになろう。それがTSUTAYAと異なるのは、前回も示しておいたように、TSUTAYAが他社とのジョイントによって新業態をめざしていることに対し、ゲオの場合は自社によるチェーン店化も想定されているし、「メルカリ」などとともに、中古品市場をさらに活性化させるかもしれない。このようなゲオとTSUTAYAのコントラストは、直営店とフランチャイズシステムによる企業本質の違いに基づくものであろう】

〔9〕 町田の大型古書店の高原書店が破産し、閉店。

高原書店は1974年に町田の最初の古書店として開店し、支店も出店する一方で、85年には小田急町田駅前のPOPビルに移転し、大型古書店の名を知らしめた。2001年には町田駅北口の4階建に移り、徳島県に広大な倉庫を置き、インターネット通販にも力を入れていた。

作家の三浦しおんがアルバイトしていたこともよく知られ、古本屋のよみた屋や音羽館が高原書店の出身で、他にも古本人脈を形成するトポスであった。

【親しい古本屋から高原書店の危機の話が聞いていたが、その予測どおり、連休明けに破産してしまった。本クロニクル⑬で、大阪の天牛堺書店の破産を伝えたが、古書業界では在庫量と店舗数で西の天牛堺書店、東の高原書店と称されていたという。その2店が破産してしまったのだから、古書業界も書店市場と同様の危機に見舞われていることになる】

〔10〕『日本の図書館統計と名簿2018』が出されたので、次ページに公共図書館の推移を示す。

【21世紀に入ってからの書店の減少は本クロニクルでずっとトレースしてきているが、公共図書館は書店とは逆に700館ほど増えている。19年は戦後初めての3300館を超えることになるだろうし、それがさらに書店数のマイナスへとリンクしていくのは自明だろう。しかし貸出数は2010年代に入り、7億冊を超えていたが、14年以後は下降気味で、18年は6億8000万冊と、この10年間で最低となっている。ひょっとすると、図書館にしても、スマホの影

■公共図書館の推移

年	図書館数	専任職員数（人）	蔵書冊数（千冊）	年間受入図書冊数（千冊）	個人貸出登録者数（千人）	個人貸出総数（千点）	資料費当年度予算（万円）
1971	885	5,698	31,365	2,505	2,007	24,190	225,338
1980	1,320	9,214	72,318	8,466	7,633	128,898	1,050,825
1990	1,928	13,381	162,897	14,568	16,858	263,042	2,483,690
1997	2,450	15,474	249,649	19,320	30,608	432,874	3,494,209
1998	2,524	15,535	263,121	19,318	33,091	453,373	3,507,383
1999	2,585	15,454	276,573	19,757	35,755	495,460	3,479,268
2000	2,639	15,276	286,950	19,347	37,002	523,571	3,461,925
2001	2,681	15,347	299,133	20,633	39,670	532,703	3,423,836
2002	2,711	15,284	310,165	19,617	41,445	546,287	3,369,791
2003	2,759	14,928	321,811	19,867	42,705	571,064	3,248,000
2004	2,825	14,664	333,962	20,460	46,763	609,687	3,187,244
2005	2,953	14,302	344,856	20,925	47,022	616,957	3,073,408
2006	3,082	14,070	356,710	18,970	48,549	618,264	3,047,030
2007	3,111	13,573	365,713	18,104	48,089	640,860	2,996,510
2008	3,126	13,103	374,729	18,588	50,428	656,563	3,027,561
2009	3,164	12,699	386,000	18,661	51,377	691,684	2,893,203
2010	3,188	12,114	393,292	18,095	52,706	711,715	2,841,626
2011	3,210	11,759	400,119	17,949	53,444	716,181	2,786,075
2012	3,234	11,652	410,224	18,956	54,126	714,971	2,798,192
2013	3,248	11,172	417,547	17,577	54,792	711,494	2,793,171
2014	3,246	10,933	423,828	17,282	55,290	695,277	2,851,733
2015	3,261	10,539	430,993	16,308	55,726	690,480	2,812,894
2016	3,280	10,443	436,961	16,467	57,509	703,517	2,792,309
2017	3,292	10,257	442,822	16,361	57,323	691,471	2,792,514
2018	3,296	10,046	449,183	16,047	57,401	685,166	2,811,748

響を受け始めているのだろうか。いずれにせよ、登録者数も微減しているし、高齢化社会の進行もあり、個人貸出数は10年代前半でピークを打ち、これ以上の増加は難しく、こちらも微減を続けていくように思われる】

〔11〕 たまたま新刊の曽我謙悟の「170自治体の実態と課題」というサブタイトルの『日本の地方政府』（中公新書）を読み、10の公共図書館に関しても教えられることが多かったので、ここで取り上げておきたい。

とりわけ言及するのは第2章「行政と住民―変貌し続ける公共サービス」である。そこでの図書館絡みの重要なところを要約してみる。世界的に1990年代までは公共サービスや公共事業は行政がほぼ一手に担っていたが、2000年代以降、民間企業、NPO、及びPFI（Private Finance Initiative）を始めとする種々の官民協働方式が登場して大きく様変わりした。

PFIは公共施設の建設に、指定管理者制度は公共施設の運営に、民間部門を参入可能にするものである。日本では1999年にPFI法、2003年に指定管理者制度が導入され、さらに2011年のPFI法改正で、コンセッション方式と呼ばれる民間部門の手で、施設の建設から運営までが可能になった。

そこで登場してくるのが「ツタヤ図書館」なのである。これは要約しないで、直接引用しておくべきだろう。

「佐賀県武雄（たけお）市に登場したいわゆる「ツタヤ図書館」も、指定管理者制度によるものである。二〇一三年四月の武雄市にはじまり、その後神奈川県海老名（えびな）市、宮城県多賀城（たがじょう）市、岡山県高梁（たかはし）市、山口県周南（しゅうなん）市、宮崎県延岡（のべおか）市に導入され、和歌山市にも導入予定である。他方で、愛知県小牧（こまき）市での計画は住民投票の結果を受け、撤回された。書店やカフェを併設することにとどまらず、新たな書籍の購入や独自の配列基準に基づく書架への配列、ポイントカードを貸し出しカードとすることなどは、指定管理者の制度によって可能となった。

ＰＦＩや指定管理者制度を地方政府が多く用いるのは、財政と職員の不足が要因である。これにより新たな市場が生まれることを歓迎する民間事業者も背景にある。たとえば、二〇一八年に開館した周南市の「ツタヤ図書館」支払われる指定管理費は年間一億五〇〇〇万円である。ＰＦＩと指定管理者制度が生み出した「行政市場」は、現在の日本には珍しい成長市場である。行政と事業者の双方が求めるのだから、ＰＦＩや指定管理者制度が拡大するのも当然である。」

【この部分を読むに至り、**10**において、公共図書館の専任職員数が１９９９年の１万５０００人から、２０１８年には1万人と減少していることとパラレルに指定管理者制度が導入され、「行政市場」が成立したとわかる。それはまさに公共における「新自由主義」の導入に他ならず、思わず中山智香子の『経済ジェノサイド』（平凡社新書）を連想してしまった。こちらに引きつけて例えれば、純然たる「民営化」と「行政市場」のメカニズムの相違は、出版と出版業の乖離以上のものがあることになる。いずれも新書として好著なので、一読をお勧めする。本当に公共図書館もまたどこに向かおうとしているのだろうか】

〔12〕『人文会ニュース』(No.131)に東大出版会の橋本博樹営業局長による「平成の『出版界』―専門書と書籍流通の30年」が掲載されている。

【このような論稿が『人文会ニュース』に書かれるようになったのは、行き着くところまで来てしまったことに加え、その内部の営業責任者もそうしたプロセスの中で、否応なく成熟せざるを得なかったことを告げているように思われる。筑摩書房の田中達治営業部長が存命の頃は私も出かけていって、出版社、取次、書店の人たちと話し合う機会を多く持った。しかし特に出版社の人たちは自らのポジションからの思い込みに束縛され、トータルな視座からの出版業界の分析、それに基づく危機の問題を説明することは難しい印象が強かった。だからこのような出版史も、出版社側からは提出されてこなかったのである。ただそれは2010年までのことであり、現在ではもはや危機は至るところに露出し、このような橋元の論稿も書かれ、掲載されることになったのだろう。拙著も出てくるからではないけれど、広く読まれることを願う】

〔13〕またしても訃報が届いた。講談社の元編集者白川充が亡くなった。

【白川は1980年前後に船戸与一『非合法員』、志水辰夫『飢えて狼』を送り出し、冒険小説ブームのきっかけを担ったといっていい。その仕事は原田裕『戦後の講談社と東都書房』(「出版人に聞く」シリーズ14)でふれられ、新保博久『ミステリ編集道』(本の雑誌社)で語られている。最後に会ったのは5年前の前者の出版記念会の席だった。ご冥福を祈る】

〔14〕 拙著『古本屋散策』（論創社）が刊行された。
読み切り200編を収録しているが、きっと何冊かは読んでみたいと思う本に出会えるはずだ。600ページという大冊になってしまい、高定価でもあるので、図書館にリクエストして頂ければ、有難い。

〔15〕 今月の論創社HP「本を読む」40は「草風館、草野権和、『季刊人間雑誌』」です。

出版状況クロニクル⓲ 2019年6月

19年5月の書籍雑誌推定販売金額は755億円で、前年比10・7％減。

書籍は388億円で、同10・3％減。

雑誌は367億円で、同11・1％減。その内訳は月刊誌が291億円で、同9・5％減、週刊誌は75億円で、同16・9％減。

返品率は書籍が46・2％、雑誌は49・2％で、月刊誌は50・6％、週刊誌は42・9％。

前月の反動で、全体の推定販売金額、書籍、雑誌の推定販売金額がトリプルで二ケタ減という、これまでにない最悪のデータになってしまった。

とりわけ週刊誌の16・9％減は『週刊少年ジャンプ』や『週刊現代』などが1号少なかったことも要因とされるが、かつてなかったマイナスである。

たまたま日本ABC協会の「ABC雑誌販売部数表2018年下期（2018年7～12月）」が出され、こちらも同11・9％減となっていることからすれば、2019年上期のデータもさらなるマイナスで推移していくと予測される。

それは書籍、雑誌の返品率も同様で、双方が50％近くに及んでいる月例も初めてだと思われる。

いずれにしても、推定販売金額と返品率が最悪の状況を迎えている中で、19年の後半に入っていくことになる。

---

〔1〕アルメディア調査によれば、2019年5月1日時点での書店数は1万1446店で、前年比580店の減少。
売場面積は126万872坪で、4万7355坪のマイナス。

1999年からの書店数の推移を次ページに示す。

【島根県だけが前年同数で、その他の全都道府県で減少。その中でもマイナス幅が大きいのは東京都81店、大阪府67店、北海道39店、愛知県33店、神奈川県、福岡県32店である。東京都の場合、書店数は1222店だが、そのうち日書連会員店は324店で、後者は東京古書組合加盟の古本屋の半分という事態となっている。またアルメディの書店数は売場面積を有しない本部、営業所も含んでいるので、実際の書店数は１万１７４店であり、来年は１万店を下回ることは確実だ。それとパラレルに、東京都日書連会員数も３００店を割りこみ、全国日書連会員数も現在の３１１２から２０００台へと落ちこんでいくだろう。１９９９年の全国書店数は２万２２９６店だったわけだから、半減してしまったことになるけれど、下げ止まる気配はまったくない】

〔２〕アルメディアによる「取次別書店数と売場面積」も挙げておこう。

【前期のデータは本クロニクル❻で既述しているが、日販は同⓮でふれたように、ＴＳＵＴＡＹＡの大量閉店もあって、マイナスは前年の２２２店に対し、３５２店に及び、取引書店は４０００店を下回ってしまった。売場面積にしても、４万６６８１坪の減少で、１のトータルとしての売場面世の減少は４万７３５５坪であるから、今期のマイナスは、日販帳合書店の閉店によって大半が占められていると見なすこともできよう。トーハンは前年の１３０店に対し、

■書店数の推移

年	書店数	減少数
1999	22,296	−
2000	21,495	▲801
2001	20,939	▲556
2002	19,946	▲993
2003	19,179	▲767
2004	18,156	▲1,023
2005	17,839	▲317
2006	17,582	▲257
2007	17,098	▲484
2008	16,342	▲756
2009	15,765	▲577
2010	15,314	▲451
2011	15,061	▲253
2012	14,696	▲365
2013	14,241	▲455
2014	13,943	▲298
2015	13,488	▲455
2016	12,526	▲962
2017	12,026	▲500
2018	11,446	▲580

■取次別書店数と売場面積（2019年5月1日現在、面積：坪、占有率：%）

取次会社	書店数	前年比（店）	売場面積	前年比	平均面積	売場面積占有率	前年比（ポイント）
トーハン	4,404	▲84	493,289	▲982	112	39.1	1.3
日本出版販売	3,900	▲352	615,859	▲46,681	158	48.8	▲1.8
大阪屋栗田	979	▲78	116,964	66	119	9.3	0.4
中央社	399	▲9	21,190	▲268	53	1.7	0.1
その他	943	▲19	13,570	510	14	1.1	0.1
不明・なし	−	−	−	−	−	−	−
合計	10,625	▲542	1,260,872	▲47,355	119	100.0	−

84店とマイナスは縮小しているが、大阪屋栗田は同72店が78店と増加し、こちらも取引書店はついに1000店を割りこんでいる。しかも19年に入って書店の閉店は加速していて、この5月までにすでに350店近くに及び、その一方で、出店は極めて少ない。来期の閉店は今期の542店を確実に超えてしまうであろう】

〔3〕「喜久屋書店BOOK JAM」を運営していた「BOOK JAM K&S」が破産。

同社は2007年にコープさっぽろの100%子会社として設立され、ピーク時には16店を有し、11年には年商13億6600万円を計上していた。しかしその後、売上高の減少と閉店が続き、昨年は年商7億6100万円まで落ちこみ、赤字決算、債務超過に及んでいたとされる。負債は2億3000万円。

【この破産が物語るように、5月には本部のBOOK JAM K&S、及び喜久屋書店BOOK JAM 8店の閉店が伝えられている。取次はトーハンで、売場面積は合わせて700坪となる。その立地は6店がコープさっぽろ内であり、それなりに恵まれた立地とコープ会員に支えられていたにもかかわらず、破産へと追いやられてしまった。その事実は、コープにおいても出版物販売も難しくなっていることを示していよう。5月の閉店も76店を数え、TSUTAYAは8店、売場面積は喜久屋書店BOOK JAMの倍以上の1680坪となっている。また文教堂も7店、1000坪を超え、フタバ図書TERAワンダーシティ店に至っては1店だけだが、1100坪という想像を絶する閉店である。これらの閉店状況は書店市場が最悪の事態を迎えていることを告げている。なおキクヤ図書販売の「喜久屋書店」と「喜久屋書店BOOK JAM」は、資本関係はなく、納入先で、「喜久屋書店小樽店」「同帯広店」は通常通り営業のリリースが「喜久屋書店」から出されている】

〔4〕 日本雑誌販売が債務整理。

同社は1955年創業、雑誌、コミックス、アダルト誌を主とする取次で、ピーク時の1993年には売上高59億円、書店、ゲームショップ、インターネットカフェなど1000店を超える取引実績を有していた。

しかし中小書店の廃業、閉店が相次ぎ、雑誌売上も低迷し、18年には売上高22億円、取引先も500店まで減少していた。

負債は5億円で、7月には自己破産申請するようだ。

【日本雑誌販売は多くのアダルト誌を持っていた取次で、太洋社帳合の書店も引き継いでいたこともあり、小取次の破綻だが、その波紋は小さなものではないように思われる。折しも『出版月報』(6月号)が特集「変容するアダルト誌」を組んでいる。そこで戦後のカストリ雑誌から2010年のDVD付アダルト誌に至る歴史と変化、コンビニでの販売中止、読者の高齢化、アダルト誌の行方などが論じられている。これは『出版月報』としては出色の企画で、「雑誌市場の未来を予見する？ アダルト誌」という見出しは、的を射ているかもしれない。それに私見を添えておけば、戦後のアダルト誌とコミック誌の出現は軌を一にしているし、アダルト誌の行方は「コミック誌の未来をも予見しているようである」】

〔5〕日販の連結子会社25社を含めた連結売上高は5457億6100万円で、前年比5・8%減。

営業利益は10億2600万円、同56・6%減、経常利益は10億8400万円、同57・5%減、純利益は2億9000万円の損失で、2000年以来の19年ぶりの赤字決算。

そのうちの日販やMPDなどの「取次事業」売上高は5052億1700万円、同6・3%減、営業損失3億3700万円。

日販単体売上高に関しては、上記に示す。

MPDについては同社の「2018年度決算報告」を見てほしい。

■日販単体 売上高 内訳 (単位：百万円、%)

	金額	増減額	増加率	返品率
書籍	216,858	▲11,090	▲4.9	31.9
雑誌	137,603	▲12,837	▲8.5	45.8
コミックス	65,137	431	0.7	29.2
開発商品	26,915	▲620	▲2.3	41.5
計	446,515	▲24,116	▲5.1	37.1

■トーハン 売上高 内訳　（単位：百万円、％）

	金額	増減額	前年比	返品率
書籍	169,734	▲4,324	▲2.5	40.8
雑誌	133,105	▲10,608	▲7.4	48.5
コミックス	43,940	▲36	▲0.1	30.1
開発商品	50,379	▲15,335	▲23.4	17.8
計	397,160	▲30,304	▲7.1	40.7

「小売事業」売上高は639億1300万円、同0・5％増、営業損失2100万円。グループ書店は10社、266店。

〔6〕トーハンの単体売上高は3971億6000万円で、前年比7・1％減。

営業利益は42億7200万円、同15・2％減、経常利益は21億3900万円、同29・3％減、当期純利益は6億5200万円、同64・2％減で、2年連続減収減益。

日販同様に売上高内訳を示す。

連結子会社16社を含む連結決算の売上高は4166億4000万円、同6・2％減。

営業利益は38億8700万円、同12・7％減、経常利益は18億1900万円、同24・7％減、当期純利益は5億3100万円、同30・0％減。

【これはあらためていうまでもないけれど、日販にしてもトーハンにしても、連結決算で、「事業領域の拡大」や持株会社移行によって、ポスト取次をめざしているようなイメージを生じさせている。しかし今回の決算においても、取次事業シェアは日販が93％、トーハンは95％に及び、両社が紛れもない取次の他ならないことは明らかだ。それゆえに本クロニクルでもトーハンのいうところの「本業の回復」にふれてきたが、この「本業の回復」がなされないかぎり、必然的に赤字が累積していく段階へと入るであろうし、もはやそれが否応なく現実化していることを日販の赤字は浮かび上がらせている。『日経MJ』（6／3）の一面で、プロデュース事業を手がけるスマイルズが紹介されていたことで知ったが、日販の「文喫」も店名も含め、スマイルズの企画だという。日販やCCC＝TSUTAYAの周辺にはこうしたコンサルタントが様々にパラサイトし、新たな複合型書店、パルコ型システム、ツタヤ図書館なども、そのようにして出現してきたのだろう。トーハンにしても、8月には旧京都支店跡地にホテルが開設され、本社の再開発においても、6月にトーハン別館の解体工事が始まり、12月に新本社建設が着工されるという。おそらくこのような不動産プロジェクトにも、多くのコンサルタントが関わっていると考えられる。コンサルタントにあやつられ、失敗に終わった地方の行政市場プロジェクトをいくつも見てきた。取次がその轍を踏まないように祈るばかりだ】

〔7〕　トーハンは文具製造のデルフォニックスを子会社化。
デルフォニックスはリングノートの「ロルバーン」などの機能性やデザイン性が高い文具を特徴とする。それらの自社ブランドに加え、国内外の文具や雑貨を扱うセレクトショップを、首都圏を中心に30店舗展開。18年売上高は40億円。

トーハンは既存の書店にデルフォニックス文具を合わせた複合店舗開発や、デルフォニックスの海外販売などを進める。

【本クロニクル⑮でふれてきたように、デルフォニックスの子会社化も、フィットネスジムの運営、サービス付き高齢者住宅の開業などに続く、トーハンの「事業領域の拡大」ということになろう。そしてさらに6で言及したホテル開設、本社をめぐる不動産プロジェクトが始まっていくのである。それは「本業の回復」と乖離するばかりのプロセスをたどっていくだろう】

〔8〕　三洋堂HDの決算発表によれば、売上高は204億円で、前年比4・4％減。営業利益は3200万円、同86・9％減、経常利益は6300万円、同77・2％減、当期純利益は3億800万円の損失。
【続けて三洋堂HDの決算を挙げたのは、前回の本クロニクルでもふれておいたように、19年は純損失3億円が予想されていたこと、筆頭株主がトーハンで、フィットネスや古本などの「ブックバラエティストア」を推進している三洋堂こそは、「事業領域の拡大」を実践する書店に他ならないからだ。すでに「書店」売上は204億円のうちの129億円、63％のシェアに縮小している。しかし来期もフィットネス事業投資、出店、既存店改造の計画もあって、純損失1億3000万円が予想されている。取次と異なり、書店の場合、撤退とリニューアルコストが必然的に生じ、「事業領域の拡大」とのバランスが難しいことを伝えていよう】

〔9〕　アメリカの大手書店チェーンで627店舗を有するバーンズ＆ノーブルは、ヘッジファン

ドのエリオット・マネジメントに6億8300万ドルで自社の売却に合意したと発表。18年にエリオット・マネジメントは英国の大手書店チェーンのウォーターズ・ストーンも買収していて、ウォーターズ・ストーンのCEOジェイムズ・ドーントがB&NのCEOも兼ねるとされる。

【これらの海外書店事情はつい最近まで、『出版ニュース』の「海外出版レポート」でその詳細を確認できたのだが、3月の休刊によって、それもかなわぬことになってしまった。本当に残念であるというしかない。海外とはいえ、このような大手書店チェーンのM&Aの行方はどうなるのだろうか】

〔10〕 地方・小出版流通センターの決算も出された。売上高10億2181万円、前年比9・25%減。

「同通信」(No.514)は次のように記している。

「経常利益は182万円となりましたが、取次・栗田出版販売、太洋社、東邦書籍の倒産債権157万円を特別損失で処理し、純益68万円という苦しい決算です。

昨年後半期の売上は前年比13・7%減となっており、3年連続の赤字決算は免れたものの、今後、この縮小傾向が上向く可能性はほぼないと思いますので、役割機能を継続維持しつづけるためには規模の縮小を検討せざるを得ないと考えています。」

【最後に述べられた「この縮小傾向が上向く可能性はほぼないと思いますので、役割機能を継続維持しつづけるためには規模の縮小を検討せざるを得ないと考えています」は、とりわけ大手出版社、取次、書店にとっても深刻な問題として、すでに現実化している】

〔11〕 日教販とNECはデジタル教科書・教材、学習アプリなどの流通や普及活動について業務提携。

日教販は教科書発行社など教育系出版社100社と取引があり、書店を通じて全国の学校への流通網を有する。一方で、NECは学校向けパソコン、タブレット端末、最適な学習コンテンツを見出すAI技術を持つ。両社の業務提携はシナジー効果が大きく、デジタル学習コンテンツやICサービスを提供していくとされる。

【この背景にあるのは4月から改正学校教育法が施行され、小中高校の授業で、デジタル教科書と紙版教科書を併用できるようになったことだ。それに加え、2020年度には小学校を始めとして、プログラミング学習の導入などのICT（情報通信技術）に関わる教育が強化され、中高校でもデジタル教科書の活用が進むと予想されているからだ。とすれば、デジタル教科書の販売権はどこが握ることになるのだろうか】

〔12〕 小学館の決算が出された。

売上高は970億5200万円、前年比2・6％増、2年連続の増収で、当期利益は35億1800万円、4年ぶりの黒字決算。

【しかし内訳を見てみると、「出版売上」は544億円、同4・1%減に対し、「デジタル収入」205億円、同16・0%増となっている。デジタル部門が200億円を超えたのは初めてで、その売上の90%以上がコミックスだとされる。「出版売上」のうちの「コミックス」は183億円だから、紙とデジタルはほぼ同じで、来期はデジタルが上回ることになるだろう。これは本クロニクル⑮で挙げておいた講談社の決算と共通している】

〔13〕カドカワの連結決算は売上高2086億500万円、前年比0・9%増、営業利益は27億700万円、同13・9%減、経常利益は42億500万円、同13・2%増、当期純損失は40億8500万円で、14年の発足以来、初の赤字となった。

KADOKAWAなどの「出版事業」は 売上高1159億円、同2・9%増、営業利益72億円、同20・9%増と好調だったが、ドワンゴなどの「webサービス事業」が営業損失25億円となったことが影響している。

【カドカワは（株）KADOKAWAに商号変更し、その傘下には56の子会社、孫会社が配置されている。それらに加えて、本クロニクル⑯で取り上げた「ところざわサクラタウン」などの「事業領域の拡大」も繰りこまれていくのである】

〔14〕ブックオフGHDの連結決算は売上高807億9600万円、前年比0・9%増、営業利益は15億5000万円、同152・6%増、経常利益は21億2000万円、同94・0%増、当期

純利益は21億2000万円、前年は8億8900万円の純損失だったので、4年ぶりの黒字転換。

【ハグオール事業における催事販売からの撤退、リユース店舗事業の既存店の増収増益が寄与したとされるが、グループ再編に伴う税負担の軽減などの一過性の要素も大きいと見られる。だが「本」に関しても、前年比2・3%増とされているものの、「ブックオフオンライン事業」は売上高が75億6000万円、同22・2%増だが、2億8900万円の営業損失を計上していることからすれば、実質的にマイナスと考えられる。それに19年3月自演の店舗数は直営店379店、FC店413店となっているので、当初の「本」をメインとするフランチャイズビジネスとしてのブックオフ事業の成長は終わったのではないだろうか】

〔15〕 TSUTAYAは書籍、ムックを返品枠付き買切条件で仕入れる方針で、出版社向け説明会を開催し、194社が参加。

【取次のいうところの「プロダクトアウトからマーケットイン型仕入れ」に呼応しているのだろうが、詳細がはっきりしないので、アマゾンの買切仕入れ以上に釈然としない。TSUTAYAは本クロニクル⓮などでトレースしてきたように、昨年から大量閉店状況を迎え、それが今年も続いている。それらの大量閉店において、買切の書籍、ムックはどのように処理されるのか。また『週刊ダイヤモンド』(6/22)でも、レンタルと複合のTSUTAYAはビジネスモデルとして崩壊しているのではないかと言及されている。その一方で、CCCグループのTマガジンは、雑誌400誌が月額400円で読み放題となる「T—MAGAZINE」の提供

を開始している。これが成功すれば、さらなる閉店へとリンクしていくだろう】

〔16〕図書カードNEXTを発行する日本図書普及の事業、及び決算概況の発表によれば、期中の発行高は397億8900万円、前年比5・1％減で400億円を割った。それに対して、回収高は403億6100万円、同5・4％減で、前年に続き、発行高を上回った。

【『出版状況クロニクルV』において、1997年から2015年までの図書券、図書カードの発行高、回収高の推移を示しておいた。15年は発行高が500億円を割りこむ484億円だったが、今期はついに400億円を下回ってしまった。それは何よりも加盟店数の激減で、2000年は1万2500店だったのが、19年には5845店と半分以下になってしまったのである。前年比で255店減とされるので、発行高のマイナスはまだまだ続いていくだろう】

〔17〕『週刊ダイヤモンド』（6／1）が「コンビニ地獄 セブン帝国の危機」、『週刊東洋経済』（6／8）が「コンビニ漂流」という特集を組んでいる。

【かつては出版業界において、コンビニ批判はタブーだった。『出版状況クロニクル』の2008年のところで、古川琢也＋週刊金曜日取材班の『セブン‐イレブンの正体』（（株）金曜日）がトーハンから委託配本を拒否されたことを既述している。そうした時代があったことからすれば、このような特集が組まれるのは隔世の感がある。だがここではそれらの特集にふみこまないが、このようなコンビニ状況、及びスマホ時代を迎えてのコンビニの雑誌売場はこれから

どうなっていくのかに注視していきたいと思う】

〔18〕凸版印刷が図書印刷を完全子会社とし、図書印刷は上場廃止となる。

凸版印刷はこれにより、20年連結売上高1兆5200億円、連結営業利益570億円と予測。

【このような印刷業界の再編が出版業界にどのような影響や波紋をもたらしていくのか、それが今後の焦点であろう。すでにDNPによって、出版社や書店などの再編が進められていったのは周知の事実であるからだ】

〔19〕今月の論創社HP「本を読む」41は「種村季弘『吸血鬼幻想』」です。

同HPには拙著『古本屋散策』の最初の書評が「矢口英佑のナナメ読み」No.12として掲載されています。よろしければ、拙文ともどもアクセスして下さい。

出版状況クロニクル⑲　2019年7月

一　19年6月の書籍雑誌推定販売金額は902億円で、前年比12・3％減。

書籍は４４７億円で、同15・５％減。

雑誌は４５４億円で、同８・９％減。その内訳は月刊誌が３７４億円で、同８・０％減、週刊誌は80億円で、同12・９％減。

返品率は書籍が43・４％、雑誌は44・７％で、月刊誌は44・８％、週刊誌は44・４％。

５月に続いて、６月も大幅なマイナスで、２ヵ月連続の最悪の出版流通販売市場となっていることが歴然である。

まさに７月からの出版状況はどうなっていくのだろうか。

---

〔１〕出版科学研究所による19年上半期の出版物推定販売金額を示す。
まず最初に出版科学研究所による１～５月期のデータに誤りがあり、書籍雑誌推定金額と雑誌推定販売金額が修正されていることを断わっておく。

２０１９年上半期の書籍雑誌推定販売金額は６３７１億円で、前年比４・９％減。

書籍は３６２６億円で、同４・８％減。

雑誌は２７４５億円で、同５・１％減。その内訳は月刊誌が２２４１億円で、同４・３％減。週刊誌は５０４億円で、同８・４％減。

返品率は書籍34・９％、雑誌が44・２％で、月刊誌は44・７％、週刊誌は41・９％。

【上半期トータルで見ると、書籍雑誌のマイナス幅は少し改善されているように見える。だがこれはひとえに５月連休前の大幅な送品の増加に伴う、４月の８・８％増というデータによって支えられているからだ。これから問題なのは5、6月のような最悪の出版流通販売市場が続いていけば、書店市場そのものが恒常的な赤字に陥ってしまうであろう。一部ではそれが続けてふれる2、3、4のように現実化し、徐々に全体へと波及していく。それは19年下半期にさらに加速していくであろう】

〔2〕文教堂GHDと子会社の文教堂は6月28日、事業再生実務家協会に「産業競争力強化法に基づく特定認証紛争解決手続」（事業再生ADR手続き）を申請し、受理された。

それに伴い、2社と事業再生実務家協会は金融機関に、借入金元本の返済などの「一時停止の通知書」を送付した。

7月12日に「事業再生ADR手続き」に基づく第1回債権者会議が開かれ、出席金融機関のすべてが2社の借入金元本返済の「一時停止」に同意した。

この「一時停止」の期間は9月27日の事業再生計画案を決議する債権者会議終了時までで、今後はすべての金融機関と協議しながら、事業再生計画案を策定し、その成立をめざす。

■ 2019年上半期 推定販売金額

月	推定総販売金額		書籍		雑誌	
	（百万円）	前年比（%）	（百万円）	前年比（%）	（百万円）	前年比（%）
2019年 1～6月計	637,083	▲4.9	362,583	▲4.8	274,500	▲5.1
1月	87,120	▲6.3	49,269	▲4.8	37,850	▲8.2
2月	121,133	▲3.2	73,772	▲4.6	47,360	▲0.9
3月	152,170	▲6.4	95,583	▲6.0	56,587	▲7.0
4月	110,794	8.8	60,320	12.1	50,474	5.1
5月	75,576	▲10.7	38,843	▲10.3	36,733	▲11.1
6月	90,290	▲12.3	44,795	▲15.5	45,495	▲8.9

【文教堂GHDの債務超過や大量閉店、上場廃止問題に関して、本クロニクル⑬や⑯などでずっとトレースしてきたが、ついにこのような事態となった。「事業再生ADR手続き」とは会社更生法や民事再生などの法的手続きによらず、債権者と債務者の合意に基づき、債務を猶予、または減免するための手続きとされる。結局のところ、8月までの債務超過解消は困難で、上場廃止も避けられないことから、「事業再生ADR手続き」がとられたと判断できよう。それに対して、金融機関は借入金元本返済の「一時停止」に同意し、日販も「これまで通りの取引を行い、営業面で支援していく」ということだが、書店市場が最悪の中で、本業の回復は不可能に近い。そのような状況において、上場書店、大手取次、金融機関のトライアングルはどのような展開を示していくのであろうか。なお6月の文教堂閉店は6店である】

〔3〕『FACTA』(8月号)が「粉飾歴40年『フタバ図書』に溜まった膿」という記事を発信している。それを要約してみる。

＊フタバ図書は1913年創業で、広島県を中心に60店舗移譲を展開する大型書店であり、年商は373億円。

＊発端は6月初旬のシステム障害で、商品の入荷が遅れ、予約や注文ができない異例の事態に陥り、混乱を招いた。それと同時に5月末の取引先への支払いも遅延していたことが判明し、「単なるシステム障害」ではないとの不安が広がった。

＊緊急招集したバンクミーティングで、「40年前から粉飾決算をおこなってきた」と告白し、

取次の日販の支援と銀行団からの返済の一時棚上げは認められたが、経営再建できるのかは未知数。

＊昨年10月、世良與志雄社長が急死し、財務などの経営管理担当の実弟世良茂雄専務が後継したが、すぐに手をつけたのが資金調達で、既存借入金だけで１００億円を超えているにもかかわらず、60億円という巨額だった。

＊それによって、従来の決算内容に疑惑が生じ始めた。表面上は毎期10億円規模の営業利益を出していたが、在庫が１００億円強と多すぎるので、利益率も不自然に高かった。

＊そのことに対して、フタバ図書は飲食店、コンビニ、コインランドロー、ＶＲゲームとカフェバーの複合店、24時間営業のジム「ハイパーフィット24」のＦＣ店などの多角経営による高収益と説明してきた。だが今回のシステム障害で、長年の不足会計が露呈してしまった。

＊今後、数ヵ月かけて、専門家によるデューデリジェンスが行われるが、20億から30億の簿外債務が指摘され、在庫などの資産評価の洗い直しが必至である。

【本クロニクル⓬で、同じく広島の老舗書店広文館の破綻とトーハン主導の第二会社設立を伝えたが、フタバ図書と日販はどのような道筋をたどることになるのか。前回のクロニクルで、フタバ図書ＴＥＲＡワンダーシティ店１１００坪の閉店を伝えているが、それは象徴的な始まりに他ならず、いずれにしてもリストラと大量閉店は避けられないだろう】

〔４〕札幌市のなにわ書房が破産申請。

なにわ書房は1954年設立で、ピーク時の2000年には売上高13億円を計上していたが、それ以後は販売不振が続き、17年には大垣書店とFC契約を締結していた。しかし売上高は18年には4億8000万円となり、業績回復は困難で、今回の処置となった。負債は2億9000万円。

【なにわ書房といえば、かつてはリーブルなにわというよく知られた店を有していたけれど、今世紀に入ってからは出店と閉店の繰り返しの中で、後退を続けていたようだ。6月の閉店状況を見ると、なにわ書房が4店あり、いずれも東光ストアや西友のテナントとしてで、おそらくそのようなトーハンとのコラボによって延命していたと思われる。それに相次ぐ閉店は自己破産とリンクしている。トーハンの代理のようなかたちで、大垣書店はなにわ書房のFC化、2でふれた広島の広文館の受け皿的役割を果たしているが、双方とも清算を迫られているのかもしれない】

〔5〕『日経MJ』（7／10）の「第47回日本の専門店調査」が出された。
そのうちの「書籍・文具売上ランキング」を次ページに示す。

【この出版危機下にあって、ほとんどが前年マイナス、もしくは微増であるのに、CCCの売上高は3606億円、前年比30・4％増、それに加え196億円という1ケタちがう経常利益率は尋常ではない。経常利益はブックオフの約10倍、紀伊國屋の15倍に及んでいるのだ。しかもこの「書籍・文具」全体の売上高は前回調査よりも8・8％増と大きく伸び、それはCCC

■書籍・文具売上高ランキング

順位	会社名	売上高（百万円）	伸び率（%）	経常利益（百万円）	店舗数
1	カルチュア・コンビニエンス・クラブ（TSUTAYA、蔦谷書店）	360,657	30.4	19,651	–
2	紀伊國屋書店	103,144	▲0.2	1,356	70
3	ブックオフコーポレーション	80,796	–	2,120	795
4	丸善ジュンク堂書店	74,390	▲2.2	–	–
5	未来屋書店	52,531	▲6.3	▲118	272
6	有隣堂	51,738	2.0	303	45
7	くまざわ書店	41,985	1.2	–	241
8	フタバ図書	38,985	4.4	1,072	70
9	ヴィレッジヴァンガード	33,466	▲3.5	392	358
10	トップカルチャー（蔦屋書店、TSUTAYA）	31,482	3.6	▲1,201	78
11	三省堂書店	25,400	▲0.4	–	35
12	文教堂	24,337	▲9.6	▲593	162
13	三洋堂書店	20,300	▲4.4	▲77	81
14	精文館書店	19,664	0.3	483	50
15	リライアブル（コーチャンフォー、リラブ）	13,863	0.4	473	10
16	キクヤ図書販売	11,200	▲3.5	–	36
17	大垣書店	10,406	0.9	97	37
18	オー・エンターテイメント（WAY）	10,391	▲6.0	142	61
19	ブックエース	9,783	▲4.5	32	30
20	京王書籍販売（啓文堂書店）	6,447	▲2.5	68	26
21	戸田書店	6,010	▲6.2	▲64	30
	ゲオホールディングス（ゲオ、ジャンブルストア、セカンドストリート）	292,560	▲2.2	17,632	1,878

によるもので、徳間書店や主婦の友社の買収効果に加え、大型店も好調ゆえだとの調査コメントも付されている。それだけでなく、この売上高と経常利益は連結数字によるものとされるが、どのようにして出されたものなのか、Tポイント事業はともかく、物販、図書館事業などでは多くが赤字と見られるし、釈然としない。本クロニクル⑯で、TSUTAYAの書籍雑誌販売額は1330億円であることを既述しておいたけれど、それに2000億円以上が上乗せされている。前回の本クロニクルで、CCC＝TSUTAYAとコラボしてきた日販の赤字やMPDの後退も見てきたし、CCCの売上高の10％近くを占める上場会社で、10位のトップカルチャーも赤字になっている。それに今回の**2**と**3**で、フタバ図書の長年の粉飾決算、及び文教堂の「事業再生ADR」申請にもふれたばかりだ。またこれも本クロニクル⑭などで、文教堂以上にTSUTAYAの大量閉店が18年から続いていることにも言及してきたし、CCCの2011年からの連結決算の推移についても、『出版状況クロニクルV』などでトレースしてきている。それらの推移をたどると、CCCは出版危機が進行するほど売上高や経常利益を伸ばしていることになる。売上高における連結決算のメカニズムは不明だが、経常利益に関しては、CCCがFCに対して銀行機能を代行することで、信じられないような利益率と増益を可能にしているのではないだろうか。これを具体的に説明すると、CCCのフランチャイズ店は100％支払を原則とし、中取次としてのCCCはそれをベースとして日販とMPDにも100％支払を実行することによって、コラボしてきた。ところがFCの大量閉店に加え、売上の低迷もあり、100％支払が困難となり、そのショート分の金額をCCC本部が銀行金利よりも上乗せするかたちで、ＦＣに貸付金とする。それゆえに、ＣＣＣのＦＣに対する貸付金の増加に伴い、利益も上昇していくことになる。ＦＣの大量閉店はそれ自体で清算を意味していないし、未払い金が積み重ねられていくメカニズムを有しているからでもある。もちろんこれは日販やＭＰＤにもダイレクトにリンクしていく取次と出版金融の危ういメカニズムに他ならないが、その資金調達が臨界点を迎えるまでは続いていくだろう】

〔6〕『世界』（8月号）が特集「出版の未来構想」を組んでいる。そのリードは次のようなものだ。「第一に、このような破滅的な市場縮小は世界各国で同時進行していることなのか。もしそれでなければ、なぜ日本でこうなのだ。第二に、この傾向を反転させる道筋はありうるのか。」そしてこの特集は出版ニュース社の清田義昭「出版はどこから議論すればいいのか」から始まり、新文化通信社の星野渉「崩壊と再生の出版産業」で終わっている。

【出版危機がまさに臨界点を迎えている現在において、これほど不毛な特集「出版の未来構想」が組まれたことに唖然とするしかない。そのリードにしても、これらは本クロニクルが10年以上にわたってレポートし、詳細に記録してきたもので、何を今さらというしかない。それに所謂「出版に詳しい」業界誌の二人の公式見解の表明を掲載すること自体が、『世界』の認識を疑わしめている。もし本気でこのような特集を組むとすれば、この10年間における『世界』の実売部数の推移、それから岩波新書＋岩波文庫の動向も含め、岩波書店の出版物全体の現在をまず提示すべきであろう。そして自らの言葉で、「このような破滅的な市場縮小」を

「反転させる道筋」を語り、岩波書店の高正味と買切制の行方も含め、「出版の未来構想」を具体的に提案しなければならない。しかしこの期に及んでも、岩波書店にそのような現在的認識すらもないことを、この『世界』の特集は図らずも明らかにしてしまったことになろう】

〔7〕『自遊人』（8月号）がやはり「『本』の未来』」特集を組んでいる。

【これもまたリードにあるように、駅前書店の消滅に象徴される出版不況の中にあって、「本の未来」を信じ、期待するという意図によって編まれた特集といっていいだろう。そのメインとなっているのは「箱根本箱」の開業物語であり、そのプロジェクトに携わった、他ならぬ『自遊人』編集長と日販の「担当者」が自らプロパガンダすることを目的としている印象を否めない。それに続く他の「本の未来」物語にしても、様々な本に関するコンサルタントたちが勢揃いしてのパフォーマンスと見なせよう。このような特集を見ると、『出版状況クロニクルⅣ』で繰り返し批判しておいた丸善の小城武彦と松岡正剛の松丸本舗プロジェクトを想起せざるをえない。これは書店の実情に通じていない二人が「本の未来」に挑んだことになるけれど、失敗に終わったプロジェクトである。それなのに「奇蹟の本屋、3年間の挑戦」と銘打たれ、『松丸本舗主義』（青幻舎）として、あたかも成功したプロジェクトであるかのように喧伝されたことになる。その延長線上に、様々な「本の未来」にまつわるプロジェクトと言説が横行するようになったことはいうまでもあるまい。それから取次が試みている不動産プロジェクトのひとつとして、「箱根本箱」は位置づけられよう。だが最も有効な不動産活用は、できるだけ高価で売却することに尽きる。実例は挙げないけれど、そのようにして多くの出版社がかろうじてサバイバルしてきた事実を認識すべきだろう】

〔8〕 久間十義『限界病院』（新潮社）を読んだ。

【これはタイトルに示されているように、北海道の財政危機と人材難に見舞われ、民営化を迫られる市立病院を舞台とする小説にほかならない。それゆえに、本クロニクル⑰でふれたPFI（Private Finance Initiative）や指定管理業者制度が生み出した「行政市場」の中で翻弄される病院と医師の姿を描いて、出色の小説として読める。そのような『限界病院』を読みながら想起されたのは、公立図書館の現在の姿であり、やはりこの小説と重なるような「限界図書館」的状況が全国至るところで生じているにちがいない。残念ながら「限界図書館」的小説は書かれていないので、『限界病院』を読むことを通じて、それらを想像するしかない】

〔9〕 安田理央『日本エロ本全史』（太田出版）が出された。

1946年から2018年までの創刊号100冊をカラー図版で紹介し、その帯には「とうとうエロ本の歴史は終わってしまった」とある。

【その面白さをどう伝えればいいのかと考えていたが、著者が中学生の頃からエロ本を買って衝撃を受け、「自分もいつかはエロ本の編集者になりたい」と思うようになり、実際になってしまったという事実に尽きるだろう。実は私も中学生の頃から「売れない物書きになりたい」

と思い、本当にそうなってしまった。おかしいことは人後に落ちないけれど、まさかエロ本の編集者になりたいと思っていた中学生がいたとは！　ただ残念なのは、私がインタビューした飯田豊一『「奇譚クラブ」から「裏窓」へ』（「出版人に聞く」シリーズ12）が参考文献として挙がっていないことだ。だがそれはともかく、資料的にも優れ、楽しい一冊なので、全国の公共図書館3300館にも必備本として推奨したいが、リクエストしても無理かもしれない】

〔10〕レオナルド・パデゥーラ『犬を愛した男』（寺尾隆吉訳、水声社）を読了。

【このキューバ人作家の小説を読むのは初めてだったが、19年上半期ベスト1に挙げたいと思う。670ページに及ぶ長篇『犬を愛した男』は、1940年のトロツキー暗殺者が生涯の最後の数年を犬とともにキューバで過ごしたことに触発され、ロシア革命とスターリン体制、スペイン内戦を横断し、暗殺者と犠牲者の生涯が追跡され、小説的物語へと昇華していく。ロシア革命やスペイン内戦の翻訳編集に携わっていたこともあり、久し振りにフィクションへの堪能感を味わい、ラテンアメリカ文学の健在さを確認した次第だ。またやはりトロツキー暗殺をテーマとするジョセフ・ロージー監督、アラン・ドロン、リチャード・バートン主演の『暗殺者のメロディ』（1972年）を思い出したりもした。この『犬を愛した男』は水声社の「フィクションのエル・ドラード」の一冊でもあるので、この叢書のすべてを読むことにしよう。この読了に味をしめ、次のマーロン・ジェイムズの大長編『七つの殺人に関する簡潔な記録』（旦敬介訳、早川書房）にも挑んだのだが、『犬を愛した男』ほどには乗り切れなかった。それでもこの小説のテーマであるボブ・マーレイ殺人未遂事件から、１９８０年代に読んだコミックの一シーンが浮かび上がってきた。それは『出版状況クロニクルⅣ』などで二人の死を追悼してきた狩撫麻礼作、谷口ジロー画『ＬＩＶＥ！　オデッセイ』（双葉社）である。アメリカからかえってきたオデッセイは誰も聴いていないビアガーデンでバンド活動を再開しようとしていう。「奴らをこっちに向けてみせる。フルボリュームで〝I SHOT THE SHERIFF〟だ。あの世のボブ・マーレイに捧げる」と。そして10ページにわたって描かれる演奏シーンはあたかもレゲエを描いているようで、二人の作品のコラボの秀逸さを見事に伝えるものだった。この調子でと、さらにウィリアム・ギャディスのこれも大長編『ＪＲ』（木原善彦訳、国書刊行会）も読み出したのだが、まだ読了していない】

〔11〕　拙著『古本屋散策』はまったく書評も紹介も出ないので、おそらく「忖度」により、『日本古書通信』（8月号）に樽見編集長との3ページ対談が掲載されます。

またこれは18年10月のシンポジウムの記録ですが、好評ということで、最近になって「CINRA. NET「郊外」から日本を考える　磯部涼×小田光雄が語る崩壊と転換の兆し」がネットにアップされました。若い人たちの試みなので、アクセスして頂ければ幸いです。

なお今月の論創社ＨＰ「本を読む」42は「紀田順一郎、平井呈一、岡松和夫『断弦』」です。

出版状況クロニクル⑳　2019年8月

19年7月の書籍雑誌推定販売金額は956億円で、前年比4・0％増。

書籍は481億円で、同9・6％増。

雑誌は475億円で、同1・2％減。その内訳は月刊誌が384億円で、同0・1％減、週刊誌は91億円で、同5・4％減。

返品率は書籍が39・9％、雑誌は43・0％で、月刊誌は43・4％、週刊誌は41・3％。

書籍のほうは新海誠『小説 天気の子』（角川文庫）が初版50万部で刊行された他に、東野圭吾『希望の糸』（講談社）、百田尚樹『夏の騎士』（新潮社）などの新刊が寄与している。

雑誌は定価値上げに加えて、定期誌『リンネル』（宝島社）などが好調で、コミックは『ONE PIECE』（集英社）の新刊発売にも支えられている。

例年は『出版年鑑』（出版ニュース社）の実売総金額も挙げてきたが、出版ニュース社が閉じてしまったので、それももはや提示できなくなってしまったことを先に付記しておこう。

■2019年上半期 紙と電子の出版物販売金額

2019年 1～6月	紙			電子				紙＋電子
	書籍	雑誌	紙 合計	電子 コミック	電子書籍	電子雑誌	電子 合計	紙＋電子 合計
（億円）	3,626	2,745	6,371	1,133	166	73	1,372	7,743
前年同期比（%）	95.2	94.9	95.1	127.9	108.5	84.9	122.0	98.9
占有率（%）	46.8	35.5	82.3	14.6	2.1	0.9	17.7	100.0

〔1〕 出版科学研究所による2019年上半期の紙＋電子出版市場の動向を示す。

【前年と同様にインプレス総合研究所の18年電子書籍市場調査と合わせて言及してみる。出版科学研究所による19年上半期紙と電子出版物販売金額は7743億円で、前年比1・1%減。そのうちの電子出版市場は1372億円、同22・0%増で、そのシェアは17・7%、前年は16・1%。電子出版の内訳は電子コミックが1133億円で、同27・9%増、電子書籍が166億円で、同8・5%増、電子雑誌が73億円で、同15・1%減。電子コミックの3割近い伸びは海賊版サイト「漫画村」の閉鎖によるものとされる。前年に続く電子雑誌のマイナスは「dマガジン」の会員減が影響し、大幅減となった。電子出版市場は前年比プラス247億円だが、それは電子コミックの同247億円プラスとまったく重なる数字で、電子出版市場が電子コミック市場に他ならないことを象徴していよう。したがって今後の電子出版市場にしても、その成長は電子コミック次第ということになる。その一方で、インプレス総合研究所によれば、18年度の電子出版市場規模は3122億円で、前年比22・1%増。その内訳は電子雑誌が296億円、同6・1%減で、統計開始以来の初めての減少。電子書籍は2826億円、同26・1%増。電子書籍の分野

■書籍・CD・ビデオ卸売業調査

順位	社名	売上高(百万円)	増減率(%)	営業利益(百万円)	増減率(%)	経常利益(百万円)	増減率(%)	税引後利益(百万円)	粗利益率(%)	主商品
1	日本出版販売	545,761	▲5.8	1,026	▲56.6	1,084	▲57.5	▲209	12.9	書籍
2	トーハン	416,640	▲6.1	3,887	▲12.7	1,819	▲24.6	531	14.3	書籍
3	大阪屋栗田	74,034	▲3.9	−	−	−	−	−	−	書籍
4	図書館流通センター	45,239	0.2	1,907	15.7	2,117	15	1,378	18.3	書籍
5	日教販	28,024	2.4	415	3.2	245	12.4	216	10.4	書籍
9	春うららかな書房	3,465	▲4.2	−	−	−	−	−	−	書籍
−	MPD	168,314	▲6.9	112	▲73.1	122	▲70.8	16	4.1	CD

別はコミックが2387億円、同29・3％増、文芸、実用書、写真集などの「文字もの等」が439億円、同10・8％増で、コミックのシェアは84・5％。出版科学研究所とインプレス総合研究所による電子出版市場規模は前者が上半期、後者が年間データで開きはあるのだが、電子市場のマイナス、電子コミックのシェアの高さは共通している。それゆえにインプレスの場合も、電子書籍市場は電子コミック次第ということに変わりはないといえよう】

〔2〕『日経MJ』（7／31）の18年度「日本の卸売業調査」が出された。

そのうちの「書籍・CD・ビデオ部門」を示す。

【日販とトーハンの決算に関しては本クロニクル⑱で詳述しているので、ここでは前年と同様に、決算を発表していない大阪屋栗田にふれてみる。それに折しも、ノセ事務所の能勢仁が『新文化』（7／25）に、「大阪屋栗田は情報発信を」という投稿をしているからでもある。能勢は大阪屋栗田のネット上の決算公告により、上記の調査表の空白を埋めるかたちで、次のように述べている。「それによると、大阪屋栗田の売上高は740億3400万円で、前年比3・9％減である。日販やトーハンと比べて減少幅が低い。しかし、営業損失は3億6100万円、経常損失は2億7800万円、当期純損失は4億2200万円だった。昨年度、業界誌に大阪屋栗田の記事が載ることはほとんどなかった。役員・執行役員など14人以外、人事情報も公開されていない。取次会社はこの業界の公器で、取引書店にとっては親のようなものである。大阪屋栗田の沈黙は不安感を与えかねない。」さらに続けて、大阪屋栗田が書店に促進しているのは楽天ポイントキャンペーンが主で、それより重要な品揃えや接客といった読者ニーズ、来店動機への取り組みが欠けているのではないかとの疑念も発せられている。だが現在の大阪屋栗田には、かつて大阪屋や栗田が備えていた書店経営勉強会促進といった機能を望むことは不可能であろう。大阪屋栗田は書店の取次というよりも、もはや当然のことだが、ネット企業楽天の傘下取次の色彩が強くなっている。現在の出版状況において、「大阪屋栗田の沈黙は不安感を与えかねない」と能勢は書いているけれど、それは日販やトーハンも同様であろう。前回、文教堂GHDの「事業再生ADR手続き」やフタバ図書の長期にわたる粉飾決算などに言及したが、日販は沈黙を守っているに等しいし、それは新聞や経済誌にしても同じだ。トーハンもそうした書店を抱えているにもかかわらず、こちらも何も発信していない。しかし19年の書店売上と閉店状況を見る限り、書店市場は多くが赤字に陥っていると考えざるを得ない。そのバブル出店のつけを取次は清算することができるであろうか。なお中央社の決算が発表さ

れた。売上高212億円、前年比2・1％減で、減収減益の決算】

〔3〕『新文化』（7／25）が「TSUTAYA『買切仕入れ』の狙い」との見出しで、同社取締役でBOOKカンパニーの鎌浦慎一郎社長、内沢信介商品部長の話を掲載している。

【本クロニクル⓲で、TSUTAYAの買切に関して、詳細がはっきりせず、現在のようなTSUTAYA状況の中での疑問を呈しておいた。そうした見解はこの一面特集を読んでも変わらないけれど、ここで示されたデータからTSUTAYAの現在を観測してみる。本クロニクル⓱でTSUTAYAの18年度、書籍・雑誌販売金額が過去最高額になったことを既述しておいたが、その店舗数は不明だった。この記事には18年末の直営店、FC店合わせて835店、販売金額は1347億円とある。これまでのTSUTAYAの年間販売金額に関しても『出版状況クロニクルV』などで試算してきたように、あらためて確認してみると、一店当たりの書籍・雑誌販売金額は年商1億6000万円で、月商1300万円となる。これに対して、日販の「出版物販売金額の実態2018」によれば、17年の書店坪数と販売金額は83・7坪、年商1億23万円とされる。08年には70・7坪、1億1474億円だったので、書店坪数の増床と反比例して、販売金額が減少していったことを示している。ところがTSUTAYAの場合、18年には30店が新規出店し、その平均坪数は700坪である。もちろんこれが書籍・雑誌売場だけでなく、複合であることは承知しているけれど、70、80坪でないことは自明だろう。すなわち、TSUTAYAは単店でみるならば、驚くほど書籍・雑誌を売っていないし、しかも雑誌、コミック比率が高く、書籍販売の蓄積を有していないと見なせよう。さらにこの記事にはTSUTAYAの返品率は雑誌・書籍を合わせて35％で、それを買切仕入れで30％未満にしたとの言もある。しかし18年に続いて、19年もTSUTAYAの大量閉店は止まず、7月で40店を超え、その坪数は1万坪近くに及んでいる。それらのトータルな返品も含めれば、返品率は優に50％を超えているはずだ。文教堂やフタバ図書だけでなく、日販とMPDはこのようなTSUTAYAを抱え、三つ巴の大返品状況を迎えている。それらの行方はどうなるのだろうか】

〔4〕全国大学生活協同組合連合会（大学生協連）は秋から日販による専門書新刊の見計らい自動配本を取りやめ、全国共同仕入事務局と主要店舗選書担当者が選書と発注を行う「書籍事業再構築方針」を発表。

大学生協連には206大学生協が加盟し、431店舗を有し、年間の出版物販売金額は240億円。

【6月に九州大学生協文系書籍店と理農購買書籍店の閉店が伝えられ、大学生協書籍店にも否応なく、危機が露呈し始めていることをうかがわせた。とりわけ九州大学文系書籍店は鈴木書店時代に小社によく注文があったこと、また大学生協連の日販への帖合変更が鈴木書店の倒産のひとつのきっかけだったことを思い出させてくれた。あれから20年近くがたち、大学生協書籍店も想像以上の変化と異なる事態に直面していると推測される】

〔5〕 小中学校の図書館に書籍を卸していた武蔵野市の東京学道社が破産手続きを開始。

同社は公立小中学校280校の図書館に書籍を卸していたが、資金繰りの悪化と代表者の死去もあり、今回の措置となった。負債は1億円。

【このような民間の図書館納入会社が破産する一方で、映画『ニューヨーク公共図書館』がロングラン化している。また超党派議員からなる活字文化議員連盟（議連）の「公共図書館の将来」という答申を提出している。それは10年の議連の「一国一書誌」政策に端を発し、国会図書館の書誌データ一元化推進を主とするもので、TRCは「民業圧迫」と反発しているようだ。それは当然のことで、「公共図書館の将来」答申は議連と日本インフラセンター（JPO）のパフォーマンスにすぎず、実現することはないと断言していい。それよりも、現在の書店と図書館の関係の希薄化、東京学道社のような民間の図書納入業者が消えていく、小中学校も含んだ図書館市場の動向が気にかかる】

〔6〕 経済誌『Forbes Japan』を発行するリンクタイズは男性誌『OCEANS（オーシャンズ）』の発行所ライトハウスメディアの全株式を取得。それに伴い、リンクタイズの角田勇太郎社長が代表取締役に就任。

ライトハウスメディアの太刀川文枝社長は退任するが、『オーシャンズ』編集体制はそのまま継続される。

〔7〕『うんこドリル』の文響社は（株）マキノの全株式を取得し、同社とその子会社わかさ出版を完全子会社化した。
わかさ出版の石井弘行社長は留任し、文響社の山本周嗣社長が取締役に就任。

わかさ出版は1989年創立で、健康雑誌『わかさ』『夢21』『脳活道場』及び健康・医療関係の単行本などを編集発行。

【たまたま今回は続けて2誌の買収が明らかになったが、出版社と雑誌のM&Aも水面下で多くが検討されているにちがいない。本当に雑誌の運命もどうなっていくのか】

〔8〕LINEは8月5日にスマホ向けアプリ「LINEノベル」の配信を開始。
「LINEノベル」はオリジナル作品の宮部みゆきの『ほのぼのお徒歩日記』、中村航『#失恋仕立て』などが読めるアプリと、小説投稿アプリをベースにして、講談社や集英社など12社、2000作が搭載され、投稿数はすでに8000を超えているという。

専門アプリのダウンロードは無料で、アイテム課金制。全作品の1話から3話まで無料公開され、4話以降は1話につき20コイン（20円）。投稿作品はすべて無料で読める。

【『日経MJ』（8／14）に中村航への「なぜスマホアプリに書き下ろし?」という長いインタビュー、及び「参加する出版社とLINEノベルの仕組み」というチャートが掲載されているので、必要とあれば参照されたい】

〔9〕『週刊ポスト』(8/30)で、横田増生の潜入ルポ「アマゾン絶望倉庫」の連載が始まった。
かつて『潜入ルポ アマゾン・ドット・コム』(朝日文庫)を刊行した横田は、五度目の潜入を「とてつもなく大きくなったなあ……」と始めている。

この15年の間にアマゾンに何が起きていたのか、どのように変わっていったのかがレポートされていこうとしている。

【郊外消費社会は3C、すなわちcheap、convenience、comfortableをベースにして形成され、それがcheapであることは共通しているけれど、convenienceでもcomfortableでもない仕事によって支えられている。その典型を拙著『郊外の果てへの旅/混住社会論』の中で、桐野夏生『OUT』のコンビニ弁当工場に見たことがあったが、アマゾンの倉庫現場もそうした労働によって成立しているはずだ。それらの詳細がこれから伝えられていくのだろうか。そのかたわらで、アマゾンのクラウドサービスの大規模障害が発生し、ペイペイやユニクロにも被害が及んでいる。こちらもどのようにレポートされていくのか、留意すべきであろう】

〔10〕『東京人』(9月号)に北條一浩の「高原書店が遺したもの」というサブタイトルの「ダム湖のような古書店があった」が6ページにわたり、写真を含め、掲載されている。
リードは次のようなものである。

「2019年5月8日。

町田の古書店・高原書店が閉店を発表した。書店閉店のニュースが多い昨今でも同店のクローズは最大級の衝撃をもって受け止められたと思う。

高原書店はなぜあれほど大きく拡がり、人々を魅了したのだろうか。

この稀有な存在を忘れないためにも、高原書店が遺したものについて考えてみたい。」

【高原書店に関しては本クロニクル⓱でふれている。だがこれは高原書店の創業から45年の歴史を丁寧にトレースし、創業者高原坦一の独自の半額販売と店舗展開、データベースに基づくネット古書店への進出、高原の死とその後までをたどっている。そのことによって、貴重な現代古本屋史でもあるので、一読をお勧めしよう。また『週刊エコノミスト』（8／6）にも「『古書店』と『新古書店』のあいだに―東京・町田高原書店が遺したもの」が掲載されていることを付け加えておく】

〔11〕 漫画評論家の梶井純が78歳で亡くなった。
【梶井の本名は長津忠で、彼はかつて太平出版社の編集者、『漫画主義』の同人だった。拙稿「太平出版社と崔溶徳、梶井純」（『古本屋散策』所収）でふれているように、石子順造『現代マンガの思想』や石子、菊池浅次郎、権藤晋『劇画の思想』は梶井の企画編集によるものである。梶井も『戦後の貸本文化』（東考社）を上梓し、その後貸本マンガ史研究会を立ち上げ、『貸本マンガ史研究』（シノプス）を創刊している。梶井とは長らく会っていなかったけれど、『貸本マンガ史研究』や『貸本マンガRETURNS』（ポプラ社）が恵送されてきたのは彼の配慮によっていたのだろう。拙稿の最後で、「お達者であろうか」と書いたばかりだった。ご冥福を

祈る】

〔12〕何気なく『本の雑誌』（9月号）を手にしたら、目次タイトルに「小田さん、その後の加賀山弘について少しお伝えします」とあった。

【これは「坪内祐三の読書日記」の見出しで、彼が『古本屋散策』をジュンク堂で購入し、所収の一編「『アメリカ雑誌全カタログ』、加賀山弘、『par AVION』」に対し、加賀山のその後についてのコメントを寄せていたのである。目次と見出しの呼びかけは途惑ったけれど、「坪内さん、こちらこそ高価な拙著を購入して頂き、本当に有難う」と返礼するしかない】

〔13〕次著『近代出版史探索』のゲラが出てきた。こちらも『古本屋散策』と同様に、200編を収録した一冊である。今月の論創社HP「本を読む」43は「恒文社『全訳小泉八雲作品集』と『夢想』」です。

出版状況クロニクル㉑　2019年9月

19年8月の書籍雑誌推定販売金額は850億円で、前年比8・2％減。

書籍は414億円で、同13・6％減。

雑誌は435億円で、同2・4％減。その内訳は月刊誌が359億円で、同1・2％減、週刊誌は75億円で、同7・5％減。

書籍の大幅減は7月に大物新刊が集中したこと、前年同月が3・3％増と伸びていたことによっている。

返品率は書籍が41・6％、雑誌は43・3％で、月刊誌も43・3％、週刊誌は43・4％。

トリプルで40％を超える高返品率となった。

いよいよ10月からは消費税が10％となる。この増税は出版業界にどのような影響を与えることになるだろうか。

〔1〕　8月の書店閉店状況は76店で、6月が57店、7月が33店だったことに比べ、増加している。

9月以降はどうなるのか、書店市場は予断を許さない事態を迎えているはずだ。

【やはりチェーン店の閉店が続いているので、それらを挙げてみる。TSUTAYA5店、未来屋5店、フタバ図書3店、文教堂、戸田書店、くまざわ書店、とらのあなが各2店である。ちなみに閉店合計坪数はTSUTAYA　1460坪、フタバ図書1530坪、文教堂350坪。この3店を抽出したのは本クロニクルなどで、TSUTAYAの18年から続く大量閉店、フタバ図書の長きにわたる粉飾決算、文教堂の債務超過と「事業再生ADR手続き」などに関して、ずっと言及してきたからだ。しかも文教堂の場合、このタイムリミットは9月末であり、どのような結末となるのだろうか。経済誌などでも、その後の推移はレポートされていない。9月末になって、文教堂の再生計画が報道され始めている。また文教堂は「事業再生ADR手続の成立及び債務の株式化等の金融支援に関するお知らせ」、日販は「株式会社文教堂グループホールディングス事業再生計画における当社の支援について」というニュースリリースを出している。これらは10月に言及することにする】

〔2〕　8月の書店閉店状況において、突出しているのは日本雑誌販売を取次とする24の小さな書店がリストアップされていることだろう。

【これは本クロニクル⑱で既述しておいた日本雑誌販売の債務整理と、それに続く自己破産を受けての閉店に他ならない。そのことに関して、多くのアダルト誌を扱う「小取次の破綻だが、その波紋は小さなものではないように思われる」と記したばかりだが、所謂 街のエロ雑誌屋を壊滅状態へと追いやっていく状況が浮かび上がってくる。折しもこの9月からセブン‐イレブン、ローソン、ファミリーマートが「成人向け雑誌」の販売を中止した。それに合わせるかのように、『ソフト・オン・デマンド』10月号が「コンビニエロ本・イズ・デッド」と銘打ち、最終号となっている。エロ雑誌の終わりは前々回の安田理央『日本エロ本全史』においても伝えたが、まさに取次や販売市場も終わりを迎えようとしている】

〔3〕丸善丸の内本店と日本橋店が日販からトーハンへ帳合変更。

【本クロニクル⑮などでふれてきた、日販の10月1日付での持株会社移行に伴う取次事業としての新子会社日本出版販売の発足とほとんどパラレルであるから、連関していると考えざるをえない。2店の売り上げは60億円に及んでいるので、日販にとっては痛みを伴うであろう。それに1に挙げた3社の書店の問題も大きく影響していることは想像に難くない。それこそ、はたして落としどころはあるのだろうか。いずれにせよ、丸善の帳合変更、3社の書店問題を抱えて、日販の持株会社体制への移行は最初から波乱含みということになろう】

〔4〕9月27日に日本橋の複合商業施設「コレド室町テラス」に「誠品生活日本橋」がオープン。

【これは本クロニクル⑯でふれておいたように、台湾の人気複合書店の日本初出店で、有隣堂がライセンス契約を得て運営する。坪数は877坪で、取次は日販。当然のことながら、この「誠品生活日本橋」の出店も丸善のトーハンへの帳合変更の理由のひとつに挙げられるであろう。しかし有隣堂も書店経営というよりも、「誠品生活」を中心とするサブリース・デベロッパーで、年商7億円をめざすとされている。このような複合書店は「誠品生活」だけでなく、カナダの「インディゴ」もアメリカに初進出している。同社はカナダ最大の書籍チェーンだが、ブックストアではなく、「カルチュラル・デパートメントストア」として、書籍だけでなく、ホームファッション、衣料、雑貨などを揃えるフォーマットである。おそらく10月以後の出版業界の話題は「誠品生活」一色になるだろうし、いずれ「インディゴ」の日本進出もありうるかもしれない。その際にはもちろん取次はトーハンとなろう】

〔5〕大垣書店の今期決算見通り売上高は119億9000万円、前年比6％増で、過去の最高額を更新。直営店35店、提携店2店で、既存店だけでも2％増。

部門別では「Ｂｏｏｋ」前年比4％増、「ＣＤ・ＤＶＤ」同7％減、「文具」同6％増、「カフェ」同36％増、「カードＢｏｘ」同18％増。

【これも本クロニクル⑯で取り上げておいたように、大垣書店は京都経済センターの「ＳＵＩＮＡ室町」に京都本店をオープンしている。それは大垣書店が1階全フロア700坪を借り上げ、そのうちの350坪を書籍、雑誌、文具、雑貨売場とし、残りの350坪は大垣書店のサブリースによる8社の飲食店、カフェなど14店が出店している。いうなれば、4の有隣堂と同じデベロッパーを兼ねるポジションの出店で、それが部門別売上にもリンクしているのだろう。しかし利益面に関しては公表されていないし、来期売上高目標は121億円となっているので、

やはりデベロッパーも難しいことを告げているように思われる】

〔6〕 集英社の決算は売上高1333億円で、前年比14・5％増。当期純利益も前年の4倍強の98億7700万円。

その内訳は「雑誌」が513億円、同2・3％増、「書籍」が123億円、同3・9％増、「広告」96億円、同3・7％増、デジタル、版権、物販などの「その他」は599億円、同30・0％増。

【前期売上高は1164億円で、「その他」は461億円だったので、今期の決算の好業績はデジタル、版権、物販などの「その他」の138億円の増加に多くを負っていることはいうまでもないだろう。「雑誌」も内訳を見てみると、コミックスの映像化によるヒット、『ONE PIECE』の単行本が前年より1巻多いことに支えられ、「書籍」にしても、書籍扱いの『SLAM DUNK』新装再編版全20巻の寄与によるものである。つまり定期雑誌や書籍が回復したわけではなく、コミックスのフロック的寄与が大きい。したがって来期も続くとは限らない。結局のところ、集英社の場合も「その他」収入がどれだけ伸ばせるかということに尽きるだろう】

〔7〕 光文社の決算は売上高203億円、前年比6・5％減の3年連続の減収で、経常損失7億6500万円。だが保有していた光文社ビルを売却したことにより、当期純利益は36億2400

万円と黒字決算。

【やはりその内訳を見てみると、「販売」96億7500万円、前年比9・7%減で、そのうちの雑誌66億1500万円、同7・3%減、書籍が30億6000万円、同14・6%減となっている。月刊誌『VERY』『STORY』も振るわず、光文社文庫や光文社新書も前年を下回り、返品率は雑誌が48・5%、書籍は40・2%と高止まりしたままだ。本クロニクル⑬で、光文社古典新訳文庫の誕生秘話としての駒井稔『今、息をしている言葉で。』(而立書房)を推奨したこともあり、同文庫がリストラの対象とならないことを祈るばかりだ】

〔8〕メディア・コンテンツを展開するイードはポプラ社と資本業務提携し、第三者割当による25万株の自己株式の処分を行う。

両者の業務提携の内容は、既存事業のノウハウの共有、相互連携強化などによる事業の拡大と深耕、ポプラ社の有する多数のコンテンツとイードのデジタルマーケッティング力を融合させた新規事業の創出である。

【具体的にいえば、イードが第三者割当により2億円を超える資金を投入し、ポプラ社の大株主になることだ。またイードは富士山マガジンサービスとも業務提携している。出版社のM&Aは公表されているケースとそうでないケースが多く生じているけれど、やはりM&Aされている場合、既存の出版路線を貫くことは難しく、在庫の問題も含め、否応なく転換が迫られているようだ。

（付記）10月1日、その後、消息筋からの情報によれば、ポプラ社がイードの株を引き受けたとのことで、イードがポプラ社の大株主になったのではないようだとの指摘もなされている】

〔9〕『人文会ニュース』（No.132）で知ったが未来社が人文会から退会し、誠信書房も2年連続の休会となっている。

【人文会は創立50周年を迎えていることからすれば、1960年代末に創立されている。そういえば、かつて人文書取次の鈴木書店の店売には、人文会会員社の書籍が揃って常備として置かれていた光景を思い出す。それももはや20年前のものになってしまった。まさに人文会の「オリジナルメンバー」に他ならない未来社の退会も、人文会の設立、鈴木書店の倒産と同様に、出版業界の変容を象徴しているのだろう】

〔10〕『岩田書院図書目録』（2019〜2000）が届いた。

【巻末に「新刊ニュースの裏だより2018・7〜2019・4」がまとめて収録されている。久しぶりに「裏だより」を読み、歴史書の岩田書院のこの10カ月の動向と内部事情を教えられる。岩田書院も創立25周年を迎えているのだ。その中から興味深い記述を拾えば、4回にわたる「在庫半減計画」が挙げられる。これは直接読んでもらったほうがいいだろう。また一人だけの「新たな出版社」として、歴史、民俗、国文系の3社が紹介されていた。「「小さ子社」は思文閣出版にいた原さん、「七月社」は森話社にいた西村さん、「文学通信」は笠間書院にいた

■2019年上半期（1～6月）ABC部数

新聞社	2019年上半期	前年同期比	増減率（%）
朝日新聞	5,579,398	▲374,938	▲6.3
毎日新聞	2,435,647	▲388,678	▲13.8
読売新聞	8,099,445	▲413,229	▲4.9
産経新聞	1,387,011	▲115,009	▲7.7
日経新聞	2,333,087	▲102,886	▲4.2
合計	19,834,588	▲1,394,740	–

岡田さん」で、私もここで初めて知ったといっていい。それは次のように続いている。「私が岩田書院を作った時（25年前）は、景気こそ良くなかったけど、今に比べると、まだ本が売れていた時代。でもこれからやる人はたいへんだ。10年先、この業界がどうなっているかも、見えないし。」この続きもあるが、これも直接読まれたい】

〔11〕日本ABC協会の新聞発行社レポートによる、2019年上半期（1月～6月）の平均部数（販売部数）が出されたので、上に全国紙5紙のデータを挙げてみる。

【全国紙5紙の合計マイナスは139万4740部で、『毎日新聞』は約39万部減で、ついに250万部を割り込んでしまった。新聞配達の人に聞いても、地方紙はともかく、近年の全国紙の落ち込みは激しいということだ。朝日新聞の500万部割れも近づいていよう。本クロニクルで繰り返し書いてきたように、毎日の新聞に掲載される雑誌や書籍広告が書店へと誘うチラシであり、それによって出版物販売と購入が促進されてきたのである。しかしこのような新聞の落ち込みは、その効果がもはや衰退しつつあることを示しているし、まして新聞書評に至ってはいうまでもないことだろう】

〔12〕 またしても訃報が届いた。
それは大村彦次郎で、講談社の『群像』や『小説現代』の編集長を務め、退社後『文壇栄華物語』(筑摩書房)などを著わしている。

【大村からは5月に手紙が届き、下咽頭癌で入院すると知らされていた。それから便りがなかったので、その後どうしているのかと気になっていたところに、訃報がもたらされたのだった。彼からは何度も「浅酌」に誘われていたが、なかなか時間がとれず、またしても呑まずじまいに終わってしまった。大村の死で、宮田昇に続き、私のいう出版界の四翁のうちの二翁が失われ、これまた講談社の原田裕、白川充の三トリオも鬼籍に入ってしまったことになる】

〔13〕 こちらも死者をめぐってだが、追悼本『漫画原作者 狩撫麻礼1979―2018』(双葉社)が出された。
【狩撫麻礼に関しては本クロニクル⑲でもふれたばかりだが、このような追悼本が刊行されるとは予想だにしていなかった。しかもそれは双葉社・小学館・KADOKAWA・日本文芸社による狩撫麻礼を偲ぶ会・編である。確かに1960年代から70年代にかけて、「漫画原作者」の時代があり、狩撫がその系譜上に位置する最後の「漫画原作者」だったことをあらためて認識させられる。それも含め、現代マンガ史のための必読の一冊として推奨しよう】

〔14〕 『古本屋散策』に続き、10月半ばに『近代出版史探索』(論創社、人名索引付)が刊行される。

やはり200編収録だが、こちらは長編連作で、前著を上回る770ページの大冊となる。論創社HP「本を読む」44は「平井呈一『真夜中の檻』と中島河太郎」です。

出版状況クロニクル㉒　2019年10月

19年9月の書籍雑誌推定販売金額は1177億円で、前年比3％減。

書籍は683億円で、同0・2％増。

雑誌は494億円で、同7・3％減。その内訳は月刊誌が409億円で、同8・4％減、週刊誌は85億円で、同1・5％減。

書籍のプラスは4・7％という出回り平均価格の大幅な上昇によるもので、消費増税を前にした駆け込み需要などに基づくものではない。

返品率は書籍が32・8％、雑誌は40・3％で、月刊誌は40・0％、週刊誌は41・8％。

10月はその消費増税と台風19号などの影響が相乗し、どのような流通販売状況を招来しているのだろうか。大幅なマイナスが予測される。

今年も余すところ2ヵ月となった。このまま新しい年を迎えることができるであろうか。

■販売ルート別推定出版物販売額2018年度

販売ルート	推定販売額（億円）	前年比（%）
1. 書店	9,455	▲7.8
2. CVS	1,445	▲8.3
3. インターネット	2,094	5.3
4. その他取次経由	528	▲28.5
5. 出版社直販	1,971	18.0
合計	15,493	▲4.5

〔1〕日販の「出版物販売額の実態2019」が出された。

17年までは『出版ニュース』に発表されていたが、同誌の休刊により、18年の出版データの切断も生じる危惧もあるので、例年よりも簡略化するけれど、同じ表のかたちで掲載しておく。

【出版科学研究所による18年の出版物販売金額は1兆2921億円、前年比5・7%減だったのに対し、こちらは出版社直販も含んで、1兆5493億円、同4・5%減である。本クロニクル⓫で予測しておいたように、18年はついに書店が1兆円、コンビニが1500億円を下回り、取次ルート販売額の落ちこみを示している。それはその他取次のマイナス28・5%にも明らかだ。本クロニクルでもふれてきたが、19年の書店閉店は多くのチェーン店や大型店にも及んでいる。またコンビニの場合もセブン‐イレブンは1000店の閉店が伝えられているし、書店とコンビニの出版物販売額はさらなるマイナスが続いていくことが確実であろう。それらの事実は、取次と書店という流通販売市場がもはや臨界点に達してしまったことを告げていよう。それは生産を担う出版社にしても、インターネットや直販ルートは伸びているけれど、同様であることはいうまでもないだろう】

■2019年上半期 推定販売金額

月	推定総販売金額		書籍		雑誌	
	（百万円）	前年比（%）	（百万円）	前年比（%）	（百万円）	前年比（%）
2019年 1～9月計	935,484	▲4.2	520,522	▲3.8	414,962	▲4.6
1月	87,120	▲6.3	49,269	▲4.8	37,850	▲8.2
2月	121,133	▲3.2	73,772	▲4.6	47,360	▲0.9
3月	152,170	▲6.4	95,583	▲6.0	56,587	▲7.0
4月	110,794	8.8	60,320	12.1	50,474	5.1
5月	75,576	▲10.7	38,843	▲10.3	36,733	▲11.1
6月	90,290	▲12.3	44,795	▲15.5	45,495	▲8.9
7月	95,619	4.0	48,105	9.6	47,514	▲1.2
8月	85,004	▲8.2	41,478	▲13.6	43,525	▲2.4
9月	117,778	▲3.0	68,356	0.2	49,422	▲7.3

〔2〕 出版科学研究所による19年1月から9月にかけての出版物販売金額の推移を示す。

【19年9月までの書籍雑誌推定販売金額は9354億円、同4・2％減、前年比マイナス408億円である。この4・2％マイナスを18年の販売金額1兆2920億円に当てはめてみると、1兆2378億円となり、20年は1兆2000億円を割り込んでしまうだろう。そうなれば、1996年の2兆6980億円の半減どころか、1兆円を下回ってしまうことも考えられる。それに重なるように、19年の書店閉店は大型店が多く、その閉店坪数は最大に達すると予測される。例えば、9月のフタバ図書MEGA岡山青江店は1100坪で、在庫は軽くなったと見なしても、返品総量は途方もないだろう。19年はそうした大返品が出版社に逆流し、予想もしない大返品に見舞われている。それはいつまで続くのであろうか】

〔3〕文教堂ＧＨＤの事業再生ＡＤＲ手続きが成立し、債務超過をめぐる上場廃止期間が1年延長される。

筆頭株主の日販は5億円出資し、帳合変更時の在庫の一部支払いを再延長し、事業、人事面で支援する。アニメガ事業はソフマップに譲渡し、20年8月期に債務超過を解消予定。

一定以上の債権を持つみずほ銀行などの金融機関6行は既存借入金の一部を第三者割当方式により、41億６０００万円を株式化することで支援する。

さらなる詳細は文教堂ＧＨＤのＨＰ「事業再生ＡＤＲ手続きの成立及び債務の株式化等の金融支援に関するお知らせ」を参照されたい。

なお発表を控えていた文教堂ＧＨＤの3月期決算連結業績は売上高２４３億８８００万円、前年比11・０％減、営業損失4億９７００万円、経常損失6億１０００万円、親会社株主に帰属する当期純損失39億７７００万円。42億１２００万円の債務超過。

【取次と銀行による46億円の債権の株式化という事業再生計画が提出されたことになる。だが肝心の書店事業に関しては返品率の減少や不採算店の閉鎖などが謳われているだけで、上場廃止猶予期間を1年間延長する先送り処置と判断するしかない。このような銀行の債権の株式化を含むスキームは、出版業界の内側から出されたものではなく、経産省などが絵を描いたと思わざるをえない。書店という業態がまさに崩壊しつつある現在、このような金融支援だけで再生するわけがないことは、出版業界の人間であれば、誰もが肌で感じていることだろう。折しも『創』（11月号）で、「書店が消えてゆく」特集が組まれているが、そこからは書店の悲鳴の声が聞こえてくる。本クロニクルから見れば、文教堂問題は、１９８０年代から形成され始めた郊外消費社会における出店のための不動産プロジェクトの帰結といっていい。チェーン店のための出店バブルは、書店という業態が成長しているうちは露呈しないが、衰退していくと必然的に崩壊していくプロセスをたどる。それは書店のみならず、コンビニやアパレルをも襲っている現実である。またレオパレス21問題とも共通している。レオパレス21はサブリースのアパート、マンション３万９０００棟、その関連会社は４、５０００社に及び、破綻した場合、その影響は多くのオーナーだけにとどまらない。そのために資産売却で特別利益を計上している。文教堂の場合も、上場廃止となれば、出版業界に与える影響が大きく、日販を直撃するし、このような先送り処置が選択されたのであろう】

〔4〕精文館書店の売上高は１９４億２００万円、前年比１・９％減、当期純利益２億７５００万円、同７・８％増の減収減益決算。

【あまり遠くないところに精文館書店があるので、時々出かけているが、数年前からＴＳＵＴＡＹＡの屋号となっている。それに期中の精文館は静岡のＴＳＵＴＡＹＡ佐鳴台店８６４坪を始めとして、出店を続けている。それは精文館もＴＳＵＴＡＹＡのＦＣに組みこまれたことを示しているのだろう。日販、子会社書店、ＴＳＵＴＡＹＡの複雑な絡み合いの行方はどうなるのであろうか。精文館の書籍・雑誌売上は１１４億円、同１・４％増で、そのシェアは58％となり、ＤＶＤ、ＣＤなどのセル、レンタルは大きく減少し、出店しなければ、さらなる減収は

明らかだ。そのようなメカニズムの中で、出店がなされ、閉店が続いているのである】

〔5〕 台風19号により、埼玉県の蔦屋書店東松山店は床上1・6メートルの浸水など、多くの書店で被害が生じたようだ。

【蔦屋書店東松山店の近くに住む出版関係者からの知らせによれば、浸水は深刻で、雑誌、書籍はすべてが水につかり、自然災害ゆえに、出版社は全部を返品入帳するしかない状況になるのではないかということだった。博文堂書店千間台店にしても、かなりの出版物にそのような処置をとらざるをえないだろう。それにまだ書店被害の全貌は明らかになっていないけれど、トータルとすれば、大きな返品となり、これも出版社へとはね返っていく。それに加えて、台風21号も千葉県や福島県などで河川が氾濫し、市街地や住宅地が冠水、浸水したとされるので、10月の台風による書店被害はさらに拡がり、閉店へと追いやられる書店も出てくるように思われる】

〔6〕 出版物貸与権センターは2018年度の貸与兼使用料を契約出版社48社に分配した。分配額は16億3００万円で、レンタルブック店は1973店。17年度の分配額は21億1０００万円だったから、5億円以上のマイナスとなった。

【本クロニクル⑩で、18年全国のCDレンタル店が2043店であることを既述しておいたが、定額聞き放題音楽サービスの広がりもあり、19年はさらに減少しているだろう。それはコミックレンタルも同様で、電子コミックの普及により、19年度は20億円を大きく割りこみ、レンタルブック店も減少していくことは確実だ。大型複合店の業態を支えてきたのはレンタル部門で、それがCD、DVD、コミックとトリプルの衰退に見舞われている。またこれらの水害の後始末はどのような経緯をたどるのであろうか】

〔7〕大阪屋栗田は楽天ブックスネットワーク株式会社へ社名変更。
「親会社である楽天株式会社とのシナジーをより強固なものにするとともに、出版社等の株主の各社との連携のもと、書店へのサービスネットワークをさらに拡充することを目指す」と声明。

その一方で、株式会社KRT（旧商号：栗田出版販売株式会社）から、「再生債権の追加弁済（最終弁済）のご連絡」が届いている。これは「50万円超部分」を対象債権額とし、その6・9％を追加弁済するというものである。

【これらのプロセスを経て、大阪屋と栗田の精算は終了し、楽天ブックスネットワーク株式会社へと移行していくのであろう。それとパラレルに、旧大阪屋と栗田を取次としていた書店はどのような回路をたどっていくのか。例えば、栗田をメインとしていた戸田書店は8月に2店、続けて9月には青森店350坪を閉店しているし、これから大阪屋栗田時代の書店の選別がさらに本格化するにちがいない】

〔8〕『日経MJ』（10／25）が「シニアの市場　トーハン攻める」との見出しで、「出版不況受け、

収益源開拓」として、「高齢者住宅10棟体制へ」をレポートしている。
それによれば、トーハンはグループ会社のトーハン・コンサルティングを通じ、3月にサ高住「プライムライフ西新井」を開業した。今後の自社所有地の他にも用地を探し、中期的に10施設まで増やす計画で、トーハンの掲げる「事業領域の拡大」に当たる。

【本クロニクル❾などで、トーハンと学研の提携による「サ高住」事業進出にふれ、取次による不動産事業と介護事業の陥穽にふれておいた。それは出版社も同様で、『FACTA』（11月号）が「『冠心会』理事負債が10億円の不正流用！」という記事を発信している。これは同誌8月号の医療法人「冠心会」傘下の一成会の「さいたま記念病院」の破産レポートに続くものである。この冠心会の事業パートナーは小学館のグループ会社「オービービー」で、不動産投資して病院建物などを32億円で取得し、経営は冠心会に丸投げしていた。ところが冠心会は毎月の診療報酬債権を次々と売り払い、そのファクタリング代金を簿外に移し、一成会は経営不振に陥り、「オービービー」はさらに7億円を注ぎこみ、支援を余儀なくされていた。刑事事件化は必至で、「オービービー」は代理人弁護士を通じて、冠心会前理事夫妻に交渉を始めたが、もはや連絡が取れなくなっているという。「病院経営に明るくないオービービーは与しやすい相手」だったとされ、ここにその不動産投資の典型的陥穽が示されていることになる】

〔9〕 能勢仁の『平成出版データブック――「出版年鑑」から読む30年史』が出された。

【同書は出版ニュース社が刊行していた『出版年鑑』に基づく、平成時代の出版データで、「記録」の他に、「統計・資料」もコンパクトにまとめられ、まさに平成出版史を俯瞰する一冊といえよう。出版関係者は座右に置いてほしいと思う。これは7と関連してだが、本クロニクル⑳で、能勢の「大阪屋栗田は情報発信を」という『新文化』（7／25）の投稿にふれておいた。しかしおそらく楽天ブックスネットワークへと移行したことで、出版業界に対する「情報発信」はさらに後退すると考えられる。またこちらは『出版の崩壊とアマゾン』（論創社）の高須次郎によれば、『出版ニュース』が休刊してから、一段と「情報発信」が少なくなったという。それは『出版ニュース』休刊だけでなく、肝心な情報、重要な問題への言及は極めて少なくなっており、そこには出版業界の行き詰った閉塞感がこめられていよう】

〔10〕東京・新宿区の和倉印刷が破産手続き決定。
1963年創業で、パンフレット、マニュアルを主体とする書籍・雑誌などのオフセット印刷を手がけ、2010年には売上高3億5000万円を計上していたが、近年は売上が減少し、赤字決算を余儀なくされていた。

負債は5億8000万円。

〔11〕東京・板橋区の倉田印刷が事業を停止し、破産申請予定。
1966年設立で、法令関連の書籍や定期刊行物を主力としてきた。

2013年には売上高8億円を計上していたが、インターネットにおける格安印刷業者の台頭などで、業者間の競合が激化し、売上減少と利益低迷が続いていた。

【出版業界の危機は当然のことながら、印刷業界にも及び、中小の印刷業者の破産となって表出している。その典型がこの2社ということになろう。それは製本業界も同様のようで、これらの中小企業、関係会社は相互保証し合っていることもあり、連鎖倒産している。これから年末にかけて、中小出版社、書店だけでなく、印刷、製本業界にもこうした倒産が否応なく起きていくだろう】

〔12〕『ニューズウィーク日本版』（10／8）が水谷尚子明治大学准教授による「ウイグル文化が地上から消える日」を掲載している。

リードは「元大学学長らに近づく死刑執行／出版・報道・学術界壊滅で共産党は何をもくろむ？」

それによれば、地理学、地質学の専門家の新疆大学学長、ウイグル伝統医学の大家で、新疆医科大学元学長、新疆ウイグル自治区教育長の元庁長らが拘束され、その後の消息が不明で、死刑執行が懸念されている。

中国共産党はウイグル人社会を担ってきた知識人を強制収容所送りとし、その収監者数は100万人を超すとされる。ウイグル語や文化の消滅を目的とするようで、この2年間で、知識人の社会からの「消失」とともに、ウイグル語の言語空間は消滅しつつある。

それはウイグル語専門書店の相次ぐ閉鎖、経営者たちの強制収容所への収監、ウイグル語出版社の壊滅、出版社員、編集者、作家、ジャーナリストも同様である。「共産党によって押し込められた『ウイグル社会の宝』は今、劣悪な矯正収容所の中で消えようとしている」

【ひとつの民族迫害が起きる時、知識人のみならず、言語、書店、出版が壊滅的状況に追いやられ、かつてのソ連に代わって、あらたに中国が「収容所群島」と化していることを告げていよう。さらなる詳細なレポートとして、福島香織『ウイグル人に何が起きているのか』（PHP新書）も出されていることを付記しておこう】

〔13〕　アビール・ムカジー『カルカッタの殺人』（田村義道訳、ハヤカワ・ミステリ）を読了。

【1919年の英国当時下のインド帝国のカルカッタを舞台とするミステリで、著者は1974年生まれのインド系移民2世である。主人公はインド帝国警察の英国人警部だが、その存在と登場人物たちは植民地における帝国主義のメカニズムと葛藤を象徴的に浮かび上がらせ、事件もまたその渦中から発生したことを物語っていよう。このような帝国主義下の混住ミステリ小説を読むと、船戸与一の「ハードボイルド試論序の序─帝国主義下の小説について」における、次のような一節を想起してしまう。「ハードボイルド小説とは帝国主義がその本性を隠蔽しえない状況下で生まれた小説形式である。したがって、その作品は作者が右であれ左であれ、帝国主義のある断面を不可避的に描いてしまう。優れたハードボイルド小説とは帝国主義の断面を完膚なきまでに描いてみせた作品を言うのである」。今年ももはや2ヵ月しか残されてい

ないし、多くを読めないだろう。そこでこの『カルカッタの殺人』を海外ミステリのベスト1に挙げておく】

〔14〕下山進『2050年のメディア』（文藝春秋）を恵送された。

【これはタイトル、帯文に示されているように、インターネット出現後の読売、日経、ヤフーの三国志的ドラマ、「技術革新とメディア」の20年の物語と見なしていいし、それは本文中の次のような一節に端的に示されていよう。「既存の市場が技術革新によって他の市場に移ろうとする時、技術革新によって生まれる市場は最初小規模な市場として始まる。そうなると、大手企業は、わざわざそのゼロの市場に勢力をつぎこみ出て行こうとしないのだ。カニバリズムが恐れられる場合はなおさらだ」。この言はジャーナリズムのみならず、出版業界に当てはめることができる。だがそれらはともかく、同書からうかがえるのは、2019年まで下山が在籍していた文藝春秋の社内事情で、本クロニクルの立場からすれば、どうしてもそのような裏目読みに傾いてしまうのである】

〔15〕拙著『近代出版史探索』（論創社）が10月に刊行された。今月の論創社HP「本を読む」45は「立風書房『現代怪奇小説集』と長田幹彦『死霊』」です。

出版状況クロニクル㉓　2019年11月

19年10月の書籍雑誌推定販売金額は938億円で、前年比5・3%減。

書籍は470億円で、同3・2%減。

雑誌は468億円で、同7・4%減。

その内訳は月刊誌が380億円で、同6・0%減、週刊誌は87億円で、同12・9%減。

返品率は書籍が37・0%、雑誌は43・3%で、月刊誌は43・5%、週刊誌は42・3%。

実際の書店売上は消費税の10%増税と、台風19号とその後の豪雨などにより低調で、書籍は8%減、雑誌は定期誌5%減、ムック12%減、コミックスだけが『ONE PIECE』の新刊と『鬼滅の刃』の大ブレイクで4%増とされる。

10月で、書籍雑誌推定販売金額はようやく1兆円を超え、1兆293億円となっているが、4・3%マイナスで、下げ止まりの気配はまったくないままに、年末を迎えようとしている。

〔1〕上場企業の書店と関連小売業の株価を次ページにリストアップしてみる。

■上場企業の書店と関連小売業の株価

企業	18年5月高値	18年11月21日終値	19年11月21日終値
丸善CHI	363	348	377
トップカルチャー	498	382	345
ゲオHD	1,846	1,840	1,326
ブックオフHD	839	808	1,082
ヴィレッジV	1,023	1,078	1,110
三洋堂HD	1,008	974	829
ワンダーCO	1,793	660	726
文教堂HD	414	239	159
まんだらけ	636	630	604
テイツー	–	–	42

【同じリストを掲載したのは本クロニクル⓫だったので、早くも1年が過ぎてしまったことになる。全体として前年比は横ばいといっていいかもしれないが、文教堂を始めとして、来年は株価も厳しい状況へと追いやられていくだろう。それにしてもCCC＝TSUTAYAが非上場化したこともあり、株価への影響が確認できないのは残念である。それゆえにここではCCC＝TSUTAYAのFCとして最大のシェアを占めるトップカルチャーの株価の推移を注視すべきだろ。3年続きの赤字決算を避けられるだろうか。いずれにせよ、大型複合店も2020年はかつてない至難の年を迎えることになろう】

〔2〕『選択』（11月号）が「事業再生ADR成立の文教堂無理筋の再建策を冷笑する書店業界」という記事を発信している。

それは「これで本当に再建できるか」との声がしきりで、一連の増資にしても、ちょっとした最終赤字を計上しただけで債務超過に逆戻りしてしまうし、アマゾンや電子書籍の普及により、書店ビジネスは逆風下にあるとし、次のように述べている。
「文教堂GHDは不採算店舗の閉鎖や、赤字のキャラクターグッズ販売事業のビッグカメラグループへの売却、利益率の高い文具販売の強化などで、20年8月期に1億円強の最終黒字(前期は40億円弱の赤字)復帰を目指すとしているが、業界筋は「画に描いた餅」として一蹴。「再建策ではなく延命策」と皮肉っている。」

【これは前回の本クロニクルで、文教堂GHDのADR手続きの成立とそのスキームにふれ、「先送り処置」に他ならないと指摘しておいたことをふまえているのだろう。だが業界紙も経済誌も、日販と文教堂への忖度からなのか、言及を見ていない。また文教堂の10月の閉店は6店、800坪近くに及んでおりそれは売上のマイナスと多大な閉店コストを積み上げていくはずだ。何のための事業再生ADRだったのかが問われる日もくると考えるしかない】

〔3〕日販から出版社宛に「『令和元年台風第19号』による被災商品入帳及び被災書店様復興支援のお願い」が届いた。

「さて本年10月に発生しました「令和元年台風第19号」の影響により、東日本地域の広範囲で浸水が発生し、その結果、浸水が発生した書店様におきまして、泥水による汚破損商品が発生しております。

今回の台風被害につきましては、商品の汚破損の度合いが非常に高いため、返品そのものができず、やむを得ず廃棄処理せざるを得ない状況となっており、これらの商品について、返品入帳の取扱いの問題が生じております。

　この問題につきましては、弊社において、台風で大きな被害を受けた被災書店様を支援するため、被災書店様の汚破損品を原則として、全品返品入帳することを決定し、被災書店様にお知らせ申し上げております。

　この返品入帳対応におきましては、台風により被害を汚破損商品についての対応であり、汚破損の程度も著しいものがほとんどであることから、現品の返品は求めず、被災書店様において破棄していただき、被災書店様の在庫をベースとして行うことを予定しております。

　上記対応により汚破損等（期限切れとなった商品を含みます）で通常返品が不可能となった商品について、被災書店様のご負担がなくなり弊社がその負担を負うことになりますが、汚破損商品は台風という自然災害により発生したものであることから、出版様にも返品入帳に特別なお取り計らいを賜りたくお願い申し上げる次第です。

　出版社様におかれましても、台風によって一時的に多数の返品が発生するなど、多大な影響を受けていることは十分理解しておりますが、弊社としましては、被災書店様及び被災地域の復興のために全力で支援して参りますので、支援へのご協力をご検討いただきたく重ねてお願い申し上げます。

　大変恐縮なお願いではありますが、ぜひとも趣旨をご理解頂き、別紙回答書をご返送いただくようお願い申し上げます。

　尚、本お願いに対するご回答につきましては、貴社の任意のご判断にお任せ致します。ご回答の内容いかんによって貴社との間の通常の取引に影響を与えることはございませんので、念のため申し添えます。」

これに続いて、「蔦屋書店東松山店」の大雨浸水写真と、同店の「被災商品銘柄別一覧」と「被災品回答書」が添えられている。

【これも前回の本クロニクルでふれておいた、1・6メートルの浸水をこうむった蔦屋書店東松山店の返品問題が、早くも出版社へとはね返ってきたことになる。先に記しておけば、蔦屋書店東松山店はまさに1のトップカルチャーのチェーン店である。しかし取協によれば、台風19号による被害書店は全取次で56店に及んでいる。それにもかかわらず、日販が蔦屋書店東松山店だけのために、このような文書を出版社に出すこと自体が「忖度」を想起させる。それに法的に書店在庫は書店の資産とみなされているはずだし、上場企業であるからにはそれなりの災害保険に入っていると考えられる。それなのに日販が率先して「全品返品入帳」し、しかもそれが「被害書店様の在庫データをベース」とし、さらにそこに通常返品不能品も含まれるようだから、徳政令に近い。こうした台風に毎年見舞われるかもしれないとすれば、悪しき先例となる可能性もある。もちろん同様の処置が東日本大震災において実施されたことは承知しているけれど、このような書店のために文書が出されることはかつてなかったはずだ。小出版社と異なり、膨大な返品金額となる大手出版社は、この日販の「お願い」に応じるのであろうか】

〔4〕　日経BPと日本経済新聞出版社が2020年4月に経営統合、日経BPが持続会社として、売上規模400億円、社員800人の出版社になる。

統合後の日経BPはデジタル、雑誌に加え、経済専門書、経営書、ビジネス書、技術・医療ムックなどを手がける日経グループの総合出版社に位置づけられる。

【日経BPは1969年にマグロウヒル社との合弁で設立され、売上高は368億円だが、日本経済新聞出版社は2007年に日経新聞社の出版局を分社化して設立され、売上高は36億円である。おそらく後者は分社化したものの、出版状況の凋落の中で、当初の予測に見合う売上高に到達せず、このような統合に至ったと思われる。各新聞社の分社化による出版局は黒字化も伝えられているけれど、内実はかなり苦しいのではないかと察せられる】

〔5〕　『月刊文藝春秋』はピースオブケイクが運営するプラットフォーム「note」で、月900円読み放題。『週刊文春』もニコニコチャンネルで運営している「週刊文春デジタル」をリニューアルし、月880円で読み放題となる。

【これはKADOKAWAの売上高のうちで、書籍・雑誌のシェアは25%を割りこみ、電子書籍はその半分以上の規模になっていること、もしくは講談社の今期決算が増収増益の見通しで、デジタル広告収入が広告収入の5割を超えるという近況などに対応する試みと判断される。ただ両社は続いて、KADOKAWAは「ところざわサクラタウン・角川武蔵野ミュージアム」事業、講談社は池袋での「LIVEエンターテインメントビル」の開設に向かっている。それ

らの行方の是非はともかく、文春などもそのような試みへと参画していくのであろうか】

〔6〕　自由国民社の『現代用語の基礎知識』が従来のB5判と異なる、B5判変型とコンパクトになり、ページ数も1000ページから300ページへとリニューアルされ、定価も従来の半分の1500円となった。

【『現代用語の基礎知識』の固定的イメージはその厚さにあり、それは婦人誌や少年少女誌の付録も含んだ厚さと共通していたし、長きにわたって、12月から1月にかけての書店の雑誌売り場の正月の風物詩のような平積み光景の立役者の位置にあった。しかし今回の平積みは数冊で、平台のよい場に置かれていたにもかかわらず、表紙が黄色であり、すぐにそれが『現代用語の基礎知識』だと認識できなかった。考えてみれば、『現代用語の基礎知識』が自由国民社の長谷川国雄によって、1948年に戦後の新事態を知りたいという読者の要望をコアとする新しいジャーナリズムをめざし、創刊されてから、すでに70年余が過ぎている。主婦を対象とする新婦人誌の時代が終わってしまったように、『現代用語の基礎知識』のリニューアルは、戦後の読者の要望もドラスチックに変わってしまったことを物語っているのだろう】

〔7〕　鹿砦社創業50周年記念出版として、鹿砦社編集部編『一九六九年混沌と狂騒の時代』が出された。

【これは『紙の爆弾』の11月号増刊で、たまたま書店で見つけ、購入してきた一冊である。その理由は特集コンセプトよりも、そこに前田利男への「一九六九年、鹿砦社創業のころ」というう14ページに及ぶインタビューが掲載されていたことによっている。この前田は井出彰『書評誌と共に歩んだ五〇年』（「出版人に聞く」シリーズ9）に出てくる人物で、井出の『日本読書新聞』での同僚であった。それもあって、このインタビューは井出の回想の補足、その後の『日本読書新聞』人脈と出版史となっている。前田によれば、鹿砦社は『日本読書新聞』の労働組合メンバーの天野洋一、高岡武志、大河内徹、前田の四人が関わり、1969年に中村丈夫編『マルクス主義軍事論』を刊行してから始まっている。私も70年代に『左翼エス・エル戦闘史』や『マフノ叛乱軍史』を読み、鹿砦社の名前を知った。前田は当時の出版社設立と出版状況について語っている。「みんなボコボコ作ってね。せりか書房や、似たようなのが十や二十もあった。運動の夢が破れかかった時に出版社がたくさん生まれた。鹿砦社も初版千部刷るとすぐに売れて、初期のものはたいてい増刷になりました」。ところが50年後の現在は出版社も書店も消え、ほとんど増刷もできない出版状況になってしまった。この鹿砦社を発売元として、77年に松岡利康のエスエル出版会が発足し、88年には彼が鹿砦社を引き継ぎ、現在に至るのである】

〔8〕　シーロック出版社が自己破産。
同社は1994年に設立され、スポーツ、ギャンブル書を中心とする書籍の企画、製作を手がけてきた。

２０１３年には年商５億１５００万円を計上していたが、18年には4億６５００万円に減少し、その間に赤字決算が重なり、債務超過となっていた。関連会社のデジタルビューも自己破産。

【この出版社は寡聞にして知らないが、設立時期と出版物、企画内容を考えると、バブル時代の余波を受けて立ち上げられた出版社のように思われる。１９９０年代までは出版社もかなり設立されていたが、それらの多くが退場してしまったことを知っている。それだけでなく、現在は中小出版社の清算の時期でもあるのかもしれない。このシーロック出版の自己破産に伴い、親会社に当たる出版社も苦境に陥り、印刷所は多額の負債が生じたようだ】

〔9〕横田増生『潜入ルポａｍａｚｏｎ帝国』（小学館）を読了。

【この最初の部分は『週刊ポスト』に発表され、本クロニクル⑳で取り上げておいた。そのことやタイトルからして、彼の前著『潜入ルポ アマゾン・ドット・コム』（朝日文庫）の続編かと思っていたが、「潜入」というよりも、広範な取材を通じてのアマゾンの全体像に迫る好著で、教えられることが多かった。とりわけマーケットプレイス、フェイクレビューを扱った章は、当事者たちの取材も含め、とても参考になる。アマゾンは多くのパラサイトたちも生み出し、それもエキスとして成長していること、それに対して、出版業界はそうしたエネルギーを失っていることが実感される。増田にはさらなるアマゾン密着レポートを期待したい】

〔10〕中森明夫『青い秋』（光文社）が刊行された。

【1980年代の出版業界において、オタク、新人類、アイドルが三位一体のかたちで、ブーム、もしくはトレンドとなっていた。彼ら彼女らが「神々の時代」であり、それはバブルの時代でもあった。そして宮崎勤事件が起きてもいた。「オタク」の命名者である中森はその中心人物に他ならず、この時代を描いた短編集『青い秋』は誰がモデルなのか、すぐわかるので、中森ならではのゴシップ小説集として楽しく読める。それに加えて、出版流通販売史から見れば、1980年代は地方・小出版流通センターを取次とするリトルマガジンの時代でもあった。『本の雑誌』や『広告批評』だけでなく、多くの雑誌が同センターを経由して流通販売され、中森もまた『東京おとなクラブ』に携わっていたし、それも描かれている。いずれ、それらの雑誌にも言及してみたいと思う】

〔11〕 元小学館国際室長の金平聖之助が91歳で亡くなった。

【金平には今世紀の初めに会って以来、手紙は何度かもらっているけれど、再会していなかった。彼のことで思い出されるのは著書『世界のペーパーバック』である。これは1970年前半に出版同人という版元から出された一冊だったが、当時としては先駆的な世界のペーパーバックに関する幅広い紹介を兼ねていて、まだ定かでなかったその全体像を垣間見る思いを味わわせてくれた。現在のアマゾン全盛状況からは考えられないだろうが、半世紀前の1970年代はペーパーバックを自由に買うことも困難で、注文しても3ヵ月は待たされたものだ。ちなみに出版同人はその頃の翻訳出版の啓蒙を図ろうとして、翻訳エージェンシーとその関係者、翻訳書を刊行する出版社などの肝いりで設立されたと思われる。そのメンバーのひとりが金平だったのだろう。金平の他に、赤石正『アメリカの出版界』、J・W・トンプソン、箕輪成男訳『出版産業の起源と発達―フランクフルト・ブックフェアの歴史』などが出されていたが、70年代で出版同人は閉じられたのではないだろうか。これも金平に聞いておけばよかったと悔やまれる。『世界のペーパーバック』を再読することで追悼に代えよう】

〔12〕『ニューズウィーク日本版』（11／5）が、アメリカの出版社ビズメディアから10月に楳図かずおの『漂流教室』第1巻744ページが出版され、好調であることを伝えている。これはシェルドン・ドルヅカによる新訳で、来年の2月には第2巻が刊行される。

【楳図かずおの『漂流教室』が『週刊少年サンデー』で連載され始めたのは1972年で、当時はどこの喫茶店や酒場でも『週刊少年サンデー』が置いてあったので、ほとんど欠かさず読んでいた。80年代になって、息子たちのために「少年サンデーコミックス」版全11巻を買い、それが今でも書棚に残っている。今になって考えてみると、私は同じく楳図の『イアラ』のほうに愛着を覚えていたけれど、実作者たちも含め、大きな影響を与えたのは『漂流教室』だとわかる。さいとうたかお『サバイバル』、望月峯太郎『ドラゴンヘッド』、伊藤潤二『うずまき』など、近年の花沢健吾『アイアムヒーロー』に至るまで、『漂流教室』を抜きにしては語れないだろう。押井守のアニメ『攻殻機動隊』がアメリカ映画に大いなる刺激となったように、『漂流教室』もあらためてアメリカで受容されていくのかもしれない。現在注文中なので、

届くのを楽しみに待っている】

〔13〕 折付桂子『東北の古本屋』（日本古書通信社）が届いた。

【これは東日本大震災以後の東北全体の古本屋の実態、すなわち岩手、宮城、山形、青森、秋田、福島県の古本屋を訪ね、地域と店の新たな案内となるように仕上げられた一冊である。古本屋の写真も含め、収録写真はすべてカラーで、このようにまとめて東北の古本屋がカラー写真で紹介されるのは初めてではないだろうか。それこそ故佐藤周一『震災に負けない古書ふみくら』（「出版人に聞く」シリーズ6）のその後も語られ、店が健在なのを知ってうれしい】

〔14〕 拙著『近代出版史探索』について「日本の古本屋メールマガジン」に「自著を語る」を書いています。今月の論創社ＨＰ「本を読む」46は「月刊ペン社『妖精文庫』と創土社『ブックス・メタモルファス』」です。

出版状況クロニクル㉔　2019年12月

19年11月の書籍雑誌推定販売金額は1006億円で、前年比0・3％増。

書籍は537億円で、同6・0％増。

雑誌は468億円で、同5・7％減。

その内訳は月刊誌が394億円で、同4・3％減、週刊誌は74億円で、同12・4％減。

返品率は書籍が37・3％、雑誌は41・9％で、月刊誌は41・1％、週刊誌は45・8％。

ただ書籍のプラスは、前年の返品率40・3％から3％改善されたことが大きく作用しているのだが、書店売上は5％減であることに留意されたい。

雑誌のほうは定期誌の値上げが支えとなっているけれど、相変わらずの高返品率で、19年は一度も40％を下回ることなく、11月までの返品率は43・3％となっている。

〔1〕出版科学研究所による19年1月から11月までの出版物推定販売金額を示す。

【19年11月までの書籍雑誌推定販売金額は1兆1300億円、前年比3・9％減である。この

■ 2019 年 推定販売金額

月	推定総販売金額		書籍		雑誌	
	（百万円）	前年比（%）	（百万円）	前年比（%）	（百万円）	前年比（%）
2019 年 1 ～ 11 月計	1,130,017	▲ 3.9	621,358	▲ 3.0	508,659	▲ 5.0
1 月	87,120	▲ 6.3	49,269	▲ 4.8	37,850	▲ 8.2
2 月	121,133	▲ 3.2	73,772	▲ 4.6	47,360	▲ 0.9
3 月	152,170	▲ 6.4	95,583	▲ 6.0	56,587	▲ 7.0
4 月	110,794	8.8	60,320	12.1	50,474	5.1
5 月	75,576	▲ 10.7	38,843	▲ 10.3	36,733	▲ 11.1
6 月	90,290	▲ 12.3	44,795	▲ 15.5	45,495	▲ 8.9
7 月	95,619	4.0	48,105	9.6	47,514	▲ 1.2
8 月	85,004	▲ 8.2	41,478	▲ 13.6	43,525	▲ 2.4
9 月	117,778	▲ 3.0	68,356	0.2	49,422	▲ 7.3
10 月	93,874	▲ 5.3	47,040	▲ 3.2	46,834	▲ 7.4
11 月	100,659	0.3	53,796	6.0	46,863	▲ 5.7

3・9％減を18年の販売金額1兆2920億円に当てはめてみると、503億円のマイナスで、1兆2417億円となる。つまり19年の販売金額は1兆2400億円前後と推測される。現在の出版状況と雑誌の高返品率を考えれば、出版物販売金額と書店市場の回復は困難で、20年には1兆2000億円を割りこみ、数年後には1兆円を下回ってしまうであろう。そこに至るまでに、書店だけでなく、出版社や取次はどのような状況に置かれることになるのか。出版業界はどこに向っているのか。20年にはそれらのことがこれまで以上に現実的となり、問われていくであろう】

〔2〕愛知県岩倉市の大和書店が破産。

同書店は「ザ・リブレット」の屋号で、名古屋市内を中心として、岐阜、静岡、神奈川、大阪、岡山にも進出し、20店を超えるチェーン展開をしていた。

2018年は年商30億円を計上していたが、売上が落ちこみ、資金繰りが悪化し、今回の処置に至ったとされる。

破産申請時の負債は30億円だが、流動的であるという。

【11月30日に「ザ・リブレット」全23店が閉店し、12月に入ってそのリストもネット上に掲載されている。それを見ると、「ザ・リブレット」は主としてイオン・タウン、イオン・モール、アピタ、ららぽーとなどのショッピングセンターやスーパーなどに出店していたとわかる。しかも驚きなのは、沼津店が10月4日に開業したららぽーと沼津に出店していたことで、何と2ヵ月足らずで閉店に追いやられている。どのようなテナント出店のからくり、資金調達、取次との交渉が展開されていたのだろうか。坪数は200坪である。取次は楽天ブックスネットワークで、1990年代にはトーハンであったことからすれば、今世紀に入った時点で、大阪屋か栗田へと帖合変更がなされ、それから大阪屋栗田を経て、現在へと至ったことになろう。そしてそれはバブル出店を重ね、負債を年商まで増大させ、延命してきたことを意味していよう。だが本クロニクル㉒でふれたように、大阪屋栗田の楽天ブックスネットワークへの社名変更に伴うようなかたちで破産となったのである。楽天ブックスネットワーク帖合の書店破産はまだ続くのではないだろうか。この背景には、出版物の売上減少下にあって、書店がテナント料を払うことが困難になってきていることを告げている。かつて郊外消費社会と出店の中枢を占めていた紳士服の青山商事やAOKIも赤字が伝えられているし、その事実から類推すれば、

書店は大型店や複合店にしても、もはや成立しないテナントビジネスモデルとなっているかもしれない。また全23店同時閉店の書店在庫の行方に注視する必要があるだろう。このような一斉閉店においては、取次による回収もできないと思われるからだ。本当に２０２０年の書店市場は何が起きようとしているのか】

〔3〕日販グループホールディングスの中間決算は連結売上高２５０８億円、前年比５・０％減の減収減益。取次事業は２３０３億円、同５・２％減。

〔4〕トーハンの中間決算は連結売上高１８９６億円、前年比１・２％減、中間純損失２億５００万円の赤字。トーハン単体売上高は１７７９億円、同２・９％減の減収減益。

〔5〕日教販の決算は売上高２６６億円、前年比４・９％減、当期純利益は2億１１００万円、同２・０％減。

【日販は減収減益、トーハンは赤字の中間決算で、取次事業は両社とも実質的に赤字と見なしていい。物流コストは上昇しているし、書店売上の凋落、台風の影響、消費税増税などを考えれば、通年決算がさらに厳しくなるのは必至であろう。日教販の決算は専門取次ゆえに、書籍が学参、辞書、事典で占められていることから、返品率は13・９％となっている。だから減収減益にしても利益が出ている。それに比べて、日販は書籍が33・４％、雑誌が47・５％、トーハンは書籍が43・5%、雑誌が49・0%で、この高返品率が改善されない限り、両社の「本業の回復」は不可能だろう。しかも雑誌は返品量の調整が毎月行なわれているにもかかわらず、高止まりしたままで、20年には50%を超える月も生じるのではないかと推測される。ちなみに、コミックにしても、返品率は日販が28・2%、トーハンが29・3%で、日教販の書籍返品率の倍以上であり、こちらも30%を上回ってしまうかもしれない。そのようにして、取次の20年も始まっていくしかない状況に置かれている】

〔6〕紀伊國屋書店の連結売上高は1212億5500万円、前年比0・8%減、当期純利益は9億8000万円、同11・0%増。

単体売上高は1022億6600万円、同0・9%減。

「店売総本部」売上は500億円、同1・3%減、外商の「営業総本部」は477億円、同0・5%減、当期純利益は8億4500万円、同5・0%増。

〔7〕有隣堂の決算は売上高536億5500万円、前年比3・7%増。当期純利益は1億5100万円、同25・8%増。

分野別では「書籍類」が175億5500万円、同0・5%減、「雑誌」が40億3500万円、同0・6%増とほぼ横ばいだが、その他の「雑貨」「教材類」「OA機器」などが好調だったとされる。

【紀伊國屋書店は国内68店、海外37店で、計105店で、12年連続黒字決算だが、国内店舗の売上の落ちこみは同書店も例外ではないはずだし、来年の決算ではどうなるだろうか。有隣堂のほうも増収増益だが、すでに出版物売上シェアは40％まで下がっていて、その他部門の売上が決算の要であるところまできている。そうした意味においても、本クロニクル⑯で取り上げておいた「誠品生活日本橋店」の売上が気にかかる。その後の動向は伝わってこない。どうなっているのか】

〔8〕『日経MJ』（11／1）が「王道アパレルへ　ゲオ衣替え中」という大見出しで、古着店「セカンドストリート」の一面特集を掲載している。
それによれば、店舗数は630店に達し、しまむら、ユニクロ、洋服の青山に続く店舗数となり、売上も500億円、ゲオ全体売上高の18％を占めている。

【かつては「DVDレンタルが看板」と小見出しにあるように、ゲオの既存店舗などにも出店を加速させているようで、1Fがゲオ、2Fがセカンドストリートという店舗を見ている。やはりゲオもユーチューブ、ネットフリックスなどにより、DVDレンタルなどは苦戦し、難しい状況にあるとの遠藤結蔵社長の言も引かれている。それもあって、セカンドストリートは現在、年40店ペースで出店し、23年に800店、長期的には1000店をめざすという。トーハンとゲオは提携しているし、トーハンとゲオの連携店舗がセカンドストリートになることも考えられるので、ここで紹介しておく】

〔9〕東邦出版が民事再生法を申請。

11月19日付で、委託期間外商品の返品不可を3000店以上の書店にFAX通知し、取次にも伝えられた。負債は7億円。

【前回の本クロニクルで、シーロック出版社の自己破産にふれ、親会社に当たる出版社も苦境にあると記したが、これはこの東邦出版をさしている。委託期間外商品の返品不可の問題は、東邦出版が長きにわたって書店への営業促進をしてきたことから、高橋こうじ『日本の大和言葉を美しく話す』や山口花『犬から聞いた素敵な話』などがベストセラーになっていたことに求められる。それらの書店在庫がどのくらいあるのか、当然のことながら、正確にはつかめない。結局のところ、書店は返品不能品処理をするしかないと思われる。以前にリベルタ出版の廃業を伝えたが、幸いにして返品は少なく、数十万円で終わったようだ】

〔10〕宝島社は来年2月に子会社の洋泉社を吸収合併し、その権利義務を継承し、従業員も継続雇用する。

ただ月刊雑誌『映画秘宝』は休刊となる。

【洋泉社は元未来社の藤森建二によって1985年に創業され、98年に宝島社の子会社になっていた。35年間の出版物は単行本、新書、ムックなど幅広いジャンルにわたる。私も単行本や新書だけでなく、町山智浩が手がけたムック『映画秘宝EX』や実話時報編集部などの編集による極道ジャーナリズムムックをそれなりに愛読してきたので、洋泉社の名前が消えてしまうことに淋しさを感じる。だが幸いにして、『出版状況クロニクルⅢ』で既述しておいたように、2011年に藤森の『洋泉社私記―27年の軌跡』（大槌の風）が出され、そこには「刊行図書総目録―1985〜2010」も収録されている。また編集者の小川哲生の私家版『私はこんな本を作ってきた』（後に『編集者＝小川哲生の本』として言視舎から刊行）、『生涯一編集者』（言視舎）も出されているので、洋泉社の記録としても読まれていくであろう】

〔11〕 緑風出版の高須次郎が朝日新聞社の言論サイト「論座RONZA」（12／5）で、「本屋をのみこむアマゾンとの闘い」という臺宏士のインタビューを受けている。

【これは高須の『出版の崩壊とアマゾン』（論創社）をベースとするその後の補論と見なせよう。しかしそれから年も迫った頃に、アマゾンが日本に法人税を納付していたことが明らかになったので、高須に代わって、補足しておく。『中日新聞』（12／23）などによれば、アマゾンは日本国内の販売額を日本法人売上高に計上する方針に転換し、17、18年の2年間で300億円の法人税を納付したとされる。これは国際的な議論となっているデジタル課税の先取り、独禁法にふれる優越的地位の乱用、国内の宅配危機への非難に対する回避処置とも見られる。19年は過去最高の売上高になると推測され、その法人税納付に注視すべきだろう】

〔12〕 みすず書房の編集長だった『小尾俊人日誌1965―1985』（中央公論社）が刊行された。

【この小尾、丸山眞男、藤田省三を主人公とし、加藤敬事の「まえおき」にある「みすず書房を舞台に展開された丸山と藤田の間のヒリヒリするような感情のドラマ」が、どのような経緯と事情で中央公論新社から出されることになったのかは詳らかでない。それでも、この日誌、加藤と市村弘正の解説対談「『小尾俊人日誌』の時代」を読むと、出版業界に入った1970年代のことが思い出される。人文社会書はまさに小尾や未来社の西谷能雄の時代でもあったけれど、出版業界は小さな共同体であり、彼らは私などに対しても謙虚に接してくれた。しかし時は流れ、出版業界も編集という仕事も時代も変わってしまったことを、この一冊は痛感させてくれる。『小尾俊人日誌1965―1985』に関しては、いずれ稿をあらためたいと思う】

〔13〕『出版月報』（11月号）が特集「図書館と出版の今を考える」を組んでいる。

【本クロニクルでも、毎年1回、公共図書館に関してレポートしてきているが、この特集も「公共図書館の現状」「書籍販売部数と公共図書館貸出数」「公立図書館職員数の推移」をフォローしている。しかしこの特集の特色は「出版社にとって図書館は大事な存在　求められるのは両社の協働」とあるように、『出版月報』ならではの「出版者と図書館の関わりについて」で、人文書、専門書、実用書、児童書、文芸書の出版社に取材し、それを報告していることにある。その筆頭には12のみすず書房が挙げられ、「初版1800部の書籍では、200部程度が図書館分」「10％程度の占有」だとされる。そしてレポートは「公共図書館全国の3千館のうち、千部の発注があれば、初版一千部以上は確定できる。図書館の購入で、少部数でも専門的な多様な出版企画を成立させることが可能になっている」と続いていく。だが現実的に公共図書館から少部数の人文書、専門書の「千部の発注」はあり得ない。この問題も含め、公共図書館の現在についての一冊を書くつもりでいる】

〔14〕『前衛』（1月号）を送られ、そこに高文研編集者の真鍋かおる「『嫌韓反中本』の氾濫と出版の危機」が掲載されていた。

【これは「極私的な出版メディア論」との断わりがあるように、人文書編集者から見た「歴史修正主義本、嫌韓反中本の氾濫」の考察である。そのことに関して、真鍋は取次の「見計い」配本も後押ししているのではないかと指摘し、「なぜ書店にヘイト本があふれるのか。理不尽な仕組みに声をあげた一人の書店主」というブログを引いている。また真鍋は自らの編集者としてのポジションも表明し、そのようなヘイト本の氾濫状況に抗するために、自分が手がけた本をも挙げているので、興味のある読者は実際に読んでほしい】

〔15〕沖縄のリトルマガジン『脈』103号の特集「葉室麟、その作家魂の魅力と源」が届き、それとともに編集発行人の比嘉加津夫の急死が伝えられてきた。

【『脈』は友人から恵送されているので、本クロニクルでもしばしば取り上げてきた。2月発売の104号特集「『ふたりの村上』と小川哲生」と予告されている。困難は承知だが、刊行を祈って止まない。折しも協同出版が子会社の協同書籍を設立し、沖縄の出版社の書籍の取次事

業に参入することを表明したばかりでもあるからだ】

〔16〕『股旅堂古書目録』22が出た。

【今回の「巻頭特集」は「或る愛書家秘蔵の地下室一挙大放出!!」で、書影も4ページ、64点に及び、昭和の時代の「地下本」の面影を伝えてくれる】

〔17〕拙著『近代出版史探索』は鹿島茂による『毎日新聞』（12／22）書評が出され、12月7日の東京古書組合での講演「知るという病」は『図書新聞』に掲載予定。

また論創社ＨＰ「本を読む」47は「『アーサー・マッケン作品集成』と『夢の丘』」です。

2020年度

出版状況クロニクル㉕　２０２０年1月

19年12月の書籍雑誌推定販売金額は１０６０億円で、前年比８・９％減。

書籍は５０９億円で、同13・１％減。

雑誌は５５０億円で、同４・６％減。

その内訳は月刊誌が４７０億円で、同４・２％減、週刊誌は80億円で、同６・６％減。

返品率は書籍が32・９％、雑誌は38・８％で、月刊誌は38・１％、週刊誌は42・７％。

書籍の返品率の大幅減は送品が少なかったことが要因で、推定出回り金額は前年比15・８％減。

雑誌と月刊誌の返品率が40％を割ったのは、19年においてこの12月が初めてである。

それはコミックの『鬼滅の刃』の新刊が初版１００万部で刊行され、品切店が続出し、底上げされたことによっている。その結果、コミックは20％増となった。

〔1〕　出版科学研究所による１９９６年から２０１９年にかけての出版物推定販売金額を示す。

■出版物推定販売金額

（億円）

年	書籍		雑誌		合計	
	金額	前年比（%）	金額	前年比（%）	金額	前年比（%）
1996	10,931	4.4	15,633	1.3	26,564	2.6
1997	10,730	▲ 1.8	15,644	0.1	26,374	▲ 0.7
1998	10,100	▲ 5.9	15,315	▲ 2.1	25,415	▲ 3.6
1999	9,936	▲ 1.6	14,672	▲ 4.2	24,607	▲ 3.2
2000	9,706	▲ 2.3	14,261	▲ 2.8	23,966	▲ 2.6
2001	9,456	▲ 2.6	13,794	▲ 3.3	23,250	▲ 3.0
2002	9,490	0.4	13,616	▲ 1.3	23,105	▲ 0.6
2003	9,056	▲ 4.6	13,222	▲ 2.9	22,278	▲ 3.6
2004	9,429	4.1	12,998	▲ 1.7	22,428	0.7
2005	9,197	▲ 2.5	12,767	▲ 1.8	21,964	▲ 2.1
2006	9,326	1.4	12,200	▲ 4.4	21,525	▲ 2.0
2007	9,026	▲ 3.2	11,827	▲ 3.1	20,853	▲ 3.1
2008	8,878	▲ 1.6	11,299	▲ 4.5	20,177	▲ 3.2
2009	8,492	▲ 4.4	10,864	▲ 3.9	19,356	▲ 4.1
2010	8,213	▲ 3.3	10,536	▲ 3.0	18,748	▲ 3.1
2011	8,199	▲ 0.2	9,844	▲ 6.6	18,042	▲ 3.8
2012	8,013	▲ 2.3	9,385	▲ 4.7	17,398	▲ 3.6
2013	7,851	▲ 2.0	8,972	▲ 4.4	16,823	▲ 3.3
2014	7,544	▲ 4.0	8,520	▲ 5.0	16,065	▲ 4.5
2015	7,419	▲ 1.7	7,801	▲ 8.4	15,220	▲ 5.3
2016	7,370	▲ 0.7	7,339	▲ 5.9	14,709	▲ 3.4
2017	7,152	▲ 3.0	6,548	▲ 10.8	13,701	▲ 6.9
2018	6,991	▲ 2.3	5,930	▲ 9.4	12,921	▲ 5.7
2019	6,723	▲ 3.8	5,637	▲ 4.9	12,360	▲ 4.3

【前回の本クロニクルで、19年の販売金額は1兆2400億円前後と予測しておいたが、ほぼそのとおりの数字となった。ただ電子書籍は3072億円、前年比23・9%増となり、紙と合算すると、1兆5432億円、同0・2%増で、全体では14年の電子出版統計以来、初めて前年を上回った。電子書籍の内訳は電子コミックが2593億円、同29・5%増で、そのシェアは前年の80・8%から84・4%へと伸長している。つまり今さら言うまでもないけれど、電子出版市場もコミック次第であることは明白だ。しかしそのかたわらで、紙の出版市場は20年には確実に1兆2000億円を割りこみ、数年後には1兆円を下回っていくことになるだろう。そして出版社、取次、書店をさらなる危機へと追いやっていく。そうした20年の幕開けを迎えたのである】

〔2〕 ジュンク堂書店京都店とロフト名古屋店が2月末に閉店。
京都店は1988年に開店し、四条通りのビルの1階から5階を占める代表的な大型書店として、30年以上にわたる歴史を有していた。

この2店に続いて、福岡店も「ビル建て替えによる一時閉店」が伝えられている。

【19年12月の書店閉店は26店と少なく、大型店はなかったので、師走でもあり、小康状態だと考えていたところに、ジュンク堂の閉店の知らせが入ってきた。それは本クロニクルでも繰り返し記してきたように、出版物の店頭売上の落ちこみにより、書店の大型店というビジネスモデルが成立しなくなったことを告げていよう。まだ閉店は続くだろう。折しも丸善ジュンク堂

の「2019年出版社書籍売上ベスト300社」が発表されているが、こちらも20年はどのような推移をたどるのであろうか】

〔3〕『建築知識』（1月号）が特集「世界一美しい本屋の作り方」を組んでいる。
内容は「本屋さんになりたい」「設け方／来店者を増やす」「見せ方／美しく本を見せる」「基本／知っておきたい基礎知識」の四章建て、75ページに及ぶ、まさに建築雑誌ならではの「美しい本屋の作り方」である。

【このような企画は版元のエクスナレッジが、『世界の美しい本屋さん』などといったピクチャレスクな書籍を刊行していることに起因していると思われる。だからあえて問わなくてもいいかもしれないが、「経営持続に必要なことは？」というQページがあるにもかかわらず、そのための売上に関して、まったく言及がないのは気になる。昨年に栃木県の那須ブックセンターがよく紹介されていたけれど、『文化通信B．B．B』（19年5／1）の「長岡義幸の街の本屋を見て歩く63」によれば、経営者は内装費、商品代、月々の赤字補塡のために、開店1年半で、トータルで5000万円を負担しているという。しかも月商目標は300万円であるにもかかわらず。コンビニ跡地、60坪でも1日当たり10万円の売上も難しいのが本屋の現実で、それは「美しい本屋の作り方」を応用しても、ほとんど変わらない現実である。特集「世界一美しい本屋の作り方」に水を差すようだが、これだけは付け加えておきたい】

〔4〕『朝日新聞グローブ』（1／5）に、北京の民営書店「万聖書園」の創業者劉蘇里（リウ・スーリー）への「香港が香港であるために中国がいま理解すべきこと」というインタビューが掲載されている。聞き手は編集委員との吉岡桂子である。

それを要約してみる。

＊劉は中国政法大学講師だったが、1989年に天安門事件にかかわり、20ヵ月間拘束され、釈放後の93年に北京の大学街に民営書店「万聖書園」を開業する。

＊中国政府から弾圧を受けた知識人の支援も行ない、書店内カフェセミナーは知識人や市民活動家の集う場になってきたが、近年は強まる統制で開きにくくなっている。

＊「万聖書園」ではジョージ・オーウェルの『1984』や『動物農場』がよく読まれているが、いつまで出版や販売が許されるのか、それが心配である。

＊中国ではこの5、6年で、言論活動の制限と市民社会への監視が大幅に強まり、大学の教材への審査が厳しくなり、教室に監視カメラが据えられた。密告が奨励され、知識人のSNSアカウントが閉鎖された。

＊中国は鄧小平の改革開放以来、胡錦涛前政権時代まで、共産党統合の本質は変わらずとも、人々の自由と社会の解放の度合は少しずつ広がっていた。しかしそれが習近平政権となり、逆回転したことが、香港で起きている問題の根本にある。

＊中国のその変わり方は香港の人々に恐怖を抱かせ、中国の都市のように、現在の香港の自由や自治を失うのではないかと思い始めた。

＊香港と中国は19世紀半ばから同じ制度のもとに暮らしたことがないし、香港人と中国人がちがうということを理解しないと問題は収束しない。恐怖と経済力だけで、自由と法治を持っている社会を永遠に封じ込めることは無理だ。
＊中国は返還にあたって定めた香港基本法に立ち戻り、香港を香港に戻すことが必要だ。

〔5〕『ウエッジ』（2月号）にジャーナリストの野嶋剛による「一国二制度の形骸化を印象付けた香港の『銅鑼湾書店』、いま台湾へ」というレポートが寄せられている。
これも要約してみる。

＊2015年に起きた香港の「銅鑼湾書店」関係者失踪事件から4年が過ぎた。元店長の林栄基は台北に居を定め、書店を再建しようとしている。
＊その新しい書店の予定場所は台北市繁華街の雑居ビル10階で、台湾でも香港の店名「銅鑼湾書店」をそのまま用いる。
＊香港情勢の深刻さに世界が気づいたのは、「銅鑼湾書店事件」だったといえるし、その結果、林栄基は香港の居場所を失い、台湾に「流亡」し、もはや香港に戻ることは考えていない。
＊台湾でウェブの募金を通して、600万台湾ドル（約2150万円）が集まり、新書店は2月上旬に開店予定で、しばらくは書店で寝泊まりするつもりだ。
＊林栄基は1955年生まれで、若い頃から書店で働き、書店こそ自分の一生の仕事と決めていた。1994年、香港がまだ英国の植民地だった時代に、自分の店である「銅鑼湾書店」

を立ち上げた。そして本を売るだけでなく、出版も手がけ、中国では出せない共産党暴露本や内幕本を刊行し、大きな収入源となっていた。しかしその出版事業が原因で、林栄基は中国で公安に拘束され、他の仲間の4人も同様だった。

＊この「銅鑼湾書店」関係者失踪事件は香港社会にとって大きな衝撃だった。それは香港人が香港での仕事を理由に、中国当局によって香港などから連れ去られたことになり、一国二制度の形骸化を世界に強烈に印象づけた。

＊林栄基は違法な書店経営容疑で、中国での厳しい取り調べ、監視生活を送り、香港での「スパイ」になるように強要された。8ヵ月後に香港に戻ったが、書店の仕事はできず、「銅鑼湾書店」も中国政府の影響の強い会社に買い取られていた。「すべて計画通りに着々と手を下されている。私の書店は中国に奪われた」のである。

【奇しくもこの今月に、中国の「万聖書園」、香港と台湾の「銅鑼湾書店」に関するインタビューや記事がほぼ同時に発信されているので、1、2の日本の書店状況と並んで紹介してみた。「万聖書園」や「銅鑼湾書店」については『出版状況クロニクルⅣ』や『同Ⅴ』で言及してきたが、いずれの書店状況にしても、国家や社会体制を映し出す鏡のような位置にあることが了承される。それならば、日本の書店状況はどのように理解されるべきなのか。それを確認するために、今年も本クロニクルを書き継いでいくしかないだろう】

〔6〕セブン&アイ・ホールディングスは出版事業からの撤退を決定し、セブン&アイ出版を21

年春に清算予定。

同社は1995年設立で、主婦層向け生活情報誌『saita』などを刊行してきたが、この数年は雑誌の凋落を受け、毎年数億円の赤字を計上していた。

【20世紀までは婦人誌の時代でもあり、1980年から90年代にかけて、『saita』だけでなく、多くの婦人誌が創刊されたが、そのような時代も終わっていくのだろう。しかしそれにしても『saita』はセブンを象徴する雑誌で、社員はノルマで100冊以上買わされていたとの複数のコメントが出されていたことにも驚く。21世紀になっても、それが続いていたのであろう。そこにも上意下達のフランチャイズシステムが反映されていたこととなろう】

〔7〕日本フランチャイズチェーン協会の発表によれば、2019年の主要コンビニ全売上高は11兆1608億円、前年比1・7％増、14年連続の過去最高を更新。
だが、19年末の店舗数は5万5620店で、前年比0・2％減と初めての減少。

コンビニ店舗数と書籍雑誌実販売額の推移を示す。

【この2005年から18年にかけてのコンビニの出版物販売額推移に、ダイレクトなかたちで、雑誌の凋落が刻印されている。この15年間で、5000億円から1400億円と、3分の1に減少しているのである。まだ19年の数字は出されていないけれど、おそらく確実に1400億円を下回ってしまうだろう。1980年代からの雑誌の成長はコンビニとの蜜月によっていたのだが、それも終わろうとしているし、コンビニの減少と雑誌コーナーの行方もどうなるのだ

ろうか】

〔8〕『FACTA』（1月号）が、ジャーナリスト永井総太郎の「週刊文春『30万部割れ』ショック」という記事を発信している。

そのリードは「まるで『雑誌恐慌！』スクープ連発の文春でさえ止まらぬ部数減。ネットの収入増で補い切れるか。」で、次の「週刊誌実売部数の推移」（日本ABC協会調べ）も付されている。

【ついに「文春砲」の『週刊文春』ですらも19年上半期には30万部を割ってしまい、『週刊新潮』も20万部を下回ってしまった。一般週刊誌は『週刊朝日』など新聞系も含めて12誌だが、実売で10万部を超えているのは、『週刊文春』『週刊新潮』『週刊現代』『週刊ポスト』の出版社系4誌のみになってしまったのである。『週刊文春』はネットで課金する体制へと移行し、ページビュー（PV）は4月に1億PVを突破し、11月には2億PVをこえ、広告収入も増えているという。『週刊文春』だけでなく、12誌の週刊誌はこれからどのような道筋をたどることになるのだろうか。同じく直販誌の『選択』（1月号）も、「我が世の春かと思われた『週刊文春』でさえ、一九年上

■CVSの店舗数・売上高の推移

年	CVS店舗数	CVS書籍・雑誌実販売額（億円）
2005	43,856	5,059
2006	44,036	4,852
2007	43,729	4,044
2008	45,413	3,673
2009	46,470	3,166
2010	45,375	2,886
2011	47,190	2,642
2012	49,735	2,466
2013	53,451	2,262
2014	56,367	2,117
2015	56,998	1,908
2016	56,160	1,859
2017	56,344	1,576
2018	56,586	1,445
2019	55,620	–

■週刊誌実売部数の推移

	週刊文春（文芸春秋）	週刊新潮（新潮社）	週刊現代（講談社）	週刊ポスト（小学館）
2009年1-6月	486,954	414,781	227,988	269,821
2014年1-6月	450,383	329,415	352,521	278,904
2015年1-6月	416,820	313,328	302,036	218,848
2016年1-6月	435,995	270,054	322,857	243,020
2017年1-6月	372,408	247,352	264,089	217,331
2018年1-6月	335,656	251,403	209,025	211,336
2019年1-6月	287,241	197,735	208,014	190,401

期に二万六千部余りも減らしていました。紙の雑誌の多くが死線をさまよう二〇二〇年代となりそうです」。と書いていることも付記しておこう】

〔9〕『ZAITEN』（1月臨時増刊号）として『激変するマスコミと企業広報』が出されている。

【これはふたつの特集が柱となっている。ひとつは「経済メディア『変わる地平線』」、もうひとつは「週刊誌『編集部の内情』である。前者は日経新聞社の現場事情と『日経ビジネス』、『週刊ダイヤモンド』、『週刊東洋経済』の「変わる地平線」に焦点が当てられている。後者は『週刊文春』『週刊新潮』『週刊現代』『週刊ポスト』に加え、『女性セブン』『女性自身』『週刊女性』のガイド付きでもある。タイトルに示されているように、企業広報との関係からの視点も含まれているけれど、『創』（2月号）のような総花的「出版社の徹底研究」ではないので、教えられることも多い。また本誌もかつての『噂の真相』のイメージを彷彿させ、この一年は続けて読んでみようかという気にさせられる】

〔10〕「地方・小出版流通センター通信」（No.521）によれば、同センター設立以来の加入出版社であり、地方出版の時代の先駆であった千葉県流山市の崙書房が廃業するという。崙書房はこの半世紀に千葉県をテーマとした「ふるさと文庫」を始めとして、一千点もの出版物を刊行してきたが、後継者もなく、社員たちも70歳を超え、昨年7月末で活動を停止し、清算に向かっているようだ。

小林規一社長の言として、出版の現状について、出版は「書く人、編集出版する人、流通、書店、書評家などの横断的つながりで出来上るものだが、そのパーツすべてが傷んできている」が引かれている。

【井出彰『書評紙と共に歩んだ五〇年』（「出版人に聞く」シリーズ9）で語られているように、崙書房は『日本読書新聞』に在籍していた小林規一たちによって、１９７０年に立ち上げられている。なお、地方・小出版流通センター設立時代のエピソードは、中村文孝『リブロが本屋であったころ』（同前4）に詳しい】

〔11〕『フリースタイル』44が恒例の「THE BEST MANGA 2020 このマンガを読め！」を組んでいる。

【残念ながら、年を追う毎に、「ＢＥＳＴ10」どころか、「ＢＥＳＴ20」まで見ても、読んでいる作品が少なくなるばかりだ。しかも今年は9の吉田秋生『海街ｄｉａｒｙ』、18の真鍋昌平『闇金ウシジマくん』を途中まで読んでいるだけで、完読していない。両者とも完結しているようだし、早いうちに読まなければ。そんなことを思いながら、ゲオに出かけたところ、レンタルコミックバーゲンがあり、『闇金ウシジマくん』46が50円で売られていた。その隣には、呉智英が挙げていた河野那歩也『監禁嬢』（双葉社）1、4、5がやはり50円で放出されていたので、これらを買ってきた。このクロニクルを書き終えてから読むことにしよう】

〔12〕坪内祐三が61歳で急逝した。

【本クロニクル⑳で既述しておいたように、坪内が拙著『古本屋散策』を『本の雑誌』（9月号）の「読書日記」で紹介してくれたので、次書『近代出版史探索』を論創社から献本してもらった。やはり『本の雑誌』（1月号）の「読書日記」に拙著が届いたことが記されていた。700ページ余の分厚い本なので、読了せずになくなったのではないだろうか。そのことに関して、少し気になることがあり、それを書きつけておく。いずれも坪内絡みだ。かつて坪内の論争相手だった安原顕に、拙著『文庫、新書の海を泳ぐ』（編書房）を献本したが、これも受領したことが日誌に書かれていた。その直後に安原も亡くなっている。また坪内が親交していた山口昌男が、やはり拙著『図書館逍遥』（同前）を『朝日新聞』で書評してくれたけれど、これが山口の書いた最後の書評であり、やはりその後死去している。さらに坪内の対談者だった大村彦次郎も、『古本屋散策』を送ったところ、これから入院するという返信が届き、数ヵ月後に鬼籍に入っている。これだけ続くと、呪われた献本のようでもあり、今後の献本はできるだけ自粛したいと思う】

〔13〕 12月の東京古書会館での講演「知るという病」は『図書新聞』(2/8号)に掲載され、続いて別バージョンも『古書月報』にも収録予定。
今月の論創社HP「本を読む」48は「『思潮』創刊号特集と『ミシェル・レリスの作品』」です。

出版状況クロニクル㉖ 2020年2月

20年1月の書籍雑誌推定販売金額は865億円で、前年比0・6%減。

書籍は495億円で、同0・6%増。

雑誌は370億円で、同2・2%減。

その内訳は月刊誌が295億円で、同0・7%減、週刊誌は74億円で、同8・0%減。

返品率は書籍が33・1%、雑誌は45・1%で、月刊誌は46・1%、週刊誌は40・6%。

書籍の微増は前月の大幅減に加え、返品が減少したこと、雑誌のうちの月刊誌の微減は、コミックス『鬼滅の刃』全巻の重版の影響による。

2月はコロナウィルスの感染拡大もあり、出版業界にどのような影響を及ぼしたのであろうか。

■電子出版市場規模　（単位：億円）

年	2014	2015	2016	2017	2018	2019	前年比（%）
電子コミック	882	1,149	1,460	1,711	1,965	2,593	129.5
電子書籍	192	228	258	290	321	349	108.7
電子雑誌	70	125	191	214	193	130	83.3
合計	1,144	1,502	1,909	2,215	2,479	3,072	123.9

──それは2月の書籍雑誌推定販売金額に反映されるはずだ。

〔1〕出版科学研究所による19年度の電子出版市場販売金額を示す。

【19年の電子出版市場は３０７２億円で、前年比23・9％増。それらの内訳は電子コミックが２５９３億円、同29・5％増、電子書籍は３４９億円、同８・７％増、電子雑誌は１３０億円、同16・7％減。電子コミックは海賊版サイト「漫画村」の18年４月の閉鎖以来、順調に伸びた。その結果、電子コミック占有率は前年の80・８％から84・４％となり、19年の日本の電子出版市場は18年よりもさらに、電子コミック市場の色彩が強くなっていったことになる。それに対し、電子雑誌は2年連続のマイナスで、「ｄマガジン」の会員数も17年から減少している。紙と電子を合わせた出版市場は１兆５４３２億円で、前年を０・２％上回っているが、結局のところ、電子コミックの伸長と密接にリンクしている。もちろん文春オンラインの月間３億ＰＶを超えたことや、集英社コミック『鬼滅の刃』の大ブレイクも承知しているけれど、大手出版社の今後の行方も電子コミック次第ということになるのかもしれない】

〔2〕アルメディアによる19年の書店出店・閉店数が出された。

■2019年　年間出店・閉店状況　(面積：坪)

月	◆新規店			◆閉店		
	店数	総面積	平均面積	店数	総面積	平均面積
1	0	0	0	82	10,028	127
2	2	220	110	58	8,437	145
3	20	2,957	148	85	6,377	85
4	12	2,010	168	47	4,259	97
5	5	435	87	76	10,401	139
6	14	2,754	197	57	5,282	94
7	10	1,732	173	33	2,367	74
8	6	1,090	182	76	7,535	118
9	11	3,344	304	46	6,566	149
10	6	1,610	268	27	4,376	175
11	9	1,740	193	37	3,828	103
12	4	814	204	26	642	31
合計	99	18,706	189	650	70,098	115
前年実績	84	20,232	241	664	57,254	91
増減率（%）	17.9	▲7.5	▲21.6	▲2.1	22.4	26.6

【出店99店に対して、閉店は650店である。出店は18年の84店から15店増え、閉店も同664店から14店減っている。その一方で、書店の開店増床面積は1万7806坪、閉店減少面積は7万98坪で、この20年間で最大の5万1392坪の売場が失われたことなる。19年の書店閉店に関しては、本クロニクルでもTSUTAYAを始めとする大型店の閉店にふれてきたが、それがトータルな閉店減少面積にそのまま重なっているのである。しかもそれは20年1月も続いていて、フタバ図書ジアウトレット広島店800坪、紀伊國屋書店ららぽーと豊洲店540坪、蔦屋書店塩尻店400坪、TSUTAYA高倉店300坪、戸田書店豊見城店370坪、宮脇書店福山多治米店320

■2019年　取次別新規書店数

（面積：坪、占有率：%）

取次会社	カウント	増減（%）	出店面積	増減（%）	平均面積	増減（%）	占有率	増減（ポイント）
日販	41	▲14.6	8,036	▲49.1	196	▲40.4	43.0	▲35.0
トーハン	54	107.7	10,090	171.1	187	30.8	53.9	35.5
楽天BN	4	0.0	577	9.3	144	9.1	3.1	0.5
中央社	0	−	0	−	0	−	0.0	▲0.5
その他	0	−	0	−	0	−	0.0	0.0
合計	99	17.9	18,706	▲7.5	189	▲21.6	100.0	−

（カウント：売場面積を公表した書店数）

■2019年　新規店売場面積上位店

順位	店名	面積（坪）	所在地
1	誠品生活日本橋	877	中央区
2	くまざわ書店大分明野店	770	大分市
3	喜久屋書店松戸店	572	松戸市
4	紀伊國屋書店天王寺ミオ店	492	大阪市
5	TSUTAYA 利府店	490	宮城県利府町
6	TSUTAYA BOOK STORE 宮交シティ店	488	宮崎市
7	三洋堂書店アクロスプラザ恵那店	450	恵那市
8	紀伊國屋書店 mozo ワンダーシティ店	422	名古屋市
9	TSUTAYA BOOK STORE ワイプラザ新保店	415	福井市
10	TSUTAYA BOOK STORE 近鉄草津店	400	草津市

坪などが閉店している。しかもこれらはナショナルチェーンであり、20年は19年を超える書店の閉店減少面積となるかもしれない】

〔3〕 2と同じくアルメディアによる取次別新規書店数と新規書店売場面積上位店を示す。

【取次別で見ると、18年は日販が48店、1万5790坪で、全体の半分以上、売場面積シェアも78%に達していた。だが19年の出店41店はともかく、売場面積は半減したといっていいその代わりにトーハン54店、売場面積も1万坪を超えている。このような日販とトーハンの出店状況は20年も続いていくと考えられる。新規店売場面積は最大の誠品生活日本橋が877坪で、最大面積が1000坪を下回ったのは2002年以来初めてとされる。TSUTAYAが4店を占めているが、18年は7店だったことと売場面積のことを考えると、日販の売場面積シェアのマイナスもTSUTAYAとパラレルだとわかる。2でフタバ図書ジアウトレット広島店の閉店を伝えたが、本クロニクル⓮で示しておいたように、18年開店で4位となっていた。つまり2年ほどで撤退してしまったのである。この後始末はどうなるのだろうか。それから楽天は4店の出店だが、すでに19年1月だけでそれを上回る5店の閉店を見ているし、まだ続いていくであろう】

〔4〕 日販GHDの事業会社日販は奥村景二常務が代表権をもって社長、安西浩和専務が副社長に昇任。吉川英作副社長は会長、平林彰社長は取締役に就任。

【この日販の役員人事には1、2、3の出版業界状況、CCC＝TSUTAYAの19年における大量閉店が強く投影されているのだろう。日販の常務でMPDの社長だった奥村がいきなり日販の社長に昇任するのはそれらのことを抜きにして説明できない。しかも代表権は平林社長と吉川副会長が持っていたが、今回は奥村だけが代表権を持ち、また日販GHDの専務のともなる。それに加えて、新たにMPDの社長、及び奥村とともに日販GHDの執行役員に就任する長豊光は日販GHDのみならず、日販やMPDの役員リストにもその名前は見当らない。おそらくCCC＝TSUTAYAの関係筋から招聘されたと考えるしかない。とすれば、今回の役員人事は本来の大手取次の正道というよりも、傀儡人事という印象を拭い難い】

〔5〕 TechCrunch Japan「『ストリーミング戦争』の正体：Disney、Netflix、Amazon、Appleなど各社徹底解説」がネットで発信されている。

【唐突ながら、ここに挿入しておくべきだと考え、ふれておく。TSUTAYAの大量閉店の背景にあるのは、出版物の売上の凋落とともに、複合の柱であったDVDレンタルの低迷も挙げられる。それは映画にしてもレンタルの時代ではなく、映像配信の時代へと移行しつつあることを物語っている。私にしてもアマゾンプライムに加え、今年になってマーティン・スコセッシの『アイリッシュマン』を見たいので、ネットフリックスの会員となり、映画の配信の時代を実感しているからだ。おそらくそれは、映画のDVDを付録とする分冊百科＝パートワーク誌の企画を不可能に追いやるだろう。DVD付録は『出版状況クロニクルV』で既述しておいたように、ディアゴスティーニ・ジャパンや講談社などが主として手がけていて、私もかなり買っている。その中には講談社の『男はつらいよ 寅さんのDVDマガジン』もあったけれど、現在ではネットフリックスで全作品を見ることができるのだ。映画もまたDVDを買わなくていいし、レンタルする必要もない時代を迎えているのだが、先のネット発信はその映画配信ですらも、さらに新たな競合状況となっていること、すでに配信戦国時代であることを教えてくれる】

〔6〕 京都の三月書房からの来信があり、早ければ今年の5月か6月に閉店すると伝えられてきた。

【これはすでに三月書房のメールマガジンでも記されているし、『朝日新聞』（2／16）の京都地方版にも「京都の名物書店、三月書房が閉店へ」という記事が出されたので、それらも参照してほしい。閉店理由は「出版業界の危機的状況とは無関係」で、「店主の高齢（現在70歳）と後継者の不在」が挙げられている。三月書房に関しては先代のことも含め、いずれ書きたいと思っているが、たまたま2月の「朝日歌壇」に次のような一首を見つけたので、それを引いて、来信への返歌としよう。「百年の書店を廃《や》めるときは来ぬ本の衰へ吾の衰へ（長野県）沓掛喜久男」】

〔7〕 アマゾンジャパンは法人・個人事業主の購買専門サイト「Amazonビジネス」を通じ

て、書店への仲間卸を行うと発表。

全国の書店が対象で、書店への卸値は取次ルートより割高だが、1冊のみの注文にも対応し、アマゾン独自の配達ルートのために、指定日に注文品が届くとされる。

2月現在で、アマゾンと直接取引している出版社は3631社で、前年比689社増、出版社の直接取引比率は66％に達している。

【確かにアマゾンの配達ルートであれば、書店からの1冊の注文品にしても、指定日に届くことになろう。しかし問題なのはその卸値と送料のことだ。おそらく客注などの1冊の注文では定価の問題はあるにしても、赤字になってしまうのではないだろうか。といって、それらの書店への卸値や送料を明確化し、公表しないかぎり、取引は難しいと思われる。だがアマゾンから「仲間卸」を提案される事態となったことには苦笑させられると付け加えるしかない】

〔8〕『新文化』（2／20）が「アダルトの老舗 芳賀書店、赤字脱却への軌跡」という一面特集を組んでいる。

その現在を要約してみる。

かつての3店は、全3フロア、各階23坪の本店の1店だけになった。本売場の占有面積比は雑誌とコミックが各40％、書籍が20％、商材別売上占有比はDVD60％、本20％、グッズ20％。

DVDとグッズは前年比増が続いているし、アダルト系のショップとして、坪単価日本一をめざしているので、現在の2万円を3万円にしたい。

本の売上は減少傾向で、風俗情報誌はネットの普及で落ち幅が大きく、それは主としてコンビニで販売されていたDVD付き雑誌も同様である。最盛期の50％以下となってしまった。それは出版社がAVメーカーと連携し、映像コンテンツなどの素材を流用して誌面をつくる編集が、雑誌からオリジナル性を奪ってしまったことが原因だろう。

これからのアダルト本は「本そのものに人格をもたせないと、かつてのコンビニ本向けのように、業界全体が共倒れになってしまう」と芳賀英紀専務は語っている。

【私たちの世代にとって芳賀書店は、まず文芸書の出版社、それから映画本、その次にはビニール本販売で名を馳せ、そのビニール本販売の延長が現在のアダルトの老舗という位置づけになるのだろう。それを意識してか、芳賀書店もカルチャーウェブマガジンとしての「HAGAZINE」をオープンし、3年以内に出版業にも回帰する予定であるという】

〔9〕 浜松や静岡に16店舗を展開する谷島屋書店がレジ袋を有料化。

これは7月1日からの容器包装リサイクル法の改定に伴うレジ袋有料化に先立つ対応で、有料化後のレジ袋利用率は2割ほどだという。

【環境保護問題はあるにしても、有料化にあたって大4円、小2円とされるので、16店のレジ袋コストもトータルすれば、かなりの金額になっていたはずだ。ちょうど書店のレジ袋のコストは出版社に例えれば、スリップコストに当たるはずで、出版社にしても続々とスリップレス化されていっているように、書店のレジ袋有料化も広がっていくであろう。だがブックオフな

どの場合、利益率からいってレジ袋コストは考える必要もないであろうが、レジ袋有料化ということになるのだろうか】

〔10〕 トランスメディアが事業停止。
同社は2000年設立で、女性ライフスタイルの月刊誌『GLITTER』や女優、海外セレブ関係の書籍を刊行していた。

2006年には売上高16億円だったが、雑誌販売が落ちこみ、15年には売上高が6億円を割っていた。

その後『小悪魔ageha』の復刊、海外セレブ情報誌『GOSSIPS』の休刊、人員整理を進めていたが、業況は好転せず、『GLITTER』も2月号で休刊し、今回の事態となった。

負債額は現在調査中。

【前回のクロニクルでもセブン&アイ出版の事業停止と主婦層向け生活情報誌『saita』の休刊を伝えたばかりだ。20世紀は婦人誌の時代でもあったが、それが終わったしまったこと、あるいはまた21世紀の女性誌の時代も終わりつつあるのかもしれない。そういえば、婦人誌や女性誌と関係の深かった百貨店も19年には閉店数が2桁に及び、20年も閉店ラッシュが止まらない。百貨店の時代も終わっていく。両者は連鎖しているのではないだろうか】

〔11〕 佐藤幹夫個人編集のリトルマガジン『飢餓陣営』50号が届いた。

【これは「追悼　加藤典洋」と銘打たれた特集号だが「終刊宣言」凍結号とあった。同誌は50号で終刊が予告されていたが、それは凍結され、60号までは断言できないが、55号まではなんとしても続けると宣言されている。その理由として、「もしこれから言論弾圧や検閲的な風潮、治安維持法的な動向が強くなるとしたら、責任をもって対応していくためには自分の足場となる発表媒体が不可欠です」からと佐藤は語っている。本クロニクル㉔で、沖縄のリトルマガジン『脈』の編集発行人比嘉加津夫の死を記しておいたが、その後『脈』が出ていないので、終刊となったのであろう。『飢餓陣営』の続刊に期待したい。折しも、これも前回ふれた香港の銅羅湾書店関係者の作家桂民海に対し、中国の浙江省地裁が国外に違法に情報提供したとして、懲役10年の判決を下したとのニュースが入ってきている】

〔12〕『盛岡さわや書店奮戦記』（「出版人に聞く」シリーズ2）の伊藤清彦が65歳で急逝した。

【これも前回のクロニクルで、坪内祐三の死を伝えたばかりだが、またしても旧知の人物が亡くなってしまった。「出版人に聞く」シリーズの著者の死は『震災に負けない古書ふみくら』の佐藤周一、『「奇譚クラブ」から「裏窓」へ』の飯田豊一、『戦後の講談社と東都書房』の原田裕、『鈴木書店の成長と衰退』の小泉孝一、『三一新書の時代』の井家上隆幸、『「週刊読書人」と戦後知識人』の植田康夫に続いて7人目である。インタビューしておいてよかったと思うと同時に、このシリーズも死者ばかりを生じさせ、死のイメージに覆われていくことを如何ともし難い。あらためてこれらを読み、それぞれに補遺の論稿を書き継ぐことで、彼らへの追

悼に代えようと思う】

〔13〕 19年暮れにパイ・インターナショナルからティル＝ホルガー・ボルヒェルト、熊澤弘訳『ヒエロニムス・ボスの世界』が出された。
サブタイトルは「大まじめな風景のおかしな楽園へようこそ」。

【これはボスの「悦楽の園」を始めとする美術世界の様々なディテールをクローズアップした多くの図版によって再発見する試みであり、新たな面白さを実感できる。原書はベルギーの出版社ＬｕｄｉｏｎのBosch in Detailなどのシリーズのようで、続刊を期待したいこともあり、ここに紹介してみた。編集は原瑛莉子とあり、知らなかった出版社とそのシリーズの翻訳企画に拍手を送りたい】

〔14〕 青木正美『古書と生きた人生曼陀羅図』（日本古書通信社）を恵送された。
【これは青木の『古本屋群雄伝』（ちくま文庫）に『古本屋奇人伝』（東京堂出版）から3編、及び新稿を加えた決定版古本屋列伝というべき一冊で、同時に昭和古本屋史を形成してもいる。表裏見返しには昭和初年と敗戦直後の神田神保町古書店街の写真が使われているのも懐かしい】

〔15〕 『近代出版史探索Ⅱ』のゲラが出てきた。『近代出版史探索』がそれでも５００部は売れ、

続刊が決まった次第で、読者と図書館に感謝したい。論創社HP「本を読む」49は「生田耕作とベックフォード『ヴァテック』」です。

出版状況クロニクル㉗ 2020年3月

20年2月の書籍雑誌推定販売金額は1162億円で、前年比4・0%減。

書籍は713億円で、同3・2%減。

雑誌は448億円で、同5・2%減。

その内訳は月刊誌が370億円で、同4・6%減、週刊誌は78億円で、同8・2%減。

返品率は書籍が31・8%、雑誌は41・5%で、月刊誌は41・2%、週刊誌は42・9%。

書店売上は書籍が2%減だが、学校の一斉休校もあり、小学ドリルなどの学参は12%増、学習漫画などの児童書は5%増で、新型コロナによるプラスということになる。

まだ2月の書籍雑誌推定販売金額に、新型コロナの影響は実質的に表われていないといえるかもしれないが、3月にはかつてないマイナスとして現実化するだろう。

それは出版業界の生産、流通、販売のさらなる未曽有の危機として表出していく。

――すでにその渦中にあると考えるしかない。

【1】『文化通信』（3／2）が一面特集「新型コロナウィルスの影響が広がる」で、新聞、出版、広告業界のイベントや会合中止を伝えている。
出版業界では「全国トーハン会代表者総会」、5回目の「本のフェス」、丸善ジュンク堂の「丸の内BOOKCON 2020」などが中止。
また『新文化』（3／5）も同じく一面特集「新型コロナ 店頭売上に影響およぶ」として、「住宅地・郊外型」の書店では比較的影響が少ないが、「大型施設や駅前型」の書店は前年比10％近くの減少で、大きなダメージを受け、ある地方書店では20％マイナスも生じているとレポートしている。

【これらは3月上旬の記事であり、その後のイベントや会合中止はさらに増加し、3月の書店売上もさらに減少しているようだ。日本百貨店協会の発表によれば、3月1日から17日の百貨店売上高は前年比40％減となり、1965年の統計開始以来、過去最大の落ち込みになるという。2月の売上高は同12・2％減。本クロニクルはその根底的視座として、高度資本主義消費社会は平和と安全が前提だと認識してきたが、それが思いがけない新型コロナによって侵蝕されてしまったのだ。グローバリゼーション化と相俟って、リーマンショックや東日本大震災を超える経済不況に見舞われつつある】

■上場企業の書店と関連小売業の株価

企業	18年5月高値	18年11月21日 終値	19年11月21日 終値	20年3月20日 終値
丸善CHI	363	348	377	348
トップカルチャー	498	382	345	250
ゲオHD	1,846	1,840	1,326	1,334
ブックオフHD	839	808	1,082	808
ヴィレッジV	1,023	1,078	1,110	856
三洋堂HD	1,008	974	829	814
ワンダーCO	1,793	660	726	484
文教堂HD	414	239	159	95
まんだらけ	636	630	604	492
テイツー	–	–	42	23

〔2〕株式市場も急落しているので、上場企業書店と関連小売業も見てみる。

【本クロニクル㉓で、同じリストを掲載したばかりだが、トップカルチャー、ワンダーCO、文教堂は株価が急落しているといっていいだろう。しかも新型コロナによる売上減少が反映されるのはまだこれからだし、これら以外の大手チェーンに及んでいくことは確実だ。また2月の書店閉店状況を見ても、ジュンク堂だけでなくTSUTAYA5店、ヴィレヴァン4店、文教堂2店、それから廣文館やフタバ図書の大型店も閉店している。おそらく新型コロナによる書店売上マイナスは何よりも大型店を直撃し、どこまで高い家賃コストに耐えられるかという状況へと追いやられていくだろう】

〔3〕『新文化』(3/12)に、図書館に勤めている20代の匿名の女性による寄稿「図書館サービス制限に違和感」が掲載されている。

これは新型コロナによる図書館イベントやサービスの中止、とりわけ「レファレンス」と「資料の閲覧」ができなくなったことをさしている。彼女の言葉を引こう。

「中止されたサービスの内容が、私には信じられないものでした。主に資料（新聞を含む）の閲覧、閲覧席の利用、利用者が調べる内容に関しての相談（レファレンス）、館内に設置されているパソコンでのインターネットの使用などです。

これは、利用者の滞在時間を短時間にすることと、対人接触を可能な限り避けることを目的としています。そうして残ったサービスは、予約資料の受取り、資料の返却、館内の検索機またはホームページを使用してのセルフ検索くらいです。」

続けて彼女は「図書館の自由に関する宣言」に言及し、これらの「今回のサービスの制限」に疑問を呈している。

【こうした新型コロナの影響が図書館現場において、広く実施されているのかどうか、詳らかにしないが、かなり休館に及んでいることは仄聞している。かつてであれば、このような図書館状況は『出版ニュース』で報じられていただろうが、休刊となった現在ではそれも不可能となってしまった。多くの出版社のデジタルコンテンツ無料公開は、業界紙でも報じられているけれど、まさに図書館に関するレファレンスも、これから難しくなっていくことを知らしめているのかもしれない】

〔4〕戸田書店静岡本店が5月に閉店。

静岡本店はＪＲ静岡駅北口前の複合商業ビル「葵タワー」の地下1階から2階までの3フロアで、文芸書から専門書なども含め、60万冊を揃えていた。

２００2年に旧長崎屋静岡店ビルを取得して開業し、07年に再開発事業に伴い、一次退去したが、10年に「葵タワー」完成とともに再オープンしていた。

また戸田書店の富士店、富士宮店（いずれも静岡）、桐生店（群馬）、長岡店（新潟）、三川店（山形）の5店舗は丸善ジュンク堂の運営となり、丸善ＣＨＩグループの傘下に置かれることになった。

【静岡呉服町通りには、かつて御三家とされた谷島屋、江崎書店、吉見書店があった。それに戸田書店も加わったわけだが、いずれも閉店という事態を迎えた。通りにはＴＳＵＴＡＹＡだけが残り、静岡の書店の一時代が終わったことになろう。駅ビルに谷島屋、新静岡駅ビルに丸善ジュンク堂があるにしても。戸田書店の静岡本店は地元のデベロッパーに売却されるようだが、その背後には栗田と大阪屋、大阪屋栗田から楽天に至る取次買掛金の問題が潜んでいるだろうし、その清算はどうなるのだろうか。それと同時に、戸田書店は2の三洋堂と並んで、１９７0年代後半からの郊外店出店の先駆けだった。今日の事態は書店の郊外店の終わりを告げていよう】

〔5〕『出版月報』（2月号）が特集「コミック市場２０１９」を組んでいる。

その「コミック市場全体（紙版＆電子）販売金額推移維」と「コミックス・コミック誌　推定

■コミック市場全体（紙版＆電子）販売金額推移　（単位：億円）

年	紙			電子			合計
	コミックス	コミック誌	小計	コミックス	コミック誌	小計	
2014	2,256	1,313	3,569	882	5	887	4,456
2015	2,102	1,166	3,268	1,149	20	1,169	4,437
2016	1,947	1,016	2,963	1,460	31	1,491	4,454
2017	1,666	917	2,583	1,711	36	1,747	4,330
2018	1,588	824	2,412	1,965	37	2,002	4,414
2019	1,665	722	2,387	2,593	コミックス コミック誌 統合	2,593	4,980
前年比（％）	104.8	87.6	99.0	129.5		129.5	112.8

販売金額推移」を示す。

【19年のコミック全体の販売金額は4980億円、前年比12・8％増。その内訳は紙のコミックスが1665億円、同4・8％増、電子コミックス2593億円、同29・5％増で、2年連続のプラスとなった。電子コミックは14年の統計開始以来、過去最高の売上で、ついに紙のコミックスとコミック誌の販売金額を上回った。これは「漫画村」などの海賊版サイトの閉鎖も大きく影響しているはずだ。紙のコミックスの増は『鬼滅の刃』（集英社）の大ヒットによるもので、12月発売の18巻は初版100万部、19年末には18巻累計で2339万部に達し、2000年2月の19巻は初版150万部、電子版を含めると累計が4000万部を突破している。19年の書籍扱いコミックスの販売部数が2375万部であることを考えれば、大ブレイクと呼ぶしかない『鬼滅の刃』の売れ行きだ。出版業界においては、久方ぶりの明るいニュースだ。だが留意すべきは、毎年のようにこうした大ブレイクが起きるわけではないし、コミック誌は722億円、

■コミックス・コミック誌の推定販売金額　（単位：億円）

年	コミックス	前年比（%）	コミック誌	前年比（%）	コミックスコミック誌合計	前年比（%）	出版総売上に占めるコミックのシェア（%）
1997	2,421	▲4.5%	3,279	▲1.0%	5,700	▲2.5%	21.6%
1998	2,473	2.1%	3,207	▲2.2%	5,680	▲0.4%	22.3%
1999	2,302	▲7.0%	3,041	▲5.2%	5,343	▲5.9%	21.8%
2000	2,372	3.0%	2,861	▲5.9%	5,233	▲2.1%	21.8%
2001	2,480	4.6%	2,837	▲0.8%	5,317	1.6%	22.9%
2002	2,482	0.1%	2,748	▲3.1%	5,230	▲1.6%	22.6%
2003	2,549	2.7%	2,611	▲5.0%	5,160	▲1.3%	23.2%
2004	2,498	▲2.0%	2,549	▲2.4%	5,047	▲2.2%	22.5%
2005	2,602	4.2%	2,421	▲5.0%	5,023	▲0.5%	22.8%
2006	2,533	▲2.7%	2,277	▲5.9%	4,810	▲4.2%	22.4%
2007	2,495	▲1.5%	2,204	▲3.2%	4,699	▲2.3%	22.5%
2008	2,372	▲4.9%	2,111	▲4.2%	4,483	▲4.6%	22.2%
2009	2,274	▲4.1%	1,913	▲9.4%	4,187	▲6.6%	21.6%
2010	2,315	1.8%	1,776	▲7.2%	4,091	▲2.3%	21.8%
2011	2,253	▲2.7%	1,650	▲7.1%	3,903	▲4.6%	21.6%
2012	2,202	▲2.3%	1,564	▲5.2%	3,766	▲3.5%	21.6%
2013	2,231	1.3%	1,438	▲8.0%	3,669	▲2.6%	21.8%
2014	2,256	1.1%	1,313	▲8.7%	3,569	▲2.7%	22.2%
2015	2,102	▲6.8%	1,166	▲11.2%	3,268	▲8.4%	21.5%
2016	1,947	▲7.4%	1,016	▲12.9%	2,963	▲9.3%	20.1%
2017	1,666	▲14.4%	917	▲9.7%	2,583	▲12.8%	18.9%
2018	1,588	▲4.7%	824	▲10.1%	2,412	▲6.6%	18.7%
2019	1,665	4.8%	722	▲12.4%	2,387	▲1.0%	19.3%

前年比12・4％減で、14年の半分ほどの売上となっている。それはまだ続くだろうし、『鬼滅の刃』にしても、『週刊少年ジャンプ』がもたらした大ブレイクであり、紙のコミック誌の存在を抜きにしては語れないことを忘れるべきではない】

〔6〕 講談社の決算は1358億3900万円、前年比12・7％増で、2年連続の増収増益。
その内訳は「製品」643億円、同3・9％減、「広告収入」59億円、同18・4％増、「事業収入」は613億円、同38・5％増。

「事業収入」の「デジタル関連収入」は465億円、同39・2％増、「国内版権収入」は81億円、同36・5％増、「海外版権収入」は66億円、同39・5％増。

年間を通じて、電子書籍売上が好調で、版権収入も映像化による配信、商品化ビジネスが拡大、ニューメディア、デジタルメディア広告も伸長した。

それにより、営業利益は89億円、同293・8％増、当期純利益は72億円、同152・9％増となった。


【講談社の2年連続の増収増益は5の電子コミック市場の伸長と連動しているし、それはコミックを柱とする他の大手出版社の決算にも表われてくるだろう。しかしそこでも問題なのは、電子コミックの隆盛は取次や書店に対してほとんど寄与しないし、リアルな流通や販売にとってはマイナス要因でしかない。それこそ大手出版社のマス雑誌とコミックは中小書店によって支えられていたにもかかわらず、現在ではもはやそうした関係は切断されようとしている】

〔7〕 丸善CHIホールディングスの決算は売上高1762億5800万円、前年比0・5％減。営業利益34億5400万円、同6・8％増、当期純利益は21億8900万円、同14・3％減。その内訳は図書館サポート事業が278億円、同5・2％増、受託館数は1489館、大学・研究機関向け設備工事の文教市場販売は536億円、同5・0％減、丸善ジュンク堂などの店舗・ネット販売事業は737億円、同0・5％減、店舗数は88。

【文教市場と丸善ジュンク堂などの店舗・ネット販売事業のマイナスを、図書館サポート事業の伸びが補っていることになる。期初の受託感寸は1356館だったことからすれば、133館の増加で、公共図書館はそれほど増えていないわけだから、TRCに切り替わったところも多いと考えられる。これから公共図書館にしても、著しい増加は期待できないし、ゼロサムゲームの中で、図書館の所謂帳合変更も必至ということになるのだろうか。なお21年の決算予想について、新型コロナ問題もあり、現時点での予想は困難で、未定としている】

〔8〕 日販とトーハンは「物流協業」において、雑誌返品業務を出版共同流通㈱蓮田センターで実施すると発表。

出版共同流通は日販、楽天、ブックネットワーク、日教販、講談社、小学館、集英社が出資し、蓮田センターは日販、楽天、日教販の雑誌返品業務を受託していた。

これにトーハン、中央社、協和出版販売の雑誌返品も受託することになる。これらはトーハンの東京ロジスティクスセンターが手がけていたが、同センターは新たな物流拠点として活用していくとされる。

【日販やトーハンの物流拠点として、まだ多くの流通センターがあるけれど、東京ロジスティクスセンターの取次の新たな物流拠点としての活用は難しいだろう。雑誌にしても、書籍にしても、この20年で物流は半減してしまったのだし、しかも下げ止まってもいないからだ。といって他業種の3PL物流への移行も困難である。そのような視点から見れば、不動産の有効活用が模索されているはずだが、そこで「文喫」やホテル「本箱」は展開できないので、やはり高齢者施設ということになるのだろうか】

〔9〕日販GHDは新会社の日販セグモと日販ビジネスパートナーズの設立を発表。
前者は各種イベントを運営するエンタメ事業会社で、社長は日販GHDの安井邦好執行役員、後者はグループの管理部門を手がけるシェアードサービス会社で、社長は同西堀新二執行役員。

〔10〕CCCグループの徳間書店は平野健一社長が取締役となり、小宮英行取締役が社長に就任。
また同じく主婦の友社の社長に平野が就任する。

【日販の新たな2社は、本クロニクル⑮で示しておいた「グループ体制の概要（予定）」に基づくもので、「エンタメ事業」と「シェアードサービス」として予告していたものだ。日販セグモのほうは「エンタメ事業」であるがゆえに、CCCの移行に寄り添っているはずだ。とすれば、ほぼ同時期に発表されたCCCグループの徳間書店や主婦の友社の社長人事にしても、そ

うした動向とパラレルであるのかもしれない】

〔11〕 デイズ・ジャパン社が破産。

【『DAYS JAPAN』に関しては本クロニクル⑮などで、発行者の広河隆一のセクハラ問題を取り上げてきた。同誌は19年3・4月号で「広河隆一性暴力報道を受けての検証委員会報告」と「性暴力をどう考えるか、連鎖を止めるために」を特集し。それが最終号となっていた。ところがその後に「性暴力」損害賠償請求が積み上がり、結局のところ破産するしかなかったようだ。そのために『DAYS JAPAN』はセクハラで休刊となり、会社自体もそのことによって破産するという不名誉な記録を出版史に残したことになろう。ただそれとは別に、写真による原発特集などは、他では見ることも読むこともできなかったものであることは記しておく】

〔12〕 1953年創刊のアメリカの男性誌『PLAYBOY』が終刊。

【創刊号はマリリン・モンローのヌードを掲載し、72年には700万部を超える部数に達し、インターナショナルな雑誌神話を確立した。それを範として、多くの男性雑誌が各国で創刊されていったことはいうまでもないだろう。『PLAYBOY日本版』が集英社から創刊されたのは1975年であり、それは日本が消費社会化した時代のとば口においてだった。70年代後半から80年代にかけては、その影響下に多くの男性雑誌が創刊され、雑誌の時代の輝きを放っていたことはまだ記憶に残っている。アメリカ版を最初に見たのは高度成長期下の1960年代半ばで、その多くのグラビアと華やかさは当時の日本社会とかけ離れたもののように思えた。だがその後10年で、日本もまたアメリカ的消費社会を迎えたことになろう。それらはともかく、終刊もコロナウィルスの感染拡大を受け、版元の決断も早められたという】

〔13〕風船舎の古書目録第15号が届いた。

特集は「異郷にて」で、536ページ、5731の出品が並び、多くの未知の手紙や写真が満載である。

【風船舎の目録は音楽が中心となっていて、私はその分野に門外漢なので、あまり購入していない。そんな私にも恵送してくれるので、とても有難い。ただ知人の言によれば、音楽関係者にとっては不可欠の古書目録であるようだし、少しでも多くの目にふれればと思い、紹介を試みている次第だ】

〔14〕平凡社の編集者の松井純が51歳で急逝した。

『週刊読書人』（3／31）に明石健吾「追悼　松井純　二〇〇冊に及ぶ本の産婆役」が掲載され、編集書名がリストアップされている。

【面識はなかったけれど、その編集書はかなり読んでいて、人文書院時代の鈴木雅雄／真島一郎編『文化解体の想像力』は拳々服膺させてもらった。奇しくも同書の編集覚書「そんなものはエグゾティスムだと非難されるかもしれない」は松井自らの手になるものだった。これで

『マルセル・モース著作集』の実現は遠のいてしまったと考えるしかない】

〔15〕今月の論創社HP「本を読む」50は「『マラルメ全集』と菅野昭正『ステファヌ・マラルメ』」です。

出版状況クロニクル㉘　2020年4月

20年3月の書籍雑誌推定販売金額は1436億円で、前年比5・6％減。

書籍は916億円で、同4・1％減。

雑誌は519億円で、同8・1％減。

その内訳は月刊誌が434億円で、同8・5％減、週刊誌は84億円で、同6・4％減。

返品率は書籍が25・5％、雑誌は40・7％で、月刊誌は40・6％、週刊誌は41・4％。

書店売上は前月と同様に、書籍が2％減となっているけれど、政府による学校の休校や外出自粛要請もあり、学参は30％増、児童書は12％増となった。

雑誌は定期誌9％減、ムック16％減、コミックス19％増で、『キングダム』の新刊発売と

『鬼滅の刃』が相変わらず売れ続け、4ヵ月連続の二桁増。

前回の本クロニクルで、3月の書籍雑誌推定販売金額には新型コロナによる影響で、かつてないマイナスに陥るのではないかと予測しておいた。

だが影響はあるにしても、3月は二桁減には至っていない。やはり問題は4月以降ということになろうか。

---

〔1〕『日経MJ』（4／22）に衣料品・靴専門店13社の3月販売実績が掲載されているので、リードの書店販売状況と比較する意味で、引いておく。

【13社のうちの12社が大幅なマイナスで、営業時間の短縮や休業店舗の増加も影響している。それに入学式や卒業式の中止も重なっていよう。唯一のプラスは子供服の西松屋チェーンだが、紙おむつやウエットティッシュなどの消耗品、室内用子どもおもちゃの需要が伸びたことによっている。4月はさらに政府の緊急事態宣言、自治体による外出自粛要請による休業や時短営業が広がり、3月以上のマイナスが予測される。なおコンビニ大手7社の3月の売上高は8338億円で、前年比5・8％減、来客数も同8・2％減】

〔2〕続けて『日経MJ』（4／3）だが、新型コロナウィルスの大打撃の中で、「外食の生き残り、業界の先達に聞く」として、すかいらーくの元社長、日本フードサービス協会会長、現「高倉町珈琲」の横川竟会長に一面インタビューしている。それを要約してみる。

■衣料品・靴専門店販売実績３月　（前年同月比増減率％）

	店名	全店売上高	既存店売上高	既存店客数
カジュアル衣料	ユニクロ	▲28.1	▲27.8	▲32.4
	ライトオン	▲40.1	▲39.1	▲35.3
	ユナイテッドアローズ	▲38.8	▲40.2	▲36.8
	マックハウス	▲36.1	▲32.4	▲35.8
	ジーンズメイト	▲33.4	▲36.6	▲29.0
婦人・子供服	しまむら	▲11.8	▲12.1	▲12.5
	アダストリア	▲24.3	▲24.2	▲20.0
	ハニーズ	▲28.3	▲28.8	▲31.3
	西松屋チェーン	19.3	21.3	15.3
紳士服	青山商事	▲41.1	▲41.2	▲33.2
	AOKIホールディングス	▲36.5	▲32.9	▲35.0
靴	チヨダ	▲24.8	▲24.4	▲23.5
	エービーシー・マート	▲31.1	▲29.9	▲29.1

＊外食業界にとって最大のピンチで、東日本大震災やリーマンショックとは異なる。

＊今回は日本全体、海外の経済、円世界の70億人に及ぶもので、経済を大木に例えると、これまでは枝が折れただけだったが、この感染拡大は根が枯れかねない。

＊従来とはまったく異なるという認識が必要で、政治が対策を巡って、リーマン時との多寡を議論している時点で見通しが甘い。

＊「高倉町珈琲」の売上高は前年比８％ダウンで、レストランは25～30％、居酒屋は半分に落ちているようだ。

＊消費者は直観的に選別し、クレンリネス（清潔さ）、接客などの安心できるブランド力が問われ、それが落ち幅を左右している。

＊飲食店は売上高にかかわらず、家賃、人件費などのコストが発生するし、３割が原材料費なので、売上高が５割以上も減る事態が続け

ば、赤字になってしまう。
＊政府の資金繰り対策や支援は実態と異なる。小売り、外食、卸に必要なのは運転資金で、金利付きでの返済猶予、10年程度の長期返済といった、困っている事業者に資金が回る仕組みが必要だ。貸し倒れリスクはあるにしても、すぐに融資すべきだ。
＊飲食店の経営者が最優先すべきは会社を潰さないこと。それと働く人を護ることで、規模を小さくして働く人を守れるのであれば、店を閉めるべきだ。
＊平成の外食は安さを競ってきたが、令和は新たな価値を模索する時代となる。その価値を生み出すのは大手チェーンストアよりローカルチェーン、オーナーチェーンで、大手が生き残っても、中小零細が潰れるようでは外食はダメになる。
＊感染拡大による影響とその収束は1、2年ではすまないし、消費税の引き下げなどの思い切った施策を打って、「見えない不安」を取り除かないと、消費は底入れしない。
＊消費者は政治対応の混乱を目にし、将来不安から生活防衛に入るので、外食の価値も変わる。来てもらい続ける店の条件は3つ、安全で、おいしい商品を出し、従業員が楽しく働く。そうした店を作る、維持するという経営者の思想が必要だ。
【新型コロナウィルス危機に関する経営者の発言を多く聞いているわけではないけれど、この横川の発言は、シンプルにしてグローバル、しかも本質的な透視図を示し、真摯な現状分析と思われるので、ここに紹介してみた。ここで何よりも重要なのは、今回のコロナ問題が大手

メーカーや大手企業ではなく、中小零細の小売り、外食、卸を危機に追いやっているという指摘である。つまり現在の消費社会はそれらによって形成され、支えられているので、その危機はそのまま社会の危機へとつながり、コロナ感染拡大はそこを直撃しているのである。外食産業と郊外消費社会の発端から寄り添ってきた横川ならではの視座といえるし、グローバリゼーション化した高度資本主義消費社会の本質をついていよう。残念ながら、出版業界では出版社、取次、書店にしても、このような現状分析、未来像も含んだビジョンは提出されていないからだ。ここで語られている外食産業、飲食店は出版業界、中小出版社、中小書店にもそのまま通じるものである。ただ規模的に外食産業は出版業界よりもはるかに大きく、25兆円の市場と450万人の雇用を生み出しているので、社会にもたらす影響は比ぶべくもない。実際にこれも『日経MJ』（4／20、4／22）が続けて、「サバイバル外食不況」を特集しているが、そこに示された3月売上高は、サイゼリア21％、大庄41％、すかいらーくHD23・5％、壱番屋9・8％減となっている。それらの見出しは「瀬戸際の大手会社死守に奔走」、「中小資金繰り背水の陣」とあり、横川の言のように進行していることになる。その後、同じく『日経MJ』（4／27）に「主要外食3月の商況」として、35社のデータが出されている。なお1970年の横川兄弟によるすかいらーくの創業はその後の郊外消費社会の先駆的試みだった。それらの1970年代状況は拙稿「アメリカ的風景の出現」（『〈郊外〉の誕生と死』所収、論創社）を参照されたい】

〔3〕『選択』（4月号）がコロナ特集といっていいほどの記事を、「ｗｏｒｌｄ」「政治」「経済」「社会・文化」の全領域にわたって発信している。
それらの主な記事タイトルを挙げてみる。
＊「世界『コロナ恐慌』の暗黒」
＊「『コロナ以前』に戻れない中国経済」
＊「五輪と安倍退陣『W延期』」
＊「新感染症に無策の『国家安全保障局』」
＊「米国株『パニック相場』の行方」
＊「『二重症化』日本経済への処方箋」
＊「コロナ治療薬『開発競争』の最前線」
＊「病院にも迫る『コロナ倒産』の足音」
＊「新型コロナ専門家会議」
【このような特集や記事を多く読んでいないが、これらの『選択』の記事は4月1日発売という早い時期だったにもかかわらず、極めて充実し、示唆に富んでいたと判断できるし、直販誌ならではのコロナ特集号の白眉として推奨する次第だ。それを自覚してか、「編集後記」に次のように述べられている。「新型コロナウィルスの感染拡大で、日本にも『自主隔離』の時代がやってきた。こういう時には小誌を読もうと思っていただければ、出版人としてこれに勝る喜びはない」。「出版人として」書かれていることに注視すべきであろう】

〔4〕　書店休業に関しては『新文化』（4／16）が「1000店規模」、『文化通信』（4／20）が「800店以上」として、丸善ジュンク堂書店を始めとするナショナルチェーンの8都府県35店、及びその他の休業をレポートしている。

【4月7日の政府の「緊急事態宣言」の発令によって、ナショナルチェーンなどの休業が増加し、ショッピングモールやスーパーなどに出店している書店も、その意向から休業、時短営業を余儀なくされている。その一方で、東京書店組合に属する多くの地場書店は営業を続け、客が集中し、売上が伸びているようだ。書店によっては前年の倍の売上になっているとも伝えられてくる。それが学参、児童書の売上増とリンクしているのだろう。また東京都は4月13日に「古本屋」に休業要請し、「本屋」はその対象外という方針を打ち出した。それによって神保町古本街も休業が一気に増えた。「古本屋」には休業補償がなされ、「本屋」にはそれがないということになるのだろうか。休業しても、家賃やリース費、人件費は発生するし、「本屋」だろうと書店だろうと、休業は死活問題となっていくことだけは確実だ。ただ幸いにして、小学館、集英社、宝島社などにおけるコロナ感染者の発生、及びそれに関連する雑誌発売延期などの問題は書店現場からは伝えられていないので、それだけは救いである。しかしこのような感染拡大が続けば、書店も巻き込まれていくことになろう。おそらく「緊急事態宣言」を受けて、公共図書館の多くが休館となっているはずで、私が利用している市立図書館も一週間前に休館となっている。そこでブックオフは「古本屋」か「本屋」なのか不明だが、営業を続けている。だがやはり何らかの方針は伝えられているようで、入口消毒、立ち読み禁止、15分以内の買物

がアナウンスされていた。このような出版物をめぐる販売、貸出インフラ状況は5月連休明けを迎えても、ドラスチックには改善されないと思われる。そのようにして出版危機は深まっていくばかりだ】

〔5〕『出版月報』（3月号）が特集「文庫本マーケットレポート2019」を組んでいる。その「文庫本マーケットの推移」を示す。

【販売金額は2年続いての900億円台だが、小野不由美『十二国記』（新潮文庫）の新刊4点、254万部のメガヒットがなかったならば、確実に900億円を割っていただろう。それゆえに20年は800億円台となり、ピーク時の2006年の1416億円にくらべると、600億円近くのマイナスで、21年に至ってはその半減を見ることになろう。それに合わせるように、販売部数も1億冊のマイナスで、新刊点数はまだ7000点台を保っているけれど、それを割り込んでいくだろう。その一方で、新刊平均定価は698円に達し、20年は700円を超え、文庫本は安いというコンセプトから逸脱していく。2012年に販売金額284億円のライトノベル文庫も19年には143億円と半減しており、明らかにスマホとの競合がうかがわれる。結局のところ、文庫本のマイナスはまだ続いていくと考えるしかない】

〔6〕商業界が自己破産。
同社は1948年設立で、小売流通業界専門誌『商業界』を始めとして、『販売革新』『食品商

■文庫マーケットの推移

年	新刊点数		推定販売部数		推定販売金額		返品率
	点	増減率	万冊	増減率	億円	増減率	
1999	5,461	2.3%	23,649	▲ 4.3%	1,355	▲ 1.0%	43.4%
2000	6,095	11.6%	23,165	▲ 2.0%	1,327	▲ 2.1%	43.4%
2001	6,241	2.4%	22,045	▲ 4.8%	1,270	▲ 4.3%	41.8%
2002	6,155	▲ 1.4%	21,991	▲ 0.2%	1,293	1.8%	40.4%
2003	6,373	3.5%	21,711	▲ 1.3%	1,281	▲ 0.9%	40.3%
2004	6,741	5.8%	22,135	2.0%	1,313	2.5%	39.3%
2005	6,776	0.5%	22,200	0.3%	1,339	2.0%	40.3%
2006	7,025	3.7%	23,798	7.2%	1,416	5.8%	39.1%
2007	7,320	4.2%	22,727	▲ 4.5%	1,371	▲ 3.2%	40.5%
2008	7,809	6.7%	22,341	▲ 1.7%	1,359	▲ 0.9%	41.9%
2009	8,143	4.3%	21,559	▲ 3.5%	1,322	▲ 2.7%	42.3%
2010	7,869	▲ 3.4%	21,210	▲ 1.6%	1,309	▲ 1.0%	40.0%
2011	8,010	1.8%	21,229	0.1%	1,319	0.8%	37.5%
2012	8,452	5.5%	21,231	0.0%	1,326	0.5%	38.1%
2013	8,487	0.4%	20,459	▲ 3.6%	1,293	▲ 2.5%	38.5%
2014	8,618	1.5%	18,901	▲ 7.6%	1,213	▲ 6.2%	39.0%
2015	8,514	▲ 1.2%	17,572	▲ 7.0%	1,140	▲ 6.0%	39.8%
2016	8,318	▲ 2.3%	16,302	▲ 7.2%	1,069	▲ 6.2%	39.9%
2017	8,136	▲ 2.2%	15,419	▲ 5.4%	1,015	▲ 5.1%	39.7%
2018	7,919	▲ 2.7%	14,206	▲ 7.9%	946	▲ 6.8%	40.0%
2019	7,355	▲ 7.1%	13,346	▲ 6.1%	901	▲ 4.8%	38.6%

業』『ファッション販売』などの主力雑誌を刊行し、それに関する単行本の出版、各種セミナーも開催していた。

ピーク時の2001年には年間20億円を計上していたが、19年には8億円にまで減少し、『飲食店経営』や『ファッション販売』を他社に譲渡していた。

負債額は8億8000万円。

【商業界設立者の倉本長治は鈴木徹造『出版人物事典』(出版ニュース社)に立項されているように、戦後の小売流通業のイデオローグの一人であり、高度成長期の商店街のカリスマだったといえるであろう。しかし商店街の没落とともに、中小の小売流通業は衰退し、商業界の占めていた役割も終わりを迎え、自己破産へと至ったと見るべきだろう。なお倉本と『商業界』のルーツは戦前の誠文堂の『商店界』にあり、それは小川菊松『出版興亡五十年』(誠文堂新光社)に詳しい】

〔7〕おうふうが破産手続きを開始。
同社は1993年の設立で、辞典や国文学関連の書籍を手がけ、2001年には売上高4億5000万円を計上していたが、19年には7200万円まで落ちこんでいた。負債は4億7000万円。

【おうふうはかつての桜楓を引き継いで設立された版元だったと思う。これも6の商業界ではないけれど、大学における国文学や近代文学研究の衰退を受けての結末と考えるしかない。それは国文学や近代文学研究書の出版に関わっている版元に等しく訪れている危機と密接にリンクしているのだろう。大学、高校の教科書なども手がけていたと伝えられているが、それも確固たるベースにならない時代を迎えつつあることを、おうふうの破産は告げていよう】

〔8〕　小林出版が自己破産。
同社は2017年設立、大学の福祉系学部で使用される介護や社会福祉の教科書を発行、販売していた。

新型コロナウィルスの影響で、4月に大学生協で販売予定だった教材の納品が9月に延期され、資金繰りの目途が立たず、事業継続を断念した。

昨年の売上高は1500万円で債務超過に陥っていて、負債額は1600万円。

【この版元は初めて目にするもので、設立年度が3年前と最近で、しかも教科書出版であるにもかかわらず、自己破産したことになる。7のおうふうに続いて、今月は教科書関連出版社が2社自己破産に追いやられたことになる】

〔9〕　秀作社出版が後継者不在のために自主廃業。
同社は1987年創業で、水墨画の技法書や仏教関連書など600点以上を刊行してきた。

毎年公募作品を集めた全国水墨画秀作展を開催するイベントも含め、様々に展開してきたが、33年の歴史に終止符が打たれた。

【秀作社出版の刊行物は目にしていたし、水墨画や仏教関連書を出していることは知っていたが、創業30年を超えていたことは認識していなかった。そういえば、1980年代に水墨画ブームといっていいのか、各社から水墨画の本が出されるようになったことを記憶している。おそらく秀作社出版もそのようなトレンドに合わせるかたちで設立され、水墨画の秀作展も開催するようになったのであろう。だがそのような趣味とそれに併走する出版の時代も終わっていくのだろう。長きにわたる本クロニクルにおいても、6、7、8、9と4社の自己破産と廃業を記すのは初めてである。しかもその背景に新型コロナウィルスの影響があるのは確実だから、その予兆のような出版社の自己破産と廃業となるのかもしれない】

〔10〕 仏教総合月刊誌『大法輪』が7月号で休刊。
同誌は1934年に仏教専門出版社の大法輪閣によって創刊され、仏教の大衆化、広範な普及を目的として、87年にわたって刊行されてきた。
休刊理由は部数の減少、編集者の問題もあり、従来のような雑誌づくりの継続が難しくなったからだという。

【大法輪閣は国際情報社の石原俊明が設立した版元である。この『大法輪』の何代目かの編集長が塩澤実信『倶楽部雑誌探究』(「出版人に聞く」シリーズ13)の中に出てくる。それは戦後、講談社出身のメンバーによって設立されたロマンス社においてで、塩澤はそこで編集者の仕事をスタートさせている。その雑誌のひとつに『婦人世界』があり、編集長が福山秀賢で、彼がその後『大法輪』の編集長になっている。福山は中央公論社の『婦人公論』、講談社の各雑誌の編集長だったが、前者に菊池寛をモデルとする広津和郎の小説「女給」を掲載し、菊池に殴られたというエピソードを有していた人物だった。さらなる詳細は同書に当たってほしい】

〔11〕『朝日新聞』(4/24)が「自由訴える書店 台湾で復活」との見出しで、香港の銅羅湾書店の台北市内における4月25日の開店をレポートしている。

【銅羅湾書店に関しては『出版状況クロニクルⅣ』や『同Ⅴ』、本クロニクル㉕でも取り上げたばかりだが、ようやく開店に至ったことをここで祝すべきだろう。レポートに「銅羅湾書店に関するできごと」年表が付されているが、それは15年の書店関係者5人の失踪と中国本土での拘束から始まる受難史であり、香港での言論の自由問題を象徴する事件ともなっていた。昨年から続く香港の抗議デモにしても、この銅羅湾事件を背景にしていたとも見なすことができよう。台湾における銅羅湾書店はどのような軌跡をたどっていくのだろうか。こちらも中国の万聖書園と同様に、続けて追跡していくつもりである】

〔12〕『キネマ旬報』(4/上)が恒例の「映画本大賞2019」を発表している。第1位は『映画監督 神代辰巳』(国書刊行会)で、同書編集者の樽本周馬へのインタビューも付されている。

【1ヵ月ほど前に、『三島由紀夫vs東大全共闘』を観たこともあり、その時代と映画について

も、色々と思い出された。『映画監督 神代辰巳』はまだ読む機会を得ていないけれど、彼の一本といえば、『赫い髪の女』を挙げる。最後に観たのは『棒の哀しみ』だった。今回のベストの中で、第3位の四方田犬彦『無明内田吐夢』（河出書房新社）、第10位の野村正昭『デビュー作の風景』（DC BOOKS）は読んでいるが、第5位のダーティ工藤『新東宝1947―1961』、第8位の小澤啓一『リアルの追求』（いずれもワイズ出版）も食指をそそられる。また選者の一人が19年における洋泉社の映画本の消滅を嘆いていた。だが幸いなことに『映画秘宝』は4月に双葉社によって復刊された】

〔13〕 講談社のコミック、朱戸アオの『インハンド プロローグⅡ』（イブニングKC）の「ディオニュソスの冠」がまさにコロナウィルスをテーマとしているので、ぜひ一読されたい。

【カミュの『ペスト』（新潮文庫）がベストセラーとなっている。だがありとあらゆるテーマを探究している日本のコミックも、すでに先行して16年にこの作品は発表されていた。このシリーズは寄生虫専門家と厚労省・患者安全委員会調査室員を主人公とするもので、感染症をテーマとする作品連作と見なせるだろう。朱戸の作品はその他に『リウを待ちながら』全3巻があり、こちらは「パンデミック・サスペンス」と銘打たれている。続けて読まなくては】

〔14〕 つげ義春の『無能の人』の英訳が *The Man Without Talent*（TRANSLATED AND WITH AN ESSAY BY RYAN HOLMBERG, New York Review Comics, 2019）として刊行された。

【この英訳タイトルは明らかにヘミングウェイの作品集から取られていて、違和感を覚えるけれど、それ以上にこの一冊が英訳されたことはよかったと思う。フランスではすでにつげの仏訳全集も出されているので、信じられないような気にもなるが、つげも国際的なマンガ家としてのポジションについたことになるのだろうか。また『スペクテイター』(41号、2018)が特集「つげ義春探し旅」で、つげの新たな探究を試みているように、21世紀のグローバリゼーション下におけるつげの新しい読解の時代を迎えているのかもしれない】

〔15〕今月の論創社HP「本を読む」51は「バタイユ『大天使のように』と奢覇都館」です。

出版状況クロニクル㉙　2020年5月

20年4月の書籍雑誌推定販売金額は978億円で、前年比11・7%減。

書籍は476億円で、同21・0%減。

雑誌は501億円で、同0・6%減。

その内訳は月刊誌が422億円で、同1・8%増、週刊誌は78億円で、同11・6%減。

返品率は書籍が32・5％、雑誌は39・9％で、月刊誌は39・4％、週刊誌は42・6％。

書店売上は書籍が15％減、雑誌は定期誌13％減、ムック30％減、コミックス12％増で、『ONE PIECE』（集英社）、『進撃の巨人』『五等分の花嫁』（いずれも講談社）の新刊発売、『鬼滅の刃』既刊全19巻の重版が寄与している。

なお念のために確認しておくが、この出版科学研究所によるデータは、取次出荷金額から、取次への書店返品金額を引いたもので、書店での実売金額ではない。

そのことから、他業種の売上落ち込みデータとの乖離が必然的に生じてしまう事実を承知されたい。

---

〔1〕『日経MJ』（5／22）に衣料品・靴専門店13社の4月販売実績が掲載されている。前回と同様に、リードの書店販売状況と比較する意味で、再び引いてみる。

【いずれも3月の倍以上のマイナスで、小売業としてはすさまじいばかりの落ちこみというしかない。新型コロナウィルスの影響による休業や時短の店舗の拡大によるものだ。ユナイテッドアローズは全242店のうち、4月まつにはアウトレットの1店だけが営業という状態で、前年同月比91・1％減となっている。私は3月に駅ビルショッピングセンター内のユナイテッドアローズでシャツを2枚買ったばかりだが、4月はそこも休業となったのであろう。ユニクロやアダストリアも同様で、EC売上高はプラスとなったが、それで補うことはできず、マイナスは大きい。しまむらは休業店は少なく、時短営業を続けたことで、27・9％減の落ちこ

■

	店名	全店売上高	既存店売上高	既存店客数
カジュアル衣料	ユニクロ	▲57.7	▲56.5	▲60.6
	ライトオン	▲80.2	▲79.6	▲77.0
	ユナイテッドアローズ	▲91.1	▲91.4	▲91.4
	マックハウス	▲63.6	▲60.6	▲62.5
	ジーンズメイト	▲67.9	▲72.0	▲66.8
婦人・子供服	しまむら	▲27.9	▲28.1	▲27.0
	アダストリア	▲68.3	▲67.8	▲61.0
	ハニーズ	▲63.5	▲50.7	▲52.1
	西松屋チェーン	1.0	2.1	▲2.6
紳士服	青山商事	▲70.6	▲68.3	▲58.8
	AOKIホールディングス	▲49.0	▲37.2	▲32.1
靴	チヨダ	▲43.7	▲43.4	▲43.3
	エービーシー・マート	▲69.3	▲45.2	▲44.2

みにとどまったことになる。紳士服も靴もやはりマイナスは大きく、外出自粛に加え、在宅勤務も影響しているのだろう。５月７日からは営業を再開する動きもあるけれど、どこまで回復するだろうか。これ以上のマイナスはないにしても、３月並の売上に戻せれば幸いといっていいかもしれない。百貨店の４月売上も１２０８億円、前年同月比72％減で、３月の33・４％減の倍以上と、過去最大の落ちこみである。コンビニ売上高は７７８１億円、同10・６％減だが、こちらも過去最大のマイナスとなっている】

〔２〕アメリカの新型コロナウィルス影響は、衣料品大手チェーンのＪクルー、フィットネスクラブのゴールドジム、高級百貨店のニーマン・マーカス、同じく大手百貨店ＪＣペニーの経営破綻が続出し、日本以上に深刻化してきている。

またカジュアル衣料のギャップも手元資金を確

保するために、北米店舗の賃料支払いを中止し、8万人の従業員を一時解雇すると発表し、リアル店舗の危機も伝わってくる。

あるコンサルト会社の指摘によれば、ポストコロナ期には、財務的に体力のない小売業はすべて淘汰されるのではないか、また別の調査会社によれば、20年には1万5000店が閉店し、企業の経営破綻が続いていくと予測されている。

【20世紀の戦後日本の小売業はアメリカを範として誕生し、成長し続けてきた。それはスーパーから始まり、外食産業、1に挙げた衣料品・靴専門店も同様だったし、書店も例外ではなかった。それはアメリカで起きたことは日本でも起きるし、先行するアメリカ消費社会は日本でも反復されると信じられたからである。しかし新型コロナウィルスによって、アメリカ消費社会が崩壊する危機に追いやられているとすれば、日本も同じように危機に見舞われていることになろう。その象徴はレナウンの破綻であり、同じくアパレルの三陽商会も赤字で、オンワードホールディングスは1400店を閉鎖するという。コロナだけでなく、国内アパレル市場はバブル期の15兆円から10兆円に縮小しているのに、供給量は20億点から40億点へと倍増していたのである。まったく出版業界と重なっているし、アパレル業界の出店と生産の過剰も他人事ではないと考えるしかない】

〔3〕それならば、その先んじたアメリカ消費社会のモデルとしてのスーパーの現在はどういう状況にあるのか。スーパー3団体調査によれば、15ヵ月連続で既存店売上高は下回っていたが、

2月からは大きなプラスに転じている。

これも『日経MJ』（5／11）に「トップに聞く」として、日本スーパーマーケット協会会長で、食品スーパーのヤオコーの川野幸夫会長がインタビューに応じているので、それを要約してみる。ヤオコーの3月既存店売上高は10％以上の高い伸びで、客単価も増加している。

*店は客と従業員の感染を防ぐために大変な状況にある。

*従業員の健康管理やストレス管理をしっかりやらなければ、ライフラインとしての役割を果せなくなるので、いかに感染を防ぐかということに細心の注意を払っている。

*レジでは顧客との間を透明なシートで遮断し、混んではいけないので、特売チラシも配布していないが、それでも混んでしまい、入場制限した店もある。働く人を増やして、各人の作業量を減らしてあげるような策が必要だ。

*人手の確保は難しく、本部社員の多くが店に手伝いに行っている。外食産業で休業中の社員に来てもらっている。それは外食の場合、衛生管理などの訓練ができているので、スムーズに働き始められるからだ。

*消費動向はその日に食べないといけない総菜よりも、料理の素材となる肉や野菜などの生鮮が伸びている。コロナ前と逆の流れで、消費者はコロナの不安の中で、これからの生活がどうなるのかを一所懸命考え、家で料理したり、生活必需品を少し余裕をもって買っておこうという傾向が見える。

*消費者はコロナ情報にものすごく敏感になっているので、行政がコロナ対策で何か方針を発

表すると、いきなり米や袋麵、パスタが売切れたりする現象が起きている。行政が緊急事態や外出自粛要請をする場合、前もってスーパー業界などに伝えてくれれば、それなりの準備ができるし、混乱を防げる。

＊今のような非常事態は、ある意味で客の信頼を得ることができる絶好のチャンスです。長い目で見ると、ちゃんとした理念と志で経営している企業でないと続かない。米国の経済界でも株主第一主義を見直して、従業員や社会など幅広いステークホルダーを重視しようという議論が起きている。今回のコロナでそういう流れが加速しそうです。もうかればいいというわけでない。

＊先を見れば、消費は低迷せざるを得ないし、収入の減る消費者は生活防衛のために価格にさらに敏感となるし、ネット通販との競争の激化している。スーパーにしても、安いところとライフスタイルを提案していくところに分かれていくだろう。

【拙著『〈郊外〉の誕生と死』でかつての消費社会のイデオローグとしてのダイエーの中内㓛、西武百貨店の堤清二、サミットの安土敏の存在を挙げておいたが、中内と堤はすでに鬼籍に入り、安土は退場してしまった。だがまだ川野幸夫が残っていた。前回は元すかいらーくの横川竟の言を紹介しておいたが、スーパーや外食の視点から語られる現状分析とその対策、今後の予測はリアルにして正当だと思える。だがコロナ禍の中で、出版業界は彼らに匹敵する言葉を誰も提出できていないし、そこにもまた現在の出版業界の危機が象徴されているだろう】

【4】『文化通信』（5／18）や「新文化」（5／14）によれば、トーハン取引先書店の休業は700店、日販は640店。連休明けには前者は350店、後者は190店で再開を決めている。

それらの主な再開店は全店ではないけれど、紀伊國屋書店、三省堂書店、くまざわ書店、丸善ジュンク堂書店、アニメイト、啓文堂書店、スーパーブックス、有隣堂、未来屋書店、文真堂書店などである。

4月の書店売上はトーハンの場合、営業を継続した書店は前年同月比17％増だったが、休業店を含めると14％減。日販の場合も全体で6・1％減となっている。

【アメリカの場合はとりわけ独立系書店が経営危機にさらされ、それを救済する目的で、様々な寄付や支援キャンペーンがなされているという。日本の大型、複合書店の場合、高い家賃コストに加えて、多くのリース経費が相乗しているはずで、これらの長期の休業は書店の資金繰りへとダイレクトに跳ね返り、緊迫した経営状況の只中にあると思われる。しかしこれまでとは異なり、取次にしても、関連企業にしても、コロナ禍により、体力が失われているので、従来のようなM&Aや再編による救済は難しいと考えられる。とすれば、その資金繰りは自己調達や公的資金の導入ということになる。アメリカではないので、先述のような広範な書店への民間支援キャンペーンは期待できないからだ。「ブックストア・エイド基金」も承知しているけれど】

【5】広島の廣文館の元運営会社広文館が広島地裁から特別清算開始命令を受けた。負債は25億

円。

広文館は1915年創業で、広島市を中心に15店舗を展開し、2001年には売上高51億円を計上していた。だが17年には43億円と減少し、しかも長年に及ぶ粉飾決算が発覚し、大幅な債務超過が明らかになった。

18年には既存事業を継続する新会社と債務を引き継ぐ旧会社とに会社分割するために、トーハン、大垣書店、広島銀行が出資し、新会社「廣文館」を新設し、12店舗を営業。旧会社「広文館」は19年に解散、整理が進められてきた。

【これらの発端は本クロニクル⑫で伝えてきたが、今回の特別清算開始命令によって、とりあえず幕が降ろされたことになる。それにしても実際の負債や粉飾決算はどれほどだったのだろうか。やはり本クロニクル⑲で、広島を中心とするフタバ図書の粉飾決算、同138などで文教堂GHDの事業再生ADR手続きを伝えてきたが、コロナ禍の中で、それらの行方はどうなるのであろうか】

〔6〕 三洋堂HDの連結決算は売上高199億6500万円、前年比2・1％減、営業利益は1億5100万円、同370・1％増、親会社株主に帰属する当期純損失は13億400万円（前年は3億800万円の損失）。
その内訳は「書店」部門売上が125億7000万円、同2・6％減、「レンタル」部門が20億4500万円、同12・3％減だが、フィットネスジムなどの「新規事業」、「文具・雑貨・食

品」「古本」「TVゲーム」の4部門が健闘した。

しかし当期は販売管理費の削減もあって、営業利益は伸長したが、繰延税金資産10億1500万円を取り崩した他、減損損失5億2500万円と計上したことで、最終利益は損失となった。

【来期については売上高190億円と予測されている。だが今期の決算はまだ新型コロナウィルスの影響は小さいが、来期は厳しいと判断するしかない。「書店」「レンタル」部門の大幅なマイナスは避けられないだろうし、フィットネスジムなどの「新規事業」も直撃されていて、現在の旧店舗以上の導入は難しくなるかもしれない。1975年の郊外店出店の嚆矢としての三洋堂も、どこに向かっていくのだろうか】

〔7〕「しんぶん赤旗」(5/19)によれば、世界一の古書街とされる神田神保町の古書店も9割以上が休業となっている。

【「書店」と異なり「古書店」は東京都の休業要請の対象となったことも反映されているのだろう。靖国通り沿いには128店の中小古書店があるが、大半がシャッターを閉めたままの風景が出現してしまった。それらの店は3分の1が自店舗で、その他は賃貸である。家賃は最低50万から150万円ほどで、さらに倉庫代や人件費が加わる。ある古書店は東京都感染拡大防止協力金100万円、国の持続給付金200万円を申請中だという。それだけでなく、さらに問題なのは、古書を売り買いする「市場交換会」が開けないことである。それは読者を対象とする古書市も同様で、一日も早い再開が望まれる】

〔8〕　昨年から『日本古書通信』に連載されてきた「初版本蒐集の思い出―川島幸希さんに聞く」がこの5月号で10回目の最終回を迎え、そこで「初版本の未来」が語られているので、紹介しておきたい。

＊今回の新型コロナウィルスによって、古本屋の経営が一層厳しさを増し、廃業をせまられる店も出てくるのは必定です。そのことによって、初版本の未来も大きく変わっていく。

＊近年初版本の価値は下落の一途を辿り、まだ底が見えていない。ただ泉鏡花・夏目漱石・太宰治のように下落率が低い作家と、島崎藤村・志賀直哉・川端康成・井伏鱒二といった「暴落」している作家に分かれてはいるけれど、「安くなっている」ことは確かで、物価がはるかに安い半世紀前と同じである。

＊これだけ古書価が下がることは初版本需要がないこと、絶望的なまでの現代文学初版本の不人気もあるが、最大の問題は初版本を購入する若い年齢層が薄いことだ。

＊若いコレクターが育たないのは、近代文学作品を読んでいないこと、また経済的問題も見逃せない。

＊若い人が参画しない趣味の世界の将来が暗いこと、初版本の世界も同様ではないかと危惧していたが、近年すこしだけ光明が見えてきたし、それは想像もしなかったところから見えてきた。

＊それは5年前の大学祭での太宰治展と翌年の夏目漱石展の開催の告知・宣伝のために「初版道」というカウント名のツィッターを始めたことによる。

このツイートのほとんどは珍しい初版や署名本の紹介で、当初からフォロワー数は順調に増え、漱石展が終わる頃には5千人近くになっていた。

＊そこで継続することにし、フォロワーとの交流方法として、初版本プレゼントを考え、近代文学を代表する作家たちの初版本を贈る企画を始めた。しかも送料も含めて無料で。そして今日まで初版本をプレゼントしたフォロワーは約4千人、現在のフォロワー数は1万6千人となった。それらの人々が初版本を買ったり、大学で近代文学を学ぶようになったりもしている。

＊また最後に川島は付け加えている。もちろんこれらの人々が「初版本コレクター」になることは少ないにしても、「初版本の世界の魅力を発信し、サンタクロースのように本を贈り続ける。それが自分にしかできない使命だと思っています」と。

【私は初版本などにまったくの門外漢なので、この川島の「初版本の未来」に何のコメントも付せないけれど、「初版道」だけでなく、蒐集家による「署名本道」「限定本道」などのアカウントも立ちあがってくれればと思う。それからこれは奇異に思えるかもしれないが、本クロニクルにしても「出版業界の未来」に関して、現在状況の分析を通じて予測することを目的としているし、「それが自分にしかできない使命だ」と考えているのである。もうしばらく「サンタクロースのように」贈り続けることを約束しよう】

〔9〕 図書館などの被災・救援サイト「save MLAK」の新型コロナウィルスによる図書館動向

調査によれば、対象1626館のうち、88％に及ぶ1430館が休館。その内訳は都府道県率図書館43館、市町村立図書館1387館。

【私が使っている市立図書館もずっと休館し、5月半ばに再開したけれど、新聞や雑誌の閲覧はできず、ほぼ貸出だけであるために、閑散としている。ただTRCの電子図書館サービスは全国276館に導入されているようだが、3月期の貸出は4万5100件、前年同月比255％増、4月貸出は6万7000件、同423％増となっている。これらがコロナ禍の図書館の光景といえるが、書店や古本屋だけでなく、コロナ後の図書館もどうなるであろうか】

〔10〕TRCの決算は売上高462億7800万円、前年比2・3％増、経常利益は23億7100万円、同12・0％増の増収増益。

【TRCの場合は、やはり公共図書館市場という安定した低返品率、及び出版社との直取引の拡大によって成長を続けていることになろう。それに9でふれた電子図書館サービスの伸長も加われば、コロナ禍の中にあっても、来期も安定しているかもしれない。しかし図書館と読者をめぐる問題は必然的に変わっていくだろう】

〔11〕KADOKWAの連結決算は売上高2046億5300万円、前年比1・9％の減、営業利益は80億8700万円、同198・7％増、経常利益は87億8700万円、同108・9％増当期純利益は80億9800万円（前年は40億8500万円の純損失）の減収増益。

同社は子会社55社、持分法適用会社16社で構成され、出版、映像、ゲーム、ウェブサービスを事業領域としている。

出版事業売上高は1173億3000万円、前年比1・2%増。電子書籍、電子雑誌は90億円超で、過去最高の売上。ネット書店などの売上も前年比50%増。

ただ同事業の営業利益は62億4800万円、同13・9%減で、物流費増加の影響とされる。

【その一方で、KADOKWAは『東京ウォーカー』『横浜ウォーカー』『九州ウォーカー』を休刊すると発表。『東京ウォーカー』は1990年のバブル時の若い世代向けの情報誌として創刊されたことを思い出す。その成功が他の地域別としてセグメント化されていたのである。『東海ウォーカー』と『関西ウォーカー』は刊行を続けるとされるが、いずれは休刊となるだろう。またKADOKWAと角川文化振興財団は7月に予定していた大型文化複合施設「ところざわサクラタウン」のオープンを11月以降に、6月予定だった「角川武蔵野ミュージアム」のプレオープンも7月下旬から10月に遅らせることを決定している。これらも新型コロナウィルスの影響であり、KADOKWAにしても、来期はコロナ禍と直面せざるを得ないだろう】

〔12〕小学館の決算は総売上高977億4700万円、前期比0・7%増、経常利益55億7700万円、同26・8%増。当期利益39億2600万円の増収増益。

そのうちの出版売上は497億1000万円、同8・8%減、広告収入は107億2900万円、同1・5%増、デジタル収入は248億5400万円、同21・1%増、版権収入等は124

億5400万円、同8・6％増。

出版物売上の内訳は雑誌が207億200万円、同9・8％減、コミックスが166億6800万円、同9・1％減。書籍が106億8800万円、同0・1％減、パッケージソフト16億5200万円、同33・3％減。

【今期において、小学館のデジタル収入は雑誌売上を上回り、さらにコミックと書籍の売上の合計金額にも迫り、総売上高の4分の1を超える規模になっている。来期はそれがさらに推進され、逆に出版売上はコロナ禍と相乗し、後退していくことになろう】

〔13〕メディアドゥHDの連結決算は売上高658億6000万円、前期比30・2％増、営業利益は18億5300万円、同26・3％増、経常利益17億6100万円、同18・0％増。当期純利益は8億8400万円（前期は12億4300万円の純損失）となり、最高益を計上。
同社は電子書籍流通事業が売上の98％を占め、その売上高は645億2900万円、前年比28・7％増、営業利益は18億6100万円、同15・0％増。

【メディアドゥの設立、株式上場、出版デジタル機構の買収などに関して、必要とあれば、『出版状況クロニクルV』を参照してほしい。いずれにしても、11のKADOKAWA、12の小学館で見たように、電子書籍、電子雑誌の成長が好決算を支えていることになる。それは今回言及しなかったけれど、インプレスHD、イーブックイニシアティブジャパン、実業之日本社などの決算も同様で、新型コロナウィルスの影響を背景として、さらに推進されていくだろう。

そのことが書店にどのような結果をもたらすかはいうまでもない】

〔14〕『FACTA』（6月号）にジャーナリストの永井悠太郎の「テレビ・新聞・出版『底なし収入減』」が掲載されている。

【12で小学館決算における広告収入の微増を見たばかりだが、このレポートによれば、新型コロナウィルスの影響で、テレビと新聞の広告が急減しているようだ。とりわけ民放テレビは広告収入が要なのに、イベント収入も壊滅状態となり、20年はローカル局の赤字決算が相次ぎ、ローカル局再編が加速するとされる。また新聞も広告収入が激減し、在京4紙の3月の広告掲載段数は朝日新聞の前年同月比19・7％減を始めとして、大幅に下回っている。それは地方紙も同様である。新聞販売店の収入の柱であるチラシの減少も深刻で、千葉県では7割減というところも出てきている。出版関係にはふれなかったけれど、20年は雑誌広告の激減に見舞われるかもしれない】

〔15〕『現代思想』（5月号）が緊急特集「感染／パンデミック」を組んでいる。

【これは緊急特集ということもあって、玉石混交の印象を否めないけれど、ヴィジャイ・プラシャド＋マヌエル・ベルトルディ／粟飯原文子訳「パンデミックで人びとを破滅させてはならない」の一読をお勧めしたい。そこでは16ヵ条の提言がなされ、これまで見たなかで最も見事なパンデミック処方箋のように思える。この執筆者たちと論考に関するコメントは何も付されて

いないが、アフリカから発信されたと見なせよう】

〔16〕元小澤書店の長谷川郁夫がなくなった。享年72歳。

【長谷川とはもう30年以上会っていなかった。時の流れはあまりにも早く、毎月のように出版関係者も鬼籍に入っていく。残念なのは長谷川が第一書房史として『美酒と革嚢』（河出書房新社）を上梓したにもかかわらず、自らの小澤書店史を書き残してくれなかったことだ。誰かが代わりに書いてくれるだろうか】

〔17〕『近代出版史探索Ⅱ』は5月下旬刊行。今月の論創社ＨＰ「本を読む」52は「コーベブックス、渡辺一考、シュウオップ『黄金仮面の王』」です。

出版状況クロニクル㉚　２０２０年6月

20年5月の書籍雑誌推定販売金額は７７０億円で、前年比１・９％増。

——書籍は４２３億円で、同９・１％増。

雑誌は３４６億円で、同５・７％減。

その内訳は月刊誌が２８６億円で、同１・５％減、週刊誌は59億円で、同22・０％減。

返品率は書籍が36・５％、雑誌は46・２％で、月刊誌は46・６％、週刊誌は44・０％。

新型コロナウイルスの影響下において、奇妙なプラスというしかないが、休業書店が多く、返品が激減したことによっている。だから６月以後の返品が恐ろしいということになる。

このデータに象徴されるように、また大手書店ＰＯＳデータ分析も参照しているけれど、実売による書店販売状況は把握できていない。

まさに『出版月報』（6月号）がいうように、「出版状況が大きく改善したわけではない」のである。

---

〔1〕アルメディアの調査によれば、２０２０年5月1日時点での書店数は1万１０２４店で、前年比４２２店の減少。
売場面積１２２万２３０２坪で、同3万８５７０坪のマイナス。

この書店数の中で、売場面積を持つ店舗は９７６２店であるので、実質的書店は1万店を下回ってしまったことになる。

１９９９年からの書店数の推移を示す。

【書店数は１９９９年に比べれば、まさに半減してしまい、それが出版物販売金額の推移と同様であることはいうまでもないだろう。ちなみにそちらは１９９９年2兆４６０７億円、２０

■書店数の推移

年	書店数	減少数
1999	22,296	–
2000	21,495	▲ 801
2001	20,939	▲ 556
2002	19,946	▲ 993
2003	19,179	▲ 767
2004	18,156	▲ 1,023
2005	17,839	▲ 317
2006	17,582	▲ 257
2007	17,098	▲ 484
2008	16,342	▲ 756
2009	15,765	▲ 577
2010	15,314	▲ 451
2011	15,061	▲ 253
2012	14,696	▲ 365
2013	14,241	▲ 455
2014	13,943	▲ 298
2015	13,488	▲ 455
2016	12,526	▲ 962
2017	12,026	▲ 500
2018	11,446	▲ 580
2019	11,024	▲ 422

19年1兆2360億円である。この事実は雑誌や書籍売上が街の中小書店によって支えられていたことを示し、それらを含めて2万店を越える書店インフラが出版業界にとって不可欠だったことを、今さらながら突きつけている。その要といえる中小書店を壊滅させてしまったことの結果が、出版物売上高の半減なのである。だからこそ、この20年の取次と書店による大型化、複合化戦略は間違っていたのであり、それが20年のコロナ禍と相乗して、さらなる書店危機を露呈していくことになろう】

〔2〕同じくアルメディアによる「取次別書店数と売場面積」も挙げておく。

【本クロニクル⑱で、前年のデータも示しているけれど、日販はTSUTAYAの大量閉店もあって、書店数と売場面積は352店、4万6681坪だったので、今年は148店、1万7592坪だから、どちらも下げ止まったように見える。一方で、トーハンは前年が84店、982坪減に対し、今年は147店、8806坪となっているので、両者とも倍近くになっている。このような数字のバラつきはあるけれど、日販、トーハンを併せ見れば、書店の大量閉店の

■取次別書店数と売場面積（2020年5月1日現在、面積：坪、占有率：%）

取次会社	書店数	前年比増減（店）	売場面積	前年比増減（坪）	平均面積	売場面積占有率	前年比（ポイント）
トーハン	4,257	▲147	484,483	▲8,806	114	39.6	0.5
日本出版販売	3,752	▲148	598,267	▲17,592	159	48.9	0.1
楽天ブックスネットワーク	917	▲62	106,802	▲10,162	116	8.7	▲0.6
中央社	399	0	20,922	▲268	52	1.7	0.0
その他	908	▲35	11,798	▲1,772	13	1.0	▲0.1
不明・なし	1	1	30	30	30	1.0	–
合計	10,234	▲391	1,222,302	38,570	119	100.0	–

流れは変わることなく続いていくと考えるべきだろう。それを新たに示しているのは楽天ブックスネットワークで、書店数は62店、売場面積は1万162坪減であり、後者はトーハンを上回っている。前年の楽天以前の大阪屋栗田の場合、78店減、66坪増だったことからすれば、今年は不採算書店の整理と売掛金の回収といった方向性へと急速にチェンジしていると推測できる。しかし1にしても2にしても、まだコロナ禍が充全に反映されているとは言い難い。来年はどのようなデータとなって現実化するであろうか】

〔3〕トーハンの決算が出された。

単体決算売上高は3834億8900万円、前年比3・5%減。

営業利益は19億7600万円、同53・8%減、経常損失は4億7200万円、当期純損失は55億9200万円。

経常損失の概況は「取次事業」が19億7200万円の損失、「不動産事業」が13億5200万円の利益、フィットネス事業などの「新規事業」が1億2000万円の損失。

■トーハン単体 売上高 内訳　（単位：百万円、％）

	金額	増減額	増加率	返品率
書籍	167,001	▲2,732	▲1.7	38.9
雑誌	125,745	▲7,360	▲5.6	48.2
コミックス	47,344	3,404	7.7	26.7
MM商品	43,397	▲6,981	▲13.9	19.6
計	383,489	▲13,670	▲3.5.	39.6

それに繰延税金資産28億７１００万円を取り崩したことで、最終損失は56億円弱となった。

売上高内訳は上に示す。

連結決算は連結子会社28社（前期は16社）、持分法適用関連子会社12社（同５社）と拡大した。

売上高は４０８２億４９００万円、同２・１％減、営業利益は13億１９００万円、同66・１％減、経常損失は14億５７００万円、当期純損失は58億８５００万円。ちなみに経営書店は２８６店。

単体、連結とも創業以来、初の経常赤字を計上。

【これらの原因に関して、物流コストの上昇、新型コロナによる出版社の刊行計画の変更、子会社書店の休業、大型帖合変更のずれなどが挙げられている。しかし何よりもコロナ禍が露出させたのは、再販委託制に基づく近代出版流通システムの破綻のように思える。前掲の売上高内訳にもあるように、雑誌の返品率は50％近くに及び、近代出版流通システムの根幹ともいえる雑誌の流通販売はもはや崩壊しているといっても過言ではない。まして来期は4月から6月の第１四半期だけで、１１０億円の損失が見こまれていることからすれば、来期の決算はさらに悪化するだろう。日販の決算は延期されているが、こちら

もトーハンと同様に赤字を計上するにちがいない】

〔4〕 3でトーハンの「不動産事業」にふれたが、『新文化』(6/11)が「社長室」欄で、「急ピッチで進む『不動産事業』」として、それらを具体的に挙げている。

2018年度は「旧九段ビル」のホテル化、「旧九州支店」のマンション化、「旧文京営業所」の賃貸ビル化。

19年度は「京都支店」のホテル化、「旧東北支店」「旧名古屋支店」「旧岡山支店」「旧四国支店」「旧五軒町創庫」「旧五軒町駐車場」「本社隣接駐車場」はいずれもホテル、マンション化のために現在工事中。

愛知のロジスティックスセンターと千葉の初石グラウンドは売却され、大阪支店も移転し、跡地は再開発とされる。おそらく同じく移転する神戸支店なども同様であろう。

【トーハンの「事業領域の拡大」の一環として、所有地の土地有効活用が全社的に進められているとわかる。それらは来年竣工するという新本社ビル、その跡地の再開発も含めた一連の不動産プロジェクトの流れがすでに形成されているのであろう。しかし低金利バブル下の不動産プロジェクト、それに群がるゼネコンとコンサルタントたちの存在を考え、「事業領域の拡大」を長期的に見ると、今期のように順調に利益が積み重ねられていくのか、疑問である。またコロナ禍を経た後で、ホテル事業の先行きも不透明だし、マンション計画はサブリースであっても、人口減少に向かっていくのだから、こちらも安定利回りは難しい。結局のところ、

立地の悪いロジスティックスセンターやグラウンドのように、売却したほうがよかったと後悔することになるかもしれない】

〔5〕地方・小出版流通センターの決算も出された。
今期、総売上高は9億4244万円、前年比7・77％減で、7937万円のマイナスとなり、10億円を割りこんだが、営業収入で赤字は逃れたとされる。

【しかしこの決算にはトーハンと同じく、「コロナ緊急事態宣言期間」は入っていない。ちなみに取次出荷ベースで、4月は17・3％減（2090万円減）、5月は16・2％減（860万円減）となっている。そのような出版状況の中にあって、「地方・小出版流通センター通信」（No.526）は次のように記している。「新型コロナウイルスによる感染防止のため個人も会社（仕事）も4月から5月のほぼ2ケ月活動制限を強いられ、いままで経験したことがない生活状況が続き、いまも続いています。巣ごもり生活で精神的に疲れてしまいそうです。6月に入っても元に戻っているという実感はありません。この状態が秋まで続いたら、事業を何処まで継続出来るか自信がありません」。これこそ、取次のみならず、多くの出版社や書店の実感に他ならないであろう。今年の出版業界の夏はどうなるのだろうか】

〔6〕戸田書店静岡本店が7月26日に閉店。
JR静岡駅前の複合商業ビル「葵タワー」の地下1階から2階までの3フロアを占め、県内最

大級の書店とされていた。

【本クロニクル㉗で、5月閉店を伝えておいたが、様々な事情で、2ヵ月後に先送りとなっていたようだ。それは戸田書店ばかりでなく、2の取次の楽天ブックスネットワークの事情も絡んでいると推測される】

〔7〕岐阜の自由書房が全3店を閉店し、書店事業から撤退。
【自由書房は1948年創業で、岐阜県を代表する書店として知られていた。アルメディアの『96年版ブックストア全ガイド』を確認してみると、この時代に自由書房はこの3店を含め、13店を展開していたとわかる。やはり三洋堂書店や戸田書店に続いて、郊外店を出店し、チェーン化を図っていたのである。最後に残ったのが、県庁店、高島屋店、大型複合店の鷺山店で、高島屋店には大垣書店がテナント入居し、新規店をオープンするという】

〔8〕ブックオフGHDの決算売上高は843億8900万円、前年比4・4％増、営業利益は14億2800万円、同7・8％減、経常利益は18億9800万円、同10・5％減。
既存店売上はトレーディングカード、ホビー、映像、ゲーム、貴金属・時計・ブラントバックなどが好調だが、書籍はほぼ横ばいで、EC売上高は113億円に迫る10・2％増。

【ブックオフも多くを見ていないので、推測であるが、書籍以外の商品をメインとする店舗が増えているのだろう。本クロニクル㉔で、ゲオが古着店「セカンドストリート」を既存店舗に出店させ、その売上が500億円に達していることを既述しておいたが、ブックオフもかつての書籍から、他の商品へと比重が高くなっているのであろう。ちなみにそれに伴ってか、店数の801店のうち、直営が404店、FCが397店と比率が逆転してしまっている。かつてのブックオフのコアはフランチャイズ展開にあったことからすれば、それもピークアウトしたことになる。だがブックオフにしても、コロナ禍から逃れられず、来期はどのような決算となるのだろうか】

〔9〕『出版月報』（4・5月号）が特集「ムック市場2019」を組んでいるので、そのデータを示す。

【19年のムック市場は672億円で、14年に1000億円を割りこんで以来、まったく下げ止まらず、1997年には1355億円だったわけだから、やはり半減してしまったことになる。それは販売部数も同様である。97年の1億4469万冊が2019年には6912万冊となっている。しかも返品率は5年続きの50％超で、雑誌、それも月刊誌の高返品率の一因であることは自明だろう。新刊点数はこの2年で千点も減っているにもかかわらず、返品率は高止まりしているからだ。『おとなの週刊現代』の大ヒットもあり、単発のヒットは続くにしても、全体的にはさらに凋落していくであろうし、コロナ以後のムックの行方も厳しいと考えるしかない】

■ムック発行、販売データ

年	新刊点数		平均価格	販売金額		返品率	
	(点)	前年比	(円)	(億円)	前年比	(%)	前年増減
2005	7,859	0.9%	931	1,164	▲4.0%	44.0	1.7%
2006	7,884	0.3%	929	1,093	▲6.1%	45.0	1.0%
2007	8,066	2.3%	920	1,046	▲4.3%	46.1	1.1%
2008	8,337	3.4%	923	1,062	1.5%	46.0	▲0.1%
2009	8,511	2.1%	926	1,091	2.7%	45.8	▲0.2%
2010	8,762	2.9%	923	1,098	0.6%	45.4	▲0.4%
2011	8,751	▲0.1%	934	1,051	▲4.3%	46.0	0.6%
2012	9,067	3.6%	913	1,045	▲0.6%	46.8	0.8%
2013	9,472	4.5%	884	1,025	▲1.9%	48.0	1.2%
2014	9,336	▲1.4%	869	972	▲5.2%	49.3	1.3%
2015	9,230	▲1.1%	864	917	▲5.7%	52.6	3.3%
2016	8,832	▲4.3%	884	903	▲1.5%	50.8	▲1.8%
2017	8,554	▲3.1%	900	816	▲9.6%	53.0	2.2%
2018	7,921	▲7.4%	871	726	▲11.0%	51.6	▲1.4%
2019	7,453	▲5.9%	868	672	▲7.4%	51.1	▲0.5%

〔10〕『新文化』(6/4)が「コロナ『給付金』『借入れ』の留意点」と題し、出版業界の金融機関である文化産業信用組合の秋本康男理事長にインタビューしている。それを要約してみる。

＊出版界は不況業種のため中小企業信用保険法の第2条5項4・5号、及び同条6項の対象となっている。「4号認定」は最近3ヵ月間の売上が前年比20％減少した場合、「5号認定」は同5％減少した場合、「6項〈危機対応〉認定」は突発的な事故で同15％以上減少した場合に認定され、自治体が定めた限定額まで優遇融資が受けられる。

＊まずは経産省の持続化給付金を給付してもらう。月商が前年比より50％以上減少している中小企業は上限2

00万円、個人事業者は100万円の給付となる。
＊その他には休業補償する厚生労働省の雇用調整助成金があり、休業中の従業員の雇用を維持するために、賃金の60％以上を支払っているとき、同省から補助金が得られる。
＊これとは別枠で、今回の第一次補正予算より、3000万円まで融資を受けることができる。それは実質無担保、無利息で、5年据置き、5年返済、すなわち10年スパンの借入制度である。ただし無担保、無利息は最初の3年間だけで、4年目から利益と保証料の支払いが発生する。
＊具体的な申請手続きとして、中小企保法の4号、5号、危機対応6項などの適用を受けるには区役所の認可が必要である。申請書の書き方は当行に相談してほしい。保証は今年の年末まで受付けているので、まだ時間がある。
＊コロナ禍の中での出版社は今後大量返品も懸念され、短期的に赤字になるかもしれないが、借入理由が明確であれば、与信が担保となり、それに見合った融資、条件変更もできる。ただ先の3000万円融資の場合、据置き期間を終えて5年で返すのはV字回復の保証もないので辛いし、やはり心配になる。額を減らし、短期返済を考えるべきだ。
＊家賃補償は第二次補正予算で決まると思うが、東京都の一店舗50万円、2店舗100万円が参考基準となるのではないか。
＊これからは売上高基準で経営する時代ではなく、キャッシュフロー経営に向かうべきで、経営者による会社への貸付金、自己不動産の無償貸与は止めるべきだ。本は水モノかもしれな

いが、これからのビジネス戦略を再考してほしい。

【まさに出版業界の中小企業の金融機関に他ならない文信理事長の声なのだ。少しばかり長く紹介してみた。耳の痛いことも含まれているけれど、読まれた上で、文信に相談して頂ければと思う】

〔11〕『アサヒカメラ』（朝日新聞出版）が20年7月号で休刊。
１９２６年創刊で、94年にわたって刊行されてきた日本最古の写真、カメラ専門雑誌である。発行部数は3万１５００部だったとされるが、コロナ禍による広告収入の低迷が原因という。なお写真界の芥川賞とされる木村伊兵衛写真賞は朝日新聞社と朝日新聞出版が共催し、引き継がれる。

【『アサヒカメラ』7月号は書店で売っていないし、アマゾンでも品切だったので、新聞販売店ルートで入手した。16人の写真家たちが語っている「私とアサヒカメラ」は、同誌が多くの写真家の揺籃の地であったことを伝え、感慨深い。とりわけ北井一夫の「有楽町社屋の黒いソファは写真学校だった」は彼の『村へ』が連載され、それによって第1回木村伊兵衛写真賞を受賞したことが述べられている。私は淡交社版『村へ』（１９８０年）を参照し、拙稿「村から郊外へ」（『郊外の果てへの旅／混住社会論』所収）を書いていることを付記しておく】

〔12〕『全国出版協会70年史（１９４９～２０１９）』が出された。

【戦後の全国出版協会の誕生と歴史は同書にゆずることにして、ここではその第2章のタイトルにもなっている出版科学研究所にふれておこう。出版科学研究所は1956年に東販の出版物研究機関として発足し、59年から『出版指標 年報』、及び『出版月報』を発刊している。そして69年に出版科学研究所は東販から社団法人全国出版協会へ移管され、公益法人傘下の調査研究機関として新たにスタートした。それからの出版科学研究所と『出版月報』の歩みはその章を読んでもらうしかないが、長年にわたる本クロニクルの連載にしても、出版科学研究所のデータの集積を抜きにして語れない。地味な仕事ではあるけれども、出版業界の長期的変動に関する第一次資料に他ならないので、さらに持続するデータの追跡を願ってやまない】

〔13〕『股旅堂古書目録』23が届いた。

【この23号には「〈丸尾長顕旧蔵〉昭和初期エロ・グロ・ナンセンス関連出版社書籍雑誌出版案内チラシ67枚」なども掲載され、いつもながら充実している。ただし古書価は20万円。それだけでなく、『「奇譚クラブ」から「裏窓」へ』(「出版人に聞く」シリーズ12)の著者の飯田豊一の旧蔵書が彼の「談」二ページを添えて出品されている。折しも、1982年創刊のゲイ雑誌『サムソン』(海鳴館)の休刊が伝えられてきた。これは未見だが、いずれ股旅堂が特集してくれるだろう】

〔14〕集英社『KOTOBA』40が丸ごと「特集スティーブン・キング」を組んでいる。

【キングはベストセラー作家なので、かなり雑誌特集が組まれていると思われるかもしれないが、私の記憶では『ユリイカ』（1990年11月号）以来かもしれない。現在において、もっと論じられてしかるべき作家なのに、どうしてなのか。今回の特集はキングが新種ウィルスによる世界破滅をテーマとする『ザ・スタンド』（深町真理子訳、文春文庫）、疫病パンディミックを扱った未邦訳の『眠れる美女たち』を書いていること、及びキングの「コロナウイルスのようなパンディミックはおこるべくして起こったものだ、我々の社会のように移動が日常的に必要な社会では遅かれ早かれ、一般の人々に感染してしまうウィルスが出現することになってたんだ」というキングのSNSでの発信などにも基づいているのだろう。そういえば、彼の小説、映画ともに、私の偏愛する『デッド・ゾーン』（吉野美恵子訳、新潮文庫）はトランプ大統領の出現を予告していたようだ。実際にキングは反トランプ主義者で、ツィッターで批判を続けているという。もう一度キングを読み直してみようと思う】

〔15〕　ネットフリックスで大ブレイク中の韓国長編ドラマ『愛の不時着』を観てしまった。

【おそらく全編が引用からなる映像シーンに覆われているが、それはひとつの前提としてのドラマツルギーのようにも思われた。ネットフリックスでしか観られないので、まだ観ていない人も多いだろうし、本クロニクルの読者には一見をお勧めする。それは映画におけるレンタルと配信の問題にもリンクするし、コロナ以前、以後をメタファーとして浮かび上がらせているかもしれないからだ】

〔16〕 論創社のHP「本を読む」53は「思潮社とロジェ・カイヨワ『夢について』」です。晧星社から片岡喜彦『古本屋の四季』が届いた。表紙の祖父江俊夫の絵がノスタルジーを喚起させる。

出版状況クロニクル㉛　2020年7月

20年6月の書籍雑誌推定販売金額は969億円で、前年比7・4%増。

書籍は489億円で、同9・3%増。

雑誌は480億円で、同5・5%増。

その内訳は月刊誌が395億円で、同5・7%増、週刊誌は84億円で、同4・6%増。

返品率は書籍が37・6%、雑誌は37・7%で、月刊誌は37・4%、週刊誌は39・2%。

総合、書籍、雑誌のいずれもが大幅増で、しかも返品率も大幅減という、かつてない数字となったが、これも先月と同様に、新型コロナウイルス下における送品、返品メカニズムによる「奇妙なプラス」というべきもので、残念ながら「出版状況が大きく改善したわけではない」。

(『出版月報』6月号)


確かに本クロニクル㉘と㉙で示した「衣料品・靴専門店13社」の6月売上高は7社が増収と

■ 2020年上半期 推定販売金額

月	推定総販売金額		書籍		雑誌	
	（百万円）	前年比（%）	（百万円）	前年比（%）	（百万円）	前年比（%）
2020年 1～6月計	618,346	▲2.9	351,670	▲3.0	266,675	▲2.9
1月	86,584	▲0.6	49,583	0.6	37,002	▲2.2
2月	116,277	▲4.0	71,395	▲3.2	44,882	▲5.2
3月	143,626	▲5.6	91,649	▲4.1	51,977	▲8.1
4月	97,863	▲11.7	47,682	▲21.0	50,181	▲0.6
5月	77,013	1.9	42,383	9.1	34,630	▲5.7
6月	96,982	7.4	48,978	9.3	48,004	5.5

なってきているけれど、書店状況とは異なることはいうまでもないだろう。

〔1〕出版科学研究所による20年上半期の出版物推定販売金額を示す。

【2020年上半期の出版物推定販売金額は6183億円で、前年比2・9％減。だが電子出版は1762億円で、同28・4％増となり、合わせると7945億円、同2・6％増となっている。電子の内訳は電子コミックが1511億円、同33・4％増、電子書籍が191億円、同15・1％増、電子雑誌が60億円、同17・8％減。2020年上半期シェアは書籍44・3％、雑誌33・6％、電子出版22・2％となり、電子コミックだけで19％に及んでいる。それらのことから考えれば、20年の売上高は電子コミックの成長に左右されることになるけれど、それは書店売上とリンクしていない。このような電子コミックと書店状況はどのような関係で推移していくのか。新型コロナウイルス影響下におけるこれらの行方はどうなるのか。これが20年下半

■日販 GHD 決算

内訳	売上高	前年比（%）
取次事業	4,758 億 1500 万円	▲ 5.7
小売事業	610 億 1,500 万円	▲ 2.6
海外事業	68 億 5,500 万円	9.3
雑貨事業	19 億 3,300 万円	7.8
コンテンツ事業	17 億 3,000 万円	22.5
エンタメ事業	17 億 4,000 万円	8.7
不動産事業	29 億 4,700 万円	12.7
その他	53 億 400 万円	24.2

期の問題となろう】

〔2〕日販ＧＨＤと日販の決算が出された。

連結27社を含めた日販ＧＨＤの連結売上高は５１５９億円、前年比５・５％減。

取次事業は3年連続の営業赤字だが、それ以外の7事業がすべて黒字となり、営業、経営利益は大幅に伸張し、当期純利益は７億８１００万円。

それらの8事業の内訳を上記に示す。

次の表は日販単体売上高である。

【日販ＧＨＤの連結決算は、売上高の92％を占める取次事業の赤字を、８％弱の七事業の黒字で補い、営業経常利益を伸ばし、最終利益を黒字転換させたことになる。いびつな決算の印象を否めない。前回の本クロニクルのトーハンの決算で見たように、単体、連結ともに経常赤字だったわけだから、日販ＧＨＤも無理をして黒字にすることもなかったように思われる。それゆえに今期の黒字化にはどのような「忖度」がこめられているのだろうか。これからそれがどのように露出

■日販単体売上高内訳　（単位：百万円）

	金額	増減額	増加率（％）	返品率（％）
書籍	204,916	−11,942	94.5	30.9
雑誌	123,462	−14,141	89.7	47.4
コミックス	67,401	2,264	103.5	25.8
開発品	26,909	−6	100.0	40.8
合計	422,690	−23,825	94.7	36.7

していくのか、問題はそこにあると思われる】

〔3〕　楽天ブックスネットワークは川村興市専務が代表取締役社長に就任。

【その経歴を見ると、日本電気、CCC、MPD常務取締役を経て、16年楽天入社、大阪屋栗田取締役、18年同専務取締役とある。『出版状況クロニクルⅤ』の2016年7月のところで、川村の大阪屋栗田の取締役就任を既述しておいた。その際に社長が講談社の大竹深夫、専務が元日販の加藤哲朗だったことも。しかし楽天BNとなった現在、監査役などとして残っているにしても、もはや経営陣から出版社や取次の人間はいなくなったしまった。そういえば、先月、旧知の元栗田の社員から電話があり、その後の栗田の人々の消息を尋ねたところ、ほとんどが音信不通で、行方も知れないということだった。これも現在の出版業界を象徴していよう】

〔4〕　書協の新理事長に河出書房新社の小野寺優社長が就任。

それを機として、『文化通信』（7／20）が「本や読書の喜びを発信したい」との大見出しで、一面インタビューしている。そこでの「出版社で営業、編集を30年やってきて、この間、なにが一番変わったと感じていますか」の問いに対する発言を紹介したい。

それは次のようなものである。

「本の売れ方、読まれ方ですね。ネットが本格的に普及し始めてから、売れるものと売れないものが驚くほど二極化してきました。おそらく、人々が本を選ぶときに、ネット書店のランキングやレビューを手掛かりにするようになったからだと思います。

その結果、書店の平台からは買うけれど、棚から自分の目で丹念に選んで買うということが少なくなって、いわゆるロングセラーが激減した。中でも、実績のない新人作家の作品は、非常に売り出しにくくなりました。

これは書籍出版社にとって大変厳しいことです。ロングセラーが経営の基盤となって、その上に新刊がのるという本来の収益構造が逆転してしまった。

この傾向は、簡単には変わらないでしょうが、出版の多様性を考えると、今後の大きな課題だと思っています。」

【これは当たり前の発言のように思われるかもしれないが、13年間営業に携わり、書籍出版社の河出書房新社の社長も務め、これまでと異なり、初めて非オーナーの書協理事長となった小野寺ならではのものだと見なせよう。しかし残念なことに、現在の最も深刻なコロナと出版状況に関しては語られていない】

〔5〕日書連の加盟書店数は2986店、前年比126店減となり、3000店を割る。東京書店組合も307店、同17店減。

【これは4月1日現在のデータであり、まだコロナ禍による書店閉店は少ないと考えられる。だからそれが顕著になるのは5月以降と推測されていたが、6月は近年にない119店という三ケタの閉店となっている。しかもこれまでの閉店はナショナルチェーンが目立っていたけれど、6月は中小書店が多い。東京だけでも10店を数え、6月時点で、東京書店組合も300店を割ったと思われる。東京の古本屋は600店とされるので、その半分以下になってしまった。現在45都道府県に書店商業組合があるけれど、解散する組合も出てくるにちがいない】

〔6〕京都の三月書店が閉店したようで、『朝日新聞』(7/12)の「歌壇」に次の一首があった。

「毎日を定休日とするお知らせが貼られた朝の三月書房（西宮市）佐竹由利子」

【本クロニクル㉖で、三月書房の閉店は伝えておいたが、ついに「毎日を定休日とする」ことになってしまった。この一首は永田和宏と佐佐木幸綱の二人の選者が挙げていて、詩集や歌集を多く売っていた三月書房への挽歌のようでもある。そういえば、まだ三月書房は挙がっていないけれど、6月の京都の閉店は13店を数え、リーブル京都が5店にも及んでいることを付記しておく】

〔7〕能勢仁、八木壮一共著『平成の出版が歩んだ道』（出版メディアパル）が出された。

【たまたま4、5、6を書いた後に届いたので、ここに挙げておく。サブタイトルに「激変する『出版業界の夢と冒険』30年史」とあるようにコンパクトな平成出版史である。2013年刊行の『昭和出版が歩んだ道』の続編で、両書を座右に置けば、昭和、平成を通じての出版業界の変容を学ぶことができる。それは4の書協の小野寺発言、5の書店の激減、6の三月書房の閉店などの背景と事情を裏付けていよう】

〔8〕 7月の東京愛書会の古書目録『愛書』の新日本書籍コーナーに、おうふう（桜楓社）の日本文学研究書が3ページにわたり、120点ほどが掲載されていた。

【本クロニクル㉘で、おうふう（前桜楓社）の破産を伝え、「大学における国文学や近代文学研究の衰退」を象徴していると既述したばかりだ。このような高価な研究書の古書業界への流失もその破産を受けてのことだろう。だがいずこの学会にしても、出版社の出張販売すらも成立しないという現在の研究状況において、これらの読者はまだ存在しているのだろうか7の『平成の出版が歩んだ道』には第5章「昭和・平成の古書業界の歩んだ道」も収録されているので、続けて取り上げてみた】

〔9〕 日本図書普及の図書カードNEXT発行高は375億4200万円、前年比5・6％減。回収高は379億7700万円、同5・9％減、図書券は3億4600万円。

加盟店法人は5655社、前年比190社減。それに伴いカード読取機設置店舗数は7973

店、410店減。

【発行高は2000年の771億円がピークであるから、まさに半減してしまった。それは5の日書連加盟書店の減少とパラレルで、しかも3年前から回収高が発行高を上回り、読者の利用の低下を示していよう。『出版状況クロニクルV』で、1997年からの「図書券、図書カード発行高、回収高」を掲載しておいたので、必要とあれば、参照してほしい】

〔10〕学研プラスと日本創発グループの合弁会社ワン・パブリッシングが発足し、学研プラスの定期誌『GetNavi』『ムー』『歴史群像』など10誌の発行と発売、「FYTTE」「Mer」などのウェブメディア運営といった各事業を引き継ぐ。

【これは学研プラスによるメディア事業の会社分割である。日本創発グループは印刷会社東京リスマチックを母体とする持株会社で、学研プラスと同じく、ワン・パブリッシングの株式の49・5%を保有し、社員数は55人。おそらく学研はメディア事業を切り離し、介護、医療、福祉といった分野へとさらなる進出をめざしているのだろう。またそれは前回の本クロニクルでもふれておいたように、トーハンの不動産プロジェクトともリンクしているのである】

〔11〕住宅設備、建築材料の大手LIXILグループの文化事業としてのLIXIL出版が終了。LIXIL出版は1982年から「LIXIL BOOKLET」の刊行を始め、その他にも「第3空間叢書」「建築のちから」などの単行本シリーズ、建築や都市をテーマとする雑誌『10+1』も

創刊し、ブックレットも含め、400点以上を刊行してきた。

【近年LIXILは経営権や中国での事業をめぐる問題で、経済誌などでスポットを当てられていたが、このような出版事業を営んでいたのである。その終了もこれらの動向と無縁ではないはずだ。LIXILの前身は伊奈製陶で、INAX出版として始まり、それを範としてTOTOもTOTO出版を始め、やはりブックレットなども出していたことを思いだす。企業の文化事業としての出版活動も、今世紀に入って、姿を消していったのではないだろうか】

〔12〕『月刊ラティーナ』(ラティーナ)が休刊。
同誌は1952年に『中南米音楽』として創刊され、83年から現在の誌名に変更され、68年にわたって刊行されてきたことになる。

【私は不勉強で、この雑誌の存在を知らずにいた。その休刊を教えられたのは、私の編集担当者から、発行人の本田健治が休刊号に書いた「私の思い出のラティーナ」を送られたことによっている。この5ページに及ぶ回想は、まさに日本の戦後に始まるタンゴなど中南米音楽の普及の歴史で、趣味の雑誌がマニアたちで創刊され、定着、成長していった事実を教えてくれる。だが時代は趣味と雑誌の共立を崩壊させてしまったことを告げている。それを示すように、『月刊ラティーナ』もweb版へと移行することが伝えられている】

〔13〕村上春樹『猫を棄てる』を読了。

【とてもいい本だった。このような小さな本を出すことができるのは村上ならではで、「小さな歴史のかけら」を、身をもって示しているといえよう。かつて『日本古書通信』（2016年6月号～8月号）で、西田元次「村上千秋と春樹 父と子のきずな――村上春樹の原点」が連載されたことがあった。村上が『猫を棄てる』を書くきっかけは、この西田文であったかもしれないので、興味ある読者には一読を勧めたい】

〔14〕 三浦雅士『石坂洋次郎の逆襲』（講談社）を読んだ。
【戦後から高度成長期にかけて、ベストセラー作家にして、多くの映画の原作者だった人たちがいる。しかしそれらは松本清張を除き、ほとんどが読まれなくなっている。あらためてそれらを再読し、高度成長期の社会史を考えてみたいと思っているし、私も様々に試みているし、「改造社と石坂洋次郎『若い人』」（『古本探究Ⅱ』所収）なども書いている。三浦がいうように、石坂も「忘れてはならない作家」なのだ。その石坂が現在の社会に突きつけている「逆襲」とは何なのか。ずっと疑問に思っていた晩年の『水で書かれた物語』以後の作品の内実が明らかにされていくのである】

〔15〕 坪内祐三の遺稿集『みんなみんな逝ってしまった、けれど文学は死なない。』が幻戯書房から刊行された。
【幻戯書房からは生前の『東京話タワーならこう言うぜ』『右であれ、左であれ、思想はネット

では伝わらない。』が出ているので、三冊目ということになる。これらは同じ名嘉真春紀の編集によるものであろう。この本の圧巻は第3章の「福田章二と庄司薫」で、そのうちの「福田章二論」はかつて『新潮』連載で読んでいたけれど、これまで単行本未収録であったことを知らされた。私見によれば、福田にとって重要なのは、丸山真男、及び塩野七生との関係ではないかと考えてきた。だが前者に関しては言及されているが、後者にはふれていない。どうしてなのであろうか】

〔16〕「TATSUMI MOOK」の一冊として、『日本昭和エロ大全』（辰巳出版）が出された。
【本クロニクル⑲でも、『日本昭和エロ大全』の筆者の一人の安田理央の『日本エロ本全史』を取り上げているので、屋上屋を架すように思われるかもしれないが、こちらは終わってしまった「昭和エロカルチャー」をピクチャレスクに、バラエティ豊かに総攬している。そこでパロディ的一句を。「エロ本や昭和は遠くなりにけり」】

〔17〕論創社HP「本を読む」54は「ロジェ・カイヨワ『戦争論』と『人間と聖なるもの』」です。

出版状況クロニクル㉜　２０２０年８月

20年７月の書籍雑誌推定販売金額は９２９億円で、前年比２・８％減。

書籍は４４７億円で、同７・０％減。

雑誌は４８１億円で、同１・４％増。

その内訳は月刊誌が４０５億円で、同５・７％増、週刊誌は76億円で、同16・５％減。

返品率は書籍が40・２％、雑誌は37・５％で、月刊誌は36・６％、週刊誌は41・９％。

月刊誌の増加は前月と同じくコミックの貢献で、『鬼滅の刃』（集英社）21巻の初版が３００万部刊行されたことによっている。

まさに今月だけでなく、今年は『鬼滅の刃』様々であるけれど、いつまで続くのか。そして来年も同じようにヒットするコミックが生まれるかどうか、『SPY×FAMILY』（集英社）がそのヒット作にまで育つだろうか。

〔１〕『日経ＭＪ』（８／５）の「第48回日本の専門店調査」が出された。

そのうちの「書籍、文具売上高ランキング」を次ページに示す。

【全体の売上高は前年比1％減で、前年の8・8％増からマイナスとなった。CCC、紀伊國屋、丸善ジュンク堂を始めとして、マイナスが多く、書店としてプラスなのは有隣堂、くまざわ書店、リライアブル、大垣書店の4店だけである。それにしても本クロニクル⑲でも既述しているが、前年比70億円減にもかかわらず、CCCの経常利益は126億円で、紀伊國屋の10倍近い。売上高にしても経常利益にしても、これらの数字はどのようにして出されたものなのであろうか。これらの売上高にコロナ禍がどれほど反映されているのかは不明だが、来期はかつてないほどのマイナスとなるだろう。それは大手書店の外商がコロナ禍によって止まってしまったような状況にあると伝えられてもいるからだ。それに相乗りしていた出版社も多くあり、書店だけの問題ではない。また今回のランキングからずっと常連だった広島のフタバ図書と静岡の戸田書店が消え、代わりにリブロプラスと明屋書店が入っている。フタバ図書の粉飾決算の行方はどうなるのか。戸田書店は7月の静岡本店に続いて、新潟南店の閉店の知らせが届いた。なお文教堂も『週刊東洋経済』（4／25）などで、継続疑義の企業に挙げられていたが、こちらもどうなるのであろうか】

〔2〕同じく『日経MJ』（8／12）の19年度「日本の卸売業調査」が出された。
そのうちの「書籍・CD・ビデオ部門」を示す。

【1の書店の売上高減よりも、取次のほうのマイナス幅は大きく、増となっているのはTRC

■書籍・文具売上高ランキング

順位	会社名	売上高（百万円）	伸び率（%）	経常利益（百万円）	店舗数
1	カルチュア・コンビニエンス・クラブ（TSUTAYA、蔦谷書店）	353,264	▲2.0	12,695	–
2	紀伊國屋書店	102,266	▲0.9	1,346	68
3	ブックオフコーポレーション	84,389	4.4	1,898	801
4	丸善ジュンク堂書店	74,011	▲0.5	–	–
5	有隣堂	53,655	3.7	358	45
6	未来屋書店	50,831	▲3.2	▲150	253
7	くまざわ書店	42,765	1.9	–	244
8	ヴィレッジヴァンガード	33,106	▲1.1	430	346
9	トップカルチャー（蔦屋書店、TSUTAYA）	30,537	▲3.0	▲167	76
10	三省堂書店	24,400	▲3.9	–	34
11	文教堂	21,869	▲9.8	▲619	136
12	三洋堂書店	19,869	▲2.1	▲73	77
13	精文館書店	19,402	▲1.3	428	51
14	リブロプラス（リブロ、オリオン書房、あゆみBOOKS他）	18,067	–	▲178	81
15	リライアブル（コーチャンフォー、リラブ）	14,004	1.0	612	10
16	明屋書店	13,809	–	177	83
17	大垣書店	11,338	9.0	77	37
18	キクヤ図書販売	10,873	▲2.9	–	36
19	オー・エンターテイメント（WAY）	9,939	▲4.3	143	65
20	ブックエース	9,391	▲4.0	98	29
21	京王書籍販売（啓文堂書店）	6,090	▲5.5	74	26
	ゲオホールディングス（ゲオ、ジャンブルストア、セカンドストリート）	305,057	4.3	10,765	1,938
	ワンダーコーポレーション	47,403	–	1,494	–
	テイツー（古本市場他）	21,449	▲6.8	270	98

■書籍・CD・ビデオ卸売業調査

順位	社名	売上高（百万円）	増減率（%）	営業利益（百万円）	増減率（%）	経常利益（百万円）	増減率（%）	税引後利益（百万円）	利益率（%）	主商品
1	日販グループホールディングス	515,922	▲5.5	2,474	141.1	2,441	125.2	781	13.3	書籍
2	トーハン	408,249	▲2.0	1,319	▲66.1	▲1,457	–	▲5,985	14.9	書籍
3	楽天ブックスネットワーク	68,253	▲7.8	–	–	–	–	–	–	書籍
4	図書館流通センター	46,278	2.3	2,164	13.5	2,371	12.0	1,501	19.2	書籍
5	日教販	26,646	▲4.9	361	▲13.0	229	▲6.5	212	10.6	書籍
9	春うららかな書房	3,794	9.5	–	–	–	–	–	–	書籍

しかない。それに加えてTRCの売上高は日販やトーハンの10分1ほどであるけれど、営業、経常利益のいずれもがトーハンを上回り、日販と比べても遜色がない。日販やトーハンが書店市場の取次であることに比べ、TRCは図書館という安定した低返品率の市場を対象とする取次であり、そうした特色がそのまま反映されているのだろう。その事実から考えれば、出店と閉店をめまぐるしく繰り返し、高返品率のままの書店市場は取次にとって、売上高にしても、利益にしても、それらを保証するものではなくなってしまったといえるのではないだろうか】

〔3〕中央社の決算が出された。総売上高は208億8610万円、前年比1・9％減。

その内訳は雑誌が121億6650万円、同4・9％増、書籍が72億9650万円、同11・4％減、特品など12億3910万円、同0・9％減、その他営業収入1億8390万円、同10・1％減。

営業利益は2億3640万円、同1・7％減、当期純利益は4020億円、同35・3％減で減収減益。

【2に中央社がなかったので、続けて挙げてみた。3、4、5月の第4四半期に新型コロナウィルスの影響を受け、ピーク時には130店が休業したことが大きく影響し、減収となった。帖合書店は400店前後だから、3分の1が休業したことになる。それでも雑誌は6年ぶりに前年を上回っているので、『鬼滅の刃』のベストセラーの貢献はあったにしても、健闘したといえるかもしれない。それに期間中の新規開店13店（152坪）、閉店16店（253坪）の示すところは、町の中小書店は中央社が支えていることを物語っていよう】

〔4〕 河出書房新社は10月上旬刊行予定のユヴァル・ノア・ハラリ『コロナ禍と人類 寄稿と緊急インタビュー』（予価1300円）において、書店利益率30％、書店マージン390円とする「河出39（サンキュー）トライアル」の実施を発表。初版5万部で、買切条件や歩合入帳は設定せず、実施期間終了も未定。

書店には発売時から最大限の展開を期待したいとされる。

【コロナウィルス、同社のハラリの『サピエンス全史』『ホモ・デウス』『21Lessons 21世紀の人類のための21の思考』の類型販売部数が150万部に達したこと、前回の本クロニクルでふれた小野寺社長が書協理事長に就任したことなどが相乗し、書店が求めている30％マージンの試みに河出が挑んだことになろう。どこまで部数を伸ばせるのか、注視しなければならない】

〔5〕主婦の友社の7億8000万円の債務超過が明らかになった。

【看板雑誌の『主婦の友』の休刊は2008年だった。それから資産を切り売りしながら延命してきたことが、この債務超過状況から伝わってくる。本クロニクル⑯で、主婦の友社の雑誌書籍の編集製作の子会社主婦の友インフォスの株式を映像コンテンツの企画、製作のIMAGICAグループに譲渡し、新たなメディミックス化への取り組みを既述しておいた。しかし何の手立ても施すことができなかったのであろう。今になって考えれば、20世紀は「主婦」の時代だったけれど、21世紀に入り、もはやすでに「主婦」の時代が終わっていたことを、現在の主婦の友社の債務超過は告げているのであろう】

〔6〕京都の図書印刷同朋舎と関係会社の東洋企画が自己破産。

図書印刷同朋舎は1918年創業で、宗教関連などの印刷製本を手がけ、1997年には年商30億4300万円を計上していたが、2019年には5億8000万円まで減少していた。負債は6億5000万円。

【これを取り上げたのは、2002年に京都の美術出版社の同朋舎出版が負債2億円で倒産し、それがこの図書印刷同朋舎にも尾を引いていたのではないかと思われるからだ。当時同朋舎だけでなく、京都書院と光琳社出版も倒産し、京都の美術書出版社はすべて破産してしまったことも想起してしまう】

〔7〕医学書のベクトル・コアが破産。

同社は1984年設立で、医学書を専門に出版してきた。負債は1億7000万円。

【一般書と異なる流通販売の医学書の世界にも、危機がしのびよっていると近年伝えられてきた。ベクトル・コアの社名は破産報道で初めて目にしたが、やはり医学書出版社にも多くの小さな版元があると考えるべきだろう。それらにしても、デジタル化などの波にさらされているのだろう】

〔8〕『FACTA』（8月号）が細野祐二の「会計スキャン」である「RIZAPグループ 過激M&Aと成長偽装のツケ回る『胸突き八丁』経営」を発信している。

それは細野ならではの「会計スキャン」で、2年余りでのライザップの株価の10分の1への暴落、企業買収に伴う負債計上すべき「負ののれん」の利益計上、それぞれの主要経営指標、フリーキャッシュフロー、有利子負債の推移をたどり、「この決算は資金破綻を強く示唆している」ことから、「ライザップは危ない」と分析している。

【本クロニクル❾でも、細野によるライザップの「会計スキャン」にふれてきた。それはライザップがワンダーコーポレーションや日本文芸社とM&Aしてきたからで、前者に関しては本クロニクル⓫などで取り上げているし、1のリストも載せておいた。細野の分析は読んでもらうしかないが、さらにその事業存続が「刑事事件化の可能性も含め、予断を許さない」と結ばれている。ワンダーコーポレーションや日本文芸社はどのような道をたどるのだろうか】

〔9〕『選択』（8月号）が「マスコミ業界ばなし」で、「一九六七年創業の出版社、KKベストセラーズが苦境に陥っている。そもそも四十人いた社員が二十人にまで激減している」として、二〇一七年から同社の事情をレポートしている。

それによれば、楽天の三木谷裕史の個人ファンド「クリムゾン」から、三井住友銀行出身で現ベストセラーズの浦井大一会長が資金を引っ張った。そしてメディアとしてのブランド価値を利用し、自らが関係する会社との協業によって、事業の拡大展開を図ろうとしていた。「だが出版素人ばかりによる経営はお粗末の限りで」、「当面、事業は継続するようだが、視界不良の状態が続く」。

【本クロニクル❷で、KKベストセラーズの公認会計士への謎の身売りに関して記述しておいたけれど、さらに転売されていたことになる。8の例ではないが、他業界からの出版社のM&Aはまさに魑魅魍魎としているといっても過言ではない。これからその内実がいくつも明らかにされていくであろう】

〔10〕南天堂書房の奥村弘志が83歳で亡くなった。

〔11〕サンガ代表取締役島影透の63歳での死が伝えられてきた。

【奥村には何回も言及してきたし、本クロニクル⓬でも、全国書店再生支援財団理事長に就任したことにふれている。それに南天堂に関しては拙著『書店の近代』（平凡社新書）でも1章を割いている。街の書店の代表的な継承者であった。なお南天堂は自社ビルの建て替えのために休業中で、仮事務所で外商を続け、23年に新ビル1階で営業予定。サンガという版元を知ったのは佐藤哲朗の『大アジア思想活劇』を読んだからで、仏教誌『サンガジャパン』を刊行していることも教えられた。またそれは9月刊行予定の『近代出版史探索Ⅳ』で書いている。経営者の死で、その行方が気にかかる】

〔12〕『現代思想』9月臨時増刊号として、『コロナ時代を生きるための60冊』が刊行された。

【その中から「永遠の〈危機の書〉」として、吉川浩満が挙げているW・H・マクニール『疫病と世界史』（佐々木昭夫訳、中公文庫）を紹介しておきたい。マクニールは同書で、数百万人を擁したアステカ帝国が六百人に満たないコルテスたちによって征服され、崩壊してしまったのは、疫病によるミクロ寄生的関係とスペイン人によるマクロ寄生的関係のからみあいによって起きたとする仮説を提出する。ここからは吉川の記述を引いてみる。「アステカ人がコルテスらスペイン人を首都から追い払ってから四か月後、天然痘のパンデミックが首都に発生した。もちろんスペイン人が持ち込んだものである。天然痘と長い付き合いのあるスペイン人と違い、アステカ人にとって天然痘はまったく未経験の疫病であり、彼らは天然痘に対する免疫をもっていなかった。多くのスペイン人が平気である一方で、アステカ人だけが倒れていく。最初のパンデミックだけで全住民の四分の一から三分の一が命を落としたといわれる。自分たちだけを選択的に襲う疫病と言う存在は、多くのアステカ人を倒しただけでなく、彼らに大きな心理的影響をも与えたであろう。このような不公平は、なんらかの超自然的な力によってしか説明できないのではないか。スペイン人とアステカ人のどちらが神の恩寵に浴しているかは明白であるように思われたに違いない。こうして、それまでアステカの文明を支えてきた宗教体系や聖職者組織、生活様式に対する信頼は一気に失われることになった。このようにして、スペイン人によるアステカ征服は軍事的のみならず文化的にも容易にかつ徹底的に達成されてしまったのである」。まさにコロナ後の世界に何が起き、何が変ろうとしているのかを予測しているようにも思われる。といって、私も『疫病と世界史』は未読だったので、読まなければならない】

〔13〕『東京古書組合南部支部創立50周年記念誌』を恵送された。

【B5判、120ページ、「写真で見る南部支部の50年」などの写真も多く、楽しい一冊で、二つの座談会も面白い。それから私が南部古書会館での古書展にかよっていた半世紀前のことを想起してしまい、本当に懐かしく思う。きっと月の輪書林か風船舎が忖度して送ってくれたのであろう。有難う。来年は『東京古書組合百年史』も出されるというので期待しよう】

〔14〕佐藤幹夫個人編集『飢餓陣営』(vol.51)が届いた。特集は「没後八年の吉本隆明」。

【本クロニクル㉔で、同じくリトルマガジンの『脈』の比嘉加津夫が亡くなったことにふれた。そして次号予定の「『ふたりの村上』と編集者小川哲生」特集がペンディングになってしまっ

たことも。だがそれは『飢餓陣営』にそのまま引き継がれ、第二特集となっていることを記しておく】

〔15〕この猛暑の夏はネットフリックスの韓国長編ドラマ『愛の不時着』と、伊豆下田の観音温泉水で何とか乗り切った。

【『愛の不時着』は本クロニクル㉚でもふれているが、全16話20時間以上に及び、ドラマツルギーも北朝鮮と韓国の双方を舞台とし、そこにスイスの回想シーンも挿入され、伏線となり、構成されている。時間軸も現在と過去との交差が頻繁であり、何度か観ないとすべてがリンクしていかない。そのために2回も観てしまったのである。私はこの監督や脚本家についての詳細はほとんど知らないけれど、この作品が無数の映画からの縦横無尽の引用から成立していることだけはただちにわかる。ヒロインが外国映画のタイトルをいうのはひとつだけだが、そのことを考えながら『愛の不時着』を見るのは楽しいことだ。少しだけ例を挙げれば、『戦艦ポチョムキン』『第三の男』で、『ローマの休日』『裏窓』なども想起できる。過去の韓国映画へのオマージュに充ちている。それから北朝鮮の貧しさと不便さがノスタルジアのようなモードを形成し、フレデリック・ジェイムソンのいうところのノスタルジアは、後期資本主義の商品に他ならないという指摘も思い浮かべてしまう。だが同じネットフリックスで、そのような感慨をもたらさない今村昌平の『にっぽん昆虫記』を観たことも付記しておく。それらはともかく、この作品は韓国映画のニューウェーブのラブコメディであり、本クロニクルの読者にも推薦したい。続けて緊迫する香港状況とコロナ下の香港映画、『ザ・ミッション 非情の掟』などのジョニー・トゥ監督、それらの主演を務めるアンソニー・ウォンにふれるつもりでいたが、別の機会に譲ることにする。また『キネマ旬報』（8／下）がミニ特集として「ディレカンの夢は遠く……追悼宮坂進」を組んでいるが、哀切極まりない。映画の悲劇と出版のそれは共通している。なお観音温泉水は通販可であり、冷やして朝飲むととても美味で、体調にもよい。これもお勧めしよう】

〔16〕 今月の論創社HP「本を読む」55は「岡本太郎とバタイユ『蠱惑の夜』」です。それから「日本の古本屋メールマガジン」の「自著を語る」に『近代出版史探索Ⅲ』のことを書いています。

出版状況クロニクル㉝ 2020年9月

―― 20年8月の書籍雑誌推定販売金額は840億円で、前年比1・1％減。書籍は433億円で、同4・6％増。

雑誌は407億円で、同6・5%減。

その内訳は月刊誌が335億円で、同6・8%減、週刊誌は71億円で、同5・1%減。

返品率は書籍が37・2%、雑誌は40・1%で、月刊誌は39・9%、週刊誌は40・8%。

書籍のプラスは前年が13・6%減だったことと、返品の改善によるが、雑誌のマイナスはコミックスの伸びが止まり始めたことや、女性誌部数減が大きな要因となっている。

それらに加え、8月は土曜日がすべて休配、取次返品稼働日数が前年よりも5日少なかったことも影響している。

なお2021年3月31日に消費税転嫁特別措置法が失効し、出版物にも適用されていた消費税別価格表示の特別措置の終了が予定されている。それに伴い、総額表示義務が適用される。

これをめぐって、書協、雑協は財務省に特別維持を求めているとされる。

これは政治マターとなっているという話も伝えられ、様々に錯綜しているようなので、今回のクロニクルでは現段階でのコメントは付け加えないことを断っておく。

---

〔1〕 8月の書店閉店は49店で、7月の14店に比べ増加していく気配の中にある。
【本クロニクル㉑でも、19年同月のTSUTAYA、未来屋、フタバ図書、文教堂、戸田書店、くまざわ書店、とらのあなの複数の閉店を既述しておいた。それは今年も同様で、TSUTAYA（蔦屋書店）2店、未来屋3店、文教堂2店、くまざわ書店2店、とらのあな4店と続いている。フタバ図書は1店だが、GIGA本通店750坪、8月戸田書店はないが、7月に静

岡本店850坪を閉店している。今後の動向として気になるのは未来屋で、イオンとマックスバリュー内書店を加えれば、6店となる。これはスーパーやショッピングセンターにおいても、もはや書店が必要とされなくなっていることを告げているのではないだろうか。それに前回示したように、未来屋も赤字である。またユニーのアピタ内書店も2店閉店している。前回の書店売上高ランキングを補足する意味で取り上げてみた】

〔2〕MPDのHP「決算情報」に「貸借対照表」と「損益計算書」だけが公開されているので、それらを引いておく。

【本クロニクル㉛で、日販GHDと日販の決算に言及したが、MPDについては発表されていなかったので、ここに示しておく。MPDの20年度売上高は1572億円、前年比6・6%減である。個々の数字と内実についての言及は差し控えるが、この3年間のマイナスだけを見ても、売上減少はさらに続いていくだろうし、CCC＝TSUTAYAの行方と併走するしかないと思われる】

〔3〕ゲオホールディングスの売上高は3050億円で、前年比4・3%増。
グループ店舗数はゲオ、ジャンブルストア、セカンドストリートなど1938店。

【1でふれなかったが、書店としてのゲオも多くはないが、コンスタントに閉店が続いていて、8月も群馬県の太田店343坪が閉店している。トーハンとのコラボレーションの内実は伝え

貸借対照表

(2020年 3月31日 現在)

(単位：千円)

資産の部		負債の部	
科目	金額	科目	金額
流動資産	**23,164,010**	**流動負債**	**18,304,208**
現金・預金	1,993,409	買掛金	15,964,716
売掛金	18,273,391	未払金	1,194,608
商品	1,527,795	未払消費税等	84,963
仕掛品	2,220	未払費用	33,052
貯蔵品	62,500	未払法人税等	22,534
前払費用	99,948	賞与引当金	101,576
未収法人税等	31	役員賞与引当金	3,444
未収入金	1,255,558	前受金	5,903
その他の流動資産	6,250	預り金	166,306
貸倒引当金	△ 57,096	預り保証金	667,110
		返品調整引当金	28,400
		事業撤退損失引当金	31,593
固定資産	**1,856,561**	**固定負債**	**141,373**
有形固定資産	**452,959**	退職給付引当金	38,597
建物	193,492	資産除去債務	102,775
機械及び装置	109,757	**負債合計**	**18,445,582**
車両及び運搬具	3,367	**純資産の部**	
器具及び備品	146,342	**株主資本**	**6,574,989**
無形固定資産	**57,941**	**資本金**	**100,000**
ソフトウェア	55,128	**資本剰余金**	**2,385,556**
その他の無形固定資産	2,812	資本準備金	1,905,556
投資その他の資産	**1,345,660**	その他資本剰余金	480,000
投資有価証券	12,770	**利益剰余金**	**4,089,432**
長期営業債権	12,499	その他利益剰余金	4,089,432
長期前払費用	152,423	繰越利益剰余金	4,089,432
子会社株式	83,400		
保証金・敷金	916,746		
その他の投資	8		
繰延税金資産	179,371		
貸倒引当金	△ 11,558	**純資産合計**	**6,574,989**
資産合計	**25,020,572**	**負債及び純資産合計**	**25,020,572**

(注) 金額は千円未満を切り捨てて表示しております。

MPD HP「第14期　賃借対照表」「第14期　損益計算書」より掲載

損益計算書

〔自 2019年 4月 1日
至 2020年 3月31日〕

(単位：千円)

科目	金額
売上高	157,228,244
売上原価	151,176,425
売上総利益	6,051,819
販売費及び一般管理費	5,857,302
営業利益	194,516
営業外収益	35,898
受取利息及び配当金	1,033
雑収入	34,864
営業外費用	27,630
支払利息	2,471
雑支出	25,158
経常利益	202,784
特別利益	28,859
固定資産売却益	290
物流拠点再編戻入益	28,568
特別損失	93,589
固定資産除却損	30,522
事業撤退損失	63,067
税引前当期純利益	138,054
法人税、住民税及び事業税	22,534
法人税等調整額	1,327
当期純利益	114,192

(注) 金額は千円未満を切り捨てて表示しております。

られていないが、書籍、雑誌とＤＶＤなどのレンタルというアイテムの書店出店は後退していくことは確実だ。レンタルを手がけているゲオ店舗は１１００店に及ぶようだが、２０１５年に８３３億円あったレンタル売上は、20年には５７９億円まで減少し、ネットフリックスなどの配信市場の影響をもろに受けている。それに伴い、セカンドストリートなどのリユース事業は、15年の808億円が20年には1222億円と増加しているので、今期は70店の出店をめざすとされる。トーハンもゲオのリユース事業に関係しているのだろうか】

〔4〕『日経MJ』（8/26）に「2019年度コンビニ調査」が掲載されている。
店舗数は5万8250店で、前年比0・5％減となり、初めての店舗数減少。

新規出店も1914店で、過去20年間で初めての2000店割れ。

全店売上高は12兆円弱で、前年比1・3％増だが、1店当たりの1日の来客数は平均932人で、2・3％減となっている。


【コンビニ数の推移と書籍雑誌販売金額に関しては、本クロニクル㉕を見てほしいが、コンビニもフランチャイズシステム、大量出店、24時間営業というビジネスモデルが飽和状態に達したことを告げているのだろう。それはともかく、1980年代から90年代にかけてはコンビニの雑誌売上の増加が出版社の成長を支えていたのであり、まさにコンビニバブル出版経済といってもよかった。しかもそれは取次と書店の関係をモデルとして構築されたもので、『出版状況クロニクル』シリーズにおいても、しばしば言及してきている。ただ21世紀に入って、コンビニと雑誌の蜜月は明らかに低迷し始めていた。それは本クロニクル㉕の売上高推移に示しておいたように、2005年は5059億円だったのに、2018年には1445億円と3分の1を下回ってしまった。19年度の数字はまだ出されていないけれど、18年をさらに割ることは確実で、雑誌の凋落もコンビニ売上の減少とパラレルだとわかるであろう。それに1におけるスーパーやショッピングセンターに書店がなくなっているように、いずれコンビニからも雑誌が不要のものとなっていくかもしれない】

〔5〕 アマゾンジャパンは府中、上尾、久喜、坂戸に4つの物流拠点のフルフィルメントセンター(FC)を開設し、合わせてFCは21拠点となる。

久喜はすでに稼働し、4万5800坪、府中は9400坪、坂戸は2万3500坪、上尾は2万2600坪で、それらはいずれも10月から稼働予定。

【たまたま『文化通信』(9/14)で、「出版倉庫ガイド特集」が組まれ、その物流チャートと昭和図書などの出版物流などが紹介されている。おそらく想像する以上に近年、倉庫と出版流通は進化したと思われるし、それはアマゾンの存在を抜きにして語れないのではないか。それらを含めて、この10年はアマゾンが一人勝ちのディケードだったと見なすしかない。だがそのかたわらに、本クロニクル㉓でふれた横田増生『潜入ルポamazon帝国』(小学館)を必読の一冊としておかなければならない。幸いなことに横田のこの一冊は今年の新潮ドキュメント賞を受賞した。さらなるルポを続けてほしい】

〔6〕 集英社の決算が出された。

売上高は1529億4000万円、前年比14・7%増、営業利益は243億2000万円、同175・7%増。当期純利益は209億4000万円、同112・0%増。

その内訳は雑誌が638億9700万円、同24・4％増、書籍は103億2300万円、同16・4％減、広告は96億8000万円、同0・7％減、その他は690億7600万円、同15・2％増。

【売上高や純利益は近来にない数字で、まず『鬼滅の刃』の大ヒットを挙げなければならない。20巻で5000万部を発行し、シリーズ物のコミックスの威力を見せつけた。そのことで、雑誌の内の「雑誌」は207億8300万円、同9・8％減にもかかわらず、「コミックス」はその倍の431億1400万円、同52・3％増となり、コロナ禍を物ともしない好決算の原動力となっている。新人の作品であっても、コミックスは当たれば大きいことを実証したことになろう。だが問題なのは『鬼滅の刃』のような大ヒットが来期も出るかであろう】

〔7〕 光文社の決算も出された。

総売上高は184億7700万円、前年比9・0％減、経常損失は13億9900万円（前年は7億6500万円の損失）、当期純損失は24億2000万円（前年は36億2400万円の利益）となった。販売部門のうちの雑誌は60億7900万円、同8・1％減、書籍は27億7800万円、同9・3減、広告は56億9600万円、同11・3％減となっている。

【光文社は6の集英社と異なり、コロナ禍による多大な影響を受け、2年ぶりの損失となった。とりわけ『HERS』『美ST』『JJ』『Mart』『CLASSY』の5月号の発売ができず、合併号に加えて書店休業も相乗し、出広も減少してしまったのである。『HERS』は8月号

で月刊発行終了となっている。コロナ禍の決算において、集英社と明暗を分けてしまったことになろう】

〔8〕『出版月報』（8月号）が特集「パズル誌大研究」を組んでいて、その市場規模が113億円であることをレポートしている。

【20年5月の週刊誌販売金額は59億円だから、パズル誌はその倍近い市場ということになり、週刊誌の編集コストに比べれば、利益率の高い雑誌に分類されるだろう。ちなみに5月の週刊誌販売部数1598万冊に対し、パズル誌の19年発行銘柄数は158、発行部数は3442万冊とされる。ピーク時は2006年の130億円だったが、コロナ禍の中にあって、発行銘柄は過去最高となり、定期誌刊行出版社は19社に上るという。とても参考になったのは、1980年から現在までのチャート「パズル誌の動き」で、80年の『パズル通信ニコリ』（魔法塵）から始まっていることだった。これは確か、最初は地方・小出版流通センターを経由して流通販売されていたはずだ。83年の『パズラー』（世界文化社）は記憶にないが、これが最初の雑誌コード付きパズル誌だった。パズルは雑誌の巻末や新聞の片隅の懸賞に使われていたが、80年代を迎えて、市場を形成していったことは興味深い。それは日本の消費社会の成熟と見合っているからだ】

〔9〕三省堂書店が子会社の創英社を吸収合併。

創英社は出版事業と出版営業の代行業務を手がけていた。

【かつての岩波ブックセンターも出版事業＝自費出版を手がけ、書店業の一助にもなっていた時代もあったと仄聞しているが、書店と自費出版のコラボも終わったと考えるべきだろう。そういえば、ブランド力を冠として大手出版社、老舗出版社がこぞって自費出版部門を立ち上げた時期があったけれど、それらはどうなっているのだろうか】

〔10〕 あさひ産業が自主廃業。同社は1993年に元太洋社の南外茂が創業し、書店のブックカバーや雑誌袋などの備品や出版社の販促物などを扱ってきた。
2008年からは書店用品オンラインショップも開設していたという。

【あさひ産業のことは私も知らず、業界紙の報道で教えられたが、レジ袋廃止も影響しているのだろう。それでも同種のビジネスが出版業界関係者によって営まれていたことは想像できる。それと9の創英社のことで連想されたが、やはり1990年代から元出版社や書店の人たちによって、出版営業代行会社がいくつも設立されたことがあった。それらも創英社ではないが、コロナ禍の中にあって、どのような状況に置かれているのだろうか】

〔11〕 楽譜出版の企画、編集、印刷製本のアルスノヴァが破産。
同社は1982年創業で、楽譜の浄出、採譜、出版企画、編集業務に携わり、小学校音楽の文科省指定教科書の楽譜制作の受託や大手音楽教室の教本を引き受けていた。

2009年には年商3億1600万円を計上していたが、楽譜出版社からの受注が減少し、資金繰りが悪化し、15年には事業を停止していた。負債は3億7800万円。

【本クロニクル㉛で、中南米音楽誌の『ラティーナ』の休刊にふれたばかりだが、一部を除き、音楽書の世界にも危機は押し寄せているのだろう。そういえば、現在はどうかわからないけれど、かつて春秋社は楽譜出版社の大手だったはずで、アルスノヴァの楽譜出版社からの受注の減少も、それらの動向と関係しているのであろうか】

〔12〕 展望社から、市原徳郎『雑誌王は不動産王 講談社野間清治の不動産経営法』を恵送された。

【野間清治が小原国芳の玉川学園開発のスポンサーであったことは承知していたけれど、このような「不動産王」の実態は初めて知らされたといっていい。戦前の出版史を調べていくと、見え隠れするのは出版社、取次、書店を問わず、不動産取得の問題で、それは野間清治だけでなく、岩波茂雄などにもうかがわれる。また出版社の場合、成長するにしたがって、在庫と返品のための倉庫を必須とするので、利益が上がれば、まずは不動産取得と自社ビルの建築へと向かったのであろう。また高度成長期まではベストセラーを一冊出せばビルが建ったといわれていたことも、そうした出版伝承から引き継がれてきたのであろう。最後の例のようにして、竹書房本社が「フリテンくんビル」と呼ばれていたことを思い出す】

〔13〕ぱる出版の常塚嘉明社長が67歳で急逝した。
【実は拙著『ブックオフと出版業界』（現論創社）の企画は、当時の常塚営業部長から出されたもので、ぱる出版から刊行されたのは2000年のことだった。それから20年が過ぎ、この10年は会うこともなく、突然死を知らされた次第だ。謹んでご冥福を祈る】
〔14〕ヤン・ストックラーサ『スティーグ・ラーソン 最後の事件』（品川亮＋下倉亮一訳、ハーパーBOOKS）を読了。
【これは出版情報を得ていなかったし、書評も見ていなかったので、書店の文庫コーナーで翻訳刊行を知り、購入してきた一冊である。帯文にあるように、まさに「もうひとつの『ミレニアム』」とよんでいいし、著者はラーソンの残した未公開資料のアーカイヴと出合うことで、1986年のスウェーデンのパルメ首相暗殺事件の謎が追跡され、暴かれていく。ラーソンが急逝し、『ミレニアム』（ハヤカワ文庫）連作において、首相暗殺事件の解明は途絶えたかに思えたが、ラーソンの遺志はここにその一端が実現されたことになろう】
〔15〕論創社HP「本を読む」56は「クロソウスキー『ロベルトは今夜』」です。

出版状況クロニクル㉞　２０２０年10月

20年9月の書籍雑誌推定販売金額は１１８３億円で、前年比０・５％増。

書籍は６８５億円で、同０・３％増。

雑誌は４９８億円で、同０・８％増。

その内訳は月刊誌が４２３億円で、同３・６％増、週刊誌は74億円で、同12・７％減。

返品率は書籍が31・７％、雑誌は37・５％で、月刊誌は36・５％、週刊誌は42・４％。

書籍は池井戸潤『半沢直樹 アルルカンと道化師』（講談社）初版30万部を始め、馳星周『少年と犬』（文藝春秋）、『会社四季報 業界地図２０２１年版』（東洋経済新報社）などがヒットし、さらに返品減が加わり、微増となった。

雑誌は『鬼滅の刃』（集英社）の売れ行きは落ち着き始めたが、『ONE PIECE』『キングダム』『SPY×FAMIRY』（いずれも集英社）や『進撃の巨人』などの新刊が続き、返品も大きく改善し、プラスとなった。

■2020年上半期 推定販売金額

月	推定総販売金額		書籍		雑誌	
	（百万円）	前年比（%）	（百万円）	前年比（%）	（百万円）	前年比（%）
2020年 1～9月計	913,739	▲2.3	508,349	▲2.3	405,390	▲2.3
1月	86,584	▲0.6	49,583	0.6	37,002	▲2.2
2月	116,277	▲4.0	71,395	▲3.2	44,882	▲5.2
3月	143,626	▲5.6	91,649	▲4.1	51,977	▲8.1
4月	97,863	▲11.7	47,682	▲21.0	50,181	▲0.6
5月	77,013	1.9	42,383	9.1	34,630	▲5.7
6月	96,982	7.4	48,978	9.3	48,004	5.5
7月	92,939	▲2.8	44,755	▲7.0	48,184	1.4
8月	84,072	▲1.1	43,369	4.6	40,704	▲6.5
9月	118,382	0.5	68,555	0.3	49,827	0.8

〔1〕出版科学研究所による20年1月から9月にかけての出版物販売金額の推移を示す。

【20年9月までの書籍雑誌推定販売金額は9137億円で、同2・3%減。前年比マイナス217億円である。これは近年にない低いマイナスで、5、6、7月と3ヵ月書籍雑誌のプラスが生じたことによっている。18年と19年の数字は本クロニクル❿、㉒にも掲載しておいたが、18年のマイナスは728億円、19年は408億円だったから、それだけ見れば、かなり改善されたともいえる。しかしリードでも書いておいたように、1億部に及んだという『鬼滅の刃』を始めとするコミックの好調による要因が大きいと考えられる。

だが出版科学研究所のデータは取次ルートの送品に基づいていて、書店の実売金額ではない。それにコロナ禍が重なり、このような販売金額となったのか、現時点では判然としない。続けて書店決算などにふれていくけれど、その点を了承してほしい。また『出版月報』(10月号)も特集「新型コロナウィルス感染拡大と出版界」を組んでいるが、「前編」なので、来月を「後編」を待って言及するつもりでいる】

〔2〕 文教堂GHDは20年8月期に債務超過を解消する見込みを発表。

19年6月、文教堂GHDと文教堂の2社は「事業再生ADR手続き」を申請し、債務者会議で再生計画案を諮り、東証の上場維持を図った。

その結果、金融機関6行が借入金元本の返済を一時停止し、41億6000万円、日販は5億円を出資し、借入金の一部を債権の株式化によって支援することになった。

文教堂GHDの第3四半期売上高は166億2800万円、前年比9・8%減だが、純利益は3億3000万円と黒字転換。

【文教堂の「事業再生ADR手続き」に関しては本クロニクル⓳、その債務超過、大量閉店についてては同⓭、⓰などで既述しておいたので、必要ならば、そちらを参照してほしい。しかし文教堂に対して、やはり本クロニクル㉜でふれておいたように、経済誌で継続疑義の企業に挙げられていた。確かにこのような事業再生によるならば、危機に陥っている小売業の存続はできるが、事業の再建は可能かと問うべきだろう。文教堂の取次とのタイアップ、及び郊外店大量出店によるナショナルチェーン化と上場化というビジネスモデルは、もはや終わっていると考えられるからだ。本クロニクル⓳で、文教堂、日販、金融機関のトライアングルの行方への注視を促しておいたが、まだ最終的決着はついていないと見るべきだろう。その後、文教堂G

HDは45歳以上の正社員25人の希望退職を募ると発表した】

〔3〕精文館書店の決算が出された。
売上高は207億8700万円、前年比7・1%増で過去最高を記録。営業利益は6億1700万円、同40・5%増、当期純利益は3億4600万円、同26・4%増。

その内訳は「書籍・雑誌」128億854万円、同11・7%増、「文具」22億7830万円、同7・8%増、「セル（CD／DVD・新品ゲーム・中古ゲーム）」20億8444万円、同1・7%減、「AVレンタル」25億8516万円、同7・3%減、「金券（図書カード、POSAカード）」4億9801万円、同8・3%増、「その他」5億3325万円、同19・4%増。

【前年度の精文館書店の決算は、本クロニクル㉒で既述しているので、これも必要とあれば見てほしいが、前年は800坪を越える大型店出店にもかかわらず、1・9%減だった。今期の出店は366坪のTSUTAYA BOOKSTOREテラスモール松戸の1店だけで、「書籍・雑誌」は11・7%増となっている。コロナ禍の影響もあってなのか、釈然としない印象を与える】

〔4〕2021年3月31日に消費税転嫁対策特別措置法が失効し、出版やムックなどの出版物に適用されていた消費税別価格表示の特別措置も終了となる。それに伴い、4月1日からは総額表示（税込価格）義務が発生する。
財務省は書協、雑協に対し、特別措置の執行を前提で進めてほしいし、スリップのボウズ、カ

バー、本体の一ヵ所でも税込価格を表示すれば、総額表示義務を満たすと明示した。総額表示義務違反に関して、消費税上の罰則規定は設けられていない。また書協は出版社や書店の負担を懸念し、関係省庁に対し、特別処置の延長を要請してきたとされる。

【この問題に対して、書協は9月18日に、4月1日以降の刊行物が対象で、「総額表示表記のしおり」の挟み込みを提案している。また日本出版者協議会は9月28日付で「消費税総額表示義務の特例の『無期限延長』、『外税表示』許容の恒久化を強く要望する」との声明を出している。しかし何よりも問題なのは書店在庫、つまり出版社の社外在庫で、それが半年余りで解決できるとは思われない。書協の消費税対応はその導入時の1989年から失敗の繰り返しで、今回もその轍を踏まないことを望むばかりだ。前回の本クロニクルで、この問題が政治マターとされていることを伝えた。そうして水面下で延長化の動きが進められていたようだが、どうも実を結ばなかったと伝えられている】

〔5〕 2018年の税制改正で決まった「返品調整引当金廃止」の適用が半年後の21年4月から始まる。

この制度変更は出版業界特有の「委託販売」「常備委託」の特異性を見直すことにもつながるとして、『文化通信』(9/18)が碇信一郎公認会計士にヒアリングしているので、それを要約してみる。

＊2021年4月から「収益認識に関する新しい会計基準」の適用に伴い、税法が改正され、

その中に「返品調整引当金の廃止」が含まれているので、ほとんどの出版業界関係者に影響が及ぶ。この「廃止」には10年間の経過措置がとられるにしても、出版社の税負担が増えることは間違いない。

＊例えば、これまでの返品付き販売において、出版社が取次への販売時にすべて収益を計上していた。しかし今後は返品が見込まれる金額（売価ベース）については計上できなくなり、「返品負債」として計上し、また返品が見込まれる分は「返品資産」として計上する。そして決算日に返品負債と返品見積もりが正しかったかどうかを見直す必要がある。

＊それに照らし合わせれば、出版業界の「委託販売」は「返品条件付き販売」で、一般の「委託販売」とは異なり、再販制に基づいて書店に預けたかたちとなり、出版社にしても書店にしても、主体的に販売しているとは言い難い。

＊「常備委託」は「預け在庫」だが、売上を計上している。だが実際に出版社には1冊目が売れ、次の本が入った時に初めて売上を計上しているので、本来の売上計上の時期がずれている。このように出版業界の当たり前の取引にしても、この収益認識基準の変更を機とし、新たに考える必要がある。

【ここでは言及されていないが、書店の新規開店に当たり前のように乱発されている「委託販売」や「常備委託」にしても、当然のように見直しを迫られることになろう。しかもその「委託販売」や「常備委託」が書店の資金繰りのための返品となって早期に出版社へと戻されていることも考慮に入れなければならない。これらも含めて、すべての問題を先送りして、また出

版業界のつけが現実化しようとしているのだろう】

〔6〕流通情報誌『激流』（11月号）が特集「止まらぬ閉店ドミノ 活路はどこに」を組んでいる。とりわけジャーナリスト石橋忠子レポート「一等地の空洞化で始まる街と企業の再生モデル構築」は生々しい。そこではすさまじいまでのコロナ閉店が語られている。
外食産業はジョイフルが200店、コロワイドが196店、吉野家HDが国内外で150店、ペッパーフードサービスが114店、チムニーが72店、ロイヤルHDが70店、ワタミが65店とこの7社だけで約850店に及ぶ。

アパレルもレナウンの破綻に加え、オンワードHDが700店、ワールドが358店、三陽商会が150店、TSIHDが210店、ジャパンイマジネーションが今年度中に92店と、6社だけで2000店以上になる。

外食やアパレルだけでなく、ファッション雑貨、眼鏡、生花、スポーツ用品、アニメショップなども次々と閉店し、カラオケボックスはすでに500店が閉店したと見られる。

さらに赤字店舗続出で、閉店ラッシュはこれから本格化することも確実だとされる。

〔7〕『日経MJ』（9／23）も「モールに迫る空洞化の足音」と題し、1月から6月にかけて、全国2800ヵ所の商業施設の出退店データから、アパレルや外食を中心にテナント1140店が純減したことをレポートしている。

施設の飽和感、ネット通販との競合の厳しさ、コロナによる集客力の落ち込みが、巨大なショッピングモールの存在危機を問うていることになる。

【書店の閉店はそこまで目に見えて増えていないが、年末から来年にかけてどうなるのかわからない。小出版社の側から見れば、出版協加盟社の3月から5月売上は平均27・8％減、楽天ネットワークの入金は返品相殺され、入金がないところも多いようだ。しかもコロナ休業や閉店の返品はこれから本格化するのではないかとの観測も出されている。書店と同じく、出版社のほうもコロナ危機には深刻である】

〔8〕日販とトーハンは雑誌返品業務の物流拠点を統合し、11月から日販グループの出版共同流通蓮田センターで段階的に実施する。

今後、書籍返品業務、書籍新刊送品業務、雑誌盗品業務も含め、協業の検討を進め、物流作業の効率化を通じ、出版流通網の再構築をめざすとされる。

【このような動向を受けてなのか、10月から中央社が物流をトーハンに業務委託することで、自社の集荷も中止となっている。中央社の帖合書店、スタンドは900弱とされるが、これからはトーハンの書店コードが使われることになる。この数ヵ月、病院内の書店の閉店が目につくけれど、おそらくこうした中央社のトーハンへの業務委託と関連しているのだろう】

〔9〕出版物貸与権管理センター（RRAC）は第13回（平成31年度分）の貸与権使用料の分配を

発表。

分配額は14億9000万円で、第12回の16億3000万円、第11回の21億2000万円という3年連続の減少。ピークは第10回の23億5100万円。

レンタルブック店は1865店で、16年2172店、17年2069店、18年1973店とこちらも減少が続いている。

RRACは2007年から貸与権に基づき、コミックを中心としたレンタルブックの貸与権使用料を徴収し、著作者に分配する業務を行ない、第1回（平成10年度分）の分配金額は5億2000万円だった。

【ピーク時から比べれば、9億円近いマイナスで、レンタルコミックももはや下り坂となっていることが歴然である。それもあってなのか、ゲオではレンタルコミックが大量に放出され、一冊50円で売られている。しかし今年の神風だったといえる『鬼滅の刃』がレンタルコミックとなれば、今一度盛り返すかもしれない】

〔10〕『出版月報』（9月号）が特集「タレント写真集」を組んでいる。
1990年代前半にヘアヌード写真集がブームとなり、91年の樋口可南子『water fruit』、宮沢りえ『Santa Fe』（いずれも朝日出版社）がそれぞれ55万部、165万部と大ヒットした。それをきっかけとして、92年20点、93年80点、94年には200点超が刊行されたのである。

それらを追った「タレント写真集と関連本30年の歴史（1990～2020年）」は出版史資料

として貴重なものだ。

【この30年史を見ていて想起されるのは、本格的な消費社会を迎えての広義の意味における芸能書とスポーツ書の隆盛、及びそれらにまつわるセレブティ出版のこれまでなかった台頭である。ブックオフの棚を眺めると、それらの多くが売れずに棚を占め、残骸のように残っている。折しも『週刊ポスト』（10／9）が「ヘア・ヌード完全カタログ」を謳っているので、購入してみると、1994年に刊行された『井狩春男のヘア・ヌード完全カタログ』（飛鳥新社）の転載であった。そういえば、鈴木書店倒産以来、井狩とも二十年近く会っていない。お達者であろうか】

〔11〕 電子ストア「まんが王国」を運営するビーグリーはぶんか社、及びグループ会社（海王社、新アポロ出版、文友社、楽楽出版）の持ち株会社であるNSSK―CCの全株式を取得し、子会社化。買収金額は53億円。

【ぶんか社はかつての日本文華社で、コミックや新書を出し、雑誌の『みこすり半劇場』は岩本テンホーのベストセラーコミックの掲載誌でもあったし、かなり楽しませてくれた記憶がある。海王社はヘア・ヌード写真集の版元、文友社と楽楽出版はぶんか社の会社分割による子会社とされる。新アポロ出版は自動車雑誌関連の編集プロダクション。19年のぶんか社単体売上高は45億円、純利益7億円とされるが、この買収は三井住友銀行をメインとする70億円のシンジケートローンによってなされたようだ。本クロニクル㉜で、やはり買収されたKKベストセラーズの現会長が三井住友銀行出身であることにふれておいた。出版社のM&Aとその後の経過を知ると、それが本当に魑魅魍魎としていることに気づかされる。このような出版状況下において、そうした事例はいくつもあると推測される】

〔12〕光文社は女性ファッション誌『JJ』を21年2月で定期刊行を終了。
同誌は1975年創刊で、若い女性のみならず、服飾関連バイヤーたちの必読誌でもあった。

【6のアパレルの大量閉店と必然的に結びついているはずで、それは女性誌全体にも及んでいくのかもしれない】

〔13〕「朝日歌壇」(10/25)にまたしても一首を見つけたので引いておく。
「硝子戸をのぞけばいつも背表紙が手まねきしていた三月書房(大和郡山市)四方　護」

【その後の「硝子戸」の向こうはどうなったのであろうか。6月に閉店したはずの「三月書房が店を開けてる?」という記事も見出せる】

〔14〕アメリカで三島由紀夫写真集『男の死』が出されているようだ。
【これは『薔薇十字社とその軌跡』(「出版人に聞く」シリーズ10)で、内藤三津子が未刊に終わった写真集として語っていた一冊である。三島は遺言のように、必ず出してほしいと言い残していたが、『底本三島由紀夫書誌』を出すことを優先したために、未刊に終わってしまった。ど

のような経緯があってのアメリカでの出版なのかは詳らかではないが、半世紀が経っての刊行であるだけに、何らかの事情も潜んでいるにちがいない】

〔15〕論創社ＨＰ「本を読む」57は「岡本太郎とマルモル・モース」です。『近代出版史探索Ⅳ』は10月上旬刊行されました。

出版状況クロニクル㉟　２０２０年11月

20年10月の書籍雑誌推定販売金額は１０００億円で、前年比６・６％増。

書籍は５３６億円で、同14・０％増。

雑誌は４６４億円で、同０・８％減。

その内訳は月刊誌が３８２億円で、同０・５％増、週刊誌は82億円で、同６・４％減。

返品率は書籍が32・２％、雑誌は41・３％で、月刊誌は40・６％、週刊誌は44・１％。

書籍は出回り金額の６％増、送品ボリュームの多量さ、返品率の大幅改善、前年の台風と消費税増税による売上不振の４つの要因が相乗し、近来にないプラスとなった。

書店店頭売上も書籍は6％増、児童書は『劇場版 鬼滅の刃 無限列車編』（集英社みらい文庫）のヒットで11％増、ビジネス書は『人は話し方が9割』（すばる舎）などで8％増。

雑誌は映画で大ヒットの『鬼滅の刃』全22巻が10月も爆発的に売れ、40％増。

コロナ禍と『鬼滅の刃』の大ベストセラー下の10月送品、販売状況ということになろう。

---

〔1〕『出版月報』（10、11月号）が2ヵ月続けて、特集「新型コロナウイルス感染拡大と出版業界」を組んでいるので、それを要約してみる。

＊コロナ禍の3月から8月期の書籍雑誌推定販売金額は、前年同期比2・8％減、19年は同4・3％減、18年は同7・0％減だったので、悪い数字ではない。

＊各月データは3月が同5・6％減、4月が11・7％減、5月は1・9％増、6月は7・4％増、7月は2・8％減、8月は1・1％減。

＊実際に日販調査によれば、5月は同11・2％増、6月は2・6％増、7月は3・8％増、8月は1・6％増。その要因は一斉休校による学参と児童書の特需、コロナ禍による日常生活の激変と出版物への新たな需要。また公共図書館の休刊維よる需要増。

＊読者の購買行動も変化し、購入は都市部の書店から郊外型書店、身近な街の中小書店へとシフトし、またネット書店もそれらを上回る伸びを示している。

＊書籍の動向は3月から8月期において、同3・1％減、4月は同21・0％減、5月は9・1％増、6月は9・3％増、7月は7・0％減、8月は4・6％増。やはり休校による学参、

児童書、テキストなどの学校採用品の伸びが大きい。
＊テレワーク、リモート会議という働き方の変化に伴い、PC書やビジネス書、就職関連書が伸長しているが、都市部の大手書店や専門店の販売シェアは下がり、とりわけ工学書や医学書は厳しい状況にある。
＊文芸書と文庫本の5月から9月にかけては、前者はすべてプラス、後者は前年並、もしくは微増で、5月以降、売れ行きの伸長が顕著である。
趣味実用書はゲーム攻略本、お菓子作り本、パズル、脳トレ、ぬり絵関連書は好調だが、旅行ガイド本は半減している。
＊雑誌の動向の3月から8月は同2・4％減、定期誌は同11％減、コミックス同29％増、ムック21％減。コミックスの好調が全体を牽引し、小幅なマイナスとなった。
＊トータルとして、ネット書店、電子出版、電子図書館は大幅に伸長し、町と郊外の書店は活況だったが、都市部の書店は苦戦の傾向にある。
【リードの10月状況やこれらのコロナ禍レポートからすると、書店状況は予想以上に改善されたかのように見える。しかし取次のPOSデータを参照すると、たしかに5月からは前年を上回っているものの、休業もあってトータルでは前年を下回り、書店全体がコロナ禍の中にあって潤ったわけではないことを示している。それは取次にしても、出版社にしてもしかりだろう。売上を伸ばした町の書店にしても、店主がいうごとく「このような伸長が来年も続くかは未知数なうえに、書店の抱える問題は何も変わっていない」のであり、それは出版業界全体も同様

だといえよう】

〔2〕『鬼滅の刃』1巻を購入して読んだ。

【『出版月報』(10月号)に、20年1月から9月にかけての『鬼滅の刃』を含めた「コミックス店頭販売冊数」の推移が掲載されている。それによれば、7月は何と同月前年比160%を超える大幅なプラスで、コロナ禍の書店『鬼滅の刃』による恩恵を受けたことは間違いないだろう。全巻で1億冊は売れたとされるので、出版科学研究所の小売ベース金額は400億円となる。これは前回のクロニクルの20年1月から9月にかけての出版物販売金額の推移を参照してほしいが、書籍の400億円台は1、4、5、6、7、8月の5ヵ月、雑誌の場合1月は370億円、5月は346億円、6、7、8、9月の4ヵ月は400億円台なのである。『鬼滅の刃』1作だけで、それらを上回る、あるいは比肩する売上を達成してしまったことになる。初版は2016年6月で、もちろんコロナ禍の期間だけのものではないけれど、恐るべきコミックスの大奇跡的売上というしかない。だが来年もミリオンセラー100冊分に匹敵する『鬼滅の刃』のようなコミックスが出現するとは考えられない。いかにコミックスが好調で『鬼滅の刃』の超ベストセラーはコロナ禍の出版業界にあって、奇貨とすべきだが、最後のあだ花となってしまうことも考えられるからだ。あのハリーポッターでさえも、もはや読んでいるという声は聞こえてこない。読者はどこへいってしまったのか】

■販売ルート別推定出版物販売額 2019 年度

販売ルート	推定販売額（億円）	前年比（%）
1. 書店	8,575	▲ 9.3
2. CVS	1,285	▲ 11.0
3. インターネット	2,187	4.5
4. その他取次経由	470	▲ 10.8
5. 出版社直販	1,964	▲ 0.3
合計	14,484	▲ 6.5

〔3〕 日販の『出版物販売額の実態２０２０』が出された。

【出版科学研究所による19年の出版物販売金額は1兆２３６０億円、前年比４・３％減だったが、こちらは1兆４４８４億円、同６・５％減である。この19年の数字を見ると、確かに20年のコロナ禍の書店売上は救いのように思える。それでも9月までの出版物販売金額は９１３７億円、同２・３％減であり、前年を上回ることは難しい。なぜならば、郊外店や街の中小書店は好調だったにしても、都市部の大型書店チェーンやコンビニは売上の低迷が見られ、トータルとしての出版物販売金額のプラスへは結びついていかないであろう。それに相応して、こちらの「出版物販売額」も多少の改善は見られるかもしれないが、やはりマイナスは否めないだろう】

〔4〕 アマゾンが日本に上陸して20年になり、『日経MJ』（11／8）が「アマゾン巨人の創造と衝撃」と題し、「アマゾン・エフェクト」を特集している。

出版業界関連を抽出してみる。

２０１９年度のアマゾン国内売上高は1兆７４４３億円、そのうちのマーケットプレイス流通総額は18年に９０００億円を超えた。

「アマゾン・エフェクト」の影響を最も受けたのは出版業界、とりわけ書店で、書店数は半減、文教堂GHDは事業再生ADRに追いこまれた。

アマゾンは書籍流通で約2割のシェアを持つに至り、KADOKAWAを始めとして、直接取引出版社は3631社に及び、取次の機能も果たすようになった。

2000年の電子商取引市場は8200億円だったが、19年は19兆3600億円。

【そこに添えられた「アマゾンの日本での主な取り組みや動き」の表を見ると、この20年が出版業界においても、アマゾンの時代だったことを再認識させられる。アマゾンの出版物販売金額は明らかにされていないけれど、書籍流通で2割のシェアを持つとされる。単純に3の1兆4484億円の2割とすれば、3000億円近くとなる。近年の取次兼書店化の動向から考えても、あながち間違っていないだろう。『鬼滅の刃』の売上シェアはどれほどだったのか。その売上からすれば、アマゾンは日本の最大の書店に位置づけられるし、遠からず最大の取次の座を占めることになろう】

〔5〕楽天は千葉県市川市の伊藤忠商事の物流センターにオンライン書店「楽天ブックス」の新たな物流センターを稼働。
それは6800坪に及び、物流センターとしては最大で、業務自動化の新システムの導入により、人員による作業工程の30%削減、在庫保有量を1・5倍、1時間当たりの出荷件数を1・3倍とする。こうした楽天ネットワークの新しいロジステクスの試みの一方で、中小出版社に対し

ての大量返品が続いている。それはコロナ禍の中にあって、さらに顕著となり、かなりの出版社が逆ザヤ状態で、新刊や注文も相殺され、入金ゼロが恒例化している。

それは取次書店の閉店の影響によるものと考えられ、楽天ブックスネットワークがオンライン書店「楽天ブックス」を展開する中で、大阪屋や栗田からつながる書店の清算を進めているかのように思える。しかしそのプロセスと取次の関係はどうなっているのか、よくわからない。例えば、戸田書店は静岡本店の閉店に続き、残されていた支店やフランチャイズ店が明屋書店へと変わっている。明屋は2012年にトーハン傘下となり、浜松のイケヤ文楽館を吸収し、今回は戸田書店に及んでいる。これが平常であれば、単なる帳合変更と見なせようが、このようなコロナ禍と深刻な書店状況下での出来事なので、気になるところだ】

〔6〕ファミリーマートは雑誌売場を縮小し、5台を3台へと減らし、2台は文具や日用品へと転換させる。

【3で見たように、19年のコンビニの出版物販売金額は1285億円、前年比11・0%減で、数年うちに1000億円を割ることは確実であろう。ファミリーマートは1万6000店あるので、トータルの雑誌量としては大きく、販売額減少の一因となるだろう。20年になって、併設書店閉店が目立って増えている。例えばこの数ヵ月を見てみると、ホームセンターやスーパー、オーディオ店、電機店、病院売店などである。これらはファミリーマートと同様に、雑誌スタンドがメインと思われるが、それでもトータルすれば、年間の閉店はかなりの数になる

し、雑誌衰退に拍車をかけていくだろう。コンビニもファミリーマートだけでなく、他社も続くことも考えられる。アマゾンの時代は続いていくが、雑誌の時代は終わりつつあるのかもしれない】

〔7〕日販は埼玉県川口市の入谷営業所で行っていた週刊誌送品を、練馬区のねりま流通センターと北区のCVS営業所へ移管する。これで雑誌送品は3拠点から2拠点となり、書店向け週刊誌送品はねりま流通センター、コンビニ向け週刊誌送品はCVS営業所へと統合される。

【6のファミリーマートの雑誌の縮小、様々な併設書店の閉店などと関連する取次の動向である。出版科学研究所による2019年の雑誌販売部数は09年と比べて、57・0％減、週刊誌だけでは64・1％減となっていて、10年間で半減どころか、さらに減少は続いている。それに運送会社の労働問題も絡み、21年度の土曜休配日は32日が設定され、取協と雑協は週稼働5日以内の早期実現をめざしている。その結果、日販の入谷営業所などがリストラされ、高齢者施設などの不動産プロジェクトへと利用されていくのだろう。しかし予想もしなかったコロナ禍の中で、それらの行方はどうなるのだろうか】

〔8〕九州雑誌センターの近藤貴敏社長（トーハン）が九州地区のムック返品を現地で古紙化することについて、出版社に理解と協力を求めた。
それに九州の書店や取協の平林彰会長（日販GHD）なども出版社に協力を呼びかけた。

【これも7でふれたように、雑誌販売数が半減以下となり、返品運賃の負担が厳しくなっているからだ。しかし定期誌と異なり、ムックは本クロニクル㉚で見てきているように、19年は7453点、平均価格は868円とされ、点数も多く、定価も高い。また返品期限はなく、出版社も書籍と同様に、再出荷し、ロングセラーとして売られているものも多い。つまり出版社の資産と見なすこともできよう。それをすべて現地で古紙化し、返品運賃を抑制するという取次と書店の主張は、あまりにも乱暴で、出版社の理解と協力を得ることはできないだろう。もし九州地区で実現すれば、北海道でも実施され、それは全国的なものになってしまう。ムックならではは流通販売の特質、その雑誌としての位置づけなどへの考慮もなく、つまり説明責任もなく、いきなりこのような乱暴な提案がトーハンの社長からなされることにあらためて驚く。雑協はどのように応じるのか、これからもこの問題には注視していくつもりだ。その後、九州地区ムック返品現地古紙化推進協議会が発足したという】

〔9〕『選択』（11月号）の「マスコミ業界ばなし」が、前回の本クロニクルでふれた日販とトーハンの雑誌返品業務の共同化を取り上げ、「業界トップ2ですら単独では支えられなくなっている」し、雑誌送品の協業も検討され始めていると指摘し、次のように続けている。

「ネックになるのは独占禁止法だ。合計八割という圧倒的シェアを持つ二社が全面的に手を組むと、「市場の競争原理を阻止すると判断される可能性は十分にある」（公取委担当記者）。歴史的協業に「待った」がかかるかもしれない。」

【ところがである。ここにきて、消息筋より、ここまで出版業界が衰退し、日販とトーハンの2社の合計売上も1兆円を割り込み、しかも取次事業は赤字であるから、公取委は協業に関して「待った」をかけないという観測が伝えられてきた。もちろんアマゾンのことも絡めての上であろう。8のような取次の発言もそれと関係しているのだろうか。それにかつては出版業界と公取委は再販制を始めとして、絶えず緊張関係にあるように見えたし、実際に書協幹部からそうだとの証言を得ている。しかし再販制をなし崩しにしたアマゾンの台頭以後、公取委の影が薄くなってしまったように感じる。いずれそれも明らかになるであろう】

〔10〕書協は来年の3月31日の消費税転嫁対策特別措置法の執行に伴う総額表示問題についてアンケート調査を行なった。

そのアンケート特集として、スリップは45％が廃止、徐々に廃止に向かい、その96％が4月以降にスリップ復活、ボウズ総額表示は負担が大きく、したくないし、もしくは実施しないとの回答だった。

また総額表示義務免除の終了の読者に対する影響は、56％が本体価格＋税という表示に慣れているので、総額表示の有無について影響はないとの回答であった。

この結果をもとに、書協と雑協は連名で総額表示の義務免除延長を求める要望書を提出。

【前回のクロニクルで、日本出版者協議会の総額表示の無期限延長や外税表示の恒久化声明を紹介しておいた。その後、トランスビューなどの呼びかけで、出版関係者25名による「総額表示を考える出版事業者の会」が「総額表示の一律義務化に反対し、消費税法の改正を提言します」というアピールを公開している。また出版労連も総額表示についての撤回、再延長を求める声明を発表。だが残念なことに、取次や書店からの声は聞こえてこない。総額表示義務違反に関して、消費税上の罰則規定は設けられていないのだから、これをめぐる攻防戦となろう】

〔11〕 KADOKAWAと角川文化振興財団による埼玉県所沢市の「ところざわサクラタウン」が全面オープン。

KADOKAWAの直営書店「ダ・ヴィンチストア」が開店し、そのオフィスや文化複合施設「角川武蔵野ミュージアム」内の4Fエディトタウンの「ブックストリート」と「本棚劇場」、5Fの「武蔵野回廊／武蔵野ギャラリー」もオープンとなった。

KADOKAWA、埼玉県、所沢市は文化・芸術などの観光コンテンツ活用の協定趣意書を締結し、「埼玉カルチャー観光共和国」をキャッチフレーズとし、観光振興と地域活性化をめざす。

【コロナ禍での「埼玉カルチャー観光共和国」はどのような行方をたどるのであろうか。めでたいオープンに水を差すようだが、たまたま『ZAITEN』(12月号)が「角川歴彦が『いまだ見つけられない後継者』」という記事を発信している。それによれば、8月に韓国IT大手のカカオがKADOKAWA株を大量取得し、保有率7・3％に達し、筆頭株主に躍り出た。乗っ取りではなく、長期的協力関係を望んだとされる。カカオのメッセンジャーアプリ「カカオトーク」は国民的アプリで、近年はM&Aで規模を拡大し、日本では「ピッコマ」という漫画閲覧用アプリをリリースし、売上ランキングでは「LINEマンガ」に次ぐ規模で、ラノベ配信に力を入れているという。しかし社内でカカオとの提携は冷めた空気が流れ、それはドワンゴとの経営統合失敗の後遺症だという。19年KADOKAWAの赤字はドワンゴの不振がもたらしたもので、それがカカオに代わって光明を見出せるのかと問うている。後継者の不在とKADOKAWAの状況の不安定さは「ところざわサクラタウン」のオープンとどのように併走していくのであろうか】

〔12〕『朝日新聞』(11/17)がネットフリックスのリード・ヘイスティングス創業者、共同最高経営責任者にインタビューしているので、それを要約してみる。

＊ネットフリックスは2015年に日本でサービスを開始したが、今年8月末で有料会員数が500万人、この1年で200万人増え、日本で幅広く受け入れられ、勇気づけられている。

＊日本では韓国ドラマ『愛の不時着』が大人気だが、日本制作のドラマで、世界に配信する『今際の国のアリス』も成功するだろう。

＊各国でローカルな独自作品を作り、世界に発信する戦略は何ゆえかというと、私たちは世界各地でのコンテンツ作りに飢えていて、それらの作品を世界中で共有したいと考えているからだ。

最終的に世界に門戸を開いていくというのは私たちにとってきわめて自然で、ユーチューブが門戸を世界に開いているのと同じだ。

＊現在の消費者には多くの選択肢があり、動画の中身にしても、ゲームやスポーツ中継もあるが、その中で私たちはドラマシリーズや映画の分野でもリーダーとなりたいし、消費者の第一の選択肢になることをめざしている。

＊私たちは大半の会社と違い、最も優れた制作者の世界連合を作ろうとしているし、日本でもアニメや実写ドラマで、最も優れた制作会社の一つになりたい。日本発のアニメ『泣きたい私は猫をかぶる』『七つの大罪』は世界中で人気だし、今年配信の『ゼウスの血』は世界主要国でトップ10に入った。

＊これこそまさに私たちがやりたかったことで、日本のアニメのために世界で大きな市場を作り、日本文化を輸出する主要な担い手になりたい。

【前半の部分しか紹介できなかったけれど、ネットフリックスの動画配信の明確なメッセージとポジションが伝わってくるだろう。世界各地でコンテンツを作り、それらを世界中で共有し、世界に門戸を開きたい。ドラマシリーズや映画の分野でリーダーとなり、消費者の第一の選択肢をめざしている。そのために最も優れた制作者の世界連合を作り、日本のアニメのための世界市場と日本文化輸出の担い手になりたいといっているのだ。11の「さいたまカルチャー観光共和国」においても、発せられなければならないのは、このような明確な文化創造に対する意志の表明ではないかと思われる。ネットフリックスによって日本のクールジャパン戦略は敗退するしかなく、その一方でネットフリックスの2億人の共和国の人口はさらに増え続けていくだろう。日経ＢＰからネットフリックスの単行本、リード・ヘイスティングス、エリン・メイ

ヤー『NO RULES』（土方奈美訳）も出たので、読んでみることにしよう】

〔13〕先月の『JJ』に続いて、文化出版局の『ミセス』が来年の4月号で休刊。

【『ミセス』は1961年の創刊で、その創刊事情に関しては、私が編んだ塩澤実信『戦後出版史』（論創社）所収の「『ミセス』と今井田勲」が詳しい。「毎日の暮らしに美しさと豊かさを求めるすべての女性に」をコンセプトとして創刊された『ミセス』も60年を経て、「戦後出版史」を終えたことになるのかもしれない。幸いなことに『装苑』と『ミセスのスタイルブック』は継続するというので、不世出の編集者今井田の遺産はまだ残されていることになる。コロナ禍の中にあって、著名な総合誌や経済誌などの休刊の噂が聞こえてくる。今年は何とか年末まで持ちこたえたけれど、来年は力尽きて休刊となる雑誌が多く発生するように思われる】

〔14〕ダイヤモンド社の子会社ダイヤモンド・ビッグ社が学研プラスと事業譲渡契約を締結し、ダイヤモンド・ビッグ社の海外旅行ガイドブック「地球の歩き方」を主とする出版、インバウンド事業を学研プラスの設立する新会社「地球の歩き方」（仮称）に譲渡する。

ダイヤモンド・ビッグ社の前期売上高は30億円だが、譲渡金額は公表されていない。

なお「地球の歩き方」の書店市中在庫は来年以降もダイヤモンド社が返品を受け、年内まで書店注文も出荷する。

【1969年に設立されたダイヤモンド・ビッグ社の「地球の歩き方」シリーズは多くの友人、

知人が関わっていて、ひとつの出稼ぎ先のような時代もあったように記憶している。ちょうど円高の始まりとリンクしていて、海外旅行でも誰もが「地球の歩き方」シリーズを手にしていたという。しかしコロナ禍を迎え、ダイヤモンド社もビジネス、経営、経済書の出版に専念していく方向を選んだことになろう】

〔15〕本の街・神保町を元気にする会の『神保町が好きだ』第14号を恵送された。

【この号の特集は「現代マンガは神保町から始まった⁉」で、編集と資料写真提供は他ならぬ『小学館の学年誌と児童書』（「出版人に聞く」シリーズ18）の野上暁なので、ビジュアルにしてとても楽しく読ませてもらった。これを一読し、あらためてマンガを読み始めた１９５０年代末のことを思い出した。その頃、マンガを読むことは学校や家庭でも広く認められた行為ではなく、後ろめたいイメージにつきまとわれていた。それを象徴するのは貸本マンガで、そこには言い知れぬおどろおどろしい世界があった。野上も書影として挙げている水木しげる『鬼太郎夜話』などはその典型だったし、それは現代の『鬼滅の刃』にも若干通じているものだろう。そうしたファクターを抜きにして、コミックも語れないように思える】

〔16〕書店で気まぐれに『CATALOGUE of GIFTBOOKS 2020-2021』（文化通信社）を買ってきた。

【これは「本を贈ること」に関して、阿刀田高を発起人とする34人の「Ｓｅｌｅｃｔｏｒｓ」

が3冊ずつ選んだリスト輯だが、そこには15でふれたおどろおどろしさはなく、良識をベースとする推薦図書の世界のニュアンスに包まれている。それは公共図書館の発するイメージとも共通している。そういえば阿刀田高がもはや作家ではなく、山梨県立図書館の館長であることにも気づく。たまたま同時にBRUTUS特別編集『合本 危険な読書』も購入してきた。表紙には「人生を変えちゃうかもしれないあの1冊」、裏表紙には「この世に本は2種類しかない／読む足らない本か／読んでもロクなことにならない本」というキャッチコピーがあった。「読んでもロクなことにならない本」しか読んでこなかったので、いわせてもらえば、マガジンハウスに『漫画 君たちはどう生きるのか』のベストセラーは似合わないのである】

〔17〕 野崎六助『北米探偵小説論2』（インスクリプト）を読みつつある。1300ページ、8800円＋税だが、著者もよく書き、出版社もよくぞ出したというべき大冊である。

私は購入したが、著者と出版社のためにも、図書館にリクエストしてほしい。

【読了していないので、個人的関連事項にだけふれる。同書はゾラの再発見をひとつのコアとしていて、わたしの「ルーゴン＝マッカール叢書」の翻訳が参照されていることに付け加えれば、同じく拙訳『エマ・ゴールドマン自伝』（ぱる出版）にも、そこに配置してほしかったと思う】

〔18〕論創社HP「本を読む」58は「河出書房新社『世界新文学双書』とロレンス・ダレル『黒い本』」です。

出版状況クロニクル㊱　2020年12月

20年11月の書籍雑誌推定販売金額は949億円で、前年比5・6％減。

書籍は489億円で、同9・1％減。

雑誌は460億円で、同1・7％減。

その内訳は月刊誌が386億円で、同2・1％減、週刊誌は74億円で、同0・5％増。

返品率は書籍が34・3％、雑誌は38・9％で、月刊誌は37・9％、週刊誌は43・4％。

コロナ禍の中にある出版物推定販売金額は見えにくい。それは出版科学研究所の出版物推定販売金額が、取次出荷金額から返品金額を引いたものであることに加え、まさに干天の慈雨ともいうべき『鬼滅の刃』が重なっているからだ。

それに11月は書店の開店閉店がいずれも15店で、近年では少なく、TSUTAYA桑名店の600坪という大型店の閉店はあっても、ナショナルチェーンの大型店の出店はない。

■ 2020年 推定販売金額

月	推定総販売金額		書籍		雑誌	
	（百万円）	前年比（%）	（百万円）	前年比（%）	（百万円）	前年比（%）
2020年 1～11月	1,108,827	▲1.9	610,899	▲1.7	497,928	▲2.1
1月	86,584	▲0.6	49,583	0.6	37,002	▲2.2
2月	116,277	▲4.0	71,395	▲3.2	44,882	▲5.2
3月	143,626	▲5.6	91,649	▲4.1	51,977	▲8.1
4月	97,863	▲11.7	47,682	▲21.0	50,181	▲0.6
5月	77,013	1.9	42,383	9.1	34,630	▲5.7
6月	96,982	7.4	48,978	9.3	48,004	5.5
7月	92,939	▲2.8	44,755	▲7.0	48,184	1.4
8月	84,072	▲1.1	43,369	4.6	40,704	▲6.5
9月	118,382	0.5	68,555	0.3	49,827	0.8
10月	100,099	6.6	53,643	14.0	46,4577	▲0.8
11月	94,989	▲5.6	48,908	▲9.1	46,081	▲1.7

これらの動向も21年へとつながっていくのだろう。

---

〔1〕 出版科学研究所による20年1月から11月までの出版物販売推移金額を示す。

【20年11月までの書籍雑誌推定販売金額は１兆１１０８億円、前年比１・９%減である。17年は６・９%、18年は５・７%、19年は４・３%のいずれも減だったことに比べれば、マイナス幅は最も小さいといえる。この１・９%減を19年の販売金額１兆２３６０億円に当てはめてみると、２３４億円のマイナスで、かろうじて１兆２０００億円台をキープできるかもしれない。それゆえに12月の販売金額次第ということになるが、どうなるだろうか】

〔2〕 日販ＧＨＤの中間決算は連結子会社34社の売上高２４２８億６１００万円で、前年同期

比3・2%減。

だが営業経常利益は30%以上増、純利益は2倍以上となる減収増益の中間決算。

「取次事業」売上高は2217億1700万円、同3・8%減、営業損失は3100万円で赤字。

「小売事業」売上高は308億9600万円、同1・6%増、営業利益は2億8100万円、同180%増。

〔3〕トーハンの中間決算は連結子会社28社の売上高1942億9500万円で、前年同期比2・4%増。
営業経常利益、純利益も大幅増で、14年ぶりに増収増益。

トーハン単体売上高は1811億8400万円、同1・7%増だが、「取次事業」は赤字。

〔4〕日教販の決算は売上高276億8100万円、前年同期比3・9%増。
営業、経常、当期利益ベースでも増益で、増収増益。

売上高内訳は「書籍」186億2000万円、同2・8%減。

「教科書」80億1600万円、同23・6%増。「教科書」は小学校教科書の改訂により、教員向け指導書が大幅に伸長。

【取次のコロナ禍の中での中間決算、及び決算を並べてみた。日販やトーハンもコミックスは大きくプラスとなっているが、書籍、雑誌はいずれもマイナスで、取次事業の赤字が続いていることに変わりはない。いずれにせよ、下半期も含めての決算を待って、コロナ禍の中の日販とトーハンの実像を確認するしかないだろう。日教販も書籍はマイナスなので、いわれるほどに学参の売れ行きがよかったということにならないかもしれない。ただ返品率は14・5％なので、取次としては健全である。やはり取次の生命線とは低返品率に他ならないのだから】

〔5〕 紀伊國屋書店の決算は連結売上高1143億5800万円で、前年比5・7％減だが、3年連続黒字決算。

その内訳は「店売総本部」が437億3600万円、同12・4％減、外商の「営業総本部」が483億8500万円、同2・8％増。「海外」が155億8800万円、同15・9％減。

単体売上高は981億4100万円、同4・0％減だが、こちらは13年連続黒字決算。

〔6〕 有隣堂の決算は売上高514億9700万円、前年比4・1％減、営業利益は2億5700万円、同45・3％減、経常利益は1億6700万円、同53・3％減、当期純損失は3億6000万円で、4年ぶりの損失決算。

〔7〕 トップカルチャーの決算は売上高301億2700万円、前年比3・4％減、営業利益は4億3600万円、同150・6％増、経常利益はコロナウイルス休業受取保証金6300万円もあり、4億7600万円、同208・6％増、純利益は3億7100万円、同173・1％増。

75店（古本市場トップブックス店を含む）で、書籍売上高は163億9000万円、同2・4％増。新社長は楽天出身の清水大輔取締役が就任。

〔8〕 三洋堂HDの中間決算は売上高102億3000万円、前年同期比7・1％増で、営業、経常、純利益がともに黒字となり、赤字を見こんでいた通期業績予想を黒字に修正。

【これらの書店の決算も、都市型書店、複合郊外店の相違はあるけれども、やはり取次と同様にコロナ禍の中での決算、及び中間決算といえよう。休業、休業補償、『鬼滅の刃』に象徴されるコミックス売上の大幅増、学参や児童書特需などがそれぞれに反映され、これまでとは異なる売上高や利益、赤字や黒字が発生したと見なせよう。それゆえに非常時のものと考えておくべきだろう】

〔9〕 文教堂の株価が90円を割った。

【本クロニクル㉞で、文教堂の「事業再生ADR手続き」による存続と上場維持などを伝えてきた。その10月の株価は120円を前後していたが、11月に入って落ち始め、12月には90円を割り、80円台になっている。これは「事業再生ADR手続き」が終わるまで保たれていた株が売られ始めたということなのか、それとも市場がまったく評価していないということなのか、さらに下がり続けた場合、どうなるのだろうか。これは本クロニクル㉗の文教堂のところを見てしいが、18年5月は414円、11月は239円、19年11月159円、20年3月は95円だっ

た】

〔10〕長野県小諸市の竹澤書店が自己破産。
竹澤書店は1901年創業の老舗、JR小諸駅前の商店街に位置し、教科書販売も手がけていた。

【2002年には年商1億6300万円を計上していたが、18年は4800万円に落ちこみ120年の歴史に幕を閉じることになった。負債は1億900万円。アルメディアの『ブックストア全ガイド96年版』を確認してみると、当時の竹澤書店は40坪、取次はトーハンと栗田である。その後の2001年にはおそらく栗田帖合で郊外店を出店し、数年は売上を伸ばしていたものの、ほどなく売上は落ち続け、自己破産を選択するしかなかったのだろう。帖合が楽天BNであろうから、それも影響しているはずだ。それでもここまで延命できたのは、老舗ゆえに資産があったからだろうし、多店舗展開しなかったことによっていると思われる】

〔11〕大垣書店はブックスタマの小作店、東大和店、所沢店の運営業務を受託。
これは木戸和成元ブックスタマ事業本部店舗管理統括兼商品政策担当を個人事業主とし、3店舗の運営を委託するものとされる。

【大垣書店にとっては「直営店はない業務委託店」で、3店舗の販売データは大垣書店グループの実績として計上する。なおブックスタマの福生店、武蔵小山店、八王子店は従来通りブックスタマが運営する。これはブックスタマの元幹部がこの3店舗を何らかの条件で継承し、その中取次を大垣書店が引き受けたということになるだろう。やはりアルメディアの『ブックストア全ガイド96年版』を繰ってみると、ブックスタマは10店を数え、本クロニクル143の戸田書店、同146の自由書房、同150などの文教堂と並んで、1980年代以後の郊外店出店の雄であった。しかしそうした時代も終わったことを伝えていよう】

〔12〕 朝日新聞社の中間決算も出されている。
単体売上高は1027億円、前年比15・0％減、営業損益は87億円、純損益は408億円の赤字となった。

渡辺雅隆社長は退任を発表。

【もちろんコロナ禍の影響も大だが、新聞離れが加速しているからだ。日本ABC協会によれば、9月の『朝日新聞』は497万部、同43万部減となっている。『FACTA』（12月号）のジャーナリスト永井悠太朗「スマホ普及で高齢者『紙離れ』加速」は、60代のスマホ利用者が19年度は80％近くに達し、高齢者の「紙離れ」はさらに加速していくことを示唆している。有料の新聞から無料のネットニュースへという流れは、スマホ利用98％超という20、30代、90％を超えている10、40代だけでなく、60代にまで及んでいくのは確実だ。その一方で、最も新聞を読んでいるとされる70代以上の人々は社会から退場していく。これは新聞だけの現実ではなく、雑誌や書籍の現実でもあるのだ】

〔13〕集英社の『鬼滅の刃』最終23巻が初版395万部で、ほぼ完売。それに合わせ、集英社は12月4日の全国紙5紙の朝刊に4面にわたる全面広告を出稿した。これは出版広告としても初めてであろうし、出版物におけるコミックの奇蹟的売上を象徴するものだ。

【前回と同じく、出版科学研究所の小売ベース金額で考えれば、12月4日は最終23巻だけで20億円以上の書店売上が生じたことになる。10月の週刊誌76誌全売上は82億円であるから、何とも恐るべき『鬼滅の刃』フィーバーというしかない。しかしこれは前回も既述しておいたけれど、このような超ベストセラー現象が来年も繰り返される保証はないのだし、その反動が恐ろしい】

〔14〕noteは文藝春秋を引受先とする第三者割当増資を実施し、資本業務提携契約を締結する。その目的は「クリエイターの発掘と育成」「新たなコミュニティの創出」「イベントでの協業」「社員交流」で、協力関係を強めていくとされる。

【その目的としての「新たなコミュニティの創出」は、単なるnote＝デジタルメディアと文春＝プリントメディアのコラボを意味するのではなく、現在の出版業界において最も求められているものなのかもしれない。20世紀までは出版社、取次、書店は出版物をめぐる共同体というニュアンスが残っていたが、21世紀に入ると、それはほとんど消えてしまったように思える。21世紀を迎えてのドラスチックな生活の変容とパラレルに、出版物や読書の意味も変わってしまった。それは出版業界という古いコミュニティの崩壊を意味していよう。だがここでいわれている「新たなコミュニティの創出」がどのようなものとして出現するのかはわからない。ただ菊池寛が1世紀前にイメージした『文藝春秋』的ユートピアでないことだけは確かであろう】

〔15〕『ZAITEN』（1月号）が「オーナーも動き出した『光文社』でリストラ懸念」という記事を発信している。

【本クロニクル㉞で、『JJ』の月刊発行の中止を伝え、それは他の女性誌にも及んでいくのではないかと書き、前回には文化出版局の『ミセス』として現実化したことを伝えたばかりだ。光文社は20年売上高185億円で、実質的純損失は14億円で、今期はすでに第1四半期だけで、赤字額は11億円に達しているという。この記事によれば、光文社のこの窮状に際し、筆頭株主の講談社の野間省伸社長が取締役会に出席し、苦言を呈すという「異例の事態」を迎えたようだ。そして派遣社員の雇い止めも始まり、10年の50人の社員削減に続いて、またもやリストラが起きるのではないかとされている。そういえば、同号の『ZAITEN』の「今月の一行情報」に「電子書籍に強みをもつ中堅出版社で販売低迷、経営の不振から従業員のリストラと給与の大幅削減が発表された模様」とある。これはどこなのか】

〔16〕アメリカの最大出版社ペンギンランダムハウス（PRH）が3位のサイモン&シュスター

（S&S）を買収する計画が明らかになった。

買収金額は21億7500万ドルで、21年に計画は完了とされ、両社の合計売上高はアメリカ書籍出版市場の3分の1となり、ハードカバーフィクションシェア全体の5割に達するという。

【その30億ドル近い売上高は2位のハーパーコリンズの2倍以上の規模となり、かつての「ビッグ5」から1社が支配的シェアを持つ「ビッグ1」の時代になろうとしている。この計画がスムーズに進むのか、司法省などの規制当局の承認が下りるのか、予断を許さない状況にあると伝えられている。だがそれはアメリカだけでなく、日本でも必然的に起きていくだろうし、実際にKADOKAWAの例を見れば明らかだ。それに音羽、一ッ橋グループでは水面下で様々に進められているようだし、取次に至っては前回書いたとおりだ。またそれは書店も同様だと思われる】

〔17〕『選択』（12月号）が「WORLD情報カプセル」で、フランスの「アマゾンのいないクリスマス」というアマゾン不買運動の盛り上がりを伝えている。
それによれば、フランスの従来の反アマゾンの土壌に新型コロナウイルスの感染拡大が加わり、この間にアマゾンが4、5割も売上を伸ばしたとされ、「アマゾンが不公正に利益を得ている」という批判が噴出しているようだ。

【日本のアマゾンのコロナ禍での出版物販売金額は公表されていないけれど、伸びていることは確実であろう。「日本の古本屋」にしても、店売はまったくといっていい状態だが、ネット販売は初めて月商3億円を上回ったと伝えられている。アマゾンのマーケットプレイスも同様だろうし、コロナとアマゾンとの間で、出版業界はどのような事態を迎えることになるのだろうか】

〔18〕『新文化』（12／3）が「ここでしか売っていない出版物を」の大見出しで、50周年を迎えた小流通出版物書店「模索舎」のほぼ全面特集をしている。

【様々なミニコミ紙には必ず「模索舎」取扱との表示がなされていたが、それも少なくなってきたのではないかと考えていたので、50周年を迎えたのは何よりだと思う。だがあらためて考えてみると、最後に訪れたのは1980年頃で、ほとんど貢献していない。数年前に創業者の五味正彦が亡くなり、本クロニクルでも追悼を記し、その際に模索舎の存続も確認した次第だ。『アナキズム』（第7号）に榎本智至「1970・10→2020・10シコシコ／模索舎から半世紀」が掲載され、コロナ禍での模索舎営業のことがレポートされているので、こちらも読んでほしい。もちろん同誌も「模索舎」取扱いである】

〔19〕牧村康正『ヤクザと過激派が棲む街』（講談社）を読了。

【これは『実話ドキュメント』元編集長で、竹書房の社長も務めた牧村による新たな極道ジャーナリズムの誕生である。1980年代のヤクザと過激派の「金町（山谷）戦争」を描いた一冊にして、エンツェンスベルガーの『政治と犯罪』（野村修訳、晶文社）を想起させる】

〔20〕　糸井重里、小堀鷗一郎『いつか来る死』（マガジンハウス）を読み終えた。

【小堀の『死を生きた人びと　訪問診療医と355人の患者』（みすず書房）は読んでいたし、糸井が70歳を超えたことも承知していたので、こうした対談がなされることに驚きはなかった。それよりもこのような一冊がマガジンハウスから出されたことに感慨を新たにした。私などの世代はマガジンハウスの前身の平凡出版の『平凡パンチ』創刊に立ち会い、初期の『ブルータス』なども読んできたので、これらの雑誌に関して、堀川正美の「夜になっても遊び続けよ」という詩の一節を体現したようなイメージが強かった。だから前回『漫画　君たちはどう生きるのか』のベストセラーは似合わないと批判したのだが、ついにこのような一冊も出てしまった。それは糸井だけでなく、平凡出版と私たちの老いをも突きつけていることになる】

〔21〕　『近代出版史探索Ｖ』は12月下旬に刊行された。論創社ＨＰ「本を読む」59は「『牧神』創刊号と小出版社賛助広告」です。

あとがき

2020年はコロナ禍の中にあったが、19年に続いて『近代出版史探索』を4冊（Ⅱ～Ⅴ）刊行することができた。

この『出版状況クロニクル』が現代編とすれば、『近代出版史探索』は歴史編とよんでいいし、両者は近代出版史の歴史と現代の双方を架橋するかたちで展開されている。

この現在では不可能な両者の出版プロジェクトに挑んでくれたのは、論創社の森下紀夫氏、携わってくれたのは同じく小田嶋源氏である。21年はこの『出版状況クロニクルⅥ』に続いて、『近代出版史探索Ⅵ』も控えているし、まだ先も長いので、よろしくお願いします。

二〇二一年二月

著者

小田 光雄（おだ・みつお）
1951年，静岡県生まれ。早稲田大学卒業。出版業に携わる。著書『〈郊外〉の誕生と死』『郊外の果てへの旅／混住社会論』（いずれも論創社）、『図書館逍遥』（編書房）、『書店の近代』（平凡社）、『出版社と書店はいかにして消えていくか』などの出版状況論三部作、インタビュー集「出版人に聞く」シリーズ、『古本探究』Ⅰ～Ⅲ、『古雑誌探究』『古本屋散策』（第29回Bunkamuraドゥマゴ文学賞受賞作）、『近代出版史探索』Ⅰ～Ⅴ（いずれも論創社）、訳書『エマ・ゴールドマン自伝』（ぱる出版）、エミール・ゾラ「ルーゴン=マッカール叢書」シリーズ（論創社）などがある。個人ブログ【出版・読書メモランダム】https://odamitsuo.hatenablog.com/ に「出版状況クロニクル」を連載中。

出版状況クロニクルⅥ
——2018.1～2020.12

2021年6月20日　初版第1刷印刷
2021年6月30日　初版第1刷発行

著　者　小田光雄
発行者　森下紀夫
発行所　論 創 社
東京都千代田区神田神保町2-23　北井ビル
tel. 03（3264）5254　fax. 03（3264）5232　web. https://www.ronso.co.jp/
振替口座　00160-1-155266
装幀／宗利淳一
印刷・製本／中央精版印刷　組版／フレックスアート
ISBN978-4-8460-2049-1　©2021 Oda Mitsuo, printed in Japan
落丁・乱丁本はお取り替えいたします。

論　創　社

出版状況クロニクル◉小田光雄
2007～09年の出版業界の推移と展望　『出版業界の危機と社会構造』に続いて07年8月～09年3月の「出版状況」を、関連する業界の動向を踏まえて、横断的にまとめた後、その危機の実態を分析する！　本体2000円

出版状況クロニクルⅡ◉小田光雄
2009年4月～2010年3月　電子書籍とリーダーが喧伝される中で、日本の出版業界の現在はどのような状況に置かれているのか。その構図を明確に浮かび上がらせながら、時限再販本市場の創出を提案する！　本体2000円

出版状況クロニクルⅢ◉小田光雄
2010年3月～2011年12月　出版物売上高はピーク時の7割、書店数はピーク時の4割に。この落差の意味を2年間にわたって探り、大震災前後の出版界を考え、出版業界の失われた十数年の内実を明らかに。　本体2000円

出版状況クロニクルⅣ◉小田光雄
2012年1月～2015年12月　出版界に起死回生の策はあるのか!?　雑誌・文庫の凋落、相次ぐ取次の破綻、激減する書店。多数の資料に基づきながら背後にある諸問題に踏み込み、“出版の原点”を問うブログの集成！本体2000円

出版状況クロニクルⅤ◉小田光雄
2016年1月～2017年12月　戦後出版史の基礎文献。1999年に『出版社と書店はいかにして消えていくか』で、現在の出版業界の危機的状況を「先取り」した著者が、2016～2017年の出版業界の動向をレポートし、その打開策を探る　本体2000円

〈郊外〉の誕生と死◉小田光雄
ロードサイドビジネスの経験から、〈郊外〉を戦後社会のキーワードとし、統計資料で1960～90年代を俯瞰する一方、文学作品の解析を通して日本的〈郊外〉を活写する！郊外論の原点の復刊。　本体2500円

郊外の果てへの旅／混住社会論◉小田光雄
郊外論の嚆矢である『〈郊外〉の誕生と死』（1997年）から20年。21世紀における〈郊外／混住社会〉の行末を、欧米と日本の小説・コミック・映画を自在に横断して読み解く大著！　本体5800円

好評発売中

論 創 社

古本屋散策◉小田光雄

【第29回 Bunkamuraドゥマゴ 文学賞 受賞作品】蒐集した厖大な古書を読み込み、隣接する項目を縦横に交錯させ、近代出版史と近代文学史の広大な裾野を展望する。『日本古書通信』に17年間にわたり連載した200編を集成！ **本体4800円**

近代出版史探索◉小田光雄

古本の世界を渉猟するうちに「人物」と「書物」が無限に連鎖し、歴史の闇に消えてしまった近代出版史が浮き彫りになる。失われた歴史を横断する〈知〉のクロニクル！ **本体6000円**

近代出版史探索Ⅱ◉小田光雄

前著『近代出版史探索』から続く、失われた戦前の出版史を探る200編。近代出版史の新たなる探索を目指す！ **本体6000円**

近代出版史探索Ⅲ◉小田光雄

「出版史探索」はいよいよ戦中へ。出版・文学・思想を取り巻く緊迫した空気。人と本が描く隠された〈地図〉を探す冒険へ。著者渾身の200編！ **本体6000円**

近代出版史探索Ⅳ◉小田光雄

右旋回する戦時下の出版の「探索」——。前著『近代出版史探索Ⅲ』から続く、戦中の出版史を探る緊迫の200編。 **本体6000円**

近代出版史探索Ⅴ◉小田光雄

近代出版史の千一夜物語ここに成る！801から1001の201編をおさめた本書では、戦中戦後の出版、とりわけ民俗学を取り巻いていた出版状況について記す。 **本体6000円**

古本探究◉小田光雄

古本を買うことも読むことも出版史を学ぶスリリングな体験。これまで知られざる数々の物語を〝古本〟に焦点をあてることで白日のもとに照らし出す異色の近代＝出版史・文化史・文化誌！ **本体2500円**

古雑誌探究◉小田光雄

古雑誌をひもとく快感！　古本屋で見つけた古雑誌、『改造』『太陽』『セルパン』『詩と詩論』『苦楽』などなどから浮かび上がってくる。数々の思いがけない事実は、やがて一つの物語となって昇華する。 **本体2500円**

好評発売中

論　創　社

私の吉本隆明◉小形烈

吉本の個人編集雑誌「試行」の販売に携わるようになって以来、十年以上にわたり吉本家と交流を重ねてきた著者によるエッセイ。吉本の著作を灯として歩んできた人生を、思い出深い本とともに振り返る。芹沢俊介氏推薦！　本体 1500 円

新選　林芙美子童話集　第1巻◉林芙美子著／廣畑研二編

日本のイソップ物語をこどもたちに贈りたい。林芙美子が没後 70 年を期に、童話作家として甦る。童話集に詩をちりばめた新鮮な編集。小学校低学年から高学年児童までたのしめる総ルビ。　本体 2000 円

中島河太郎著作集　上下巻◉中島河太郎 著／中嶋淑人 編

文学、書誌学、民俗学に精通した碩学の集大成！『日本推理小説辞典』と『海外推理作家事典』を一冊に合本した上巻、歴史・民俗学から旅行記まで、他分野に亘る評論を精選集成した下巻がついに刊行。　本体各 6000 円

スウェーデン宣教師が写した失われたモンゴル◉都馬バイカル

世界初公開の写真でよみがえる 20 世紀前半のモンゴル！スウェーデン人宣教師のＪ・エリクソンが、1913 ～ 38 年、1947 ～ 48 年にかけて撮影した貴重な写真を収録し、著者による詳細な解説を付す。　本体 2500 円

宮澤賢治　浅草オペラ・ジャズ・レヴューの時代◉菊池清麿

近代を生きた宮澤賢治の生涯とパラレルに展開した浅草オペラの変遷の歴史を辿りながら、近代音楽へ深い洞察をしめす賢治の知られざる姿に迫る！巻末には、宮澤賢治年譜・浅草オペラ・音楽芸能史年表、浅草オペラ俳優人名録を付す。本体 3800 円

出版の崩壊とアマゾン◉高須次郎

出版の危機と再生への道を模索する！　出版界は出版再販をかろうじて守ったが、電子書籍やアマゾン対応などで失敗し、敗戦前夜のような事態を迎えている。出版再販擁護の論陣を張る著者の闘いの記録。　本体 2200 円

風から水へ◉鈴木宏

〈書肆風の薔薇〉から〈水声社〉へ。編集者・経営者として過ごした 35 年間の、さまざまな人と本との忘れがたい出会い…。小出版社の現状に関心を寄せる人々に向けて語り、書いた、内側からの「現状報告」の書。本体 3000 円

好評発売中